EL ENEMIGO CONOCE EL SISTEMA

우리의 적들은 시스템을 알고 있다

우리의 적들은 시스템을 알고 있다

초판 1쇄 2021년 7월 19일 발행
초판 2쇄 2021년 8월 10일 발행

지은이 마르타 페이라노
옮긴이 최사라
펴낸이 김성실
책임편집 김태현
표지디자인 오필민
본문디자인 채은아
제작 한영문화사

펴낸곳 시대의창 등록 제10 - 1756호 (1999. 5. 11)
주소 03985 서울시 마포구 연희로 19 - 1
전화 02) 335 - 6121   팩스 02) 325 - 5607
전자우편 sidaebooks@daum.net
페이스북 www.faceook.com/sidaebooks
트위터 @sidaebooks
ISBN 978 - 89 - 5940 - 764 - 4 (03300)

잘못된 책은 구입하신 곳에서 바꾸어 드립니다.

우리의 적들은 시스템을 알고 있다

인터넷 인프라에서

빅데이터 알고리즘 가짜뉴스까지,

인류와 세계를 해킹하는

디지털 자본주의에 대하여

마르타 페이라노 지음 | 최사라 옮김

시대의창

호르헤 페이라노, 나의 아버지께

차례

권력의 도구는 권력을 해체하는 데 복무하지 않는다.

– 오드리 로드

일러두기

1. 본문의 인명, 지명 등은 해당 국가와 지역을 바탕으로 국립국어원 외래어표기법을 기초로
하고 현지 발음을 종합하여 우리말로 옮겼습니다.
2. 본문에 첨부된 이미지와 도표는 한국어판에만 수록된 것입니다(229쪽 제외).

1

중　　　　　　　　　　　　　　　독

권력욕을 앓는 자들은

인간의 기계화에서

야망을 달성하는 손쉬운 방법을 찾는다.

– 노버트 위너, 《인간의 인간적 활용: 사이버네틱스와 사회》, 1950.

어떤 것의 비용은

당신이 그 대가로 제공하는 삶만큼의 분량이다.

– 헨리 데이비드 소로

지보단, 피르메니히, 인터내셔널플레이버스앤드프래그런스IFF 그리고 심라이즈. 우리가 구입하는 전 세계 모든 것의 맛과 향을 만들어내는 이 4개의 업체가 연간 250억 달러가 넘는 규모의 산업을 독식하고 있다. 청량음료, 수프, 섬유유연제, 담배, 아이스크림, 탈취제, 자동차 시트, 화장품, 의약품, 페인트, 사무용품, 소독제, 딜도, 젤리, 장난감에 이르기까지, 그들의 고객 목록에는 이 모든 것이 있다. 맛과 향이 최종 제품 성분에서 차지하는 비율은 1~5% 남짓이다. 하지만 그건 모든 걸 바꿔놓는다. 일반적으로 용기의 라벨에 기재된 향료와 첨가제는 제품의 제조 공정을 하나도 건드리지 않고 성분은 그대로 유지하면서도 맛과 향, 심지어는 질감까지 변화시켜서 완전히 다른 제품을 만들어낸다. 업계에서 가장 이름이 알려진 베테랑은 지보단이고 본사는 스위스에 있다.

세상을 지배하는 기업 대부분이 그러하듯이 이들의 이미지는 그들이 내놓는 제품과 매우 다르다. 아로마 산업은 약 1세기 전에 시작된 앤티크 향수의 아우라에 둘러싸여 있다. 이 산업을 다루는 모든 광고와 대부분의 다큐멘터리는 나무 선반과 기름통으로 둘러싸인 환경에서 섬세한 장인의 솜씨로 가공될 산지 원료들, 즉 그라스Grasse(향수의 본고장이라 불리는 프랑스의 도시—옮긴이 주)에서 장미들, 칼라브리아Calabria(이탈리아 지역이며 겔랑 향수로 유명하다—옮긴이 주)에서 베르가모트, 또 그 밖의 인증된 지속가능한 산지에서 바닐라, 베티베르, 일랑일랑을 수확하는 사람들의 모습을 보여준다. 장인들의 '후각'은 흥미로운 신문 기사나 다큐멘터리에서 일상적으로 다루는 소재이기도 하다. 그들은 매체에서 야생 제비꽃의 냄새 분자를 질량 분석기로 측정하는 방법을 설명하고, 고급 향수 제조 과정에서 가장 탐내는 물질은 향유고래의 토사물 '앰버그리스'라고 말하지만 진정한 '사업'은 다른 데 있다. 지보단의 투자 책임자인 피터 불쉬리거는 2012년에 "모두가 먹고 마시고 샤워하고 집을 청소한다. 이것이 우리 사업의 80%를 차지한다. 전체 비즈니스에서 경기를 타는 건 고급 향수뿐이다. 위기는 우리에게 큰 영향을 미치지 않는다"라고 말했다. 뉴욕에 있는 IFF가 이 시장에서 가장 큰 회사다.

갑부가 되는 공식이 있다. 삶은 돼지고기 관절로 만든 젤리에서 완벽한 복숭아 향을 내거나, 먼지가 폴폴 날리는 공단에서 정제 설탕, 팜 오일, 표백 밀가루로 만든 스펀지케이크 향에서 프루스트의 마들렌을 떠올리게 하는 것이다. 그들의 표적은 위장이 아니라 두뇌다. 우리에게 가장 중독성 있는 냄새, 어린 시절 즉 사랑을 상기시키는 냄새를 휘발성 물질로 재탄생시킨다. 그 냄새는 문화마다 다르다. 아시아에는 닭 국물, 이탈리아에는 칸넬로니, 아르헨티나에는 치미추리 스테이크, 유럽에는 할머니가 소박한 부엌에서 준비한 고기와 야채 그리고 콩을 넣고 끓인 스튜가 있다. 가족들이 먹고 마시고 삶을 나누기 위해 모여 있는 듯하다. 맛있는 냄새와 장작 냄새에는 따뜻하고 복작대는 공간에 대한 기억이 모두 섞여 있다. 냄새 산업은 막스플랑크연구소 등의 신경생물학과 책임자들과 권위 있는 사회학 연구자들, 화학 부문 노벨상 수상자들이 포함된 연구팀의 도움을 받아 난데없는 장소에 이 기억들을 심어 놓는다.

만약 당신이 브리티시에어웨이를 탈 때 보다 안전하다는 느낌을 받는다면, '비행 중 좋은 추억을 자극'하고 여행의 긴장감을 제거하도록 고안된 향이 기내에 뿌려졌기 때문일 수도 있다. 이는 싱가포르항공이 뜨거운 수건에 바르는 향, 스테판 플로리안워터스와 같은 것이다. 네스프레소 캡슐에 함유된 아로마는 추출 중에 공기 중으로 휘발되며 마치 커피를 직접 만드는 것 같은 기분을 느끼게 한다. 커피콩을 직접 볶는 카페 냄새를 구현한 것이다. 새 차 냄새는 운전자로 하여금 새로운 시대에 특별한 소재로 만들어진, 더 비싼 자동차를 운전하고 있다고 느끼게끔 고안되었다. 차내 가죽과 목재 장식으로 유명했던 롤스로이스가 이들 부속품을 플라스틱으로 교체했다가 차에서 전과 같은 냄새가 나지 않아 매출이 급격히 떨어지자 도입한 전략이다. 아이러니하게도 오늘날에는 더 비싼 냄새가 나는 차들이 더 저렴하고, 바리스타가 만든 것 같은 향이 나는 커피가 진짜 커피와 가장 거리가 멀다. 유럽연합은 알레르기 유발 가능성이 있는 특정 후각 분자 사용의 금지와 관련된 사안을 매년 심사한다. 그러나 실제로 갖고 있지 않은 것의 이미지를 재창조하는 제품을 출시하지 못하도록 금지하는 법률은 없다. 진위 여부 같은 건 심사하지 않는다.

커피, 갓 구운 빵, 카페테리아에서 풍기는 초콜릿 브라우니의 맛있는 향은 대부분 디퓨저에서 나온다. 이 향들은 판매량을 300% 끌어올린다. 워싱턴대학의 연구에 따르면 시트러스 향은 판매를 20% 증가시킨다. 특별히 제작한 합성향으로 매장을 꾸민 뒤 나이키 매출은 84% 증가했다. 무지 디퓨저는 그 자체가 판매 상품일 뿐 아니라 다른 모든 제품의 판매를 증가시킨다. 당신은 저 멀리 거리의 러쉬 매장에서 풍겨 나오는 냄새를 맡을 수 있다. 마치 오염된 도심 속 상쾌한 오아시스와 같다. 아트 갤러리와 그 갤러리 지배인한테서는 매우 특정한 향이 난다. 꼼데가르송2의 향기다.

조향 기술자는 보이지 않는 질료로 정신을 조작하는 마술사로 그 영향력은 치명적이다. 그들은 혼자 일하지 않는다. 조향사들이 만든 창조물은 화학 분야의 또 다른 전문가들로 구성된 연구소가 수행하는 작업과 홍보, 광고, **브랜딩**, 포장 등을 통해 강화되어 우리에게 노출된다. 그들은 "칠레 농어"라고 할 때 대구가 더 많이 팔린다는 것을 아는 사람들이다. 가장자리가 둥근 초콜릿은 더 달콤하고 부드럽게 느껴지고, 라벨에

우리의 적들은 시스템을 알고 있다

"유기농" 또는 "자유 방목" 대신 "집약적 축산"이라고 표시하는 경우 같은 스테이크라도 더 짜고, 기름지고, 마치 고무처럼 안 좋아 보이는 것을 안다.¹ 크고 시끄러운 음악(신디 로퍼의 〈Girls Just Wanna Have Fun〉)은 더 빨리 먹고 더 빨리 사게 만들지만, 섬세하고 부드러운 음악(〈Time After Time〉)을 사용하면 매장에 더 오래 머무르면서 더 많은 물건을 사게 할 수 있다.

그들의 임무는 우리가 실제로 입에 넣은 것과는 매우 다른 것을 먹고 있다고 뇌를 속이는 것이다. 그들은 영양가 없는 것을 적당량 이상 먹게 만든다. 그렇게 어려운 일은 아니다. 우리는 그들의 제안을 참을 수 없고 피할 수도 없다. 수천 년 동안 인간은 풍요가 아니라 결핍을 관리하려는 목적으로 도구를 개발해왔다. 음식이 넘치게 있으면 우리는 자연스럽게 그것을 먹는다. (냉장고가 발명되기 전에는) 음식을 오래 두고 먹을 수 없었고, 음식이 언제 또 생길지도 몰랐기 때문이다.

음식과 우리 사이를 이어주는 핵심적 감각은 정확히, 중추신경과 직접적으로 연결된 후각이다. 우리가 음식을 맛볼 때, 음식에서 방출된 휘발성 분자는 후각 상피, 즉 두 눈 사이 코 기저부에 위치한 감각세포층까지 올라간다. 와사비를 많이 먹었을 때 고통을 느끼는 부위다. 나머지 감각은 시상에 의해 처리되지만 냄새는 우리의 뇌와 깊이 있는 대화를 나누며, 변연계(후각 정보를 처리했던 뇌조직에서 진화)와 연결된다. 휘발성 화합물을 인지하는 능력은 우리가 단일 세포 유기체였을 때 출현한 최초의 감각이며 우리를 둘러싼 환경을 이해하고, 재생산하고, 음식을 찾는 데 필요하다. 무엇을 먹어야 하는지 혹은 먹지 말아야 하는지 인류가 아는 데까지는 아주 오랜 시간이 걸렸다.

최근까지는 코드가 명확했다. 당질은 주로 우리의 주요 에너지원인 탄수화물의 존재를 나타낸다. 언제나 삼켜질 준비가 된 욕망의 대상이다. 어린이들은 단 것을 좋아하는데, 그건 식용 식물이 보통 달기 때문이다. 시거나 쓴 것은 거부한다. 신 과일은 익지 않은 것이며, 시큼한 고기는 박테리아, 효모, 곰팡이가 있음을 알려 준다(다른 말로 얘기하면, 상한 것이다). 쓴 식물과 열매는 대개 유독하다. 썩은 계란의 유황 냄새는 우리를 깜짝 놀라게 하므로 부탄가스에 첨가하여 누출 여부를 확인할 용도로 쓴다. 이 모든 진화적 경험은 섹스 및 약물로 활성화되는 바로 그 신경 경로, 도파민의 중변연계경로를 자극함으로써 설탕 섭취를 독려한다. 도파민이 방출되면 우리는 아주 좋은 기분을 느낀다. 그러면 전두엽 피질은 뇌에 이렇게 말한다: 우리가 먹은 걸 기억해서 또 먹을 기회가 오면 많이 먹자.

하지만 요즘 우리는 언제라도 먹을 수 있다. 오히려 멈추는 법을 모른다. 뇌가 너무 많은 도파민을 방출하면 결국에는 그것의 정상적인 생산을 억제한다. 우리는 도파민을 생성하는 것들을 더 많이 섭취함으로써 금단 증상으로 온 불안과 긴장을 완화하려고 애쓴다. 사실 제 1세계의 사람들은 단 음식에 완전히 포위됐다. 단지 그 음식들을 식별하지 못할 뿐이다. 우리가 먹는 대부분의 당은 수프, 소스, 파테, 햄버거, 감자튀김,

비네그레트, 빵과 같이 짠 음식에 숨겨져 있다. 1960년대부터 아로마 산업의 주요 사업체들은 겔랑, 샤넬, 로레알처럼 되기를 관두고 프록터앤드갬블, 유네리버, 네슬레, 다논, 코카콜라, 마스와 같은 거대 가공식품 기업이 되려고 했다. 기존 사업의 기반이 장미, 재스민, 베르가모트 및 백단향 에센스였다면 전쟁 후에 그것은 설탕, 지방, 소금으로 바뀌었다.

한 번 열면 멈출 수 없어

식품에 소금과 설탕을 넣는 이유는 여러 가지다. 일반적인 이유는 방부제와 천연 기화제로 기능하고 어는점을 낮추는 데 있다. 그러나 진짜 인기 요인은 따로 있다. 지방, 소금, 설탕의 혼합물은 달콤한 맛을 강화한다. 기업은 이들을 조합해 행복의 정점bliss point을 찾아낸다. '행복의 정점'이란 토마토소스에 건더기를 넣고, 오리지널닥터페퍼에 체리 맛과 바닐라 맛 시럽을 넣어 전설이 된 하워드 모스코비츠가 발명한 개념이다. 모스코비츠는 심리물리학, 즉 물리적 자극의 규모와 자극받은 대상이 인지하는 강도 사이의 관계를 탐구하는 연구자다. 그의 임무는 감각을 수치화하고 맛을 주관성에서 분리하는 일종의 공식을 찾는 것이었다. 행복의 정점은 식품 산업의 지스팟 같은 것이다. 우리를 물리게 하지 않으면서도 뇌에서 도파민 생성을 활성화하는 설탕, 소금, 지방의 완벽한 조합이다. 이 조합은 우리를 충분히 만족시키지 않기 때문에, 결국 우리는 강박적으로 계속 먹게 된다. 이것이 가장 뻔뻔하게 구현된 광고 문구는 다음과 같다: 한 번 열면 멈출 수 없어!

행복의 정점은 계속해서 선을 넘게 한다. 소비자가 도파민에 취했으나 불충분하다고 느끼는 이 지점까지 이르도록 '최적화된' 제품은 끝을 볼 때까지 미친 듯이 식사하게 만든다. 아이러니하게도 이러한 종류의 제품에 영양가가 별로 없다는 사실은 우리를 더 먹게 만들고 우리가 음식을 먹기 전보다 더 배고프게 한다. 심지어 이러한 제품은 저렴하다. 튀긴 감자, 햄버거, 시리얼, 해바라기 씨가 들어간 크래커 또는 치킨 너겟 등은 염가로 판매되므로 우리는 계속해서 먹고 또 먹는다. 우리는 더 먹지 않겠다며 심하게 자책하지만 먹는 것을 멈출 수가 없다. 정크 푸드의 악순환이다. 이는 정확히 그런 일이 우리에게 벌어지도록 음식이 설계되었기 때문이지만, 우리는 그것을 스스로의 도덕적 약점이자 부끄럽고 굴욕적인 것 또는 의지의 부족이라고 생각한다.

수년 동안 우리는 정크 푸드 문제가 자원 부족과 교육 환경에서 비롯되는 것이라고 말해왔다. 실제로 북미 많은 지역에서는 신선 식품을 취급하면서 가격도 더 저렴한 슈퍼마켓보다 패스트푸드 체인점의 접근성이 더 좋다. 수백만 가정 및 학교, 시설의 식당에서 구성원에게 저질 가공품을 먹이고 있다. 이 과정을 통해 매우 말랐었던 제1세계의 가난한 이들이 뚱뚱해졌다. 미국 인구의 1/3은 비만과 동시에 영양실조에 걸려 고통받고 있다.

그러나 신선 농산물과 공교육에 대한 접근성이 높은 다른 제

1세계 국가들에서도 다소 온건할지언정 동일한 문제를 경험하고 있다. 우리는 우리가 편안하다고 느끼는 양보다 더 많이 먹는다. 특히 우리에게 잘 맞지 않는 것을 많이 먹는다. 음식과 우리의 관계는 완전히 정신분열증적이다. 마이클 패스벤더 또는 스칼렛 요한슨의 신체를 갖고자하면서 감자칩과 아이스크림통을 껴안고 이번이 마지막이라고 맹세한다. 커피에 도넛을 담가 먹으면서 스테비아(설탕 대용품으로 각광받는 감미료—옮긴이 주)를 첨가한다. 우리는 저녁 식사로 피자를 주문해 라이트 치즈를 뿌린다. 우리는 먹고, 뚱뚱해지고, 이 문제가 교육과 자원에서 비롯된 게 아니라면 자신의 의지가 부족하기 때문일 것이라며 스스로를 경멸한다. 다행스럽게도 현대 자본주의의 또 다른 규칙은 언제나 당신에게 벌어지는 문제에 대한 완벽한 솔루션을 확보하는 것이다. 정크 푸드를 제조하는 바로 그 회사들이 지방, 설탕, 글루텐, 콜레스테롤이 적게 들어간 라이트 제품까지 제공한다. 물론 이들 제품에는 혀 끝을 즐겁게 해주는 요소뿐만 아니라 우리 몸에 바람직한 모든 요소가 제거되었지만, 지보단 같은 회사는 이를 먹을 만한 것으로 보이도록 '최적화'하였다.

업계 자체가 제품을 보다 건강한 것으로 바꾸기 위해 합법적인 노력을 기울인 적이 거의 없다는 게 명백히 드러났다. 중독을 없애는 것보다는 만드는 것이 더 쉽다. 2004년에 제너럴 밀스는 모든 어린이용 곡물의 설탕 함유량을 단위당 11g으로 줄였다가 판매가 감소하자 3년만에 다시 올렸다. 2007년 캠벨수프컴퍼니는 자신들의 유명한 수프 캔 상품에서 소금을 줄이기 시작했는데, 시장 점유율이 너무 내려간 나머지 2011년에 데니스 모리슨 최고경영자가 나트륨 함량을 400mg에서 650mg으로 다시 올릴 것이라고 발표했다. 2012년 코카콜라의 스프라이트 시장 점유율은 설탕 함량을 1/3로 줄이면서 급락했다. 2012년 시장 조사 회사 민텔은 "소비자들은 소금과 설탕의 소비에 대해 우려하고 있지만 맛을 기꺼이 포기하지는 않는다"라는 내용의 보고서를 발표했다.

우리 모두는 영양가 없고, 죄책감과 수치심을 느끼게 하고, 살찌게 하고, 아프게 하는 부적절한 제품을 무책임하게 소비하는 데 몰두한다. 필요한 만큼만 먹고 만족할 줄 모르고, 빅토리아시크릿 앤젤의 몸매를 갖지도 못한다. 우리는 스스로를 규율이라고는 조금도 지키지 않는 먹보라고 생각할 뿐, 세계에서 가장 힘이 세고 중독성이 강한 산업 중의 하나가 천문학적인 임금을 쥐가며 강력하게 동기를 부여한 천재 집단이 우리가 깨닫지 못하는 사이에 우리를 교묘하게 조종하겠다는 일념으로 신기술 개발을 위한 실험실을 유지하고 있다고 생각하지 않는다.

이것이 정확히 네트워크에서 가장 성공적이고 중독성 높은 플랫폼, 소셜네트워크 그리고 모바일을 통해 우리에게 벌어지는 일이다. 이들은 거대하고 파괴적인 "관심의 경제economía de la atención"를 굴리는 바퀴다.

왜 당신은 휴대전화를 손에서 놓을 수 없는가?

가장 중요한 것은 사라지는 기술이다. 일상생활과 구분할 수 없을 때까지 일상생활의 구조에 얽히는 것이다.

— 《21세기를 위한 컴퓨터》, 마크 와이저

우리는 모두 손가락이라는 궁극의 포인팅 장치를 가지고 태어났으며 아이폰은 이를 사용하여 마우스 이후로 가장 혁신적인 유저 인터페이스를 만든다.

— 스티브 잡스가 샌프란시스코 맥월드에서 아이폰 발표, 2007년 1월 9일.

2017년에 처음으로 스마트폰 판매가 정체됐다. 아이폰이 나온 지 10주년 되는 해였다. 이제는 확실히 스마트폰을 사용할 수 있는 모든 사람이 이미 스마트폰을 가지고 있다. 스마트폰을 사용하는 사람은 쉽게 중지하지 못한다. 카운터포인트리서치의 연구에 따르면 사용자는 하루에 평균 3시간 30분 동안 작은 화면을 보고 있다. 50%는 5시간을 소비하고 4명 중 1명은 총 7시간을 스마트폰을 보며 보낸다. 업계에서는 후자를 슈퍼 유저라고 부른다. 나는 그들의 가족, 파트너, 친구, 반려동물이 아마도 그들을 다른 이름으로 부를 거라 생각한다.

우리는 스마트폰을 보면서 소비하는 시간의 89%를 애플리케이션에서 쓴다. 나머지 11%는 웹페이지를 본다. 평균적인 사용자는 하루에 2시간 15분을 오로지 소셜네트워크에서 사용한다. 이 페이지를 작성하는 지금 페이스북은 22억 2000만 명의 사용자를 보유하고 있다. 인스타그램은 10억 명, 페이스북 메신저 및 왓츠앱은 인스턴트 메시징 시장의 50%를 점유한다. 이 모든 시스템이 하나의 회사에 속해 있다. 이 회사의 핵심 사업은 점점 더 구체적인 범주로 사용자를 분석하고 평가하고 분류하고 패키징하여 독재자, 정치 마케팅 회사, 정보 기관을 포함한 진정한 의미의 고객에게 판매하는 것이다. 최근 많은 언론 매체에서 페이스북 CEO이자 설립자인 마크 저커버그가 정치적 편향성이 있다고 비난했지만 어떤 기관과 연계되어 있는지에 대해서는 의견이 일치하지 않았다. 어떤 이들은 그가 우익 미디어에 패널티를 준다고 말하고 다른 이들은 그가 도널드 트럼프를 돕는다고 말한다. 일부는 그가 미국 정부와 협력하고 있다고 말하며 다른 일부는 러시아가 선거에 개입하는 것을 도왔다고 말한다. 또 다른 일부는 그가 통신을 통제하고, 플랫폼에 대한 접근을 검열하고, 시민들에 대한 영구적 감시를 기반으로 사회적 신용 시스템을 구축하고 있는 중국 정부와 자주 만난다고 말한다. 어떤 이들은 검열이 있어 정치적인 내용을 규제한다고 말하고 다른 이들은 검열이 없어서 미얀마에서의 종교적 폭력을 그대로 둔다고 말한다. 이러한 각각의 정보가 나머지와 모순되는 것처럼 보인다면 ─실제로 많은 사람들에게 그렇게 보이지만─ 그건 사실 관점의 오류다.

《와이어드》에 실린 최근 기사에서 스티븐 존슨은 실리콘밸리를 좌파와 우파의 새로운 하이브리드로 설명한다.[2] "부의 분배와 사회보장에 관해서는 북해의 진보주의자다. 노조와 규제에 대해 물어보면 코크 형제(석유 재벌이자 미국 공화당의 자금줄로 유명한 억만장자 형제—옮긴이 주)처럼 보인다. 모든 사항을 종합해보면 그 어떤 기존 정당의 의제와도 일치하지 않는다."[3] 실리콘밸리가 자유주의적이라는 주술mantra이 오랫동안 반복되어 왔다. 유럽에서 자유주의적이라는 말은 무정부주의자를 의미하겠지만 밸리에서는 정부의 개입이나 규제라는 장애물이 없는 독점적 착취를 의미한다. 그러나 기술 산업만큼 정부 기관과 밀접한 산업은 거의 없다. 저커버그가 미국 의회와 상원 앞에서 '증언'했을 당시 놀랄 만한 수의 민주당 의원들이 페이스북 주주였다. 주요 비용은 혁신과는 관계가 없고, 통치자를 매수하여 지구를 착취하고 노동자를 착취하고 돈을 벌기 위해 사용자를 착취하는 데 사용된다. 그의 정신은 헨리 데이비드 소로, 존 스튜어트 밀, 엠마 골드만이 아니라, 개인주의적 자본주의의 뮤즈인 아인 랜드Ayn Rand의 정신이다.

저커버그는 의회에서 밸리를 일컬어 "극도로 좌파 편향적인 장소"라고 발언했는데, 존슨은 앞서 언급한 기사에서 "그것은 복합적"이라고 말했다. 사실 페이스북에 정파는 없다. 오로지 목표가 있을 뿐이다. 또한 경영진, 엔지니어, 노동자 혹은 이사회의 정치적 성향은 중요하지 않다. 페이스북의 목표는 살아 있는 각각의 사람을 데이터베이스의 셀로 바꿔 정보로 채우는 것이다. 그들의 정책은 최대한 많은 정보를 축적하여 최고 입찰자에게 판매하는 것이다. 우리는 상품이다. 그러나 22억 명이 사용자 정책을 받아들였다. 악의 평범성이 아니라, 편리함이라는 악의 평범성이다.

2018년 스페인 데이터 보호 당국은 서로 다른 플랫폼 사이 데이터베이스를 공유한 페이스북에 한 번도 아니고 두 번이나 벌금을 부과했다. 회사는 사용자의 삶을 편하게 해주려는 의도였다며 전형적인 변명을 했다. "알 수도 있는 사람" 같은 기능 덕분에 여러 단계를 건너뛰어 계정을 만들고도 바로 친구를 찾을 수 있다. 진실은 이러한 서비스 각각이 매우 특정한 기능과 목표를 가지고 있으며, 우리의 삶을 더 나은 것으로 만들 수 없다는 것이다. 목표는 사용자와 친구에 관한 것들, 또는 그들의 흥미나 두려움이나 걱정거리나 즐거움 같은 것들, 즉 그들에게 중요한 모든 것에 관한 가능한 많은 정보를 얻는 것이다. 도구가 제공하는 유일한 편의는 도구의 사용에 있다. 작동 방식의 아주 사소한 측면까지도 행동 전문가가 중독을 유발하도록 설계했다.

페이스북은 특수한 사례가 아니며 관심 산업을 지배하는 다섯 회사(구글, 애플, 페이스북, 아마존, 마이크로소프트. GAFAM이라고 묶어 부르기도 한다—옮긴이 주) 중 하나에 불과하다. 구글은 전 세계에서 가장 많이 사용되는 세 가지 인터페이스(지메일 서버, 안드로이드 모바일 운영체제, 크롬 브라우저)를 컨트롤한다. 지도를 갖춘 위치 정보 시스템, 유튜브 비디오 플랫폼, 특히 검색엔진은 말할 것도 없다. 구글서치는 네트워크와 나머지 세계 사이의 중개자다. 그리고 네트워크에 연결된 인구(현재 40억 이상)와 나머지 인구 사이를 중개한다. 이것은 서비스가 아니라 인프라다. 페이스북이나 애플이 없는 삶은 조금 지루할 테지만 구글이 없는 인생은 상상하기 어렵다. 이는 위험한 종속이며, 전적으로 자발적인 것이라고 할 수는 없다.

인터넷을 계속 활성화 상태로 두는 기술은 중립적이지 않다. 우리가 휴대전화에서 발견하거나 설치하는 기술 역시 중립적이지 않다. 지난 10년 동안 그들은 질리는 지점에 도달하지 않고 가능한 한 오랫동안 당신이 화면에 붙어 있도록 만든다는 매우 구체적인 목표를 가지고 미리 계획한 방식으로 진화했다. 그들은 당신이 계속해서 헤드라인을 읽고, 링크를 클릭하고, 즐겨찾기를 추가하고, 게시물에 댓글을 달고, 기사를 리트윗하고, 혐오자hater에 응수할 완벽한 GIF를 찾고, 첫 데이트를 위한 이상적인 식당을 찾고, 세 잔의 딸기 다이키리와 초록색 손바닥 모양의 숟가락으로 해변에서 석양을 정확하게 정의하는 해시태그를 작성하도록 하기 위해 무엇이든 할 수 있다. 그들의 목표는 당신으로 하여금 최신 상태로 업데이트하게 한다거나, 당신을 사랑하는 사람들과 연결시키거나, 당신의 업무 팀을 관리하거나, 당신이 소울메이트를 발견하게 하거나, 당신에게 "요가를 하는 방법"이나 "세계의 정보를 체계화하고 유용하게 만드는 방법"을 가르치는 것이 아니다. 그들은 당신의 인생을 더 효율적으로 만들거나 세상을 더 나은 곳으로 만들지 않는다. 모바일 기술이 원하는 것은 **인게이지먼트** engagement다. 인게이지먼트는 관심 산업에서의 행복의 정점이다.

스페인어에는 인게이지먼트에 해당하는 정확한 단어가 없다. 문자 그대로의 번역은 "약혼"이다. 마치 사용자 계정을 만드는 걸로 사용자와 서버 사이에 생긴 친밀한 관계를 암시하는 것 같다. 엉뚱한 설명은 아니다. 사용자가 사용자 약관이라는 혼전 계약을 수정이나 별첨 없이 감사하는 마음으로 받아들여야 한다는 점에서 구식 결혼처럼 보이지만 말이다. 해야 할 일은 평범해 보인다. 작은 네모 칸을 클릭하는 것이다. 수백만의 사람들이 읽는 수고를 하지 않고 "네, 좋아요"라고 할 만큼 너무나 평범하다. 반면 그것을 읽으려면 성자의 인내와 법학 학위가 필요하다. 2015년에 아이튠즈 스토어 사용자 약관에는 2만 단어가 있었다. 페이스북 사용자 약관은 1만 5,000개의 단어로 구성되었고 여러 개의 단락이 의도적으로 모호하게 나뉘어 있다. 그 계약은 데이터를 수집하는 회사가 문제를 겪지 않도록, 주로 사용자가 자신의 권리를 포기한다는 법적 구속력이 있는 조항들로 구성된다.

인게이지먼트라는 단어에는 또 다른 중요한 의미가 있다. 참여다. 애플리케이션이 추구하는 참여 유형은 사용자의 특정 활동이다. 실제로는 아무것도 아닌 바보짓이다. 비용이 전혀 들지 않는 간단하고 반복적인 행동을 거의 생각 없이 수행하는 것이다. 사실, 시간이 지남에 따라 자체적으로 자동화되어 루틴이 되는 행위다. 우리가 알지 못하는 사이 활성화되고 충분히 반복되는 이런 종류의 루틴은 심지어 우리가 원하지 않는 경우에도 실행된다. 좋은 것이라면 습관이라고 부른다. 나쁜 것이라면, 중독이다.

스키너의 상자

1940년대에 버러스 프레더릭 스키너Burrhus F. Skinner라는 하버드 심리학자가 쥐를 상자에 넣었다. 내부에는 음식을 떨어뜨리는 해치 작동 레버가 있었다. 무엇을 해야 할지 모른 채 돌아다니던 쥐가 레버에 걸려 넘어졌고 기대하지 않았던 즐거움을 얻게 되었다. 쥐는 곧 레버를 당기는 일에 푹 빠졌다. 스키너는 연구노트에 쥐의 일상을 3단계 드라마로 설명했다. 레버를 본다(자극), 잡아당긴다(행동), 음식을 먹는다(보상). 이를 "연속 강화 회로"라고 불렀고, 상자를 "조작적 조건형성 상자"라고 불렀다. 하지만 세상에는 "스키너의 상자"로 알려져 있다.

지금부터 이야기가 잔인하고 흥미로워진다. 쥐가 이 괜찮은 생활에 익숙해졌을 때 스키너는 그의 운명을 바꾸기로 결정했다. 쥐가 레버를 당기면 어떤 때는 음식이 나오고 때로는 그렇지 않도록 했다. 논리나 이성, 패턴이나 협정은 없었다. 레버는 때때로 음식을 가져왔고 때로는 아무것도 가져오지 않았다. 배배 꼬인 심리학자는 새로운 회로를 "가변 간격 강화"라고 불렀고 매우 이상한 점을 발견했다. 보상이 결여되어도 조건형성이 비활성화되지 않았다. 오히려 반대였다. 상이 있는지 없는지 모를 때 조건형성은 훨씬 더 강화됐다.

쥐는 음식을 주든 안 주든 레버를 당겼다. 그의 작은 두뇌는 음식이 없더라도 레버를 당기는 것 그 자체를 기쁨을 가져오는 무엇인가로 받아들였다. 종소리가 파블로프의 개 타액선을 활성화하는 것과 같은 방식으로 원래의 보상과는 관계를 끊었다. 더 나빴던 것은 레버를 보고도 당기지 않으면 그가 불안해했다는 점이다. 스키너는 상자의 레버를 변경하고 상자 안의 쥐도 바꿔봤는데 결과가 동일했다. 상황이 어떻든 쥐는 자동적으로 행동했다. 레버가 나타나면 쥐는 생각 없이 레버를 움직였다. 쥐를 디프로그래밍desprogramar하는 유일한 방법은 상을 벌, 예를 들면 감전 같은 걸로 교체하는 것이었다. 그런데 쥐의 뇌만 그렇게 기능하는 게 아니다. 우리의 뇌도 마찬가지다.

스키너가 주로 참고한 자료는 교육 심리학의 아버지 에드워드 손다이크Edward Thorndike의 법칙이었다. 손다이크는 강화 결과(음식)에 따라 보상 행동이 반복될 가능성이 더 크다는 이론을 확립했다. 동일한 논리에 따라 부정적인 결과(감전)로 처벌 받은 행동은 반복될 가능성이 적다. 그러나 실제로는 이 법칙이 항상 참인 것은 아니다. 일단 루틴이 생기면, 원래의 조건형성은 변화에 대한 저항성이 매우 강하다. 가엾은 쥐는 아무리 많은 충격을 받아도 계속해서 레버를 당겼다. 가변 간격 강화는 하나의 습관, 아니 중독을 만들었다.

개성은 습관의 총체다. 걷고, 요리하고, 말하고 생각하는 방식은 습관이다. 그것은 우리를 유일하게 만드는 정신적 일상의 골조다. 모든 습관이 우리에게 좋은 것은 아니다. 중독은 우리에게 육체적, 정서적, 전문적 또는 경제적 손해를 입히더라도 버릴 수 없는 습관이다. 충격을 주더라도 레버 당기는 걸 멈추지 않는 쥐와 같다. 여기가 바로 손다이크와 스키너의 논리가 작동하지 않는 지점이다. 즐거움을 주기 때문에 무언가에 푹 빠질 수 있다면, 왜 즐거움을 주지 않을 때 멈출 수 없는

가? 중독이 일단 우리의 대뇌 피질에 새겨지면 그것을 지우는 것은 상당히 어렵다.

신경과 전문의 앤 그레이빌의 MIT 연구팀은 이식된 습관을 습득하는 동안 동물의 뇌에서 일어나는 전기 활동을 연구하면서 피험자가 새로운 회로에 직면했을 때 그의 신경 활동이 처음부터 끝까지 유지되는 것을 발견했다. 그러나 그들이 같은 루틴을 계속해서 반복하면 신경 활동은 회로의 시작과 끝에만 집중되었고 활동에 해당하는 부분은 비워졌다. 활성자(레버)와 보상(음식) 사이에는 아무 것도 없다. "마치 뇌 영역이 해당 루틴을 하나의 덩어리로 인식하는 것 같다. 전체 시퀀스는 습관이었다"라고 그레이빌은 미국국립과학원의 출판물에서 설명했다.

쥐는 레버를 볼 때 그리고 레버와 멀어질 때만 뇌 활동을 보여주었다. 레버를 당기고 음식을 먹는 모든 부문에서 신경 활동이 없는 자동화된 상태로 행동했다. 그의 뇌는 회로를 괄호 안에 묶은 덩어리로 기록했다. 마치 끝까지 완전하게 이행되어야 하는 스크립트나 최면 상태처럼 말이다. (우리가 쥐에게 물어볼 수 있다면) 쥐는 레버와 음식 사이에 벌어진 일에 대해 전혀 기억하지 못한다고 대답할 가능성이 크다. 사실 우리는 집까지 이런 식으로 운전해서 온다. 어떻게 도착했는지 모른다. 음식점 이름을 찾겠다고 폰을 들었다가, 20분 동안은 이메일을 살피고, 트위터를 활성화하고, 메신저를 켜고, 인스타그램, 왓츠앱을 하다가 다시 이메일, 트위터, 메신저, 인스타그램, 왓츠앱을 한다. 어쩌다 거기까지 갔는지도 모른다.

실제로 대부분의 경우 왜 우리가 전화를 집어든 것인지, 애플리케이션에서 본 내용은 무엇이었는지 기억하지 못한다. 우리는 금붕어의 집중력을 가지고 있다. 아니, 과거에는 그랬었다. 지금은 아니다. 물고기의 집중 능력은 9초 동안 지속되는데 반해 평균적 인간의 집중 능력은 8초다. 2000년에는 12초 동안 한 가지 일에 집중할 수 있는 능력을 보여줬지만, 우리는 그 기록을 낮추기 위해 열심히 노력했다. 인내심은 거의 사라졌다. 사용자의 40%가 웹페이지를 로드하는 데 3초 이상 걸리는 경우 웹페이지를 떠나버린다.

스키너는 자유 의지를 믿지 않았다. 그는 모든 인간의 반응은 처벌과 보상에 기초한 사전 학습에 의해 조절된다고, 적절한 방아쇠를 주변에 배치하여 예측 가능한 방식으로 행동을 유도할 수 있다고 믿었다. 그가 볼 때는 대단한 일이었다. 스키너는 내부 갈등을 해결하고, 공포를 극복하고, 나쁜 습관을 바꾸거나 반사회적 행동을 바로잡는 방법은 프로이트적인 드라마를 찾아 잠재의식으로 뛰어드는 것이 아니라 적절한 방아쇠를 활용해 환경을 수정하는 것이라고 믿었다. 이런 식으로 우리는 원하는 결과를 얻을 수 있다. 모든 문제에 대한 해결책은 기계적인 과정이므로 시스템화할 수도 있다. 간단한 공식(자극+반응=학습)으로 사회 내 최악의 습관을 통제하고 개선함으로써 세상을 바꿀 수 있다. 1948년 스키너는 《월든 투: 심리학적 이상사회*Walden Two*》에 이러한 생각을 담았다.[4] 체계적으로 통제되는 공동체라는 생각을 발표하기에 좋은 타이밍은 아니었다. 같은 해 조지 오웰은 《1984》를 발표했다.

어떤 사람들은 이 책으로 그의 경력은 끝났다고 말했다. 다른 이들은 행동 연구에 초점을 맞춘 새로운 과학의 장을 열었다고 말한다. 1970년, 그는 《자유와 존엄을 넘어서Beyond Freedom and Dignity》를 출판했으며, 사회에는 개인의 자유보다 더 중요한 것들이 있다고 재차 주장했다. 《타임》은 이 책을 "올해 가장 논쟁적인 도서"로 선정했다. 그는 《로스앤젤레스타임스》와의 인터뷰에서 자신을 둘러싼 비판에 항변했다. "나는 처벌을 통한 통제를 이야기하는 것이 아니고, 줄을 잡아당겨 통제하라고 말하는 것도 아니다. 나는 행정력을 선택 인자로 사용하는 통제에 대해 말하는 것이다. 처벌을 긍정 강화에 기반을 둔 통제로 바꾸는 것이다." 스키너는 새 천년의 가장 영향력 있는 심리학자가 되지 못하고 1990년에 사망했다. 프로이트가 문화 전쟁에서 그를 이겼다. 하지만 인터넷 이후의 세계는 스키너의 것이다.

스키너가 살아 있다면 페이스북이나 구글 또는 아마존에서 일할 것이다. 실험에 사용할 30억 이상의 인간 실험쥐도 갖게 될 것이다. 사실, 대학을 떠나지 않고도 이 회사들을 위해 일할 수 있다. 이것이 바로 스탠퍼드대학교 설득기술Persuasive Technology연구소 소장인 B. J. 포그가 하는 일이다. 이 연구소(지금은 행동설계Behavior Design연구소로 이름이 바뀌었다―옮긴이 주)는 1998년에 "사람들의 생각과 행동을 바꾸는, 또 그것을 자동으로 할 수 있는 기계를 만들기 위해" 설립되었다. 방법론적으로는 스키너의 직계 상속자이지만, 그의 영웅은 "우리는 우리가 반복해서 하는 일이다"라고 말한 아리스토텔레스이다.

21세기 스키너, B. J. 포그
: 심리학+경제학+신경학+통계학+컴퓨터 과학=$$$

B. J. 포그는 자신의 연구소를 세우기 1년 전, 마지막으로 박사 과정 수업을 하면서 특이한 점을 발견했다. 많은 학생들이 예전에 프로젝트를 성공적으로 끝낸 경험이 있는 컴퓨터에서 작업을 할 때, 다른 때보다 더 많은 시간을 할애하고 공을 들이는 것이다. 그는 이를 일종의 미신(나에게 행운을 주는 컴퓨터에서 일이 더 잘된다)으로 해석하는 대신, 상호주의의 사례로 해석했다. 사회심리학에서 이 원칙은 사람들이 호의를 받으면 마땅히 자신도 보답해야 한다고 느끼거나 호의를 베푼 사람에게 빚을 졌다고 느끼는 것을 뜻한다. 판매자들 사이에서는 잘 알려진 설득의 기술이다. 예를 들어 판매자가 물건의 가격을 너무 낮춰버리면 구매자는 할인을 무시할 수 없어서 물건을 산다. 포그는 이 공식을 사람과 기계 사이에 적용했을 뿐이지만, 이 개념은 상호작용의 전성시대에 주단을 깔아주었다.

그는 인지심리학(컴퓨터 공학의 대화형 기술에 캡톨로지captology, 즉 컴퓨터를 설득 기술로 사용하는 과학을 접목한 분야—옮긴이 주)과 같은 사회 공학 전술들을 사용하여 대화형interactive 애플리케이션을 설계할 수 있다고 대학에 설명했다. 이때 예로 든 것이 건강, 금연, 재정, 시험 관리 등이었다. 20년 후 그가 설계한 방법들은 세계적으로 유명해졌다. 이를 통해 수십 개 회사들이 수십억 달러를 벌어들인 것이다. 물론 금연을 도와서 그렇게 된 것은 아니다.

포그는 때와 장소를 잘 타고난 인물이었다. 캘리포니아 팰로앨토Palo Alto의 스탠퍼드대학교는 실리콘밸리 '공인' 인재 배출의 장이다. 한 졸업생은 1909년에 미국 최초의 거대 기술회사인 연방전신회사Federal Telegraph Company를 설립했다. 이후 졸업자들이 창립한 회사를 나열하면, 휴렛팩커드, 야후, 시스코시스템즈, 선마이크로시스템즈, 이베이, 넷플릭스, 일렉트로닉아츠, 인튜이트, 페어차일드반도체, 애질런트테크놀로지스, 실리콘그래픽스, 링크드인, 페이팔, 이★트레이드 등이 있다. 2009년에 한 학생 그룹은 스타트업 인큐베이터인 스타트X를 설립했는데, 지금은 스탠퍼드대학교와 심지어는 교수들까지 투자하는 회사로 성장했다. 북쪽으로는 페이스북, 남쪽으로는 애플, 동쪽으로는 구글, 서쪽으로는 샌드힐5과 인접해 있다. 대규모 투자자들이 기말 프레젠테이션에 몰려간다. 미래의 닷컴 억만장자로 성장하는 꽃길이 깔렸다.

연구소와 기업의 의사소통은 물 흐르듯 매끄럽다. 포그는 자신의 시간을 수업, 실험실, 프록터앤드갬블, 미국은퇴자협회 같은 대기업의 고문으로 일하는 데 쪼개어 썼다. 이베이가 소비자 서비스를 향상시킬 수 있도록 도움을 주었고, 나이키에는 스포츠 기술 디자인에 대해 조언해주었다. 무엇보다도 그는 행동 디자인의 모든 측면을 대학 안팎의 여름캠프, 워크샵, 강좌를 통해 강의하며, 같은 주제를 반복하지 않는다고 자랑한다. 2007년 과정에서는 학생들에게 가능한 많은 사용자가 참여할 수 있는 애플리케이션을 설계하도록 주문했다. 이것이 그를 전설로 만든 강좌다. 이른바 "더 페이스북 클래스The

Facebook Class "다.

제반 조건이 좋았다. 아이폰이 나오고 페이스북이 초창기 앱들을 선보였을 때다. 포그는 학생들에게 저커버그의 플랫폼을 위한 앱을 만들고 가능한 한 빨리 배포하도록 지시했다. 완성도에 대해서는 너무 걱정하지 말라고 했다. 그건 나중에 해결될 일이었기 때문이다. 페이스북의 내부 모토는 밸리 전체에 스며든 문화가 되었다. "빠르게 실행하고 부숴버려라Move fast and break things."6 이 강좌에는 75명의 학생들이 있었고, 두세 명, 서너 명씩 조를 짰다. 10주 동안 그들은 1600만 명의 사용자를 확보했다. 호아킴, 알렉스, 에드의 앱은 매력 있는 페이스북 친구들에게 "매력 점수hotness"를 보내는 것이었는데, 500만 명의 사용자를 확보하고 하루에 3,000달러를 벌었다. 그들은 6자리 숫자의 금액에 앱을 팔아 소셜네트워크 회사(Friend.ly)를 설립했다. 댄과 롭은 가상 포옹을 보내주는 앱으로 한 달에 10만 달러를 벌었고 나중에는 보낼 수 있는 것이 가상 키스, 가상 베개 싸움 등 61개로 확장되었다. 데이브, 제니퍼, 제이슨은 3일 만에 6,000명의 사용자를 확보한 설문 조사 도구를 런칭했다. 이 강좌에 대한 기대감은 높아졌고, 최종 발표회는 투자자들로 가득 찼다. 이후 많은 학생들이 대학을 관뒀고, 현재 대부분이 기술 분야 대기업에서 일하고 있다.

포그는 자기 방법의 효과에 대한 증거로 학생들의 성공을 자랑하고 싶어 한다. 2018년 1월 그는 자신의 웹페이지에 "인스타그램은 8억 명 이상 사람들의 행동을 변화시켰다. 공동 설립자는 나의 학생이었다"라고 썼다. 페이스북은 2012년 인스타그램을 10억 달러에 인수했는데, 현재 앱 사용자가 10억 명 이상이다. 그가 학생들에게 가르친 것은 간단하다. 행동은 시스템이므로, 시스템화할 수 있다는 것이다. 스키너의 주장과 동일하지만, 포그는 자신만의 공식을 만들었다.

포그 행동 모델FBM, Fogg Behaviour Model은 습관을 효과적으로 이식하기 위해 동기, 능력, 신호, 이 세 가지가 동시에 발생해야 한다는 이론을 확립했다. 주체는 그것을 원해야 하고 또 할 수 있어야 한다. 그리고 그렇게 하도록 유도하는 무언가가 있어야 한다. 마지막 요소를 트리거trigger(사건의 원인, 활성제, 신호)라고 부른다. 세 가지 중 하나라도 없으면 루틴으로 굳지 않는다. 예를 들어, 매일 아침 30분 동안 달리기를 해서 살을 빼고자 하는 사람은 체중(높은 동기 부여)에 대해 걱정해야 한다. 혹은 달리는 게 매우 쉽게 느껴지는 사람이어야 한다. 체중에 별로 신경도 쓰지 않는데 아주 일찍 일어나야 한다면, 적절한 장비를 가지고 있는 것도 아닌데 달리는 것을 싫어한다면(기량이 낮음), 목표를 달성하는 게 기적이다. 공식이 작동하려면 동기 부여와 능력이 좌절감보다 커야 한다. 진짜로 체중 감량을 원하고 달리기도 좋아한다면 이제 남은 것은 적절한 '트리거'다. 알람을 설정하고, 일어나자마자 준비된 옷을 입고, 집 앞의 공원을 선택하거나, 친구들과 같이하자고 약속하는 것.

포그가 볼 때 세 가지 요소는 모두 존재해야 하지만 반드시 균형을 유지해야 하는 것은 아니다. 동기 부여와 능력은 서로 상쇄될 수 있다. "동기 부여가 매우 높으면 매우 어려운 일도 할 수 있다." TV쇼처럼 삶은 생선을 먹고 운동을 해서 70kg

씩 살을 빼는 것이 그렇다. 동기가 약한 경우 할 일은 매우 쉬워야 하고, 별다른 의지 없이 할 수 있어야 한다. 두 조건이 충분히 조화롭게 충족되면 적절한 장소와 시간에 신호를 배치하는 일만 남는다. 루틴은 단어나 이미지 또는 개념을 통해 거의 최면 상태로 활성화되어야 한다. 또 다른 루틴을 통해 활성화될 수도 있다. 가장 어려운 일은 발을 들여놓도록 하는 것이다. 주체가 사용자 프로필을 만들거나 응용프로그램을 설치하게끔 하는 일 같은 것이다.

이것은 신경과학이나 다크 아트가 아니다. 모든 부모는 FBM에 대해 모를 지라도 이미 설득이라는 전술에 능숙하다. 모든 일곱 살짜리들이 저항하려고 드는 행동과 습관, 예를 들면 양치질이나 수면 습관을 만들어내는 유일한 방법이다. 엄격한 치아 위생의 경우 사춘기 이전 아이들에게는 동기 부여가 잘 이루어지지 않기 때문에 일상에 보상을 통합하는 방식으로 진행된다. 공룡 칫솔, 딸기 맛 치약 또는 양치질 직후 바로 이야기 들려주기나 치아 요정의 호의를 얻는 것과 같은 중기 전략이 쓰인다. 두려움(미래의 충치 및 치아가 빠진 입) 또는 처벌(양치하지 않는 어린이는 과자를 먹을 수 없다)과 같은 부정적 동기도 있다. 사춘기가 되면 사회적 수용(치아 사이에 음식물이 남아 있을 때 다른 사람이 뭐라고 생각할까, 입 냄새가 난다면 아무도 키스해주지 않을 텐데)이 작동하기 시작한다. 동기 부여는 항상 낮은 수준이므로 핵심 전략은 지극히 쉬운 방식으로 시작하는 것이다. 도구를 화장실에서 피할 수 없는 장소에 배치하고 흐름flow을 망치지 않도록 해서 평범한 양치질을 참아내게 하는 것이다. 궁극적으로는 이미 성공적으로 고정된 루틴의 시작이나 끝이 또 하나의 신호 또는 트리거가 된다. 예를 들면 식사 후 **항상**, 자기 전에 **항상** 칫솔질을 하도록 하는 것이다.

포그 모델은 주요 동기 부여 요소를 세 가지 층위로 설정한다. 감각(쾌락, 고통), 예상(기대, 두려움), 소속(수용, 사회적 거부)이다. 첫 번째 층위인 감각은 본능적인 것처럼 보인다. 도파민이 주는 행복은 즉각적이고, 통증 신경 전달 물질 글루타메이트가 주는 공포도 즉각적이다. 행위와 보상의 주기는 짧고 효과는 매우 물리적이기 때문에 굉장히 강력한 결과를 만든다. 통제할 수 없는 힘은 우리로 하여금 당근케이크의 마지막 조각까지 끝장내게 만들고, 사무실에서 금지된 로맨스를 유지하게 만들고, 식중독에 걸린 후로는 새우찹수이를 피하게 만든다. 두 번째 층위인 예상의 경우, 동기 부여가 숙고를 포함하기 때문에 보다 복잡하다. 지금 원하는 오토바이를 구입하면 휴가를 갈 수 없다. 지금 네 잔째 다이키리를 마시면 내일 나는 죽고 싶을 것이다. 우리는 종종 더 큰 것을 피하기 위해 특정 고통이나 성가심과 협상한다(백신 접종이나 치아 치료). 그러나 지금 당장 과자를 1개 받거나 기다려서 2개를 받는 문제에서처럼 나중에 보상을 받기 위해 작은 좌절을 받아들이는 경우가, 우리에게는 그렇게 많지 않다. 기다릴 수 있는 사람들은 확실히 인생에서 훨씬 더 성공할 수 있다.[7] 마지막으로 사회적 동기는 세상 속 우리의 위치나 사회에서 인정받고 싶은 욕구와 관련이 있다. 이는 매우 강력한 도구다. 당신이 생활하는 사회와 집단에 받아들여진다는 것은 생존의 핵심열쇠이기 때문이다. 사회적 동기는 디지털 플랫폼과 앱이 가장 좋아하는 것으로, 소셜네트워크의 위대한 마스터키이다.

포그는 에세이 〈설득형 디자인을 위한 행동 모델A Behavior Model for Persuasive Design〉을 통해 "오늘날 소셜 기술이 현실이 되면서 사회적 수용 또는 거부를 통해 사람들에게 동기를 부여하는 방법이 번성했다. 실제로 페이스북은 사용자에게 동기를 부여할 능력이 있다. 궁극적으로는 동기 부여 덕분에 사용자에게 영향을 줄 수 있는 능력도 갖는다. 페이스북 사용자는 사진을 업로드하고 담벼락에 글을 쓰면서 사회적으로 받아들여지기를 원한다"라고 했다. 사회적으로 받아들여지는 것보다 유일하게 더 효과적인 동기 부여는 사회적으로 거부당하는 것에 대한 두려움이다. 수십억의 사람들이 사용자 계정을 만들고 모든 종류의 응용프로그램을 설치해야 하는 이유가 여기에 있다. 뒤처지고 싶지 않고, 흐름에서 벗어나고 싶지 않은 것이다. 그래서 이미 증후군으로 간주된다. 바로 **포모 증후군**FOMO, Fear of Missing Out이다. 도구를 사용하도록 만드는 패턴은 분명하다: 도구는 매우 편리하고 사용하기 쉬워야 한다. 사용자가 취해야 할 단계가 적고 장애물이 적을수록 좋다. 그렇기 때문에 당신이 설치한 애플리케이션은 휴대전화를 켤 때마다 볼 수 있도록 모바일 화면에 기본값으로 나타난다. 아이콘 자체가 트리거다. 아이콘은 레버, 당신은 쥐!

앞서 말했듯이 활성제를 영어로 트리거라고 하며 이는 '방아쇠'를 의미한다. 트리거의 임무는 전에는 머릿속에 없었던 물건을 머릿속에 집어넣는 것이다. 단 걸 먹어야겠다, 신발을 사야겠다, 사진을 보내고 앱을 열어야겠다와 같은 생각이다. 알람, 키보드 주변 포스트잇, 달력에 남긴 메모가 우리 스스로 무언가를 하도록 강요하는 방아쇠다. 광고도 마찬가지다. 그들은 대규모 트리거다. 지면에 인쇄된 사진, 도로의 포스터, 텔레비전의 짧은 광고처럼(나는 그가 되고 싶어. 나는 그의 차를 사러 갈 거야. 나는 그녀처럼 되고 싶어. 나는 그녀의 샴푸를 사러 갈 거야) 항상 노골적인 것은 아니다. 아로마 산업은 카페나 베이커리 체인에서 사용할 갓 구운 빵과 버터비스킷의 향기를 생산하고 그 규모는 수백만 달러에 이른다. 아로마는 실제로는 쿠키가 아니지만 앞에서 언급한 대로 뇌를 직접 자극해 쿠키에 얽힌 추억을 떠올리게 하는 매우 강력한 활성제이다: 할머니와 함께한 여름밤, 어린 시절의 안락과 따뜻함, 걱정의 부재, 무조건적인 사랑. 어느 지친 날 사무실을 떠나는데 어디선가 쿠키 냄새(활성제)가 난다면, 아마도 카라멜프라푸치노(행동)를 주문하고 기분이 훨씬 나아질 것이다(보상). 그때부터 냄새는 매일 프라푸치노에 슬픔을 묻어버리는 것이 얼마나 쉬운지 상기시켜 줄 것이다. 이런 일이 계속 반복된다면 피곤하거나 당신에게 어떤 일이 생기거나 사기가 떨어질 때쯤이면 반드시 재빨리 프라푸치노를 원하게 된다. 스트레스를 받을 때, 생리를 하거나, 슬프거나 지루하거나 불쾌한 감정에 사로잡힐 때마다 그럴 것이다. 이것이 루틴이 자리 잡는 궁극의 전략이다: 외부 활성제가 내부 활성제로 바뀐다. 당신 안에 프라푸치노 알람이 생겼다.

그것은 당신 안에 있지만 당신이 통제할 수는 없다. 라디오에서 노래가 들려서 노래를 부르는 것과 노래가 이미 당신에게 들러붙어서 떼어낼 수 없는 것에는 차이가 있다. "어떤 상품은 그것과 연관된 무언가가 분출될 때마다 우리 머릿속에 떠오를 것이다." 스탠퍼드의 또 한 명의 베테랑 니르 이얄Nir Eyal은 설명한다. 그는 기술 기업이 이러한 효과를 달성할 수 있도록 제품, 캠페인, 앱 설계 과정을 돕는다. 그래서 아마존에서 책을 보지 않고서는 책에 대해 생각할 수 없는 사람들이 수십억 명 생겨난 것이다. 왓츠앱을 열지 않고서는 친구를 기억할 수 없고, 구글, 옐프, 엘테네도르를 열지 않고서는 먹을 곳을 생각할 수 없는 사람들이 있다. 활기찼던 저녁 식사 시간은 누군가가 "이제 우리 어디 가지?"라고 말할 때 끝이 난다. 모두 휴대전화를 꺼내 검색한다. 화면을 켜기 전에 함께 공유했던 순간은 금세 사라진다. 왜냐면 곧 메시지, 업데이트, 전화, 이메일 및 대기 중인 '좋아요'를 발견할 것이기 때문이다. 그 어느 것도 우연이 아니다. 정확히 계획대로 벌어지는 일이다. B. J. 포그가 쓴 가장 유명한 책은 《설득의 기술: 컴퓨터를 사용하여 우리의 생각과 행동을 바꾸는 것Persuasive Technology: Using Computers to Change What We Think and Do》이고, 이얄의 책은 《훅: 습관 형성 제품을 만드는 법Hooked: How to Build Habit-Forming Products》이다. 이들의 주요 경쟁 업체로 신경과학자 램지 브라운Ramsay Brown이 설립한 연구소 이름은 직설적이게도 도파민랩스Dopamine Labs다.

신경 해킹 또는 다크 디자인:
자극, 점수, 레버 그리고 무한 반복

이메일, 메시지, 패킷(데이터 묶음) 또는 흥미를 끄는 여러 가지가 당신에게 도착한다. 새로운 사용자, 새로운 뉴스, 새로운 도구는 언제나 생겨난다. 누군가는 무언가를 하고, 게시하고, 사진을 업로드하고, 태그한다. 5개의 메시지, 20개의 좋아요, 12개의 댓글, 8개의 리트윗이 있다. 3명이 당신의 프로필을 보고 있고, 4개의 회사가 당신의 이력서를 읽고 있다. 무선 스피커 2개가 세일 중이고, 미결제 청구서가 3개 있다. 당신이 팔로우하는 사람들은 어떤 계정을 팔로우하고 있다. 어떤 주제에 대해 이야기하고, 책을 읽고, 영상을 보고, 모자를 쓰고, 아침으로 블루베리요거트볼을 먹고, 칵테일을 마시고, 노래를 부른다. 하루에 수십 번 일어나는 일을 '푸시 알림'이라고 표현한다. 이는 당신의 관심을 촉구하는 자극의 왕이다. 항상 대기 중이어야 하고, 정시에 답변하고 다른 사람보다 먼저 확인해야 한다. 먼저 트윗하고 먼저 답변하고 먼저 도착해야 한다. 모든 것이 중요하고 모든 것이 시급하다. 모든 게 실제로 그럴 수 있다는 점에서 최악이다. 당신이 그걸 보기 전까지는 알 수 없다(가변 간격 강화). 그러나 당신이 부름에 응답하지 않으면 처벌은 불필요해지고 곧 사라진다는 것도 알고 있다. 제프 베이조스Jeff Bezos가 자신의 주주들에게 한 말대로 "무관심irrelevance은 고통스럽고 뼈아픈 하락세"다.

대부분의 앱에는 푸시 알림이 기본값으로 활성화되어 있지만, 비활성화할 수도 있다. 그러나 사용자는 알림이 자신의 삶을 망치고 있음을 너무 늦게 감지한다. 듀크대학교연구센터에 따르면, 알림을 받지 못해도 뒤처질 염려는 없다.

일단 알림을 받고 모바일 화면을 잠금 해제하면 당신이 받은 좋아요 수, 다른 사람의 메시지나 의견, 기분을 좋게 하는 기타 도파민 패킷에서 보상을 찾을 수 있다. 페이스북과 인스타그램에는 '싫어요' 버튼이 없으므로 항상 처벌보다 더 많은 보상이 있다. 잠금을 열면 당신은 또 다른 트리거를 발견한다. 특히 오른쪽 상단 모서리에 일반적으로 원으로 둘러싸여 있는 숫자 아이콘을 발견한다. 아이콘은 빨간색이고 숫자는 항상 양수다. 그것은 보상이나 비상사태 또는 둘 다를 동시에 의미한다. 어떤 기회일 수도 있고 해고 가능성일 수도 있다. 러시아 트롤일 수도 있고 세계적 명성일 수도 있다. 당신은 당신을 위해 저장되어 있는 것이 무엇인지 모르고 클릭한다. 두 번째 가변 간격 강화이다. 이것을 **반복**한다.

그들은 당신이 사진을 업로드할 때마다 자동으로 좋아요를 받으면 더 빨리 돌아오리란 것을 알고 있다. 그렇게 하는 봇bot을 쉽게 구현할 수 있다. 당신은 당신의 팔로워를 다 알고 있는가? 그들은 실제적 의미가 있는 것인가 아니면 당신을 앱에 푹 파져 있게 만드는 즉각적인 보상일 뿐인가? 일각에서는 이를 신경 해킹neurohacking이라 부르고, 어떤 이들은 다크 디자인dark design이라고 부른다. 램지 브라운은 인터뷰에서 "사람들에게 도파민을 언제 어떻게 제공할 것인지 통제하는 것만으로도 일주일에 두어 번 앱을 사용하게 할지, 수십 번 사용하게 할지 결정할 수 있다"라고 설명했다. 사용자는 그 숫자가 높은지 낮은지, 좋은 것 혹은 더 좋은 것을 숨기고 있는지 등을 알지 못한다. "이것이 그를 강박적으로 만드는 요소다." 모든 것을 간파한 채 항상 이기는 위치에서 게임하고 싶어 하는 사람은 아무도 없다. 그건 흥미를 떨어뜨린다. 스키너 교수의 '조작적 조건형성'은 빅데이터라는 연료를 공급받아 인공지능으로 최적화되었다. 슬롯머신과 마찬가지로 사용자 데이터를 분석하여 알림 신호를 보낼 완벽한 때를 예측하는 불투명한 알고리즘이 있다. 아무것도 우리에게 도달하지 않았지만 우리는 그것을 열어본다. 바로 내부 활성제다. 우리는 왜 그러는지 모른 채 하루 평균 150번 전화 잠금을 해제한다.

푸시는 당신이 모르는 일이 일어나고 있음을 끊임없이 상기시킨다. 확인하지 않은 채 누적되는 푸시 요청 횟수는 당신보다 앞서 무슨 일이 벌어지고 있는지 이미 아는 사람들이 있다는 경고다. 그들은 당신이 방심한 사이 당신의 명성, 일, 심지어는 애인까지 빼앗아갈 것이다. 사회적 인센티브는 강력하므로 당신은 다른 사람들의 "점수"를 볼 수 있고, 그들 사이에 있는 당신의 점수도 볼 수 있다. 이것은 '10명 중 9명이 자기 전 양치질을 한다'와 같은 오래된 속임수이다. 그리고 소셜네트워크는 모든 사람이 점수를 받고, 해결 불가능한 순위를 생성하는 우주다. 당신은 팔로워 10만 명을 소유한 게 아니다. 친구, 피아노 선생님, 전 여자 친구 또는 증오하는 학교 동기보다 팔로워가 많거나 적을 뿐이다. 지난주에 비해 팔로어, 리트윗 또는 댓글 수가 적은 건 당신이 '중요성relevancia'을 잃었다는 뜻이다. 당신은 다른 사람들보다 열등하다. 당신이 이전보다 좋아요를 덜 받는다면, 친구는 어제보다 당신을 덜 사랑하는 것이다. 도파민에 작은 천공을 뚫는 바로 그 숫자들이 결국 당신을 커다란 불안으로 이끈다. 링크드인은 각 사용자의 네트워크 크기를 볼 수 있는 아이콘으로 이를 악용했다. 사용자들은 자연스럽게 자신의 네트워크와 다른 사람들의 네트워크를 비교하는 반응을 보였다. 네트워크는 가능한 많은 연결을 통해 먹이를 줘야 했던 다마고치와 같다. 또 하나의 잘 알려진 속임수가 있다. 사용자가 요청(우정, 연락처, 후속 조치 등)을 보낼 때마다, 수신자는 사회적으로 응답해야만 할 것 같은 알림을 받는다. **상호주의 원칙**quid pro quo이다. 사회적 불안에 기반을 둔 운영 설계를 10대들 사이에서 가장 인기 있는 네트워크인 스냅챗만큼 잘 구현한 플랫폼은 없다. 스탠퍼드 학생이었던 에반 스피겔Evan Spiegel은 2011년에 스냅챗을 만들었다. 4년 후 그는 미국에서 가장 어린 억만장자가 되어 슈퍼모델 미란다 커와 결혼했다.

스냅챗은 설정해놓은 시간에 메시지가 자동 파괴되는 인스턴트 메신저 앱이다. 그것은 스노든 이후 시대를 맞이할 완벽한 응답처럼 보였다. 다음 날 학교에서 웃음거리가 되거나, 학교 폭력의 무력한 희생자가 되지 않으면서도 약한 모습을 보일 수 있는 안전한 공간이었다. 그러나 사라지지 않는 숫자가 있다: **점수**score. 이론적으로는 당신이 보내거나 받은 모든 메시지의 합계이지만, 확실하게는 뭔지 알 수 없다(불투명한 알고리즘!). 낮은 점수는 낮은 인기를 뜻한다. 그리고 인기가 없는 건

Snapchat Streak Emojis

You are on fire. This are officially called Snapstreak. You and your friend have been sending snap every day

Your Snapstreak with your friend is about to end

Congratulations. You and your friends received a 100 day Snapstreak. You have been sending snap to each other for 100 days

스냅챗의 이모지. 당신이 연속스냅에 동참하지 않는다면, 관계의 불꽃은 끝장나버리고 만다.

10대에게 일어날 수 있는 최악의 일 중 하나다. 고등학교에서는 인기를 얻으려고 노력해야 한다. 앱을 열고 사진을 보내기만 하면 된다! 동기 부여: 99%, 능력: 100%.

이 시스템은 최근 새로운 동기 부여의 원천이 될 연속스냅Snapstreak을 도입했다. 누군가와 특정 개수의 메시지를 교환하면, 그 사람의 이름 옆에 불꽃 아이콘이 나타난다. 그 사람과의 관계의 불이다. 불꽃이 나타난 순간부터 상호작용은 카운트다운을 시작한다. 비디오 또는 사진을 보내지 않으면 연속스냅은 죽고, 불꽃은 사라진다. 그 사람과의 특별한 관계가 끝난 것이다. 이제 더 이상 당신들은 친구 사이가 아니다. 일반적으로 13세에서 22세 사이의 사용자는 휴가를 가고 벌을 받고 심지어 시험을 보는 중에도 불꽃을 계속 유지하기 위해 서로 암호를 교환한다. 여행 중에 이웃에게 자기 집 식물에 물을 주라고 부탁하는 사람과 같다.[8] 트로피 등과 같이 앱을 더 많이 사용하라고 촉진하는 온갖 잡다한 기능들이 있다. 다른 무엇보다 앱은 셀피와 동영상을 전송하는 것에 큰 상을 주도록 설계되었다. 실제로 얼굴을 바꾸거나 아름답게 하거나 변장시키기 위해 필터를 최초로 도입한 앱이 스냅챗이다.[9] 예쁜 얼굴은 훨씬 더 많은 인게이지먼트를 유도하고 더 많은 도파민을 생성한다.

알림 및 수치화cuantificación는 사용자의 불안을 가지고 노는 두 가지 요소로, 간단한 도구를 제공해 세상을 통제한다. 바이럴viral화되기 전에 이미 밈meme을 알고 있고, 있어야 하는 곳에 있고, 사진에 멋지게 찍히면서 카리스마도 넘치고, 재치 있는 사람이 되려면, 올바른 앱들을 가지고 있으면 된다. 올바른 사람들을 팔로우하면서 알림에 항상 깨어 있으면 된다. 다른 방법은 없다. 이건 일도, 희망도, 미래도 없는 세상의 불안을 악용하는 것이다. 소셜네트워크 이전에는 비디오게임이 가장 중독적인 매체였다. 가장 교활한 일상화 전술이 거기에서 왔다.

비디오게임은 점점 높아지는 난이도에서 발생하는 수많은 도전, 퍼즐 또는 대립을 극복한 후에 미션을 완수하는 이야기다. 이를 '재귀'라고 한다: 특정 함수가 프로그램 내에서 스스로를 계속 불러내는 것이다. 큰 문제를 해결하기 위해 그리고 점점 더 복잡해지는 상황을 해결하기 위해 보다 작은 문제를 반복해서 해결한다. 각 단계에는 보상이 있다. 성공할 때마다 음악, 점수, 목숨, 무기, 동물이 늘어나고, 무엇보다도 다음 화면이 열린다. 따라서 더 많이 할수록 더 잘하고, 더 잘 할수록 더 많이 하고 싶다.

기술적으로는 독일어나 농구 등 뭔가를 배우는 것과 동일하다. 실생활에서는 재귀를 훈련이라고 한다. 연습을 많이 할수록 더 잘하고, 더 잘할수록 더 많이 하고 싶고, 그럴수록 더 많은 만족감을 줄 수 있고 계속해서 더 많은 기회를 얻을 수 있기 때문에 행복하다. 다른 점은 스포츠나 다른 학습 루틴과는 달리 굴욕을 경험하지 않는 것이다. 무릎을 올리라고 우리를 괴롭히는 코치는 없다. 득점을 놓쳤다고 화를 내는 동료가 있는 팀도 아니다. 같은 반 아이들 앞에서 어려운 단어를 반복시키며 당신을 실망스런 눈빛으로 바라보는 교사도 없다. 시스템은 우리가 시험에 합격하면 보상을 하지만 실수할 때 조롱하거나 화내지 않는다. 같은 실수를 여러 번 반복하더라도 아무도 비난하지 않는다. 보상이 좌절보다 훨씬 크기 때문에 성공할 가능성은 높다. 인생과 달리 게임의 일상은 자기 손가락에 딱 맞는 반지처럼 느껴진다. 게임은 우아한 세계다. 그것은 예측할 수 없는 자연처럼 작동하지 않는다. 놀라울 정도로 예측 가능한 시계처럼 작동한다.

앞서 말한 것처럼, 뇌는 생각하는 것을 좋아하지 않는다. 그러나 질서는 좋아한다. 의사 결정 회로가 적절하다고 판단되면, 자동화된 상태로 이를 실행할 때까지 항상 반복하려고 한다. 최근까지 이는 취약점이 아닌 장점이었다. 그 덕에 우리는 생각 없이 걸으면서 생각 없이 동사를 활용하고(스페인어에서는 인칭별로 동사가 변화한다—옮긴이 주) 공이 보이면 생각 없이 공을 찬다. 비디오게임은 우리에게 동일한 문제를 집중적으로 제기해서, 점점 더 길어지는 의사 결정 체인에서도 우리가 점점 더 빠르게 판단할 수 있게 한다. 우리가 구축한 정신적 도구는 꼬리에 꼬리를 무는 문제를 해결하는 데 도움이 된다. 재귀: 아무 쓸모가 없지만 그렇게 할 만한 가치가 있다. 인생에서 무언가를 더 잘하게 된다고 느끼는 것보다 더 중독적인 것은 거의 없다. 특히 잘할 때마다 온 우주가 축하해주고, 못한다고 놀리는 사람이 없다면 더욱 그렇다. 문제들은 해결되고 당신은 동기를 부여받는다. 뉴욕대 공과대학의 비디오게임 인공지능 전문가 줄리안 토겔리우스는 인터뷰에서 "실제 세계에는 흥미로운 일이 없다. 그러나 게임은 완벽하며 보상도 있다. 승리해도 못해도 점수를 받는다"라고 했다.

농구나 테니스와는 다른 또 다른 중요한 것이 있다. 비디오게임은 실제 세계에는 존재하지 않는 완벽한 무(제로)의 세계다. 그러나 업계는 우리의 뇌가 그렇게 느끼지 않도록 특수 효과를 동원해 인터페이스를 만든다. 레이싱게임의 진동이 느껴지는 핸들과 밟을 때 저항이 느껴지는 페달, 슈팅게임에서의 권총의 반동. 가상현실 헤드셋과 4D부스가 도래하기 전에 이미 센서를 사용한 견인력, 중력, 가속 기능이 있는 스틱과 페달과 핸들이 존재했다. 이를 통해 우리의 몸은 비디오게임의 은유적 세계에서 진짜 행위의 느낌을 받을 수 있었다. 그 효과는 매혹적이다. 게임 내 공간과 자신이 연결된다고 느끼게 하고 게임을 더 잘하게 만드는 기준점을 제공하기 때문이다. 이는 스포츠나 일반적인 학습에서 핵심적인 요소다.

게임 확장 프로그램이 **피드백**을 제공할 때 게임을 하는 사람은 컨트롤러가 제공하는 감각에 집중하게 되고, 이를 통해 놀고 있다는 '느낌'을 받는다. 행동이 머리보다 빠르게 작동하는 게임에서 '놀고 있다'는 느낌은 중요하다. 데이비드 포스터 월리스가 "운동 감각el sentido kinestesico"이라고 부르는 것으로, 공간과 놀이에 대한 심층의 감각이다. 여기서 우리는 "의식적인 사고를 피해 순수한 신체 반응, 반사작용의 작동 범위에서 움직"이며 그것은 엄격한 신체적·정신적 훈련의 결과라는 것이다.

어렵게 서브된 공을 성공적으로 쳐내려면 소위 "운동 감각"이 종종 필요하다. 이는 복잡하고 매우 빠른 작업 시스템을 통해 신체와 인공적인 확장을 제어할 수 있는 능력을 의미한다. 영어에는 이 능력에 대한 다양한 용어가 있다: 느낌, 촉각, 형태, 고유 감각, 조정, 손과 눈의 조정, 키네스테시아, 은총, 통제, 반사 등. 유망한 어린 선수들에게는 운동 감각을 다듬는 것이 일상 훈련의 주요 목표다. 훈련은 신경운동이면서 근육운동이다. 매일 수천 번 라켓을 치면 의식적인 생각을 통해서는 할 수 없는 일을 "느끼는" 능력이 발달한다. 외부인에게는 이런 종류의 반복 훈련이 지루하고 잔인한 것처럼 보이지만, 사실 외부인은 선수 내부에서 일어나는 일, 즉 미세한 조정, 계속되는 반복, 변화하는 상황에 대한 감각이 더욱 커지고 있음을 볼 수 없다. 의식에서 멀어질수록 더 정확해진다.[10]

"훈련은 신경운동이면서 근육운동이다." 핸들, 페달, 권총, 컨트롤러는 우리 몸과 손가락, 그리고 픽셀화된 게임의 미묘한 역학 사이를 오가는 동시통역사다. 덕분에 우리는 반복, 작은 조정, 인내를 포함하는 "복잡하고 매우 빠른 작업 시스템을 통해 신체와 인공적인 확장을 제어할 수 있는 능력"을 배울 수 있다. 그것들은 우리에게 배운다는 느낌을 주기 위해 고안된 메커니즘이다. 우리의 움직임은 더 정확해진다. 실제로는 존재하지 않는 세상에서 우리는 점점 더 잘하게 된다. 긍정 강화와 세밀한 조정 과정을 되풀이한다. 운동선수들은 공간과의 동기화 상태에 들어가기 위해 눈에 띄게 집중한다. 음악가는 악기와, 예술가는 자신의 질료와 동기화를 이룬다. 어떤 이는 집중이라 부르고 어떤 이는 **플로우**flow라고도 한다. 또 다른 이들은 **존**zona에 들어간다고 말한다. 플라톤은 감각할 수 있는 현실과 존재의 기초 사이에 있는 중간적 의식 상태인 메탁시metaxia라고 부른다. 인간을 최면 상태로 이끄는 루틴은 비디오 게임보다 훨씬 더 문제적이고 대중적인 산업에 대규모로 통합되었다. 기술적 명칭은 '게임화'이다. 그것이 슬롯머신과 애플리케이션, 소셜네트워크의 프로그램, 플랫폼의 일상이다.

슬롯머신 레버의 기능은 무엇인가? 게임과 내기의 활성화다. (이미 오래 전부터 기계는 기계로서 존재하지 않았기 때문에) 레버와 최종 결과 사이에는 아무런 관련이 없다. '유사 스키너 상자'다. '쥐'는 레버를 당기고 물리적 세계에서 그 행동은 즉각적인 결과를 가져온다. 그리고 가변 간격 강화가 있다. 레버를 당길 때 음식을 가져올지 여부를 알 수 없다. 기계는 베팅된 돈의 1%만 지불하도록 프로그래밍되어 있지만 가장 똑똑한 플레이어조차 그게 언제인지 알 수 없다. 레버를 당기는 행동은 그가 기계를 제어하는 것처럼 느끼게 하고, 그래서 더 잘

할 수 있다고 생각하게 한다. 정지 버튼도 똑같이 작동한다. 조금만 더 빠르게 하면, 제때에 놓으면, 시스템 내부의 심장과 본능적으로 연결될 수만 있다면, 게임을 "느낄" 수 있을 것이다. 그리고 기계는 이런 감정을 이미 설계된 다른 요소들을 통해 강화한다: "거의 정확했어!", 가짜 보상, 그리고 음악.

거의 정확하다는 건 성공에 거의 도달했다는 의미의 보상과 같은 결과로 보인다. 당신의 두뇌는 '이기기 직전'이라고 기록한다. 점프슛이 거의 들어갔을 때 혹은 프리킥이 거의 들어갔을 때 발생하는 일이다. 승리를 위해 조금만 더 플레이하면 — 조금만 더 섬세하거나, 한두 번만 더 하면— 될 거라고 해석한다. 이때 수반되는 음악은 말한다: 거의 다 왔어! 우리 모두 당신을 기다리고 있어! 당신이 건 것보다 덜 따는 건 가짜 보상이다. 그러나 음악은 엄청난 팡파르로 축하하면서 당신이 더 많이 딴 것처럼 보이게 한다.

이 모든 강화는 터무니없는 조합으로 무작위로 나타나는 게 아니다. 정확히 당신이 그만두려고 하기 직전에 나타난다. 동일한 제조업체에서 만든 모든 슬롯머신이 매일 쉬지 않고 작동해서 얻은 정보로 만든 알고리즘에 따르는 것이다. 무수히 많은 기계가 있다. 게임 산업은 매년 5000억 달러를 벌어들인다. 그리고 슬롯머신은 세계에서 가장 수익성 높은 '우연 게임'이다. 사실은 아무것도 우연에 맡겨놓지 않았기 때문에 가능했다. 슬롯머신은 명백한 질서가 없는 일련의 숫자를 생성하는 난수생성기RNG를 가지고 있지만, 알고리즘이 불투명하기 때문에 어떻게 작동하는지 알 수 없다. 우리는 그것이 업계에서 가장 중독성이 강한 설계임을 알고 있다. 그래서 소셜네트워크의 건축가들이 이 구조를 따라한 것이다.

세계에서 가장 인기 있는 앱은 말 그대로 슬롯tragaperras 레버를 재창조해, '당겨서 새로 고침pull to refresh'이라고 부른다.ⁱⁱ 애플리케이션의 내용을 업데이트하기 위해 엄지손가락을 아래로 미는 것이다. 새로운 콘텐츠를 보기 위해 이 제스처를 취해야 할 기술적인 이유는 전혀 없다. 화면에 자동으로 최신 콘텐츠를 표시할 수도 있다. 사실, 예전에는 그랬다. 이제는 스키너의 상자다. 뭔가 지나가게 하기 위해서는 레버를 당겨야 한다. 아니면 왼쪽에서 오른쪽으로 밀든지. 우리는 그 레버가 보상을 가져올지 말지 모른다. 틴더는 (심지어) 행위에 의미가 있는 영민한 사례다. 잠재적 애인을 수용하거나 거부하기 위해 손가락으로 스와이프(미는)히는 것은 이 데이트 플랫폼을 다른 것들보다 유명하게 만든 핵심 요소다. (지금 이 순간 틴더 앱은 캔디크러시사가, 스포티파이, 유튜브, 핀터레스트의 다운로드 수를 추월했다.) 이렇게 단언하는 이유는, 실제로 이 앱에서는 밀거나 메시지를 보내는 것 외에 다른 걸 할 수 없기 때문이다. 그리고 이것이 부동산업자, 업무 대행사, 광고 게시판, 트위터의 "모멘트"에 의해 싱가포르에서 브라질로, 리스본에서 이스탄불로 복사되었기 때문이다. 중요한 것은 내용이 아니라 루틴이다. 제스처는 우리의 손가락이 결과에 영향을 줄 수 있다는 무의식적 확신을 보여준다. 우리가 뭔가를 잘하면 보상이 있을 것이다. 이것이 취면 상태로 우리가 다시 휴대전화로 돌아가고 또 돌아가게 만드는 메커니즘이다. 그러나 우리가 휴대전화에서 떠나는 것을 막는 또 하나의 작은 트릭이 있다: 무한 **스크롤**이다.

"우리는 HBO가 아니라 수면욕과 경쟁한다"

라스베이거스 카지노는 24시간 내내 운영된다. 창문과 시계가 없다. 빛은 시간에 상관없이 동일하다. 밤인지 낮인지, 얼마나 오래 있었는 지 알 수 없도록 설계되었다. 음식을 먹을 때 일어났던 일과 마찬가지다. 우리는 아직 풍요를 관리할 만큼 진화하지 못했다. 도파민을 풍부하게 생산하는 좋은 물질이 있다면, 우리는 그걸 끝장낼 때까지 소비한다. 수프 접시에 바닥이 없다면, 우리는 73% 이상을 더 먹을 것이다.[12] 보상 가능성이 무한하면, 우리는 기절할 때까지 게임을 한다. 슬롯머신의 한계는 플레이어 자신뿐이다. 그들은 돈이 다 떨어지거나 잠들어서야 기계를 떠난다. 뉴스피드, 담벼락, 대문, 플레이어 및 페이스북, 인스타그램, 트위터, 스포티파이, 유튜브, 넷플릭스 등에도 끝이 없다. 뉴스피드 담벼락에는 항상 새로운 뉴스가 있으며, 아마존에는 항상 방금 구입한 것보다 더 최신인, 더 가치 있고, 더 완벽하고 더 저렴한 (관심 주제에 관한) 책이 있다. 한계는 배터리와 사용자의 체력이다. 그래서 우리는 보조 배터리를 사고 잠을 자지 않는다. 넷플릭스의 창립자 리드 헤이스팅스Wilmot Reed Hastings, Jr.는 《월스트리트저널》이 주최한 회의에서 다음과 같이 말했다. "넷플릭스는 고객의 시간을 두고 경쟁한다. 그러므로 스냅챗, 유튜브, 고객의 잠이 경쟁 대상에 포함된다." 그는 기자회견에서 친절하게도 조금 더 자세하게 설명했다.

"생각해보세요. 넷플릭스 시리즈에 중독되면 당신은 아주 늦게까지 꼼짝 않고 앉아 있습니다. 우리는 잉여 시간 내에서 수면욕과 경쟁하는 것입니다. 그러니까 우리는 엄청난 시간을 가지고 있습니다. 수치적으로 본다면 우리가 HBO의 경쟁자겠지요. 그러나 10년 동안 우리는 5000만 명의 가입자를 더 확보했고, HBO도 완만하지만 계속해서 성장했습니다. 그들의 가입자는 줄지 않았습니다. 우리가 그들에게 큰 영향을 미치지 않은 것을 보면 당신은 '왜' 그런지 궁금할 것입니다. 시간을 사용하고 돈을 지출하는 것 모두에 있어서, 우리는 바다에 보태진 두 방울의 물이기 때문입니다."

경쟁자는 HBO가 아니라 고객의 수면욕이며 헤이스팅스에게 이는 거대한 틈새시장이다. 잠자는 게 다 무슨 소용인가? 누구에게도 잠잘 시간은 없다.

좋아하는 시리즈의 에피소드 하나가 끝나자마자 시스템은 다음 에피소드를 띄운다. 그건 기본값이다. 이때 포그의 공식이 완벽하게 작동한다. 당신의 활성제는 따분함이다. 즐거움을 원하거나 해당 시리즈를 사랑하기 때문에 넷플릭스에 들어간다. 에피소드 하나가 끝나면 동기 부여가 높다. 왜냐하면 입술에는 아직 달콤한 꿀이 남아 있고 다음에 어떤 일이 일어나는지 알고 싶기 때문이다. 그것을 달성하는데 필요한 능력은

0이다. 왜냐면 플랫폼은 에피소드를 제시하는 게 아니라, 재생하기 때문이다. 손가락을 움직일 필요도 없다. 만족은 즉각적이다. 에피소드 사이의 공백이 시리즈를 좋아하는 당신을 초조하게 만들기 때문이다. 시작도 끝도 없는 둥근 함정이다.

시작과 끝을 알리는 기준점이 없다는 게 우리를 몽유병 상태로 만든다. 독일 예술가이자 사상가인 히토 슈타이얼은 이를 바닥이 없는 자유 낙하라고 묘사했다.[13]

추락은 상대적이다. 추락할 때 저항을 받지 않으면, 추락하고 있음을 깨닫지 못할 수도 있다. 만약 바닥이 없으면 중력이 약해지고 당신은 몸이 가벼워졌다고 느낄 것이다. 당신이 사물을 놓으면 그것은 일시 정지된 상태로 머물 것이다. 모든 사회가 당신 주변에서 떨어지고 있을 수 있다. 당신 역시 그렇게 떨어지고 있듯이. 완벽한 부동성을 지니고 살 수 있다. 마치 역사와 시간이 끝난 것처럼, 그래서 더 이상 움직임의 순간을 기억할 수 없는 것처럼 말이다.

이상한 나라에서 토끼 굴을 통해 추락할 때 앨리스가 한 행위는 '떨어지는 것'이었다. 휴대전화를 켜고 한 30분쯤 지나서야 최면 상태에서 깨어나는 일을 설명하기 위해 가장 많이 사용하는 은유다. 앨리스는 '활성화된 중지 상태suspensión'로 떠 있다. 독서나 차 마시기 등을 시작하기에는 충분하지만 그것을 끝낼 만큼 충분하지는 않은 시간 동안 멈춰 있다. 슈타이얼에 따르면 이는 가속화된 자본주의가 우리를 붙잡아두는 상태로, 통제 없는 소비를 부추기는 일종의 마비다. 점점 더 많이 소비하면서 불안한 최면 상태에서 깨어나려고 애쓰며 중지 상태에 매달려 있다. 우리 눈앞에 떠다니는 수백만 개의 이미지가 있다. 그러나 우리가 붙잡을 수 있는 것은 하나도 없고 우리의 발 밑에는 바닥도 없다. 우리는 최면과 유사한 경직증에 걸린 채 정처 없이 취약한 상태로 떠돌고 있다. 역설적이게도 우리는 특별히 수용적이다. 이 상태로 우리는 많은 양의 콘텐츠를 소비한다. 이 콘텐츠는 선택적인 마이크로세그먼테이션의 방식 —그 메커니즘은 어둡고 흥미롭다— 으로 기계가 우리를 위해 골라준 것이다. 위아래가 없는 것처럼 과거도 미래도 없고 현재만 있다. 이는 또 다른 흥미로운 현상을 일으킨다. 교수이자 작가인 애널리스트, 더글라스 러쉬코프가 "현재의 충격"[14]이라고 부른 현상이다.

모든 것이 실시간으로 매 순간 쉼 없이 일어나고 있다.[15] "당신은 그런 일들보다 우위에 있을 수 없다. 그들을 앞서나갈 수 없다." 1980년대에 시작되어 세계무역센터 쌍둥이빌딩에 대한 공격으로 가속화된 "CNN 효과"는 텔레그램, 트위터, 페이스북 등을 통해 쉬지 않고 정보를 제공하는 히스테리의 정점에 도달했다. 알고리즘으로 제작된 무한 리얼리티쇼다. 기차를 놓치지 않는 한 그 쇼에서 떠날 수가 없다. 각성 상태를 유지하려면 일찍 일어나서 늦게 자고 카페인, 암페타민, 코카인, 누트로픽(인지력, 기억력, 주의력을 향상시키는 약물—옮긴이 주)을 섭취해야 한다. 약물은 더 이상 아프지 말고 즐거우라고 먹는 게 아니다. 일하기 위해 먹는 것이다. 당신이 모든 것을 알고 빨리 알아챌 수 있도록 도와줄 앱이 필요하다. 하루를 관리하고 집에서 요가를 하고 복사기 앞에서 명상을 하고 잠을 자도록 도와줄 앱도 필요하다. 각성이라는 능력은 기량이 아니라 성공한 사람들의 일곱 가지 습관 중 하나인 도덕적 미덕이다. 또 다른 습관 중 하나가 통찰력이다. "성공이나 실패는 사회 및 조직 변화의 강력한 궤도를 잘 읽고 적절하게 자신을 위치시키는 것에 달려 있다."[16] 자유 낙하와 상설적인 충격이 만나는 위험한 교차로에 점점 더 고삐가 풀려가는 괴물이 산다: 유튜브 알고리즘.

유튜브에는 1분마다 400분 분량의 미디어를 업로드하고 매일 10억 개의 동영상을 소비하는 18억 명의 사용자가 있다. 세계에서 가장 중독성 높은 플랫폼 중 하나이며 구글이 소유하고 있다. 각 사용자에게는 고유한 페이지가 보이며 이 페이지는 각기 다른 형식으로 제공되는 여러 메뉴로 구성된다. 권장 알고리즘을 기반으로 하는 무한 재생목록playlist이 가장 중요하다. 사용자가 멈추지 않으면 자동으로 재생된다. 비디오는 다른 비디오, 또 다른 비디오로 연결되며 페이지를 닫거나 컴퓨터를 끄기 전까지 계속된다. 유튜브는 그들의 알고리즘이 플랫폼 비디오의 70% 이상을 담당한다는 것을 자랑스럽게 생각한다. 알고리즘과 사용자가 결혼해서 둘이 하루에 여러 번 영화관에 갔다고 치면, 그들이 본 영화 대부분은 알고리즘이 선택한 것이다.

알고리즘의 공식적인 목표는 "사용자가 보고 싶어 하는 비디오를 찾고 사용자의 인게이지먼트 시간 및 만족도 수준을 최대화하는 것"이다. 구글은 실제로 이 두 가지 목표(호혜성의 원칙)를 달성하면서 재산을 불렸기 때문에 아마도 사실일 것이다. 하지만 우리는 그것이 정확히 어떻게 작동하는지는 알수 없다. 불투명하며 회계를 감사할 수 없는 알고리즘은 변호사, 암호, 지적재산권 법에 의해 보호받는 블랙박스이기 때문이다. 그러나 결과로부터 리버스 엔지니어링 해볼 수는 있다. 언뜻 보기에는 사용자가 직접 선택해서 본 영상을 중심으로 그 관심 범위 내에 있는 다른 영상을 제안하는 것 같다. 실상은 사용자가 직전에 본 영상과 비교해 다른 사용자들 사이에서 더 많은 인게이지먼트를 만들어냈던 영상을 보라고 제안한다. 다시 말해 같은 카테고리의 "더 심한" 것이다. "같지만 더심한" 것은 매우 어두운 방향으로 이어진다.

터키의 활동가이자 연구자인 제이넵 투펙치는 《뉴욕타임스》에 이 주제에 관한 기사를 썼다.[17] 투펙치는 미국 대통령 선거기간 다음의 것들을 발견했다. 만약 우파 정치 캠페인을 보려고 유튜브를 사용한다면 알고리즘은 그 캠페인을 점점 더 우파 쪽으로 끌고 가서 네오나치, 홀로코스트 부정자, 새로운 세대에서 나타난 쿠클럭스클랜KKK에까지 이르게 한다. 하지만 좌파 후보를 팔로우한다면, 반대의 극단으로 끌고 간다. 마르크스주의에서부터 수도관을 통해 인구를 마약에 중독시키는 비밀 기관에 관한 음모론에까지. "나는 비정치적인 주제를 실험할 때도 같은 패턴을 발견했다."

채식에 관한 비디오는 채식주의에 관한 비디오로 이어진다. 조깅 비디오는 울트라 마라톤으로 연결된다. 유튜브 추천 알고리즘보다 사용자가 더 하드코어 취향인 경우는 없어 보인다. 항상 톤을 높이는 방식으로 동영상을 홍보, 추천, 배포한다. 10억 명의 사용자를 고려하면 유튜브는 21세기의 가장 강력하고 과격한radicalizantes 도구 중 하나일 수 있다.

예술가이자 작가인 제임스 브라이들은 아이들의 삶에 유튜브가 미치는 영향에 대해 놀랄 만한 글을 발표했다. 유튜브에서 페파피그, 마인크래프트 설명서, 선물을 기대하며 킨더알을 까고 있는 손을 보는 것으로 시작해도 몇 시간이 지나면 아이들은 너무나 혼란스러운 비디오를 시청하게 된다는 것이다. 만약 텔레비전에 나왔다면 대량 해고와 고소를 불러일으킬 내용들이다. 파괴적인 것, 이상한 초현실주의, 도착적인 노래의 터무니없는 반복. "온라인 비디오로부터 최대의 이익을 얻기 위해 구축한 구조는 알 수 없는 자들에 의해 해킹 당해 어린이들을 학대하고 있다. 고의적인 것은 아니겠지만 광범위하게 벌어지는 일이다."[18]

그러나 유튜브의 알고리즘은 누군가를 과격하게 만들려는 것이 아니다. 아이들에게 충격을 주고 싶어 하지도 않는다. 어느 것도 알고리즘의 의도가 아니다. 그들의 목표는 인게이지먼트 시간을 최대화하고 만족도를 높이는 것이다. 유튜브의 활성제activador는 고독이 아니라 권태이기 때문에. 유튜브의 기능은 사용자를 즐겁게 하는 것이다. 가정, 대학, 사무실, 비행기, 기차, 공원, 호텔, 연구소, 식당 등에서 비디오를 시청하며 수십억 시간을 보냈던 수백만 명의 사용자로부터 얻은 정보 덕분에 어떤 것들은 다른 것들보다 더 재미있다는 것을 알게 되었다. 다른 감정들보다 더 많은 인게이지먼트를 일으키는 감정이 있다는 것도.

감정은 소셜미디어의 특별한 도구다. 인간 기니피그 수십억 명이 있는 실험실에서는 가능한 모든 것을 동원해 이 도구를 벼린다. 2012년 페이스북은 적어도 일주일 동안 수십만 명의 사용자가 나쁜 뉴스만 읽게끔 만들었으며, 또 다른 그만큼의 사용자들에게는 좋은 소식만 보이게 했다. 페이스북은 자신의 뉴스 추천 알고리즘을 조작하여 실험쥐 군을 나눠 좋은 소식 또는 나쁜 소식을 각각 제공했고, 무엇이 그들을 더 많이 플랫폼으로 돌아오게 하는지, 무엇이 더 많은 상호작용을 야기하는지 보려고 했다. 우리는 이 사실을 페이스북이 자신의 조사 결과를 스스로 말했기 때문에 알 수 있었다. 논란이 커지면서 이는 처음이자 마지막으로 공개된 실험이 되었다. 그 이후로 그들의 연구는 철저히 비밀리에 수행되었다. 우리가 그 세부 사항을 알게 된다면 누군가가 비밀을 폭로했거나 유출이 있었기 때문일 것이다.

모든 플랫폼 중에서 유튜브가 **가짜뉴스**fake news 및 음모론에 가장 많은 보상을 줬다. 수익성이 높은 콘텐츠라는 것이 주된 이유다. 불투명한 알고리즘은 유튜브 인기 비디오가 벌어들이는 돈의 규모를 알지 못하게 하기 때문에, 보상이 정확히 얼마인지 모른다. 업계의 모든 사람들은 각자 버전의 설명을 한다. 동영상 재생 시간, 콘텐츠의 품질, 유튜버의 인기도, 광고의 양, 시청자가 그 다음에 보는 영상, 시청 시간 및 장소에 따라, 또 어떤 이들은 별들의 움직임에 따라, 풍속에 따라, 양귀비가 흔들리는 방향에 따라 결정된다고 말한다. 시장 소식통에 따르면, 1,000회 방문을 발생시키는 콘텐츠에서 30센트~4유로가 창작자에게 간다. 〈데스파시토Despacito〉 또는 〈강남스타일 Gangnam Style〉과 같이 가장 많이 본 비디오 클립은 아마도 70만~1000만 유로 정도. 가짜뉴스 제작자는 최소한의 투자만으로도 높은 수익을 얻을 수 있다. 그들은 다른 소셜네트워크나 합법적인 뉴스 채널에서 콘텐츠를 훔치는 경향이 있으며, 거짓말이기 때문에 소스와 데이터를 조사하거나 확인할 필요가 없다. 괴짜라면 누구나 자신의 차고 같은 곳에서라도 아이패드와 인터넷을 이용해 가짜뉴스 채널을 만들 수 있다. 유튜브에도 수익이 돌아간다. 광고로 번 돈의 55%를 갖는다. 나머지는 구글이 가져간다. 2017년에 100억 달러 이상, 2016년에 90억 달러 이상의 이익을 냈다고 선포했다. 허구는 감정을 유발하기 때문에 실제 뉴스보다 더 이윤을 낸다. 가짜뉴스는 화를 내도록 설계되어 있다.

분노는 소셜미디어의 주인공이다. 그것은 고양이보다 더 바이럴성이 강하며 초콜릿보다 강력하고 쿠키 냄새보다 빠르며 알코올보다 중독적이다. 분노는 우리가 좋은 사람이고 (무엇보다도) 우리가 옳다는 확신을 주기 때문에 다른 감정보다 더 많은 도파민을 생성한다. 도덕적 감정이 침투되면, 우리는 스스로를 윤리적이라고 생각한다. 집 없는 할아버지와 할머니, 영양실조 아동, 버려진 개, 공적자금으로 산 요트 또는 녹슨 철제 옷걸이로 낙태하여 사망한 여성, 투기꾼에게 팔린 공적 보호소, 긴축 정책으로 파괴된 숲. 이들은 우리를 좋은 사람으로 정의하도록 만드는 감정을 불러일으킨다. 정의감과 복수심을 불러일으키고 많은 관심을 필요로 한다. 우리는 전 세계 모든 사람들과 불꽃을 나누고 싶어 한다. 전 세계인이 우리의 감정을 댓글, 좋아요, 리트윗을 통해 가치 있게 평가해주길 원한다. 유튜브 알고리즘의 경우 주요 목표는 단순하다. 인게이지먼트를 생산하는 것이다. 따라서 많은 수의 사용자에게 도덕적 도취를 유발하는 콘텐츠를 제공한다. 사용자의 도취감은 정량화할 수 있는 정확한 방식으로 활력을 얻는다. 당신의 분노에 박수치고 공유하는 모든 사람들과 그렇지 않은 사람들의 이름과 얼굴을 알려주는 것이다. 30분 전에는 누군지도 몰랐던 이들이 이제는 나의 원수다. 아마도 당신은 스냅챗에 조종당하는 10대들보다 낫다고 생각하겠지만, 도덕적 도취감 역시 당신이 끄고 싶지 않은 "불꽃"이다.

관심은 제한된 자원이다. 법은 그것을 특별히 중요하게 다루지 않지만, 이를 향한 경쟁은 치열하다. **스타트업**의 세계는 다윈주의적Darwinian이며, 그곳에는 중간층이나 위로용 보상이 없다. 상위 카테고리에 들어가 살아남거나, 1년 안에 죽는다. 2018년 첫 4개월 동안 스마트폰 사용자에게는 700만 개 이상의 애플리케이션 선택지가 있었다.[19] 램지 브라운은 "기술 회사는 사람의 눈을 화면에 가능한 한 오랫동안 붙들어 놓을 수 있어야 한다. 그들은 당신을 붙들어놓기 위해 군비 경쟁을 시작했다"라고 말했다. 관심 자본주의는 인게이지먼트 외에는 정치, 가치, 아이들, 그 밖의 그 어떤 것에도 관심이 없다.

포그의 제자이자 스타트업을 위한 컨디셔닝 매뉴얼 《훅》의 저자 니르 이얄은 "소셜미디어는 소설이나 텔레비전의 현 시대 등가물이며, 새롭다는 이유로 비판을 받는 대중적 엔터테인먼트다. 새로운 기술이 나올 때마다 그 전 세대는 '지금 아이들은 이걸 많이 사용하고 저걸 많이 사용해서 뇌가 굳어간다'고 한다. 그리고 결국 우리는 항상 그래왔듯이, 적응한다"라고 말한다. 충분히 설득력 있는 이야기다. 우리는 역사적으로 모든 새로운 기술은 그것에 익숙하지 않은 이들에 의해 거부당한다는 것을 알고 있다. 빅토리아 여왕을 어지럽게 만든 기차에서부터 아이들을 나라에 따라 좀비, 마약중독자, 범죄자로 만든 비디오게임에 이르기까지 모든 신기술이 그래왔다. 록 음악은 퇴폐적인 사람들을 양산했고 텔레비전은 바보를 만들었다. 니콜라스 카가 2008년《디애틀랜틱》에 기고해 유명해진 글에서 "구글이 우리를 바보로 만들고 있는가?"라고 물었을 때, (당시에는 지적이기보다는 감정적으로 보였던) 그의 주장에 많은 이들이 공감했다. 카는 정보를 소비하는 방식이 정보를 읽고 배우고 사용하는 방식에 변화를 준다고 느꼈다. 수백만의 사람들이 똑같은 걸 느꼈지만, 그 이유를 잘 파악하지는 못했다. 전화번호를 기억하지 못하고 책을 적게 읽으며 평소보다 더 정신이 나가 있는 것. 사람들은 그것을 언어화하는 걸 두려워했다. 기술 혁명에 뒤처진 늙은이로 보이고 싶지 않았고, 정보화시대의 변두리로 밀려나고 싶지 않았다. (사족이지만) 니르 이얄이 인게이지먼트를 강화하는데 필요한 운영 강화 기술을 구현하려고 링크드인 또는 인스타그램과 같은 회사와 활발한 대화를 나누고 컨설팅을 해주면서 먹고산다는 점이 흥미롭다. 그가 생각하는 진보는 한쪽 끝에만 화살표가 달려 있는 반직선처럼 단일한 형태로만 발전한다. 정보화시대는 원래 거대한 디지털 플랫폼, 그 자체를 말하는 것이 아니다. 비록 지금은 이들이 대부분의 자리를 차지하고 있지만 말이다. 아담 알터는 다음과 같이 설명한다.

화면 뒤에서는 수십만 명의 사람들이 당신의 관심을 끌기 위해 밤낮으로 일하고 있다. 그들은 자기 일에 매우 능숙하다. 제품에 도입하거나 배제해야 할 구성 요소를 결정하고, 영향력을 극대화할 수 있는 훅을 어디에 배치할지 결정하는 데 도움이 되는 많은 데이터를 가지고 있기 때문이다. 과거에는 핀볼머신, 비디오게임, TV쇼를 만든 사람이 콘텐츠도 만들었다. 그들은 당신의 관심을 끄는 것에 대해서 별로 신경 쓰지 않았다. 현재와 비교하기에 가장 적절한 디자인은 슬롯머신이다. 슬롯머신은 오랫동안 기계에 붙어 있도록 특별하게 만들어졌기 때문이다.[20]

아담 알터가 결정적이라고 보는 또 다른 측면은 장악하는 속도다. 알렉산더 그레이엄 벨이 1874년에 첫 전화기를 선보인 후(1849년 이탈리아의 안토니오 메우치가 발명한 제품의 구현), 사용자가 5만 명이 될 때까지 3년이 걸렸고 5000만 가정에 도달하기까지는 75년이 걸렸다. 한 세대가 넘는 시간이었다. 팀 버너스-리가 월드와이드웹을 만들고 사용자가 5000만 명이 되는데 4년이 걸렸다. 페이스북은 이 기록을 2년 만에 갱신했다. 캔디크러쉬는 2개월 걸렸고, 포켓몬고는 19일 만에 달성했다. 애플리케이션과 인프라 구조가 섞여 있기 때문에 이런 비교는 공정해보이지 않는다. 그러나 이 수치에서 우리의 관심을 끄는 것은 각각의 프로젝트들이 가진 확장 능력이 아니라 그것들이 가진 문화의 바이럴성이며, 인구에 새로운 습관을 부과하는 속도다. 변화가 너무 빨리 일어나기 때문에 변화를 이해하거나 분간하는 것을 거부하는 대중들의 적응력이다.

"텔레비전은 처음과 비교해 바뀐 것이 별로 없다. 더 많은 채널이 생겼고, 영상과 소리의 질이 개선되었을 뿐이다." 알터는 설명했다. 하지만 휴대전화는 슈퍼소닉supersónica한 속도로 변화한다. 그것이 삶에 미치는 영향을 이해하는 것은 불가능하다. 관리하기는 더 어렵다. 사소한 변화처럼 보이지만 페이스북이 플랫폼에 새로운 기능을 추가할 때마다, 전 세계 수백만 사람들에게 영향을 미친다. 영향력은 귀납적인 방식으로만 추론할 수 있다: **좋아요** 버튼과 **뉴스피드**. 뉴스피드를 작은 사건들이 끝없이 쏟아지는 폭포로 바꾸는 것. 이는 페이스북의 본질을 바꾸지 않는 아주 작은 변화로 보인다. 하지만 이러한 변경 사항 하나하나는 매우 거대한 의미를 갖는다. 변화는 우리가 알아채지 못하는 사이 모든 플랫폼들에서 지속적으로 발생한다.

"문화적으로 우리는 더 이상 아이들을 대상으로 광고하는 담배 회사를 용납하지 않는다. 하지만 정확히 그런 짓을 하는 식품 산업은 내버려둔다. 나쁜 식품은 공중보건에 있어서 담배와 동일하다고 말할 수 있다." 정크 푸드에 관한 인터뷰에서 예일대학교 켈리 브라우넬 교수가 주장했다. 그의 제안은 다음과 같다: 식품 산업은 자신의 제품에 대한 중독을 일으키는데 사용한 똑같은 자원, 예를 들면 생화학자, 심리학자, 행동 전문가, 신경과학자로 가득한 실험실들을 그 과정을 되돌리기 위해 사용해야 한다. 디지털 다이어트의 새로운 사도 트리스탄 해리스Tristan Harris는 설교한다. 미국인들이 왜 죽을 때까지 먹는지 이해하라고. 그리고 그 짓을 관두도록 도우라고.

물론 그는 아웃사이더가 아니다. 해리스는 구글에서 3년 동안 '윤리적 디자인 전문가specialista de diseño ético'로 근무했으며 그 전에는 B. J. 포그의 설득기술연구소에서 수학했다. 지금 그는 장치 관리 과정을 가르치면서 디지털 해독 캠프를 운영한다. 중독에서 해방되는 전략과 앱을 게시하는 〈타임웰스펜트Time Well Spent〉라는 조직을 이끈다. 그는 대속된 다른 천사들 —밸리의 투자자이자 마크 저커버그의 전 고문 로저 맥나미, 좋아요의 창시자 지스턴 로젠스다인, 애플과 구글, 센디피리킬러의 커뮤니케이션 분야 전 책임자이자 페이스북 개인정보보호부서 전 운영자 린 폭스— 과 함께 휴먼테크놀로지센터를 설립했다. 《디애틀랜틱》은 이곳을 일컬어 "실리콘밸리에서 양심에 가장 가까운 곳"이라고 설명했다. 해리스의 인기는 "그 무엇도 우리의 잘못이 아니라고 단언"하는 데 있다. 그에 따르면 디지털 사용에 있어 자제력을 발휘하는 것은 "나의 책임"이라고 말할 수 있다. 그러나 당신은 "스크린 뒤편에 내가 발휘할 수 있는 일말의 책임감조차 부숴버리는 것을 업으로 삼는 수천 명이 존재한다는 것을 인식하지는 못한다".[21]

해리스는 진보라는 것이 샌프란시스코에 거주하고 구글, 페이스북, 애플에서 근무하는 25~35세의 백인 이성애 디자이너 수백 명이 성취해야 하는 전유물이라고 생각하지는 않는다. 그러나 그는 수백 명의 디자이너가 수십억 명의 사람들에게 미치는 영향에 대해 알고 있다. 그리고 그들이 방향을 바꿀 수 있다고 생각한다. 그에게는 합리적인 목표로 보였다. 실리콘밸리의 보스들이 의도적으로 그렇게 만든 건 아니라고 그가 믿기 때문이다. 그는 실리콘밸리의 인재들이 서둘러 움직이면서 뭔가를 무너뜨렸지만 한 줌의 노력과 사랑만 있다면 그걸 더 좋게 만들 수 있을 것이라고 생각했다.

해리스는 유저를 감시하고 착취하는 것에 기반을 둔 이 새로운 산업에 제동을 걸지 않았다. 오히려 그야말로 이 산업의 새 시대를 연 인물이다. 그는 우리가 휴대전화를 덜 사용하도록 돕는 게 아니라 더 잘 사용하도록 돕는다. 달리 말해, (구글이 맥도날드라면) 햄버거 매장에서 나오라고 제안하지 않는다. 하물며 '채식주의자가 되어라' 같은 급진적인 주장은 가당치도 않다. 그는 그저 맥도날드에 '지속가능한 소고기 패티'라는 옵션을 추가하고, 우리가 더 좋은 메뉴를 선택할 수 있도록 돕겠다는 것이다. 그는 우리가 앱에 중독되는 것을 막아준다며 또 다른 앱을 제공한다. 그들의 캠프에는 실리콘밸리에서 유행이 된 아야와스카를 방출하는 드림캐처가 있다. 1986년 샌프란시스코 해변에서 래리 하비가 인형을 태우며 시작된 버닝맨파티는 1990년대 이후 네바다 사막에서 개최되었는데 해리스는 여기서 자신에게 구원의 빛이 떨어졌다고 고백한 바 있다. 버닝맨파티는 히피 축제로 시작되었지만 최근에는 '밸리의 속물 파티Coachella de los pijos del Valle'가 되었다. 해리스가 비판하는 것처럼 보이는 회사의 CEO들도 사실은 해리스를 사랑한다. 포그는 가능할 때마다 그를 추천한다. 세르게이 브린은 그의 친구다. 그는 우리를 구원하러 온 게 아니다. 저들 중의 하나일 뿐이다.

그는 타임웰스펜트 인증서를 만들어 가장 "존경할 만한" 앱에 상을 주자는 제안을 한다. 물론 결정을 내리는 주체는 자기들이다. 기술 회사들은 벌써 해리스가 내민 연성화된 도전장 —부드러운 실크 장갑 같은— 을 그의 귀중한 조언과 함께 거둬갔다. 구글은 2018년 '디지털 웰빙' 플랫폼을 발표한다. 안드로이드에 도구를 장착해 사용자가 휴대전화 사용 시간을 제어할 수 있도록 도와준다. 2018년 6월 이후 애플은 스크린타임이라는 비슷한 응용프로그램을 만들었다. 마크 저커버그는 의회에 출두해 사용자는 언제나 자기가 가장 편하다고 생각하는 도구를 자유롭게 사용할 수 있다고 말했는데, 사람들은 마우스를 쥐고 있는 자신들의 자유로운 손으로 저커버그의 말이 틀리지 않음을 증명한다. 트리스탄 해리스는 히포크라테스 선서를 하며 "선을 위해"서만 자신들의 권력을 사용할 것이라고 약속했다. 기묘하게도 스키너가 한 말과 똑같다. 결국, 스스로의 말이 속셈을 드러낸다. 휴먼테크놀로지센터의 '휴먼humane'은 '인도적'이라는 뜻이지, '인간'을 의미하는 것이 아니다. 집약식 생산 농장에서 동물을 기르고 도축하는 방법을 설명하기 위해 만들어진 자비로운 단어다.

풍자는 모순을 좋아한다. 과학자들이 세계를 구하기 위해 원자폭탄을 개발했다거나, 무기 소지 권리를 옹호하는 로비스트들이 시민들이 평안하게 잠잘 수 있도록 돕는 것이라는 말처럼. 지옥으로 가는 길은 선의로 포장되곤 한다. 스키너는 대중을 구원하기 위해 대중을 공작하려고 했다. 구글, 애플, 페이스북, 아마존, 마이크로소프트가 말하는 바와 정확히 일치한다. 그는 전쟁도 없고 슈퍼마켓도 없는 사회, 이타주의, 공원, 클래식 음악이 지배하는 사회를 만들고자 했다. 《월든 투》에서는 "만약 이 세계가 미래를 위해 일부 자원을 보존하기 원한다면, 소비를 줄여야 할 뿐만 아니라 소비자의 수 또한 줄여야 한다"라고 경고했다. 포그는 습관을 체계화해서 우리가 더 많이 운동하고, 도넛을 덜 먹고, 담배를 끊기를 원했다. 진실은 그의 선한 의도가 정치적 성향만큼이나 별로 중요하지 않다는 것이다. 그가 가진 알고리즘의 목표는 인간의 뇌를 조작해 원래는 필요하지 않았거나 느끼지 못했던 것을 필요하다고 느끼게 만드는 것이다. 우리는 더 이상 우리 자신을 믿을 수 없다. 우리 마음에 귀 기울일 수도 없다. 우리 자신의 가장 깊숙한 욕구를 의심하는 법을 배워야 한다. 누가, 또 무엇이 그 욕구를 우리 안에 집어넣었는지 알지 못하기 때문이다.

　스키너는 쥐에게 모든 종류의 회로에서 버튼을 누르고 레버를 당기도록 가르치기 위해 가변 간격 전술을 사용했다. 또한 그는 비둘기에게 피아노 연주와 탁구를 가르쳤다. 미 공군은 스키너를 고용하여 폭탄 유도 비둘기를 훈련시켰다. 이 프로젝트는 비교적 성과를 보였지만 너무 눈에 띄었다. 비둘기가 적을 폭파하는 데 문제는 없었지만 다른 문제들이 있었다. "인간 주체의 발전을 간절히 원하는 독자에게 경고한다. 우리에게는 강화를 적용하여 프로그램을 수행해야 할 때도 있고, 아닐 때도 있다. 그런 일을 인간과 할 때에는 감정적인 결과를 만들어낼 가능성이 높다. 불행히도 행동 과학은 행동을 모델링하는 수준으로 감정을 통제하는 데는 성공하지 못했다." 1951년 출간된 〈동물을 가르치는 법How to teach Animals〉에 스키너는 이렇게 썼다. 시간이 흘러 스키너의 생각이 완벽하게 옳은 것은 아니라는 게 증명됐다.

업계는 아직 감정을 통제하는 방법을 모르지만 분노, 두려움, 산만함, 외로움, 경쟁심, 부러움 같은 가장 커다란 이익을 창출하는 감정을 감지하고 확대하고 생성하는 것에는 특화되어 있다. 이것이 우리 시대의 "악의 평범성"이다. 우리 세대 최고의 두뇌들은 당신이 '좋아요'를 더 누를 수 있는 방법을 찾고 있다. 우리에게 죄가 없다는 것은 사실이 아니다. 이 모든 것은 우리가 소파를 떠나지 않은 채 세상을 구하려 했기 때문에 시작되었다.

2

인   프   라

적은 시스템을 알고 있다.
적이 금세 익숙해질 것이라고 가정하고
시스템을 설계해야 한다.

– 클로드 섀넌

•
○

건축은 권력의 언어다. 우리에게 의도를 드러낸다. 암스테르담과 같은 상업 도시는 제국 도시와는 다른 메시지를 전한다. 《도시의 언어El lenguaje de las ciudades》에서 데얀 수직은 설명한다. "모스크바, 베이징, 도쿄는 이들을 건설한 전제정의 흔적을 보여준다. 크렘린, 자금성, 황궁은 권력자 한 사람을 위해 세워진 도시 시스템의 기념비다. 중앙에는 궁전이 있고 하인과 친족으로 둘러싸여 있다. 외부에는 법정에서 제외된 노동자들과 상인이 있었다." 암스테르담 같은 상업 도시는 개방적이고 뒤죽박죽 섞여 있다. 제국 도시는 비어 있는 중심 주위를 동심원 모양의 벽이 둘러싼 구조다. 건물이 전부가 아니다. 도시의 정치적 특성은 거리, 하수 시스템, 재산을 규제하고 토지 이용을 제한하는 법률에도 반영된다. 파리의 아름다운 대로들은 오스만 남작이 설계했다. 1848년 나폴레옹 3세가 권력을 잡았을 때 벌어졌던 거리 소요와 같은 무질서가 다시는 발생하지 않도록 설계한 도안이다. 1968년 5월 이후 지어진 대학은 계단이 많은 커다란 콘크리트 덩어리처럼 생겼고, 도시에서 충분히 멀리 떨어진 곳에 세워졌다.

모든 전체주의 건축은 중앙집중식이다. 스탈린은 모스크바를 제국의 수도로 수복한 뒤 폭군 이반 대제, 그의 아들 표트르 대제가 남긴 동심원 구조를 보존했다. 동시에 그는 모든 것을 보는 눈이자 러시아 전역을 비추는 태양의 빛처럼, 크렘린에서 뻗어나가는 대로들을 건설했다. 이 전지전능한 눈 탓에 오늘날 모스크바 사람들은 전설적인 교통 체증으로 고통받고 있다. 중앙집중식 구조는 효율이 아니라 통제가 핵심이며 두려움을 주는 방식으로 설계되었다. 시저는 강력해야 한다. 그리고 그렇게 보여야 한다.

근대 독재의 언어는 나르시시즘적이고 기념비적이다. 도시는 확장 가능성이 무한한 권력의 중심을 상징하기 위해 설계되었고, 노예가 지은 건축물과 옛 제국에 대한 향수로 가득하다. 히틀러가 독일 베를린에 세우리라 계획한 세계 수도 게르마니아Welthauptstadt Germania는 로마 제국을 꿈꿨다. 거대한 건물을 올리고 이곳에 국소적 인공 기후까지 만들고자 했다. 소련에서는 맨 위에 레닌의 동상을 세운 500미터 피라미드 형태의 마천루를 꿈꾸며 모스크바 구세주그리스도대성당의 잿더미 위에 소비에트 궁전을 지으려고 했다. 성당은 스탈린이 폭파시켰다. "크고 짜증나는 케이크 혹은 사모바르(러시아 주전자)처럼 보였고 옛 모스크바 군주의 힘과 취향을 상징했기" 때

문이었다. 나치가 러시아에 진격했을 때 궁전은 9층까지 지어
져 있었는데, 그 이후 재건하지 않았다. 소비에트연방 공산당
중앙위원회의 첫 서기 니키타 흐루쇼프는 시멘트를 뜯어내고,
야외 수영장을 만들었다. 카리스마 넘쳤던 전임자의 기억을
지우고자 한 것이다. 소비에트연방이 무너지고 러시아가 재통
일을 이루자 모스크바의 첫 시장이 된 유리 루시코프는 수영
장을 메웠고 스탈린이 파괴한 대성당 재건에 착수했다. 새로
운 과두 세력들이 자금을 지원했다. 권력의 중심에는 강력한
상징적 에너지가 응집되어 있다. 권력을 보여주는 가장 좋은
방법은 전임 권력의 무덤 위에 서는 것이다.

파시스트 건축은 로마식이었지만 바우하우스의 합리주의를
만나 근대화되었다. 프랑코주의자들은 펠리페 2세(16세기말 스
페인 최전성기의 통치자이자 절대군주―옮긴이 주) 시절을 그리워
하며 엘에스코리알수도원의 엄숙함과 웅장함을 동경했다.《제
국을 건설하면서: 전후 마드리드 프랑코주의 건축물에 대한
안내서Construyendo Imperio. Guia de la arquitectura franquista en el Madrid de la posguerra》
의 저자 데이비드 파롤에 따르면, 몽클로아의 아치(승전문),
전몰자 기념비, 공군 청사는 몽클로아에서 시작해 엘에스코리
알수도원에서 끝나는 "승전 기념 지축의 일부를 형성"한다.
모든 것이 상당히 높고 대칭을 이룬다. 고딕 양식의 탑과 르네
상스 양식의 돔이 있다. 문마다 승리의 아치가 있다. 교회는
신의 능력 앞에서 두려움과 경외심을 불러일으키기 위해 조직
편제를 일부러 드러내는 방식으로 지어진 또 다른 전체주의
제도(레짐)였다. 대성당은 주교의 궁전 ―그의 왕좌이자 강단

― 이며 교구의 중심을 구성한다. 모든 교회는 하늘과 땅을 연결하지만, 왕좌는 하나뿐이다.

마침내 산업혁명이 도래하고 '가능성'이라는 새로운 세상의 아이콘, 일종의 새로운 대성당이 생겨났다. 이는 물론 식민주의 거대 제국의 군사력을 상징한다. 최초의 산업 성당은 1851년 최초의 만국박람회를 위해 지어진 조셉 팍스톤 경의 수정궁이었다. 그것은 하이드파크의 한가운데에 있었고, 600만 명이 넘는 사람들을 맞이했다. 당시 사람들은 '지금까지 지어진 건물 중 가장 아름답다'고 평했다. 이 건물에 소설을 한두 편 바치지 않는 스팀펑크steam-punk(역사적 배경에 공상과학이나 판타지적 요소를 적용하고 전자제품 대신 증기로 작동하는 기계가 등장하는 문학 장르―옮긴이 주) 장르 소설가는 1명도 없다. 팍스톤은 원래 정원사였다. 궁전은 길이 138미터, 높이 39미터의 거대한 온실로 8만 제곱미터가 넘는 면적을 유리판으로 덮었으며 인상적인 형태의 주철 기둥을 세웠다. 안팎이 공존하고 바닥에 붙어 있으면서 동시에 떠 있다. 신성한 빛, 마법, 환상으로 세례를 받은 듯 보였다. 이후 박람회들이 계속 개최되었고 에펠탑, 아름답기 그지없는 그랜드센트럴역과 같은 상징적인 기념비가 생겨났다. 그러나 수정궁이 이들의 모델임에는 변함이 없다. 수정궁은 최초의 모듈식 대건축물로 불과 5개월 만에 조립되고 완공되었다. 증기력, 철강 생산, 유리 제조, 길, 터널, 새로운 수송 시스템인 운하 및 교량 기술을 뽐내는 쇼케이스였고 그 파괴력을 보여준 표본이었다.

산업혁명기의 대성당들은 새로운 전투력, 속도의 변화에 대한 신성한 은유였고 열린 코드codigo abierto식 기념비이자, **오픈 소스**open source식 건축물이었다. 거대 수도의 특권적 공간에 마치 자신의 우월성을 드러내며 경고하듯, 공학의 비밀들을 드러냈다. 그곳에서 누군가는 치명적인 공기 속에서 차갑게 숨을 쉬어가며 금을 세공하여 해골을 만들고 철로 된 고딕 양식의 레이스를 만들고 톱니바퀴를 배치하는 데 몰두했을 것이다. 비평가들은 팍스톤팰리스(수정궁)가 "산업의 흑암negrura"을 대표한다고 말했다. 그들이 옳았다. 빅토리아여왕이 개관을 선포한 5월 1일, 꽃이 만발한 그날 전쟁가가 울려 퍼졌다. 하지만 지금 우리 시대 산업혁명의 대성당들은 권력의 영광을 뽐내는 기념비가 아니다. 그 반대다. 그들은 권력을 위장하기 위해 설계되었다. 21세기의 권력은 더 이상 테러를 조장하지 않는다. 효율적이고 겸손하며 선의를 가진 관료주의에 대한 확신을 심어주려 한다. 영국인들이 말하듯이 정말 조심해야 할 사람들은 가장 조용한 사람들이다.

에드워드 사이드는 지적했다. 모든 제국은 스스로에게 그리고 세계의 다른 이들에게 "우리는 다른 제국들과 다르다. 우리의 임무는 약탈이나 통제가 아니라 교육하고 해방하는 것이다"라고 말한다고. 누구도 이 말을 믿지 않는다. 지하에 몸을 숨긴 새로운 형태의 제국들은 권력을 행사할 때 침묵, 어둠, 비밀을 필요로 한다. 그들은 궁전이 세워졌던 곳에 다른 것을 만들었다: 실상은 정반대이지만, 빛나는 은유로 어둠을 채울 수 있는 신화. 예를 들어, '네트워크는 중립적이고 민주적이고 자유로운 구조'라는 말. 모든 위대한 거짓말들이 그러하듯이 이 말 역시 진실이었던 때가 있다.

명령제어Command&Control에서
전송제어프로토콜/인터넷프로토콜TCP/IP로

네트워크의 지형도 역시 도시의 지형도와 마찬가지로 그 의도
와 관련하여 우리에게 많은 것을 이야기해준다. 통제 목적으
로 설계된 구조물은 모든 길이 크렘린을 통과하는 모스크바,
모든 도로가 로마로 이어진 유럽 제국의 도시와 같다. 뚜렷하
게 중앙집중적인 별 모양의 구조 속에서 모든 트래픽은 단일
한 지점 한 곳으로 수렴한다. 한편, 시스템 통제 —그리고 책
임— 가 분산될 때 네트워크는 **클러스터** 또는 서로 연결된 별
자리 형태를 보여준다. 권력이 시스템의 모든 노드 간에 균등
하게 분배될 때 네트워크는 어부의 그물망 형태를 보인다. 폴
바란Paul Baran이라는 폴란드 출신의 전기 기술자는 이를 최초로
묘사한 사람이다.

38세의 바란은 미군의 싱크탱크인 랜드연구소RAND Corporation에
서 근무하고 있었다. 핵 공격을 견뎌낼 수 있는 통신 네트워크
를 설계하라는 주문을 받은 때는 1962년이었다. 충분히 그럴
만한 상황이었다. 냉전은 쿠바 미사일 위기와 함께 정점에 달
했다. 핵우산으로 들어가려고 한 가까운 이웃을 공격하는 것
이 합법인지 아닌지 미국 사회가 공개적으로 토론하는 동안,
군대는 "사건" 이후 자신들을 어떻게 재편성하고 재조직화할

지를 내다보고 있었다. 그때로부터 몇 달 전에 "미국 공화군"이라는 혁명 그룹의 몇몇 조직원들이 유타와 네바다에서 라디오 방송국 세 곳을 폭파하는 일도 있었다. 바란이 내놓은 해결책은 '중복성'이었다. 의사소통의 책임이 더 많이 분산될수록, 메시지가 목적지에 온전히 도착할 가능성이 더 커진다. 추후 이 시스템은 컴퓨터로 구성되고 디지털화된다.

바란은 네트워크 다이어그램의 형태로 총 세 가지를 제시했다: 별 모양의 중앙집중식, 다양한 별자리의 탈중앙집중식, 명백히 비계층적인 구조와 균일한 형태로 상호 연결된 노드들의 분산 네트워크. 분산 네트워크에서 각 노드는 나머지 노드와 구별 불가능하며 다른 노드와 상호 교환 가능하다. 그의 논지는 명확하다. 정보가 단일 지점에 집중된다면, —마치 우체국에 우편물이 모이듯— 이 지점이 폭파될 경우 모든 시스템이 끝장난다. 반면 모든 지점이 우체국이라면 그들 중 하나가 사라졌을 때 트래픽을 재배포하기만 하면 된다. 체스에서 왕 대신 폰의 군대를 세우는 것과 같다. 왕의 죽음은 게임 끝을 의미하지만 폰의 군대에서는 각자가 여왕으로 쉽게 변모할 수 있다. 얼마 뒤 그는 네트워크를 통해 메시지를 사고 없이 전달하고 효율성을 최적화할 수 있는 행정 관료제를 설계했다.

해답은 중복성과 속도였다. 각 노드는 정보를 마치 뜨거운 감자를 다루듯이 최대한 빨리 다음 노드에 보낸다. 그는 그것을 "뜨거운 감자 라우팅"[2]이라고 불렀다. 여기에서 각 정보 블록은 조각나고 분산되어 네트워크를 통과한다. 조각난 작은 블록들은 목적지에서 다시 만나기 위해 노드에서 노드로 분리되어 이동한다. 이런 식으로 노드에 가해지는 부하를 줄였을 뿐만 아니라 통감자를 통과시키는 것보다 훨씬 더 빨리 '뜨거운 감자 조각들'을 통과시킬 수 있었다. 이는 하나의 노드가 손상되었을 때, 메시지가 통째로 가로채기 당하지 않는다는 것을 의미한다. 또한 일부 노드가 떨어져 나가도, 적어도 메시지의 중요한 부분들은 목적지에 도달할 수 있음을 뜻한다. 이것이 바로 폴 바란이 발명한 네트워크의 핵심 원칙 중 하나인 '패킷 교환 시스템el sistema de conmutación de paquetes'이다.

당시 그가 제출한 보고서를 진지하게 받아들인 사람은 아무도 없었다. 그가 제안한 모델은 미국 통신 기업 AT&T에 속한 전설적인 천재들의 실험실, 벨전화연구소Bell Telephone Laboratories에서 만든 회로 전환 시스템과는 완전히 반대였다. 이들은 각각의 전송을 수행하기 위해 미리 결정된 대역폭을 갖는 통신 채널을 먼저 설정했다. 그것이 발송자와 수신자 사이 메시지가 이동하는 유일한 케이블이었다. 관리는 훨씬 더 간단했다. 감자는 통으로, 그냥, 직접적인 방식으로 여행하면 됐다. 어느 누구와 그 무엇도 협상할 필요가 없었다. 물론 해체되고 추후에 다시 조립될 필요도 없었다. 그러나 느리고, 무겁고, 위험한 여행이었다. 한 번의 실패로 모든 것을 잃을 수 있었다. 메시지를 중간에 가로채면 공격자가 메시지 전체를 가져갈 수 있었다. 패킷 교환에는 많은 이점이 있었다. 하지만 벨연구소의 엔지니어들은 바란의 제안을 노골적으로 적대시했다.

당시 미국 내 유일한 전화회사는 위험을 감수할 수 없다고 말했다. 서비스의 통합성과 시스템의 호환성이 유일한 우선순

우리의 적들은 시스템을 알고 있다

위였다. "이와 같은 시스템에서 개혁을 바라는 것은 4분 안에 1마일을 달리는 동안 심장 이식 수술을 받는 것과 같다."[3] 연구소 전자공학부 책임자였던 잭 A. 모튼의 유명한 말이다. 트랜지스터를 발명했던 회사는 이렇게 마이크로칩이라는 더 큰 물고기를 놓쳤다. 어쨌든 새로운 모델은 훨씬 많은 비용이 들 것이었다. 왜냐면 그 당시 감자의 여정에서 변경 작업은 뼈와 살이 있는 인간 교환원이 건마다 수동으로 해야 했기 때문이다. 바란의 제안은 채널, 경로, 메시지 전달 속도를 포함한 전체 프로세스에 관한 통제력을 제거함으로써 수송operacion을 분산시키는 것이었다. 그가 다이어그램, 기술 및 패킷 관리 시스템과 함께 1964년 8월에 전달한 메모는 서랍 속에 파묻혀 잊혀졌다. 다행스럽게도 패킷 교환에 대해 다른 기관에서 연구하던 2명의 엔지니어가 있었다. 그들은 바란과 동일한 결론을 내렸다. 런던국립물리학연구소의 도널드 데이비스Donald Davies와 MIT의 레오나드 클라인락Leonard Kleinrock 교수였다.

역사상 가장 중요한 발명품이라 일컫는 많은 것들이 서로 다른 장소에서 서로 말 한마디 섞어본 적 없는 사람들에 의해 동시에 개발되었다. (천재가 자신의 상상이라는 섬에 갇혀 완전히 새로운 어떤 것을 내놓는 일이 더 드물다.) 예를 들어, 종의 진화와 미래 예측, 전화, 라디오, 증기기관이 동시에 등장했다. 브라이언 이노는 이 현상을 설명하는 단어를 만들었다: **시니어스**Scenius. "시니어스는 전체 문화 현장의 직관과 지성을 나타낸다. 그것은 지니어스(천재)의 공동체적 형태다." 스티브 존슨은《좋은 아이디어는 어디에서 오는가: 혁신의 자연사*Where*

Good Ideas Come From: The National History of Innovation》에서 동시적 발명은 인류 역사의 가장 자연스러운 형태이며 그것을 마무리한 사람만의 공으로 국한되지 않는다고 말한다. "전신, 증기기관, 축음기, 사진, 전화, 그 밖의 중요한 여러 가지를 발명하기 위해서는 1,000명의 사람이 필요하다. 그리고 최후의 1인이 영광을 누린다. 우리는 나머지 사람들을 잊는다."[4]

데이비스와 바란은 서로 다른 정치적 맥락에서, 서로 다른 문제들을 해결하기 위해, 동일한 결론에 도달했다. "저명한 국립연구소의 과학 연구원 데이비스는 보다 효율적인 데이터 통신 모델로서 패킷 교환의 과학적, 기술적 장점을 강조했다. 바란은 냉전 시기 미국 싱크탱크인 랜드연구소에서 근무했다. 연구 결과, 그들은 잘 알려진 바와 같이 탈중심 분산 네트워크 전략의 장점을 강조했다. 다수의 노드를 가진 네트워크는 회로 스위칭에 기반을 둔 중앙 네트워크보다 더 강력하고 핵 재앙으로부터 살아남을 가능성도 더 높았다."[5] 클라인락은 MIT에서 논문 프로젝트의 일환으로 패킷 교환을 연구하고 있었다. 시간이 흐르면서 바란은 영광을 얻었다. 데이비스는 그것에 이름을 붙였고, 클라인락은 그 창조물을 세상에 내놓는 영예을 얻었다. 1969년 10월 29일 캘리포니아대학교 실험실에서 시그마7SDS가 멘로파크에 위치한 스탠퍼드 더글러스 엥겔바르트 실험실의 SDS940과 연결되었을 때, 첫 번째 메시지는 "로그인login"이라는 단어였다. 그러나 시그마는 처음 두 글자를 전송한 뒤 얼어붙었고, 두 컴퓨터가 서로에게 말한 첫 번째 단어는 "로lo"였다. 클라인락은 마법 같고 기적 같은 이야기를 할 때면 즐겨 말했다. "로 앤드 비홀드Lo and behold!" (직역하면 "로 다음에 멈췄어!"지만 "맙소사"와 같이 경이나 놀라움을 나타내는 뜻으로 쓴다고 한다—옮긴이 주) 이는 베르너 헤어초크가 만든 유명 다큐멘터리의 제목이 되기도 했다. 그러나 당시에는 아무도 알지 못했다. 콩코드는 방음벽을 깨뜨렸고 닐 암스트롱은 인간으로서는 작지만 인류에게는 큰 발걸음을 내딛었다. 정부는 네바다에서 핵폭탄을 시험하고 있었다. 미국은 생각할 게 많았다.

경이로운 사건은 또 하나의 놀라운 성과로 이어진다. 11월 21일에 그들은 UCLA와 스탠퍼드 사이를 안정적으로 연결하는데 성공했다. 2주 뒤, 유타대학교의 IBM360과 산타바바라에 위치한 캘리포니아대학교의 PDP-10이 네트워크에 합류했다. 그 후 수년 동안 아르파넷ARPANET이 대학의 실험실들과 군사 기지, 기술 회사를 연결했다. 1973년 6월, 그들은 오슬로 북쪽 키엘레루프에 위치한 지진 및 핵 활동 감지 지점인 노르웨이지진연구소와 최초로 대서양 횡단 연결을 시작했고, 거기에서 유니버시티칼리지런던과 최초의 지상 연결도 성사해냈다. 대역폭은 9.6Kb/s였다.

원래 계획은 "새로운 컴퓨터 기술을 활용하여 핵 위협에 맞선 군사 지휘 및 통제의 요구들을 충족시키고 미국 핵 무력의 잔존을 보장하며 군사 관리 및 전술 결정을 개선"하는 것이었다. 미국 정부는 프로젝트 도중에 흥미를 잃었다. 하지만 개발은 군대의 전유물이 아니었다.[6] 그건 단정하고 정돈된 외모의 전화망 엔지니어와 새로운 인류, 그러니까 조금 이상하고 턱

수염이 북실북실한 생명체 —이들은 코드를 통해 기계와 관계를 맺고, 환각제를 복용하고 **그레이트풀데드**Grateful Dead**의 록 음악**을 듣는다— 가 억지로 결혼하게 된 것과 같았다. 아르파넷은 "대학 컴퓨터학과의 비어 있는 강의실, 군사 기지의 부속 건물, 기존 전화 네트워크의 구리선과 마이크로파 링크를 통해 존재했다".[7] 노드는 AT&T가 운영한 영구 개방 전화선을 통해 연결되었지만 매우 불규칙했다. 바란이 핵겨울에서도 살아남게 할 목적으로 설계한 탈중심 패킷 시스템은 컴퓨터의 빈번한 꺼짐caidos과 느리고 충돌하는 시스템 속에서 발생하는 연결 손실에 대처할 해답이 되었다. 아르파에 할당된 예산은 최소 수준보다 낮았다. 1971년 국방부는 적절한 운영을 위해 전체 네트워크를 AT&T에 판매한 다음 빌릴 생각이었으나 AT&T는 거부했다.

아르파넷 프로젝트의 수장 래리 로버츠는 말했다. "우리가 네트워크를 구축했을 때 정부는 더 이상 그것을 원하지 않았다. 나는 AT&T에 직접 가서 네트워크를 팔 테니 가지고 있어달라고 제안했다. 거저 주는 거나 다름없었다. AT&T는 네트워크를 가져가서 상업적으로 확장해 우리에게 서비스 형태로 임대할 수도 있었다. … 그들은 벨연구소에 모여 결정을 내렸는데, 그것이 자신들의 네트워크와 호환되지 않는다며 나의 제안을 고려조차 하지 않겠다고 말했다. 사용할 수도, 팔 수도 없었다." 즉, 인터넷이 강력하게 분산되고 개방적인 네트워크로 태어나게 된 이유는, 미국 정부가 그 잠재력을 이해하지 못했기 때문이고 유일한 운영자가 그것을 원하지 않는다면서 구

우리의 적들은 시스템을 알고 있다

매하지 않았기 때문이다. 그러나 실험은 이미 일정 수준에 이르렀고, 그렇다면 공익을 위해 계속해서 공적자금으로 진행되었어야 했다.

정부와 운영자는 잠재력을 파악하지 못했지만, 프로그래머들 사이에서는 뜨거운 화두였다. 바로 그해, 레이 토밀슨 Raymond Tomilson이 최초의 이메일을 전송했다. 아르파넷은 세계에 하나밖에 없는 네트워크가 아니었다. 도널드 데이비스는 영국 국립물리연구소에서 패킷 교환 네트워크를 구축했다. 그의 실험실 동료 데릭 바버는 유럽이 아직 공통의 시장이었을 때, 유럽 정보통신망을 구축하기 위해 준비하고 있었다. 루이 푸장 Louis Pouzin은 프랑스 국립컴퓨터과학및자동화연구소INRIA에서 사이클레이디스CYCLADES 네트워크를 구현했다. 아르파넷의 꾀돌이들은 패킷커뮤니케이션스라는, 사물과 사물을 연결하는 새로운 산업에 뛰어들 회사를 세웠다. 영국의 우체국을 포함하여 공공 통신 회사들은 패킷 교환을 사용하여 자신들의 기관을 서로 연결하기 위해 정권과 손을 잡았다. 컴퓨터 통신에 관한 1차 국제 컨퍼런스가 1972년 10월 워싱턴에서 열렸고, 이곳에 모두가 모이게 되었다.

아르파넷은 이 역사적인 회의에서 스타가 됐다. 미 국방부 사령통제국의 밥 칸Bob Kahn은 실시간 시연으로 20대의 컴퓨터를 직접 연결했다. "사람들에게 패킷 교환이 현실의 기술이라는 사실을 깨닫게 한 비결"이었다. 거기서 국제네트워크워킹그룹INWG과 최초의 네트워크 노동 집단이 탄생했다. 핵심 멤버는 알렉스 맥켄지, 영국의 도널드 데이비스와 로저 스캔틀베리, 프랑스의 루이 푸장과 허버트 짐머만이었다. 이 중 여성은 없었고, 모두가 '동맹국' 출신이었다. 첫 의장은 빈트 서프Vint Cerf라는 젊은 수학자였다.

인터넷 문제

"1973년 초, 밥 칸이 스탠퍼드에 있는 내 실험실에 나타나서 말했습니다. '문제가 있어요.' 무슨 문제냐고 물었죠. '이제 아르파넷도 작동하니까 우리는 생각을 해야 해요. 어떻게 하면 명령과 제어 상태에서 컴퓨터를 사용할 수 있을까요?'"[8] 서프가 회고했다. 칸이 워싱턴 컨퍼런스를 통해 더욱 성장하는 동안에도 그의 상사들은 공격을 당하거나 재난을 입었을 때 그리고 그 이후에 정보를 각기 다른 명령 채널로 배포하기 위해 필요한 초강력 의사소통 구조를 어떻게 구축할 것인지에만 관심을 가졌다. 칸의 문제의식은 달랐다. 그는 분산된 방법들을 통해서, 분산되어야 할 사물들의 종류가 아주 많다는 점을 생각했다. "컴퓨터의 사용을 진지하게 고려하려면 고정된 시설뿐 아니라 땅 위의 이동 차량, 바다 위의 배, 하늘의 비행기에도 컴퓨터를 설치할 수 있어야 했습니다." 서프가 덧붙였다.

"당시만 해도 우리가 유일하게 경험해본 건 아르파넷 고정 설치에 관한 것이었다. 칸은 이미 자신이 '개방형 네트워크(**오픈 네트워킹**)'이라고 불렀던 어떤 것에 대해 생각하고 있었고, 해상 선박용 위성 네트워크와는 다르게, 전용 전화선과는 다르게 무선 네트워크를 최적화할 수 있다고 믿었다. 그의 이론에는 여러 가지 유형의 네트워크가 있었는데 모두 패킷 스위칭을 기반으로 하지만 특성이 달랐다. 일부는 더 크고, 일부는 더 빨랐고, 어떤 건 패킷을 손실했고, 어떤 건 그렇지 않았다. 각각의 다양한 네트워크에 존재하는 모든 컴퓨터들이 어떻게 변동성과 다양성을 가진 하나의 공통 네트워크의 일부라고 생각하게 만들 것인지가 관건이었다."

이를 "인터넷 문제el problema de internet"라고 불렀다. 그들 사이의 모든 네트워크들을 서로 연결하는 것이었기 때문이다. 이는 레고상자, 과학상자, 슬롯카레이싱세트, 핀과폰의집꾸미기세트의 세계를 하나의 통일성 있는 세계관으로 통합해 건설하는 것과 같았다. 하지만 이것만이 유일한 난관은 아니었다. 1973년 9월, 국제네트워크워킹그룹은 다시 영국 서식스대학교에서 재회했다. 그들의 열정은 가열된 상태였다. 그들은 일시적이고 혼종적인 형태였지만 대서양 횡단 연결을 실현했다. 대서양 양쪽에서 위성신호로 전화선을 연결해 브리튼과 버지니아를 이은 것이다. 모두 매우 만족했다. 그러나 서프와 칸이 "인터넷 문제"에 대한 해결책을 제시했을 때, 푸장을 비롯한 유럽인들은 기술적 이유가 아닌 정치적 이유로 그것을 취하기 어렵다며 제동을 걸었다. 푸장은 이렇게 말했다:

"빈트와 밥 칸 그리고 요겐 달랄 같은 사람들은 다음의 전략, 즉 패킷이 여러 조각으로 분할되어 무질서하게 도착하고 동일한 창을 사용하여 전송을 제어한다는 전략을 쓰려고 했지만 이는 기술적으로 상당히 까다로운 일이다. 물론 스마트한 아이디어였지만 우리는 선택하지 않았다. 첫째, 구현하기에 너무 복잡해보였고 업계에 판매하기가 어려워보였기 때문이다. 둘째, 동일한 프로토콜에서 두 가지를 혼합했기 때문이다: 전송 층위에 해당하는 문제들과 엔드 투 엔드 프로토콜에 속하는 문제들. 시스템의 이 두 가지 층위는 컴퓨팅computacion과 운영자operadora라는 두 세계에서 각각 관리해야 했기 때문에 그 양면적이고 복합적인 성격은 정치적으로 받아들여질 수 없었다. 기술사회학의 측면에서 수용될 수 없었던 것이다. 너무 다른 두 세계의 합의를 함의하는 것은 팔릴 수가 없다. 기술적으로는 의미가 있었다 하더라도, 일을 정리하기에 좋은 방법으로 보이지 않았다."

초기의 인터넷 문제는 연결될 개체가 모두 프로그래밍 가능한 컴퓨터이기 때문에 해결될 수 있었다. 그런 종류의 컴퓨터가 가진 주요한 특징은, 예를 들면 하나는 6도어 옷장, 다른 하나는 50센티미터 스탠드형 선풍기라고 할 정도로 서로 완전히 다르게 생긴 컴퓨터도 같은 종류에 속한다면 똑같은 일을 하라고 프로그래밍할 수 있다는 점이다. 하지만 인터넷의 새로운 문제는 하드웨어나 소프트웨어에 있는 게 아니었다. 정부가 문제였다. 나라에 따라 서로 다른 시스템 사이에서 경첩 역할을 하는 코드가 필요했다. 게다가 인프라 소유주들과 여러 나라들을 상호 연결한 노드에서 각각의 권한을 분리하고 동시에 각자가 자신들의 권한을 유지할 수 있게 해줘야 했다. 전송제어프로토콜은 운영자에 트래픽 관리 권한을 부여하자는 것이었다. 유럽 내 운영자들은 국가의 독점기업들이었다. 과도한 권한이었다.

푸장 입장에서는 정부가 통제하는 인터넷의 모습을 상상할 필요가 없었다. 프랑스에 이미 미니텔이 있었기 때문이다. 프랑스 우편통신부PTT는 문자 방송과 유사한 시스템을 구현했다. 자체 네트워크TRANS-PAC, 통신 프로토콜CEPT, 키오스크라는 외부 앱 플랫폼까지 가진 시스템이었다. 이는 구글플레이나 앱스토어와 크게 다르지 않다.⁹ 데이터 처리 능력과 메모리가 없는 멍청이 단말기로, 사용자가 운영하는 절대적으로 중앙 집중적인 시스템이었다. 프로토콜은 사용자들끼리 직접 연결되는 것을 막기 위해 설계되었다. 미니텔은 너무 저렴해 정부가 우체국을 통해 무료로 보급할 정도였다. 계산기 기능이 있는 프로그램, 뉴스 읽기, 기차표 사기, 세금 양식 작성하기, 미니텔로즈라는 인기 있는 채팅 프로그램과 고객용 우편 프로그램도 깔려 있었다. 데이터는 주 정부가 소유한 단일 중앙 서버의 공용 네트워크에 저장되고 처리됐다. 도서관, 대학교, 교육기관 등에도 터미널들이 있었다. 1980년대 후반에는 미니텔이 2500만 명의 사용자와 2만 3,000개 이상의 서비스를 보유하고 있었다.

서프와 칸, 푸장과 데이비스는 경쟁적인 두 가지 버전의 패킷 교환 방식을 두고 토론했다. 서프와 칸의 해결 방안은 전화 통화와 같이 교환원이 전송 과정과 대역폭을 미리 할당하는 것이었다. 이 모델을 "가상 회로"라고 했다. 푸장과 데이비스의 해결 방안은 기존 트래픽, 사용 가능한 대역폭, 바로 그 순간에 사용 가능한 노드의 수를 기반으로 각 패킷의 최적 경로를 다시 계산할 수 있도록 노드 간에 책임을 분산시키는 것이었다. 배포 측면뿐 아니라 이론적 측면에서도 후자가 훨씬 효율적이었다. 프로세스를 용이하게 하기 위해 각 데이터 조각이나 패킷에는 두 가지 종류의 정보가 포함된다: 하나는 식별자, 출발지, 목적지 및 주문 번호가 있는 헤더. 다른 하나는 전송하려는 메시지 자체의 조각. 푸장은 이를 데이터와 전보 telegrama의 하이브리드인 "데이터그램"이라 불렀다.

서프는 그것을 종교 전쟁처럼 기억할 것이다. 이론가 레프 마노비치의 말에 따르면 정보통신혁명la revolucion informatica인데, 이는 "각 상수를 변수로 대체한 것"이었다. 통신 커뮤니케이션 엔지니어들이 생각하던 사물들의 일관된 세계는 컴퓨팅의 변하는 세계와 부딪쳤다. 하드웨어 VS. 소프트웨어. 패러다임의 전면적 전환이었다. 실무 그룹은 어떤 기술이 등장할지, 어떤 종류의 컴퓨터가 있을지, 앞으로 어떤 기술이 필요할지 알지 못했다. 기본 구조를 변경하지 않고 하나 또는 여러 개의 부품을 교체할 수 있도록, 특정 유형의 소재에도, 기술에도, 드라이버conductor에도 최적화되지 않고 진화해야 했다. 한편 통신 엔지니어는 특정 물체를 구체적인 문제에 맞게 설계하는데 익숙했다. 예를 들면 대륙 간 전화 연결을 유지하는 것. 만약 통신 네트워크가 특정 기능, 특정 기술에 최적화되지 않고 너무 많은 요소에 영향을 받았다면 제대로 작동하지 않았을 것이다. AT&T는 미국에서 유일하게 주와 주 사이를 연결하는 운영자였다. 그들이 제공하는 서비스는 매우 중요했다. 네트워크를 순환하는 트래픽 관리는 물론이거니와 전송의 모든 측면을 제어할 수 없다면 서비스를 어떻게 보장할 수 있겠는가? 그러나 곧 인프라 영역에서 무엇보다도 신흥 시장의 지배권을 두고 가차 없는 싸움이 시작되었다: 나중에 인프라를 사용할 회사와 서비스를 협상할 수 없다면 무엇을 위해 인프라를 개발하겠는가? AT&T와 운영자들은 가상 회로 모델을, IBM 및 기타 기술 회사는 데이터그램 모델을 강력히 밀어붙였다. 누군가는 자신이 가진 인프라에 대한 주권을 포기하고 싶지 않았고 다른 이들은 기회를 놓치려 하지 않았다. 2년간의 토론 끝에 국제네트워크워킹그룹은 인프라를 통제하는 기업이나 국가의 이익으로부터 실험을 보호해야 한다고 합의하고 데이터그램을 최종 선택했다. 그들은 자신들이 만든 피조물에 합성어로 세례명을 주었다. 이른바 전송제어프로토콜/인터넷프로토콜TCP/IP이다.

이 프로토콜이 어떻게 탄생했는지 이해하기 위해 중요한 것은 다음의 내용이다. 책임자들은 공공 자금으로 일하는 소규모의 다국적 과학자 그룹이었고, 그들의 목표는 2차 세계대전 이후 거대한 불안의 순간에 필요했던, 과학 실험실의 집단지성을 만드는 것이었다. 당시 유행한 책은 토마스 쿤의 《과학혁명의 구조The Structure of Scientific Revolutions》였다. 이 책은 실험실이야말로 "정상" 과학이 이루어지는 장소라고 주장한다. 실험실은 모델이 테스트되고 이론이 생성되며 패러다임이 확립되는 곳이다. 그러나 비범한 과학이나 과학의 양자적 도약은 실험실과 실험실 사이의 마찰, 그리고 과학자들 —특히 다른 분야에서 온— 이 가진 서로 다른 패러다임 사이의 마찰에서 발생한다. "자연과의 직접적인 비교를 통해 허위를 증명하는 방법론적 원형은 과학 개발 연구가 밝혀낸 지금까지의 어떤 역사적 성취와도 맞지 않다. 오히려 정상 과학을 특징짓는 퍼즐을 정의하는 것은 기존 데이터와 이론의 불완전성과 불충분성이다." 이러한 최신의 학제 간 연구 정신으로, 이 그룹은 각국의 다양한 천재들을 서로 연결하는 것이 철도, 전기 또는 항생제만큼 인류 —최소한 동맹국끼리는— 번영과 복지에 중요할 것이라고 확신했다. 네트워크는 독점에 강한 내성이 있어야 하고, 한 유형의 정보로 다른 유형의 정보를 취하거나 한 사용자가 다른 사용자에게서 이득을 취하는 일이 없어야 하고, 파시즘에도 내성이 있어야 한다. 최근의 역사는 시스템의 기본 설계에서 이런 점들이 인코딩되지 않는 경우에는 좋은 의도만으로 충분하지 않다는 것을 보여준다. 상상하기 힘든 최악의 상황에 대비해야 했다. 푸장의 해결책은 정치적 변화, 대기업의 흥망, 시간의 흐름에 맞선 보호 조치를 자임한 것이었다. 트래픽은 단일 조직에 의해 관리되지 않는다. 접근 포인트도 단일하지 않으며, 단일 법률에만 의존하지 않을 것이다. 그것은 파시즘이나 기타 혁명에도 영향을 받지 않을 것으로 생각되었다. 1975년 연구자 그룹은 국제 표준을 확립한 국제전화 및전신상담위원회에 자신들의 프로토콜을 제시했다. 하지만 위원회의 전문가들은 모두 대형 전화 회사의 통신 엔지니어들이었다. 그들은 프로토콜을 거부했다.

서프는 너무 화가 나서 그룹의 임원진에서 사임하고 스탠퍼드를 떠나 미 국방부 방위고등연구계획국DARPA으로 갔다. 푸장은 너무 불평한 나머지 사이클레이디스의 재정 후원을 잃었다. 허버트 짐머만은 위원회에 다른 프로토콜 개발을 제안했다. 그러던 중 개방형 시스템 간 상호 접속 모델OSI, Open Systems Interconnection Reference Model이 탄생했다. 협력자들은 이제 라이벌이 되었다.

당시 상황만 보면 인터넷은 OSI여야 했다. OSI는 운영자(통신 기업)들의 지지를 받았고, 각 정부로부터 자금을 받았다. AT&T와 싸우기보다는 아르파넷을 아카이브하길 바랐던 미국 정부의 지지를 받았다. 법률과 위원회는 OSI에 호의적이었다. 게다가 튜링상을 수상한 데이터베이스 관리 천재 찰스 바크만이 의장이었다. 그러나 유럽, 북미 및 아시아의 통신 회사, 부처 및 기술 회사와도 합의해야 했다. 횃대를 지배하고 싶어 안달이 난 닭들이 모인 닭장 같았다. 1984년에 "OSI 참조 모델"이 발표됐고 모두가 작업에 착수했다. 영국(JANET), 독일(DFN), 스웨덴(SUNET), 네덜란드(SURFnet), 오스트리아(ACOnet), 스위스(SWITCH)에서 네트워크들이 탄생했다. 스페인(RedIRIS)과 이탈리아(GARR)가 그 뒤를 이었다. 그러다 OSI는 뒤처지기 시작했다. "서로 경쟁하는 10개의 큰 기술 회사에서 온 위원들, 10개의 거대 통신 운영자, 국가적 독점기업 monopolios estatales들과 서로 다른 10개 국가에서 온 전문가들이 무언가에 동의할 수 있다고 보십니까?" 바크만이 한 회의에서 한탄했다. 1990년대 초에는 개발이 정체되었다. 모든 국가에서 프로토콜X.25를 위해 각자의 보드, 기계, 서비스를 구현했는데, 이 프로토콜은 대규모 데이터 전송이나 원격 접속에 결점이 있었다. 프로그램들은 질이 나쁘거나 비쌌고 국가 간 연결 비용도 매우 비쌌다.[10] 그러는 동안 대서양의 한 쪽에서 아르파넷은 이미 16만 개의 네트워크를 가지게 됐고 학계와 군사적 차원을 초월하여 사회적 현상이 되기 시작했다.

사람들은 마이클 잭슨이 〈스릴러〉를 발표한 밤으로 기억하지만 기술적 차원에서 보자면 인터넷이야말로 1983년 마지막 밤의 주인공이다. 그날 밤 아르파는 원래의 아르파넷 프로토콜을 유지하는 것을 멈추고 나머지 네트워크들이 TCP/IP를 채택하지 않으면 시스템에 진입할 수 없게 했다. 그들은 원하는 대로 할 수 있었다. 정부로부터 돈을 받았고 협상해야 할 국가나 회사가 없었다. 처음에는 15개의 네트워크로 시작했다. 3년 후 400개가 되었다. 연결된 컴퓨터들은 벨연구소 엔지니어가 만든 유닉스UNIX라는 단일 운영체제를 사용했지만 버클리대학 컴퓨터학과의 빌 조이라는 학생은 '버클리소프트웨어디스트리뷰션BSD'이라는 운영체제를 자체 제작해서 배포했다. 네트워크를 개발하기 위해 아르파는 벨연구소의 라이선스를 구입했지만 버클리 배포판을 그대로 뒀고 이것이 곧 당대의 표준이 되었다. 1981년 서프는 조이에게 유닉스의 특별 보급판을 만들어달라고 요청했다. 1년 후, 조이는 썬마이크로시스템즈를 설립했다. 그의 첫 번째 워크스테이션은 TCP/IP용으로 수정된 유닉스였다.

아르파는 컴퓨터에 수정된 유닉스를 설치하고 시스템에 들어가도록 많은 기관에 자금을 지원했다. 이 과정에서 미래에 벌어질 문제에 대한 견고한 해결책들이 등장했다. 1970년대 하와이대학은 군도의 섬들을 케이블이 아닌 무선 통신망으로 연결한 초중앙집중식 구조인 알로하넷ALOHANET을 개발해 독창적인 미디어 공유 및 충돌 관리 시스템을 만들었고, 나중에 이것이 이더넷Ethernet프로토콜이 되었다. 모든 사람이 아르파넷에 들어갈 수는 없었다. 초대가 필요했다. 초대받지 않은 듀크대학교의 두 학생은 1979년에 유즈넷USENET, "가난한 이들을 위한 아르파넷"을 만들었다. "아르파넷에 합류하려면 정치적으로 연줄이 있어야 하고 10만 달러가 있어야 한다는 말이 당연하게 여겨진다. 그것이 진실인지 아닌지는 모르겠지만, 우리는 그런 연줄이나 돈이 없고 그런 시도조차 하지 않는다." 유즈넷 프로그래머인 스티븐 대니Stephen Danie가 말했다.[11] 처음에는 유닉스 애호가를 위한 커뮤니티 네트워크였다. 여기에 들어가려면 유닉스가 깔린 컴퓨터와 집에서 만들 수 있는 자동 다이얼 전화기만 있으면 됐다. 군사적 환경에서 벗어났기에 분위기도 완전히 달랐다. "유즈넷은 뉴스그룹을 중심으로 구성되었으며 수신자는 자신이 받은 것을 스스로 관리할 수 있다. 아르파넷은 메일링리스트를 중심으로 구성되었으며, 각 리스트마다 자료를 받는 사람과 어떤 자료가 전송될지를 관리하는 중앙 제어 구조다. 나는 여전히 독자 중심 모델을 선호한다." 다니엘은 말했다. 뉴스그룹에서는 월드와이드웹에서부터 리눅스 커널에 이르기까지 '네트워크 기둥'들의 소스 코드가 처음으로 발표되고 공유되었고, IRC 채널과 최초의 온라인 사회운동에 영감을 주었다. OSI와 TCP/IP 모델과 비교할 때 유즈넷은 진정으로 개방적·민주적·중립적 네트워크였다. 물론 컴퓨터와 전화선에 접근할 수 있었던 이들이 20대와 30대, 중산층 및 상류층 백인 프로그래머였다는 사실에 우리가 눈감는다면 그렇다는 말이다.

접근(액세스)에 관한 합의가 시작된 시점이었다. 컴퓨터 과학에 미쳐 있는 사람들이 표준과 상호운용성 문제를 해결하는 동안, 정보산업은 고유의 양자 도약을 경험했다. 고든 무어는 페어차일드반도체를 떠나 1968년 로버트 노이스와 함께 인텔을 설립했다. "통합 회로는 매년 두 배로 고도화하고 그 제작 비용은 줄어들 것이다"라고 예측했다. 수십 년 동안 '무어의 법칙'은 쉼없이 가속하는 세계에서 유일하게 안정적이었다. 인텔은 1971년 일본 비지콤의 계산기 제작을 위해 최초로 4비트 마이크로프로세서를 출시하여 컴퓨팅 시스템의 크기를 대폭 줄였다. 1974년 인텔은 앨테어Altair8800(8비트)을 출시해 개인용 컴퓨터의 시대를 열었다.

IBM PC: "자기만의 컴퓨터를 만드세요"

전자공학 마니아를 위한 잡지《파퓰러일렉트로닉스》가 1월 표지에 앨테어8800을 싣고 소개했다. 컴퓨터의 나머지 구성 요소에 연결하도록 설계된 회로 보드인 최초의 데이터버스(S-100)를 탑재한 앨테어8800에는 빌 게이츠와 폴 앨런이 작성한 앨테어베이직Altair BASIC도 첨부되어 있었다. 빌 게이츠는 "잡지에서 컴퓨터를 보자마자 마이크로소프트 설립에 전력했다"라고 즐겨 말한다. 애플은 1977년에 처음으로 양산형 컴퓨터를 출시했다. 애플투AppleII는 컬러 디스플레이와 함께 비지칼크VisiCalc라는 획기적인 스프레드시트 소프트웨어를 가지고 있었고, 고가에도 불구하고 사무용으로 성공했다. 가정용으로는 스펙트럼Spectrum, 암스트래드Amstrad 등이 잘 팔렸다. 특히 코모도어64Commodore 64는 전 시대를 통틀어 가장 많이 팔린 컴퓨터 모델이다. 아마도 비디오게임이 많이 들어 있었기 때문일 것이다. 1981년 스티브 잡스가 그래픽 사용자 인터페이스와 마우스를 갖춘 최초의 컴퓨터를 생산하려고 하는 동안, IBM은 각기 다른 국가의 각기 다른 제조업체에서 생산한 부품으로 만든 일반 컴퓨터로 시장을 폭파했다. 완전히 새로운 무엇, IBM PC가 등장했다.

"블루 자이언트(IBM의 별명)"는 수십 년 동안 거대한 독점 기술 기업이었다. 그들의 거대한 컴퓨터는 업계 표준이었다. "IBM 제품을 구매해서 해고된 사람은 아무도 없었다No one ever got fired for buying IBM." 그것은 진실이었다(당시 IBM의 위상을 알려주는 유명한 서구권 농담—옮긴이 주). 70년 동안 그들은 상품에 대한 절대적인 통제권을 행사했다. 회사들의 사무실 전체를 다 차지한 대형 제품에는 수백만 달러의 비용이 들었고, IBM 엔지니어가 상주해야 했다. 다른 사람들은 조작 방법을 알지 못했기 때문이다. 스페인 기자 호세 세르베라(일명 페페)는 "컴퓨터들은 IBM 데이터 형식의 IBM 운영체제에서 IBM 프로그램을 사용하여 IBM 메모리 및 논리 회로를 사용하여 IBM 소유 알고리즘으로 계산을 수행했다"라고 말한다.[12] 그들은 부품에 들어가는 마지막 나사 하나까지도 직접 만들었다. 코드 행마다 들어가는 쉼표와 온점까지 직접 작성했다. IBM은 IBM 아닌 어떤 것과도 호환되지 않았다. 회사의 분위기는 대규모 고객, 예를 들면 국방부와 같은 고객을 위한 거대 프로젝트를 중심으로 만들어졌다. 마이크로프로세서(마이크로컴퓨터의 중앙 처리 장치의 기능을 1개의 칩에 집적한 것. 컴퓨터 크기에 영향을 끼친다—옮긴이 주) 혁명은 그들을 하룻밤 사이에 공룡으로 만들었다. 휴렛팩커드, 텍사스인스트루먼트, 데이터제너럴과 경쟁하기에 IBM은 너무 비대했다. 보스들은 "유행이 지나가길" 바랐다. 누군가는 "IBM이 퍼스널 컴퓨터PC를 출시하길 바라는 것은 코끼리에게 탭댄스를 가르치는 것과 같다"라고 했다. IBM연구소 책임자 빌 로우는 나머지 관리자들을 설득하며 퍼스널 컴퓨터를 만드는 건 가능하지만 회사의 문화 안에서는 불가능하다고 말했고 관리자들은 그에게 1년을 주며 프로토타입을 생산해보라고 주문했다. 빌 로우는 보카 라톤에 11명의 남성과 1명의 여성을 모아 엔지니어 그룹을 구성했다.[13] 일명 **더티 더즌**The Dirty Dozen[14]. 그들은 한 달 후 프로젝트를 다른 제조업체와 개발자들에게 공개하자고 제안했다. 그러려면 IBM 고유의 아키텍처(컴퓨터 시스템 전체의 설계 방식—옮긴이 주)를 개방해야만 했다. 그것은 큰 소동을 불러일으켰지만 동시에 유일한 방안이기도 했다.

"퍼스널 컴퓨터"는 중앙 프로세서, 하드웨어 인식 및 부팅을 위한 펌웨어 운영체제BIOS, 정보 처리를 위한 하드 메모리

ROM 및 정보를 저장하기 위한 대체 메모리(플로피디스크)로 구성된 프랑켄슈타인이었다. QDOS라는 소프트웨어 운영체제와 메인보드가 탑재되었다. 부품 하나하나를 제조하는 대신, 제 3자한테 제작을 맡겼다. 주요 운영체제는 마이크로소프트가 만들었다. 이름을 PC-DOS로 변경했다가 나중에 MS-DOS로 바꾸고 별도 판매했다. 계산 프로그램, 워드프로세서, 심지어 비디오게임도 있었다. 프로세서는 인텔8088이었고 메인보드를 지원하는 모든 칩들이 있었다. 메모리칩 역시 제 3자인 모토로라에서 왔다. 모니터와 키보드는 또 다른 IBM 모델에서 재활용했다. 컴퓨터를 출시하면서 그들은 회로도, BIOS 소스 코드, 각 구성 요소의 기술적 세부 사항과 함께 〈IBM PC 기술 참조 매뉴얼〉을 공개했다. 최초의 클론들이 출시되는데 1년도 걸리지 않았다.

  IBM은 다른 제조업체들의 하드웨어에 연결하는 코드인 바이오스BIOS 디자인을 보유하고 있었고, 이 지적재산권을 이미 만들어 놓은 새로운 시장에서 활용하려고 했다. 리버스 엔지니어링이 얼마나 쉬운지는 예측하지 못했다. 다른 모든 기술적 세부 사항이 노출되자, 경쟁 업체는 중앙시스템의 주요 기능들을 재빨리 분리하고 통행료를 지불하지 않고 그 기능들을 재현해냈다. 곧 PC가 시장의 표준이 되었으며 전문 제조업체들로 구성된 새로운 함대가 소프트웨어 및 주변 장치를 생산하기 시작했다. 하지만 이런 클론들의 생산은 IBM에게 하등 나쁜 일이 아니었다. 1983년 1월, 깨어있는 하루 동안 매 분마다 세계 곳곳에서 PC가 팔렸다. 블루 자이언트는 시장을 지배했다. 유저들은 정보통신 실험의 세계에 접근할 수 있게 되었다. 누구나 자신의 장비를 만들고 이해하고 수리하며 성능을 개선하기 위해 다른 제조업체의 부품을 변경하여 장비를 수정할 수 있었다. 물론 이 과정에서 마이크로소프트보다 더 많은 혜택을 얻은 곳은 없다.

IBM은 빌 게이츠에게 데스크톱 소프트웨어에 대한 근심을 완전히 떨쳐버릴 수 있는 운영체제를 만들어달라고 의뢰했다. 그들은 다른 소프트웨어 제조업체와 지적재산권 분쟁을 겪고 있었으며 그 책임에서 완전히 면제되기를 바랐다. PC가 시장 표준이 되었을 때, 권한의 분리로 인해 마이크로소프트는 동일한 소프트웨어를 여러 다른 제조업체에 판매할 수 있었다. 그 결과를 우리 모두 알고 있다. 그때까지 IBM의 독점 상태는 애플에게는 "따라잡을 수 없는 성취", 흰 고래와 같은 것이었다.

그러나 숙적답게 애플은 훨씬 더 위협적으로 변모했다. 스티브 잡스는 리들리 스콧이 감독한 유명한 광고 〈1984〉를 통해 2개의 머리를 가진 새로운 히드라를 공격했다. IBM은 빅브라더였고 마이크로소프트의 일반화된 소프트웨어는 그 교리였다. 그리고 애플은 파괴적인 혁명의 망치를 든 금발의 아름다운 운동선수다. 빅브라더는 외친다.

"오늘 우리는 정보 정화 지침의 영광스러운 1주년을 축하하기 위해 여기 모였다. 우리는 역사상 처음으로 순수한 이데올로기의 정원을 만들었다. 모순된 생각을 전하는 해충으로부터 안전하게 작업자가 꽃을 피

애플의 광고 〈1984〉. 애플과 매킨토시를 상징하는 여전사가 던진 망치가 IBM(과 마이크로소프트)을 상 징하는 빅브라더 방송 송출 모니터를 파괴한다(캡처).

울 수 있는 곳. 우리 사상의 통일은 지구상의 어떤 함대나 해군보다 강 력한 무기다. 우리는 하나의 의지, 하나의 결의, 하나의 대의를 가진 하 나의 인민이다. 우리의 적들은 스스로 죽음으로 나아가고 있고, 우리는 그들을 스스로의 혼란 속에 파묻을 것이다. 우리가 승리한다!"

광고에서 애플은 1984년이 매킨토시Macintosh의 출시로 인해 소설 《1984》와 다를 것이라고 했지만 실제로는 그렇지 못했다 (IBM PC&MS Windows 콤보 우세). 수백만 명의 가정과 사무실 에 수십만 개의 컴퓨터 단말기가 설치되면서 인터넷은 더 이 상 국제 학계에 국한된 네트워크가 아닌 '기회의 땅'이 되었다. 1983년 1월 《타임》이 선정한 "올해의 인물"은 컴퓨터였다.

자동차와 텔레비전을 향한 미국의 영원한 로망은 이제 PC를 가지려는 열망으로 급격하게 바뀌었다. … 수십 년 동안 작업해온 기술혁명의 결과다. 이제, 말 그대로, 가정집을 강타하고 있다.

인터넷이 시장에 진입하다

TCP/IP를 발표할 때 빈트 서프는 "아르파넷은 연구 프로젝트이며 아마도 네트워크는 128개를 넘지 않을 것"이라고 생각했지만 1985년 말 이미 2,000대의 컴퓨터가 TCP/IP로 연결되었다. 1987년에는 3만 대, 1989년에는 15만 9,000대로 늘어났다. 군사 부문은 보안상의 이유로 1984년에 프로젝트에서 분리되었지만, 당시 인터넷에는 막대한 액수의 공공 자금이 투입되어야 했으며 이는 컴퓨팅 기술과 물리학 사이에 실험 네트워크를 구축하기 위한 것이었다. 이는 모든 대학을 연결하는 전국적 학술 네트워크, 국립과학재단네트워크NSFNET로 재구성되었다. 2억 달러의 공공 자금이 투입되었다. 인터넷 최초로 백본(중추망)backbone 방식, 5개의 슈퍼 컴퓨팅 센터에 5개의 노드를 가진 구조가 구축되었다. 그러나 네트워크는 가능성을 넘어 성장하고 또 성장했다. 더 많은 투자가 필요했다. 그렇지 않으면 앞선 성공에 깔려 죽을 지경이었다.

이론적으로는 인프라를 아웃소싱하거나 그 어떤 상용 네트워크에도 연결할 수 없었다. 따라서 모든 면에서 구리보다 성능이 뛰어난 광섬유 기술이 등장했을 때, NSFNET는 광섬유 설비를 계약하고 구축하기 위해 일반적인 수준보다 더 많은 돈이 필요했다. 임대료와 전기료가 저렴한 공간에서 한 네트워크를 다른 네트워크와 상호 연결하는 새로운 전문 서비스 산업과 계약할 수도 없었다. 허용된 사용 정책은 이점이 거의 없었기 때문에 조지 H. W. 부시가 서명하고 일명 고어법Gore Act 으로 알려진 1991년의 고성능컴퓨터통신법에 의해 단계적으로 폐지되었다. 이 법은 "광대역 네트워크의 개발을 가속화하기 위한 공동 노력으로 산업, 학계 및 정부"를 하나로 묶을 새로운 국가 연구 및 교육 네트워크 구축에 예산 6억 달러를 할당했다. 인터넷이 학계라는 게토에서 나와 시민사회에 서비스를 시작한 것이다.

수년 후 클린턴의 러닝메이트가 되어 대통령 선거 캠페인에서 조지 H. W. 부시와 경쟁했던 앨 고어는 자신이 인터넷을 만들었다고 말했다. 선거에 도움이 되는 발언은 아니었다. 그는 이를 빌미로 경쟁자에게 난타당했다. 하지만 고어가 패킷 교환이나 광섬유를 본인이 발명했다고 말하려던 것은 아니다. 그는 학문적 실험을 "정보의 고속도로"로 변화시켰다고 말하려 한 것이었다. 그는 아버지에게서 영감을 얻었다. 그의 아버지는 '1956년 연방지원전국고속도로법', 이른바 국내간연결및국방고속도로법National Interstate and Defense Highways Act을 추진했다. 여기서 인터넷 초기를 지배한 "고속도로"라는 은유가 나왔다. 고어의 아버지 덕분에 아이젠하워는 국가를 효율적이고 안전하게 연결하는 고속도로 건설에 260억 달러를 배정했다. 포드 사의 모델 T는 자동차에 대한 접근성을 높이는 것으로 민주 주의를 실현했고, 정부는 새로운 인프라와 더불어 운전이라 는 행위에 민주주의를 도입했다. IBM PC는 전자통신혁명계의 '모델 T'다. 고어 주니어는 상호 연결이라는 민주주의를 추진 했지만, 민간 사업자의 손에 공공 자금을 투입하는 방식이었 다. 미국에서 최초의 지역 상용 인터넷 업체를 설립하기 위해 차도 팔고 신용대출도 받은 사업가 윌리엄 슈레이더는 "국립 과학재단NSF의 행위는 케이마트Kmart에 국립공원을 선물한 것 이나 마찬가지"라고 비난했다.

1년 후 빌 클린턴 정부의 부통령이 된 앨 고어는 내셔널프레 스클럽에서 "민간이 자본을 투입하는 정보화 고속도로를 건 설할 것"이라고 선언했다. 48시간이 지나지 않아 민주당의 국 가위원회는 스프린트에서 15만 달러, 엠씨아이에서 7만 달 러, 유에스웨스트에서 1만 달러, 나이넥스에서 2만 5,000달 러를 받았다. 유에스웨스트와 나이넥스는 AT&T의 자회사였 다. NSFNET의 **중추망**은 슈퍼컴퓨팅센터를 떠나 다음 네 회사 의 손에 넘겨졌다. 워싱턴의 메이-이스트, 뉴욕의 스프린트, 그리고 둘 다 AT&T의 일부인 시카고의 아메리테크와 캘리포 니아의 퍼시픽벨. 변화는 의미심장한 것이었다. 새로 생긴 네 트워크의 4개 노드에는 다른 노드보다 훨씬 많은 권력이 집중 되었다. 패킷 교환은 여전히 분산되어 있지만 4개 회사가 제 휴해서 자신의 이익을 기반으로 누구를 누구와 연결할 것인지 결정한다. 1994년, 미국 국립표준기술연구소는 OSI 프로젝트를 완전히 포기하고 TCP/IP로 연결된 네트워크에 통합될 것을 권고했다. 1995년에 NSFNET은 사라졌고 1960년대에 꿈꿨던 분산 네트워크에 대한 꿈도 사라졌다. 그러나 인터넷으로 다시 태어났다.

1996년, 인터넷은 더 이상 세상을 더 나은 곳으로 만들기 위해 소수의 과학자들이 분투하는 프로젝트가 아니었지만 여전히 범용 네트워크였다. 이 디테일은 사소한 것이 아니다. 그 덕에 전체 네트워크를 재건축하지 않고도 전화 구리선을 광섬유 케이블로 변경할 수 있게 되었다. 나중에는 데이터 전송 프로토콜을 다른 암호화된 프로토콜로 변경할 수 있었다. 인터넷의 유명한 "극단적 개방성"은 메일에서 처음 시작해 이제 가상현실에 이르기까지 그 콘텐츠와 형식을 발전시켰다. 1970년대부터 인터넷 디자인에 기여해온 데이비드 클라크David Clark는 2016년에 이렇게 말했다.

"초창기, 인터넷은 주로 이메일이었다. 사람들에게 '인터넷에 있냐'라고 물어보는 건, 이메일 주소가 있냐는 의미였다. 메일은 딱히 지원을 요구하지 않는 애플리케이션이었다. 만약 인터넷이 이메일을 독점적으로 지원하는 방향으로 너무 멀리 갔다면(어느 정도 발생한 일이지만) 웹은 등장하지 못했을 것이다. 하지만 웹은 그 뒤를 이어 등장했고, 이메일을 보완하는 웹의 존재를 통해 엔지니어들은 범용성의 가치를 상기할 수 있게 되었다. 그러나 이러한 패턴은 반복되었고, 2000년대 초 스트리밍 오디오와 비디오의 출현은 인터넷의 범용성을 다시 한 번 시험했다. 그리고 이메일이 곧 인터넷이었던 시대에서 웹이 곧 애플리케이션이 된 시대로 이동했다. 오늘날 스트리밍, 고품질 비디오는 인터넷을 끊임없이 체질 개선하도록 주도하는 원동력이며, 이로써 우리는 다시 한 번 유혹에 빠져 다음과 같이 생각한다. '우리는 이제 인터넷이 무엇에 가장 적합한지 알고 있으며, 그 목적에 맞게 최적화할 수 있다'고 말이다. 과거는 우리에게 가르침을 준다. 인터넷의 범용성을 보호하기 위해, 현재적 요구에 직면하더라도 미래를 위한 자리를 마련해놓기 위해 항상 깨어 있어야 한다고."[15]

새로운 네트워크가 민영화되기 직전, 영국의 한 젊은 물리학자는 유럽 최초의 인터넷 노드인 제네바 유럽 입자물리연구소CERN로 수렴하는 다양한 데이터베이스를 가지고 일하다가 좌절했다.

팀 버너스-리: "이 웹은 모두를 위한 것이다"

"유럽 입자물리연구소는 전 세계의 다양한 대학에서 온 사람들로 구성되었고 그들은 온갖 컴퓨터를 다 가져왔다. 유닉스, 맥, PC뿐만이 아니었다. 모든 종류의 대형 메인 프레임 컴퓨터와 중형 컴퓨터가 있었고 이들이 모든 종류의 소프트웨어를 돌리고 있었다." 팀 버너스-리Tim Berners-Lee는 말했다. 어떤 컴퓨터에서 파일을 사용하려면 그 컴퓨터에 로그인해야 했다. "때때로 각 컴퓨터의 서로 다른 프로그램 사용법을 배워야 했다. 커피를 마시며 사람에게 부탁하는 게 더 간편했다."

다른 동료들과 마찬가지로, 버너스-리 역시 한 시스템의 도 큐먼트를 다른 시스템으로 옮기기 위한 프로그램을 짜는 데 지쳐 있었다. 모든 시스템에 공통으로 적용될 새로운 계층이 필요했다. 새로운 네트워크의 기본이 되고 누구나 읽고 쓸 수 있는 "가상 정보 시스템", 요컨대 도서관. 그 문제를 완전히 해결하겠다는 의지로 그는 2년 동안 독자적으로 (우리가 지금 돌아다니고 있는) 네트워크의 구조를 만들었다. 먼저 하이퍼텍 스트HTML라는 태그 언어를 발명했다. 달려 있는 태그를 통해 정보를 정렬하여 마치 어떤 책의 한 페이지인 것처럼 화면에 출력하는 시스템이다. 다만 책이 아닌 웹이기 때문에 '웹페이 지'라고 불렀다. 공유되길 원하는 모든 인터넷 정보는 HTML 로 변환되어 책장에 꽂히듯, 전용 컴퓨터의 메모리에 저장될 수 있었다. HTML 페이지로 가득 찬 저장소를 웹서버라고 불 렀다. 서버와 해당 페이지에 접속하려는 컴퓨터 간의 통신을 위해 하이퍼텍스트전송프로토콜HTTP을 만들었다. 각 웹페이지 에는 찾아갈 수 있는 주소URL, Uniform Resource Locator가 있으며, 하이 퍼링크라고 부르는 내부 인터커넥터 덕분에 다른 웹페이지에 서도 접근할 수 있다. 이러한 방식으로, 사용자는 참조에서 참 조로, 책에서 책으로 이동하는 것과 같은 방식으로 페이지에 서 페이지로, 서버에서 서버로 이동할 수 있다. 세계 여러 많 은 기관에 많은 서버가 있겠지만 도서관은 하나다. 버너스-리 는 1991년 8월 6일 유즈넷 뉴스그룹(alt.hypertext)에서 이를 소 개하며 사회가 힘을 모아 더 발전시키자고 말했다. 그는 이것 을 월드와이드웹World Wide Web이라고 불렀다.

이 순간의 강렬한 충격을 말로 설명하는 것은 불가능하다. 웹이 등장하기 전 인터넷은 기본적으로 세 가지였다: 이메일, 뉴스그룹,[16] 다른 컴퓨터에 원격으로 액세스하여 대학 및 연구소의 데이터베이스를 기웃거리는 것. 이들은 모두 텍스트였고, 명령 라인이었고, 전신에서 물려받은 문자 코드 아스키 ASCII를 기반으로 한 고릿적 시절 초창기 검색엔진 고퍼Gopher나 광역정보서버WAIS 같은 프로그램이었다. 인터넷은 모두를 위한 것이 아니었다. 텍스트 콘솔을 사용할 줄 알고, 적절한 명령어를 입력할 줄 아는 사람들만을 위한 것이었다. 팀은 여름 한철에 오늘날의 세계를 만들었다. 물론 혼자서 한 일은 아니다. 하이퍼텍스트와 하이퍼링크의 개념은 테드 넬슨, 니콜 양키로비치, 안드리스 반 담, 더글라스 엥겔바르트가 이미 개발한 것이다. 특히 더글라스 엥겔바르트Douglas Engelbart는 마우스로 쉽게 사용할 수 있는 인터페이스도 만들었다. 이 일에 대한 관심은 점차 뜨거워졌고 노스캐롤라이나대학교가 〈하이퍼텍스트Hypertext '87〉 회의를 개최하기에 이른다. 모든 참석자들은 1945년 7월 버니바 부시Vannevar Bush가 《디애틀랜틱》에 발표한 유명한 글 〈우리가 생각하는 대로As we may think〉를 당연히 읽었을 것이다.

부시는 과학의 유용성을 깊이 사유한다. 이 글이 히로시마와 나가사키에 원자폭탄이 터지기 불과 한 달 전에 출판되었다는 사실에 주목하면 더욱 흥미롭다. 그는 미국 과학연구개발부서OSRD, Office of Scientific Research and Development의 총괄 책임자였고 "맨해튼프로젝트"를 진두지휘한 인물이다. 물론 이 글에는 핵

폭탄에 대한 언급은 없다. 이 글에서 그는 자신이 생각해낸 수 많은 개념 중 하나인, 메멕스Memex라는 기계를 설명한다. 그것 은 모든 종류의 책, 디스크, 통신을 저장할 수 있는 "일종의 기계식 서점"이고 "기억력의 내밀한 연장으로서 빠르고 유연 하게 그것들을 다시 찾아볼 수 있도록 기계화되어 있다". 마 치 아이폰을 묘사하는 것 같기도 하고, 〈마이너리티 리포트〉의 빈티지 에디션처럼 보이기도 한다. "그것은 책상과 같고 원격 으로 작동된다. … 상단에는 반투명 화면이 있어 자료를 읽을 수 있도록 투사된다. 키보드가 있다. 버튼과 레버를 이용하는 게임도 있다. 그 외 모든 것은 일반적인 책상처럼 보인다." 자 료(책, 디스크, 기타 등등)는 마이크로필름으로 구매되고, 책상 에 저장된다. "사용자가 무언가를 찾아보고 싶다면, 키보드에 서 코드를 입력하면 된다. 그럼 그 앞에 책이 투사되어 나타난 다." 레버들은 기계식 스크롤 막대처럼 텍스트를 스크롤할 때 사용된다. 아래로 누르면 페이지가 내려간다. 내려가서 오른 쪽으로 조금 누르면 페이지가 넘어간다. 오른쪽으로 많이 갈 수록 10쪽씩, 100쪽씩 한 번에 더 많은 페이지가 넘어간다. 메 멕스의 탐색 기능은 킨들보다 낫다. "사용자가 더 적절한 페 이지를 찾는 동안 찾아본 모든 책들은 다시 호출될 때까지 열 린 채로 그냥 있을 수 있다. 여백에 메모와 주석을 추가할 수 도 있다."

프로젝션/스크린을 사용한다는 것과 연상적 색인Associative Indexing, 즉 "다른 항목을 즉시, 자동적으로 선택할 수 있도록 어떤 항목이든 쉽게 표시해둘 수 있는 시스템"을 제외하면,

"모두 기존에 있던 것"이라고 그는 겸손하게 말했다. 부시에 따르면 두 항목을 연결하는 연상적 색인 과정이 메멕스가 보여주는 진정한 혁신이다. 메멕스는 팀 버너스-리는 물론 블로고스피어, 세계에서 가장 유명한 검색엔진, 트위터에 이르기까지 2000년대에 일어난 거의 모든 일에 영감을 준 것으로 보인다. 세계는 여전히 버니바 부시를 따라잡으려고 애쓴다 해도 과언이 아니다.

> 메멕스의 사용자가 활과 화살의 기원, 그리고 그 특성에 관심이 있다고 가정해보자. 특히 십자군전쟁에서 터키의 짧은 활이 영국의 장궁보다 우월했던 이유를 연구하고 있다고 치자. 메멕스에는 수십 권의 관련 서적과 기사들이 있다. 먼저 백과사전을 확인하고 흥미롭지만 피상적인 기사를 찾아서 그대로 둔다. 그런 다음 역사책에서 또 다른 관련 항목을 찾아서 둘을 연결한다. 이런 식으로 그는 아이템들이 뻗어나갈 길을 만든다. 때로는 자신의 코멘트를 삽입하고, 그것을 주 트레일과 연결시키거나, 트레일의 곁가지에 집어넣어 특정한 아이템과 연결시킨다. 재료의 탄력성이 활과 큰 관련이 있음이 명백해지면, 트레일에 가지를 쳐서 탄성에 대한 책과 물리적 상수에 관한 테이블로 이동한다. 그 문제에 관한 자기만의 분석을 삽입한다. 이용할 수 있는 재료를 요모조모 활용해가며 자신의 관심사를 가지고 또 하나의 길을 건설한다.

같은 글에서 부시는 현대사회에 존재하는 경이로운 것들 중 다수가 "이미 발명된 것"이라고 지적했다. 예를 들면 전자계산기가 그렇다. 라이프니츠나 배비지는 전자계산기를 만들기 위해 필요한 다른 기술, 즉 분산 생산 시스템이나 수정궁을 가능케 한 대량 생산 산업 등의 발전을 접할 수 없었기 때문에 전자계산기를 만들지 못했을 뿐이다. 부시는 이러한 시대적 한계를 설명하며 "만약 파라오에게 자동차의 세부사항과 정확한 설계 디자인이 주어졌더라도, 또 그가 그것을 완전히 이해할 수 있었더라도, 한 대의 자동차에 들어갈 수천 개의 부품을 만들기 위해서는 그의 왕국이 가진 모든 자원이 필요했을 것이며, 그 차는 기자로 가는 첫 운행에서 벌써 고장 났을 것이다"라고 말했다. 그리고 자신의 인덱싱 데스크가 "메멕스에서 전복되고 확장될 준비가 된, 다수의 연관 스레드hilo가 교차하는 백과사전의 새로운 형태들"을 창출할 것이라고 확신했다.

부시가 당대의 가장 총명한 사람 중 하나라는 점에는 의심할 여지가 없다. 그는 광대한 비전과 비상한 머리의 소유자였다. 그러나 그가 래피드셀렉터Rapid Selector라 불리는, 메멕스 구버전을 특허 내려고 했을 때 특허청은 퇴짜를 놨다. 검색엔진을 특허 낸 바 있는 이스라엘 과학자 엠마누엘 골드버그가 1927년 이미 발명한 것이었기 때문이다. 그는 오늘날 서지 과학의 아버지로 여겨지는 폴 오틀레Paul Otlet의 친구였다. 폴 오틀레는 누구나 '전자 망원경'을 활용해 마이크로필름에 저장된 책, 기사, 사진, 기록, 전시회, 영화의 거대한 창고를 탐색할 수 있는 국제적 데이터베이스 네트워크를 꿈꾼 사람이기도 하다. 이는 지구적 차원에서 세계를 실시간으로 반영한다는 개념이다. 모든 창조물이 즉시 등록되고 저장되어 생산되는 즉시 공유되기 때문이다. "모든 사람들은 멀리서도 원하는 주제에 대해 개별 화면에 투사된 텍스트를 확대하거나 축소해 읽을 수 있다. 이런 식으로, 누구나 소파에 앉아 창작물 전체나 그 일부를 향유할 수 있다."또한 "합창단에 합류해 박수를 치고 환호하거나, 노래를 부를 수도 있다". 이 모든 것은 1935년에 출판된 오틀레의 《세계 Monde》라는 제목의 책에 담긴 내용이다.

골드버그와 오틀레는 서로 글을 주고받았을 뿐만 아니라 국제 회의들에서 실제로 만나 새로운 지식을 전달하는 기술을 논의하였다. 1936년에는 《월드브레인 World Brain》에서 이미 일종의 집단지능을 상상한 웰스 H. G. Wells와도 만났다. "아주 단기간 내에 아마도 각 개인이 모든 인간의 기억에 접근하는 게 가능해질 것이다. 인간은 두개골을 가진 동물의 집중력과 아메바의 활력을 모두 가질 수 있을 것이다." 아이디어는 항상 어디에나 존재한다. 아마도 그렇기 때문에 팀 버너스-리는 모든 인류의 이익을 위해 퍼블릭도메인에 자신의 구현물을 직접 적용하기로 결정한 것이다. 그가 향후 20년 동안 반복해서 말했듯이 웹은 시장의 손에만 맡겨놓기에는 너무나 중요했다. 1993년 4월 30일, CERN은 다음과 같은 성명을 발표했다. "이후 W3으로 지칭될 월드와이드웹은 글로벌 상호 연결 정보 시스템이다. … 웹사이트는 독립적이거나 다른 웹사이트의 하위 집합이거나 많은 웹들의 집합체일 수 있다. 로컬일 수도 있고 전역(세계)일 수도 있다. 웹사이트에서 사용 가능한 문서는 해당 웹사이트의 일부를 이루는 컴퓨터 모두가 호스팅할 수 있다". 동시에 국가슈퍼컴퓨팅응용센터는 마우스 클릭으로 탐색

할 수 있는 그래픽 기반 웹브라우저인 모자이크Mosaic를 출시했다. 첫 번째 유닉스 버전은 2개월 만에 PC와 Mac용으로 다르게 출시됐다. 모자이크의 주요 프로그래머 중 하나는 마크 앤드리슨Marc Andreessen이라는 연수생이었으며, 1994년 자기 회사를 설립해 첫 번째 상용 브라우저인 넷스케이프 내비게이터를 런칭했다.

버너스-리는 CERN에서 나와 MIT로 가면서 자신이 만든 피조물의 공개적 표준들을 수호하기 위해 월드와이드웹컨소시엄W3C이라는 기관을 설립했지만 넥스트큐브NeXTcube —애플에서 해고되었을 때 스티브 잡스가 만든 워크스테이션— 는 CERN에 연결된 그대로 놔두었다. 여기에 붙어 있던 스티커에 밝은 주황색으로 적힌 글귀가 유명하다. "이 기계는 서버입니다. 전원을 끄지 마십시오!" 이것이 오늘날 런던과학박물관에 전시된 최초의 웹서버이자(CERN이 양도했다), 우리 시대의 가장 강력한 현상 중 하나인 **클라우드**Cloud의 씨앗이다.

수천 킬로미터의 광섬유가 세계를 다시 식민화하다

1996년의 통신법은 합병, 인수, 교차 거래 등에 대한 모든 규제를 해제하면서 미국의 통신 시장을 급격히 '자유화'한다. 라디오와 텔레비전 방송국, 케이블 텔레비전, 전화 서비스, 인터넷 서비스, 인프라 개발 사이의 경계를 허물었다. 누구나 원하는 것을 만들고 판매할 수 있었다: 전화 서비스, 케이블, 전자기 스펙트럼. 모두가 모두와 경쟁했다. 이 법은 상하원에서 만장일치로 통과되었다. 빌 클린턴은 서명을 마치고 "투자를 촉진하고 경쟁을 장려하면서 모든 시민이 정보 고속도로에 자유롭게 접근할 수 있게 할 것"이라고 약속했다. 대기업은 인수 합병을 시작하여 이미 규모가 큰 기업들이 더 큰 독점기업으로 통합되었다. 다른 기업들은 인프라를 설치하며 빚을 졌다. 서부 야만의 시대였다. 그리고 존 페리 발로John Perry Barlow가 같은 해 2월 8일, 다보스포럼에 맞서는 연설문으로 작성한 〈사이버 공간 독립선언문A Declation of the Independence of Cyberspace〉의 시대이기도 했다.

이 사이퍼펑크cypherpunk(암호cipher와 저항punk의 합성어로, 암호 기술을 이용하여 기존의 중앙집권화된 국가와 기업 구조에 저항하려는 사회운동—옮긴이 주) 문건은 IMF, 세계은행, 세계무역기구, 국제청산은행, 유엔, OECD 등 세계경제포럼 참석자들에게 네트워크를 규제할 수 없다고 경고한다. 네트워크는 자유롭기LIBRE 때문이다. "나는 우리 손으로 건설한 독립적인 사회 공간을 선포한다. 이곳은 당신들이 우리에게 강제하려 한 폭정과는 근본부터 무관하다. 당신들은 우리를 지배할 도덕적 권리가 없다. 우리를 두렵게 하는 도구도 가지고 있지 않다." 그들은 진심으로 그렇게 생각했다. 군대나 전화 회사가 아니라, 프로그래머, 컴퓨터 부서의 수염 난 베테랑들, 버클리의 지저분한 히피족이 이 새로운 공간을 개척할 자들이라고. 새로운 유형의 정복자가 나타나 개방적이고 분산된 인터넷 정신에 충실할 거라고. 이것은 실리콘밸리의 창립 신화이고, 세계에서 가장 강력한 회사의 모든 대중적인 표현들에 스며든 캘리포니아의 유명한 문화이기도 하다. 존 페리 발로는 심대하게 착각하고 있었던 것이다. 결국 그는 이미 시장을 정복한, 그리고 두려워해야 할 이유가 충분한 도구를 활용해 인터넷 공간을 독점한 '정복자'들과 싸우면서 여생을 보냈다. 그가 1990년에 설립한 전자프런티어재단EFF의 활동이기도 했다. 이 재단은 여전히 온라인 민권 투쟁의 주축이다.

돌이켜 보면 케이블은 안전한 투자처로 보였다. 인터넷은 모든 것을 바꾸고 있었고, 그 대가가 얼마건 간에 인터넷이라는 새로운 제국에서 재산을 확보하는 일은 중요해 보였다. 수백 개의 회사가 대륙 간 해저 케이블 등 광섬유로 세상을 연결하기 위해 수십억 달러를 대출받았다. 그들은 매년 수요가 세 배가 되어 곧 부채를 갚고 투자금을 회수할 것이라고 생각했다. 그러나 시장의 도착적 면모 중 하나는 모든 사람이 동일한 서비스를 제공하려 한다는 점이다. 테크놀로지 매핑 회사 텔레지오그래피의 연구원 팀 스트론지는 "모두가 어마어마한 규모로 해저 케이블 설치를 결정했다. 실질적으로 모두가 동시에 같은 루트를 만들고 있었다"라고 말했다. 그들은 시장이 요구하는 것보다 더 많은 케이블을 놓고 있었다. 과도한 경쟁과 수요 부족으로 가격이 급락했고 시장 전체가 파산했다. 2001년 버블이 터졌을 때, 설치된 광섬유의 5%만이 사용되고 있었다. 주요 공기업과 대기업 들만이 살아남아 전리품을 사유화하고 후일담을 들려주게 됐다. 그들은 난파선을 "구조"하여 떼돈을 벌었다. 합산 부채는 3조 달러였다.

흥미롭게도 이 에피소드는 오늘날 정보화시대를 가능하게 한 낭비로 기념되고 있다. 도시 밑에는 여전히 미사용 광섬유들이 과도한 잉여로 남아 있다. 다크파이버라고 불리며 그것에 돈을 지불할 수 있는 사람들을 위한 용병 인프라로서 기능한다. 확실히 돈을 향한 열정은 전신을 향한, 또 철도를 향한 열정과 다르지 않다. 야만적인 자본주의에는 거품 없는 혁명이 없다. 시장은 개발의 책임과 비용을 분산시켜서 추후 혜택을 한 곳에 몰아주었다. 많은 사람들이 인프라 비용을 지불했지만 극소수가 독차지했다. 이 네트워크를 몇몇 독점 대기업이 손에 넣었고, 부채는 납세자와 미래의 사용자들에게 재분배되었다.

유럽연합은 설립 당시부터 1998년 1월을 전기 통신 자유화 원년으로 정했다. 스페인, 포르투갈, 그리스, 아일랜드에는 기간을 연장해줬다. 1993년 경제 위기로 극심한 타격을 받은 나라들이었다. 유럽 통신위원회 집행위원인 마르틴 방게만이 주도한 악명 높은 보고서, 이른바 〈방게만보고서〉는 민영화가 유일하게 나아갈 길이라 단언한다. 이 보고서는 공공 행정이 문화, 교육, 보건 분야에서 재원을 빼오지 않고서는 기술 개발 비용을 계속 지불할 수 없다고 주장했다. 새로운 세금을 더 걷어 시민사회의 피를 빨아먹을 수도 없는 노릇이었다. 어쨌든 유럽연합 국가들이 정보 고속도로 옆 도랑에만 머물 수는 없었다. 소비자의 이익을 위해 공공 부문을 민영화하고 서로 경쟁시켜야 했다. 유럽연합이 보고서를 토대로 통신 사업 민영화에 착수하고 몇 년이 지난 1997년, 마르틴 방게만은 호세 마리아 아스나르(1996~2004년 스페인 총리)가 의회도 거치지 않고 민영화한 기업, 텔레포니카 이사회에 합류했다. 그 당시 스페인의 공공 기업 가운데 20.9%만이 국가에 남아 있었다. 1995년에 이미 펠리페 곤살레스(1982~1996년 스페인 총리)가 라틴아메리카 및 아프리카에 자회사가 있는 신텔 통신 시설 사업부를 마스텍의 소유자인 쿠바계 미국인 마스 카노사Mas Canosa 가문에 매각했다. 케이블 거품이 일기 전 케이블 부설 기계에 50억 페세타의 공공 자금이 투입되었는데, 1년 후 49억 페세타에 매각한 것이다. 마스 카노사 가족 회사는 현재 《포춘》 선정 500대 기업 중 하나이며 2017년 허리케인으로 파괴된 푸에르토리코 네트워크 재건 사업으로 5억 달러의 계약을 체결했다.

"자유화" 이후에, 스페인은 도시, 자치 지방, 주 등을 경계로 구획이 나뉘었다. 텔레포니카는 모든 주 경계에 케이블을 깔 수 있는 권한을 자동적으로 얻었고, 나머지 경쟁자들은 지역 라이선스를 따기 위해 분투했다. 얼마 지나지 않아 텔레포니카는 기존 설비를 ADSL로 재활용하고자 했고, 지역 라이선스는 신규 진입자들(ONO, Menta, Supercable, Able, Telecable, R, Euskaltel, Retena, Canarias Telecom, Retecal, Reterioja, Madritel)이 나눠 가졌다. 이들은 은행, 지역 저축 은행 및 전기 회사의 보조금으로 도시에 케이블을 깔고, 농촌 지역에는 ADSL을 그대로 뒀다. 결국 갈리시아, 아스투리아스, 바스크 지방을 제외한 스페인의 전체 광섬유 사업은 시간이 지남에 따라 영국 회사 보다폰의 손에 들어갔다. 스페인의 케이블을 책임지는 회사일 뿐 아니라 전 세계에 4억 7000만 명의 사용자가 있는 세계에서 두 번째로 큰 휴대전화 이동 통신 사업자다. 참고로 첫 번째는 차이나모바일이다.

더글라스 밴스는 1996년 《와이어드》에 실린 해저 케이블에 관한 유명한 글에서 그의 친구 닐 스티븐슨에게 "인터넷이 중복적이고 분산된 통신 시스템이라는 생각은 신화였다. 사실상 국가 간의 모든 통신은 소수의 병목을 지나고 그들이 가지고 있는 대역폭은 그리 넓지 않다"라고 말했다. 당시 네트워크 트래픽의 절반은 메이-이스트를 통과했다. 워싱턴에서 북서쪽으로 30마일 떨어진 타이슨스에 위치한 곳이다. 지금도 크게 다르지 않다.

광섬유 케이블이 폭발적으로 늘어나면서 서로 다른 상업 서비스를 상호 연결하는 것, 즉 한 회사의 케이블이 다른 회사의 케이블로 바뀌는 경계 지점을 서로 연결할 필요성도 늘었다. 그러나 당시 **중추망**backbone은 자기들의 이익만 생각하는 소수 운영자들 손에 달려 있었다. 유일한 예외는 메이-이스트MAE-East였다. "버지니아의 네트워크 업자들이 맥주를 마시면서 네트워크를 서로 연결하기로 결정했을 때"[17] 메이-이스트에서 인터넷의 초기 노드가 시작되었다. 그들은 케이블을 사용하는 인터넷 서비스 제공자 —메트로폴리탄파이버시스템즈, UUNET 등— 였기 때문에 20세기 초반의 도시 내 전화 통신 노드에 정박하지 않았다. 전기와 토지가 싸고 확장할 여지가 있는 곳을 고를 수 있었고, 그런 장소를 북부 버지니아 타이슨스의 '80100 Boone Boulevard' 5층에서 발견했다. 얼마 뒤 메이-

이스트 주위에서 새로운 네트워크들을 서로 연결하는 "운영자로부터 독립적인" 새로운 인터넷 교환 지점이 설치되기 시작했다. 선구자는 오늘날 세계 최대의 인터커넥트 및 데이터센터 제공 업체인 에퀴닉스였다. 아마존 또한 2006년에 클라우드 서비스인 아마존웹서비스를 시작하기 위해 같은 장소를 선택했다.

처음에는 모든 것이 이해할 수 있는 범위 안에 있었다. 누가 누구였고 무엇이 무엇인지 실제로 볼 수 있었다. 한 지점에서 세 가지 서비스를 연결하고, 세 가지 서비스는 다른 교환 지점에서 또 다른 4개의 서비스와 연결된다. 어떤 안테나는 AT&T 제품이다. 어떤 케이블은 호주와 미국을 연결한다. 다른 케이블은 아마존, 다른 것은 모 은행 소유다. 그러다가 기술, 계약, 비밀 합의, 서비스, 시스템, 중복성이 겹치면서 네트워크 다이어그램은 자세히 설명하기엔 너무 복잡해졌다. 제임스 브라이들이 《새로운 암흑시대 New Dark Age: Technology and the End of the Future》에서 말한 것처럼, 하나의 상징이 다른 많은 상징들을 대체하기 시작했다. 별로 중요하지 않거나 이미 알려진 내용들은 괄호 안에 통으로 묶어버리듯이.

엔지니어가 무엇을 하든, 모든 것은 이 클라우드에 연결될 수 있으며, 그것이 알아야 할 전부였다. 또 다른 클라우드는 전기 시스템, 데이터 트래픽, 다른 컴퓨터 네트워크 등 무엇이든 될 수 있었다. 아무 상관없었다. 클라우드는 복잡함을 줄이는 방법이었다. 이를 통해 관련 작업에 집중하고 다른 곳에서 발생할 수 있는 일에 대해 걱정하지 않아도 됐다.

시간이 지나 네트워크가 성장하고 상호 연결됨에 따라 클라우드가 점점 더 중요해졌다. 소규모 시스템들은 클라우드와 관계가 어떠한지에 따라 정의되었다. 클라우드와 데이터를 얼마나 빨리 교환할 수 있는지, 클라우드로부터 무엇을 꺼낼 수 있는지. 클라우드는 무거워졌고, 일종의 자원이 되었다. 클라우드는 많은 것을 할 수 있다. 클라우드는 똑똑하며 권력을 가질 수 있다. 클라우드는 비즈니스와 판매 전략의 핵심어가 되었다. 엔지니어의 지름길 이상의 의미가 되었다. 메타포가 되었다. 오늘날 클라우드는 인터넷의 핵심적 메타포다. 세계적 수준으로 전력을 소비하는 이 에너지 시스템은 여전히 현상학적이고 빛이 나는, 또 불가해한 어떤 것의 분위기aura를 자아낸다. 우리는 클라우드에 연결되어 있고, 그 안에서 일한다. 자료를 저장하고 꺼내본다. 클라우드와 함께 생각한다. 우리는 거기에 비용을 지불하고 뭔가 잘 안 될 때만 그것의 존재를 느낀다. 그것이 무엇인지 또는 어떻게 작동하는지 이해하지 못한 채, 항상 그것을 경험하고 있다. 우리가 믿는 것이 무엇인지, 누구를 신뢰하고 있는 것인지 생각하지 않고, 그냥 익숙하게 믿고 있는 어떤 것이다.

트래픽 관리는 두 종류의 권력을 제공한다. 하나는 그것이 프로토콜의 요구사항을 충족하는지 확인하기 위해 패킷 헤더의 정보를 읽을 수 있는 권력이다. 둘째는 그 여정을 규제하는 권력이다. 그 모든 정보의 합을 메타데이터metadata라고 하며, 이는 막대한 가치를 지닌다. 하나의 네트워크가 분산된 상태로 유지되려면, 메타데이터도 분산되어야 한다. 이것이 핵심이다.

현재 인터넷 트래픽의 70%가 타이슨스를 통과하고 있다. 타이슨스는 마치 은행의 금고처럼 불투명하고, 침투 불가능하며, 깨지지 않는 하나의 클라우드 시스템이다. 그것은 막대한 트래픽을 운송할 뿐 아니라 그렇게 하기 위해 반드시 그것을 읽는다. 점점 더 커지는 컴퓨터들에서 트래픽에 관한 통계를 수집해야 한다. 관리를 최적화하기 위해 점점 더 복잡한 계산을 수행할 수 있어야 한다. 그리고 대량의 트래픽을 분석하는 알고리즘을 사용하여 해당 트래픽의 패턴을 찾고 동작을 예측할 수 있어야 한다. 시장, 국가, 사람들의 행동을 예측할 수 있어야 한다. 이것이 바로 아르파넷의 초기 목표였다: 타이슨스는 냉전 시기 정보국의 심장부와 같다.

대부분의 일이 그러하듯 이는 모종의 협의를 고려했다. 핵공격을 견뎌내기에는 워싱턴에서 충분히 멀지만, 공항 가는 길에 있고 여전히 워싱턴 근교라는 점에서 충분히 가깝다. 인터넷의 개척자들은 돈을 아끼기 위해 오래된 시설을 이용했다. 확실한 것은 큰 인터넷 회사들은 CIA 본부에서 불과 몇 블록 떨어진 곳에서 수백 명의 군사 도급자들과 손잡고 일한다는 것이다. 그곳에는 1952년에 만든 반자동지상환경SAGE프로그램의 컨트롤 타워 23개 중 하나가 남아있다. 워싱턴을 냉전 벙커의 비밀 네트워크와 연결하여 핵 공격을 받을 경우 대통령과 다른 정부 구성원을 보호하기 위해 설계된 곳이다.

3

감   시

유토피아적이고 본질적이며 끊임없이 실패하는

근대 국가의 목표는

혼란스럽고 무질서하게 지속적으로 변화하는 사회 현실을

행정적 격자판과 닮은 무엇인가로 축소하여

관찰 가능한 형태로 바꾸는 것이다.

– 제임스 C. 스콧, 《국가처럼 보기 *Seeing like a state*》

디스토피아적 서사가 대개 그러하듯이, 모든 것은 좋은 목적을 가지고 시작된다. 박사 과정 친구 사이였던 래리 페이지 Lawrence Edward "LARRY" Page와 세르게이 브린Sergei Brin은 스탠퍼드대학교 정보학과 디지털 도서관의 검색엔진을 개선하고 싶었다. 그들은 "당신이 원하는 것을 정확히 이해하고 원하는 것에 정확하게 응답하는" 시스템을 구현하고자 했다. 각 검색 결과에 위계를 설정하고 가장 많이 인용된 텍스트와 가장 유명한 저자 등을 기준으로 우선순위를 정했다. 역경 없는 영웅은 없다. 1996년 하드드라이브의 최대 용량은 4GB였으며 알고리즘을 테스트해볼 용량은 거의 없었다. 전설에 따르면 레고 블록으로 서버를 구축하고 4GB 디스크 10개에 각각 팬을 장착하여 배터리에 넣었다고 한다. 알파벳 유니버스의 기원인, 이 최초의 컬러풀한 서버는 스탠퍼드 젠슨황엔지니어링센터의 상설

전시물 중 하나다. 1939년 윌리엄 휴렛과 데이빗 패커드가 회사를 설립한 차고지 모형 앞에 전시되어 있다. 휴렛과 팩커드의 메모에 따르면 그들은 "500달러 조금 넘는 돈과 중고 드릴을 가지고 시작했다". 래리와 세르게이는 보다 큰 지원을 받았다. 특히 NSF와 DARPA의 보조금을 받았는데 이는 미국 정보부 프로그램(MDDS, Massive Digital Data Systems Project)의 일환이었다.

MDDS는 CIA와 NSA가 이끌고 NSF가 관리했다. 이들은 스탠퍼드, 칼텍, MIT, 카네기멜런, 하버드 등 엘리트 대학 12곳에 수백만 달러를 나눠줬다. MDDS 프로그램 백서에 따르면 "기관의 활동들이 더 복잡해졌을 뿐 아니라, 변화된 요구에 따라 정보부 커뮤니티IC, intelligence community는 다양하고 다종한 대량 데이터를 처리해야 한다. 그래서 IC는 적극적인 역할을 수행하기로 결정했다. 대규모 데이터베이스 관리에 대한 연구를 촉진하고 IC의 요구사항을 상용 제품에 통합하거나 적용할 수 있도록 했다". 기관들은 월드와이드웹에서 "관심-요주의"인물을 특정할 수 있는 패턴 인식 시스템을 찾고 있었다. 그들은 "같은 깃털의 새"를 찾을 수 있도록 모든 사용자의 커뮤니케이션과 움직임을 추적하고 "지문"을 등록하고자 했다. 옛 속담에 따르면, 같은 종류의 새들은 같은 형태로 난다.¹ 테러리스트 또는 반체제 인사가 특정 패턴을 보인다면, 유사한 패턴을 가진 모든 사람들을 가능한 빨리 식별해서 잠재적 테러리스트로 간주하고 감시해야 한다. NSF는 개발 자금을 조달함으로써 이러한 기술의 존재를 확인해줄 뿐만 아니라, 자신들의 요구 사항을 기술 개발에 통합시킨다. 지금도 NSF는 컴퓨터 과학에 관한 대학 연구의 90%를 지원한다.

미국 내 군사 집단과 과학계는 2차 세계대전을 시초로 서로 가 만족하는 결혼생활을 시작했다. 첫째, 독일과 일본인들의 의사소통을 복호화하기 위해 노력했다. 그 후에는 원자폭탄을 개발했다. 미군의 전투력 강화를 향한 노력이 국방부와 대학 연구소 사이에 강력한 경제적 유대를 형성했다. 유럽 과학자 들은 천문학적 금액을 받고 미국으로 대거 이주했다. 아르파 넷을 만든 아르파Advanced Research Project Agency의 기원은 MIT에서 디 자인한 실시간 전산화 레이더 스테이션이라는 전위적 시스템, 즉 SAGE(Semi Automatic Ground Environment, 반자동식 방공 관 제 지상 시설)였다. 여기에 4개 회사가 참여했다. 컴퓨팅 시스 템을 만든 IBM, 커뮤니케이션을 담당한 버로스, 23개의 컨트 롤 타워를 디자인하고 건설한 웨스턴일렉트릭, 그리고 시스템 통합을 담당한 링컨랩이다. 1963년 개발이 끝난 SAGE는 아 주 야심찬 시스템 통합 프로젝트였다. 맨해튼프로젝트보다 돈 이 더 많이 들었고, 〈닥터 스트레인지러브〉와 같은 시대의 아 이콘이 된 예술작품들에도 영향을 미쳤다. 미국 전역에 24개 의 컨트롤 센터와 3개의 전투 센터가 있었다. 각 포스트는 서 로 상호작용하는 수백 개의 방공 요소에 전화선으로 연결되 었다. 그러나 유감스럽게도 완공되었을 때 이미 구시대의 산 물이었다. 소련이 스푸트니크1호를 위성 궤도로 쏘아올린 것 이다. 미국은 이제 원격 조정 감시 모델이 전 세계 국가들을, 정치조직들을, 시위들을 감시해야 한다는 것을 깨달았다. 그들은 "반란자들Insurgente"이었다. 펜타곤은 방방곡곡에 눈과 귀를 두고 싶어 했다. 전 세계가 미국이 감시해야 할 갈등 지역이었다. 쿠바 혁명의 승리는 소련의 정치적 경제적 지원을 받아 여타 라틴아메리카 국가들을 오염시키고 있었고, 베트남도 유감스러운 역할을 수행했다. 다른 동남아시아 식민지들도 독립 과정에 있었다. 새로운 원격 감시 기술은 이 모든 '문제'들을 예측 가능한 기계적 프로세스로 관찰할 능력이 있어야 하며 적시에 식별하고 교정할 수 있어야 했다. 《감시하는 밸리: 인터넷의 비밀 군사 역사Surveillance Valley. The Secret Military History of Internet》의 저자 야샤 러빈은 설명한다. "진보적인 아이디어처럼 보였다. 사람들을 폭격하는 것보다는 나았다. 충분한 양의 데이터로, 피를 흘리지 않고도 세계를 통제할 수 있다니." 교정되지 않는 것을 원격으로, 빠르게, 깔끔하게, 그리고 효과적으로 파괴할 수 있었다.

아르파 싱크탱크들은 캘리포니아의 라 졸라에서 6주마다 모임을 가졌다. 이들은 미국의 가장 좋은 대학에서 파견된 45인의 천재들로서 제이슨 팀los Jasones이라고 불렸다. 모두 물리학자였고 대다수가 맨해튼프로젝트에 참여했다고 한다. 비밀 모임이었지만 알려진 거의 확실한 사실은 그들 모두가 백인 남성이었다는 것이다. 베트남 정글에 무선 센서 분산 네트워크를 심어 '베트콩' 보급 경로를 식별하고 폭격하는 아이디어가 이들의 것이었다. 그들은 그것을 "맥나마라 라인의 전자 장벽"이라고 불렀다. 이 신호는 태국 기지(Nakhon Pathom Air Base)내 공군 폭격을 목적으로 배치된 IBM360터미널이 있는 제어

센터에서 처리되었다.[2] 조종사 중 1명은 나중에 군사 저널 《암드포스》에 다음과 같이 회고했다. "우리는 마치 핀볼머신처럼 호치민 트레일 루트를 케이블로 연결했다. 매일 밤 거기에 접속했다." 당시는 아직 비디오게임이 발명되기 전이었다. '이글루 화이트Igloo White' 작전이었다.

컨트롤 포스트의 입장에서, 이는 (개념상) 부상자 없는 전쟁이었다. 베트남전쟁 당시 작전 총사령관이었던 윌리엄 웨스트모어랜드는 연설에서 말했다. "미래 전쟁에서는 데이터 링크, 전산화된 판단, 자동 발사 시스템을 통해서 적군의 위치를 찾아 추적하고 그 즉시 공격할 수 있다." 아이디어는 이미 명확했지만 기술 발전은 그렇지 않았다. 센서는 폭격기를 통해서만 제어 센터와 통신할 수 있었으며 폭격기는 데이터 라우터와 집행 장치 역할을 동시에 수행해야 했다. '베트콩'들은 거짓 신호로 그들을 속이는 법을 빠르게 습득했고, 미군은 아무것도 없는 곳에 폭탄을 떨어뜨렸다. 배터리는 매우 제한적이었다. 물론 이건 큰 문제는 아니었다. 대부분의 센서가 지면에 닿자마자 고장 났기 때문이다.

하지만 이 과정에서 국방부는 대학과 기술 대기업들(Texas Instruments, Magnavox, General Electric, Western Electric)에 음향, 지진, 화학, 무선 주파수를 아우르는 모든 종류의 센서를 생산하고 개발하라면서 재정을 지원했다. 전쟁이 끝났을 때 모든 기술이 미국-멕시코 접경지대의 감시 시스템에 재활용되었다. 또한 자국 내 반역자들, 즉 베트남전쟁에 항의하고 베트남인들의 권리를 옹호했던 미국인들, 그리고 그들 자신의 시민권을 위해 싸웠던 아프리카계 미국인들을 통제하는 데 사용되었다.

규칙적이고 예측 가능한 방식으로 반복되는 패턴이 있다. 테러와 싸운다며, 다른 국가들(남의 나라들)의 자유를 수호한답시고 개발된 모든 기술은 빠르게 국내 감시 장치의 일부가 된다. 나폴레옹의 군대에 보급할 목적으로 니콜라 아페르가 고안한 통조림이 순식간에 파리 시장에서 민간인용으로 풀린 것과 마찬가지 속도로. 정보부 또는 연방 정부의 보안과 도움으로 구현된 모든 감시 기술은 기관에 속하지 않더라도 국가 감시 장치의 일부다. 네트워크의 민영화가 인프라의 탈군사화를 의미한다고 생각한다면, 틀렸다.

언론인 마크 에임스는 "펜타곤은 완벽한 감시 기계로서 인터넷을 발명했다. DNA에 감시가 화인처럼 새겨져 있다"라고 말했다. 2001년 9월 11일 세계무역센터 쌍둥이빌딩에 대한 공격은 국민의 기본권을 공언한 법률에 중대한 변화를 가져왔고, 이를 정당화했다. 6개월 후, 애국자법Patriot Act은 신생 온라인 서비스 산업과 방대한 데이터뱅크를 포함한 미국의 모든 통신 인프라를 정보기관의 손에 맡겼다. 국방부는 적극적으로 인터넷 사용자의 삶 구석구석에 촉수를 뻗치고 싶어 했다. 많은 노력을 기울일 필요는 없었다. 소셜네트워크 덕분이었다.

래리 페이지와 세르게이 브린은 1998년, 멘로파크에 있는 수
잔 보이치키의 차고에서 검색엔진을 런칭했다.[3] 연말에 그
들은 이미 250만 개의 웹사이트를 색인했다. 페이지의 단순
함, 검색 결과에서 음란물과 스팸을 필터링하는 능력은 알타
비스타, 라이코스, 애스크, 엠에스엔과 같은 여타 검색엔진들
을 깨끗하게 압도했다. 닷컴버블이 터졌을 때도 그들은 여전
히 잘 나갔고 마운틴 뷰 블록으로 이전해 현재까지 거기에 남
아 있다. 지금 그들의 이름은 구글플렉스다. 구글의 공식적
인 목표는 "세계의 정보를 조직화하고, 정보를 보편적으로 접
근 가능하게 그리고 유용하게 만드는 것"이다. 윤리 강령código
deontológico은 "나쁜 짓 하지 말자Don't do Evil"다. 이를 실현하는 방
법은 서비스를 향상하는데 사용될 데이터를 수집하는 대가로
몇몇 서비스를 무료로 제공하는 것이다. 사용자가 누구인지
알면 더 나은 서비스를 제공할 수 있다. 당연히 더 나은 광고
도 제공할 수 있다.

  검색엔진 이후 구글의 가장 큰 성공작은 지메일이었다. '이
용 약관'을 보면, 구글은 사용자가 전자 메일을 트레이에서 제
거한 후에도 전자 메일의 내용을 스캔하고 저장할 수 있는 권
한을 보유한다. 디지털 플랫폼의 세계에서는 그 어떤 것도 죽
거나 사라지지 않는다. 모든 것이 자료다. 구글이 클라우드 초
기 애플리케이션인 구글닥스와 구글시트를 런칭했을 때의 이
용 약관은 사용자가 제공한 모든 콘텐츠에 대해, 설사 사용자

가 그것을 삭제하더라도 항구적인 이용권을 갖는다는 것이었다. 2002년에 그들은 파이라Pyra랩스를 인수한다. 파이라랩은 블로거 서비스 업체로, 블로고스피어를 대중에 널리 알린 플랫폼이다. 2003년에 블로고스피어 붐이 일어났고, 구글은 애드센스AdSense를 런칭한다. 애드센스는 인터내셔널판 신문들의 헤드라인부터 스웨덴의 청소년 시문학 블로그에 이르기까지 수십억 페이지에 퍼져 있는 웹 광고 플랫폼이다. 애드센스 배너는 "무료"이며 마케팅 대행사나 프로그래머가 필요하지 않다. 페이지 코드에 약간의 HTML을 넣고 돈을 벌면 된다. 또한, 주변 콘텐츠에 따라 광고가 변경될 만큼 똑똑하다. 자동차 포럼에서는 자동차 관련 물품을 광고한다. 요리법이 담긴 블로그라면 주방 기기를 광고한다. 콘텐츠를 "분석"하기 위해 구글은 시용지 약관을 통해 IP, 브라우저, 컴퓨터 장비, 통계를 포함한 페이지 및 각 방문자로부터 데이터를 추출할 수 있는 권한을 얻었다. 무엇을 읽고 있는지, 어디를 클릭하는지에 관한 데이터를 추출하는 것이다.

방문자 대부분은 구글의 쿠키를 지닌다. 쿠키란 브라우저에 "고착된" 코드 조각이다. 당신이 인터넷을 돌아다니면서 생긴 쿠키를 통해 고유한 방식으로 당신을 인식할 수 있다. 쿠키와 애드센스의 조합 덕분에 구글은 사용자를 페이지 단위로 추적하고 사용자 ID 등으로 사용자를 식별해 정보를 수집할 수 있다. 스마트 광고는 웹을 기반으로 할 뿐만 아니라 구글이 사용자에 대해 알고 있는 내용에 따라 변경된다. 구글 검색 결과도 마찬가지다. 이 단순한 메커니즘이 학계, 엔지니어, 평론가가

"감시의 경제학", "플랫폼 자본주의" 및 "디지털 봉건주의"라고 부르기 시작한 생태계의 기원이다.

세르게이 브린은 즐겨 말한다. "나는 수백만의 사람들이 원하는 일을 할 수 있도록 도와주면서 부자가 되었다." 명백한 사실이다. 회사가 제공하는 모든 서비스는 탁월하다. 유용하고 사용하기 쉽다. 세계와 공간과의 새로운 관계를 제공한다. 동시에 이 서비스들 모두가 대량의 데이터 추출을 목적으로 디자인되었다는 것 또한 사실이다. 사용자가 검색, 쓰기, 전송, 계산, 수신, 클릭, 공유, 읽기, 삭제, 첨부하는 모든 것이 구글 알고리즘에 의해 요약되어 영원한 착취 속에서 서버에 저장된다. 모든 것의 초기에는 이 정보들이 실제 세계와 연결될 수 없으리란 생각이 있었다. 유저 ID는 플랫폼의 '디지털 세계'에 속하지 지도상에 존재하는 실제 사람과 연결되지는 않는다는 것이다. 그러나 위성 이미지, 항공 사진, 지리 정보 데이터의 콜라주에서 시작된 지구의 모형인 구글맵스와 구글어스가 등장했다. 이는 CIA의 인큐텔In-Q-Tel프로그램의 자금 지원을 받았다.[4] 그리고 이를 보완하여, 말 그대로 실제 세계의 '축소 모형'인 구글스트리트뷰가 나왔다.

2008~2010년 구글의 자동차들이 가정집의 외관을 포함해 30개가 넘는 나라의 거리를 촬영했다. 일부 사람들은 카메라가 사생활을 침해해 허락 없이 집과 정원, 테라스의 내부를 세상에 공개했다고 비난했다. 구글은 즉시 실수로 개인정보 침해가 발생했을 때는 픽셀 처리를 통해 해결하겠다고 했다. 진짜 '침략'은 보이지 않는 영역에서 일어나고 있었기 때문에 완

벽한 알리바이였다. 자동차는 네트워크 이름ESSID, IP 주소, 장치의 MAC 주소를 포함하여 모든 건물의 모든 와이파이 신호를 포획하고 있었다. 개방형 네트워크와 제대로 보호되지 않는 가정용 라우터에서 보낸 모든 종류의 전송, 개인 전자 메일, 암호를 대규모로 쓸어 담았다.

독일 데이터 보호 당국이 이 사실을 발견했을 때, 구글은 흡사 시트콤 같은, 그러나 많은 진실이 담긴 진술을 했다. 우선 구글은 미국에서는 전자기 스펙트럼에 떠다니는 데이터 패킷을 추적하는 것이 합법이라고 말했다. 전자기 스펙트럼은 '공공장소'에 해당하기 때문이라는 논리였다. 마이크로소프트와 같은 다른 회사들도 일상적으로 그러한 행위를 한다고 했다. 또한 자신들이 의도적으로 데이터를 포획한 것은 아니라고 했다. 이미 프로젝트에서 걸러졌고 제거됐던 실험 코드가 알 수 없는 사고 탓에 활성화됐다는 것이다. 엉망진창 해명은 화룡점정을 향했다. 이 "사고"가 개방형 네트워크의 취약성과 개인정보 보호의 중요성을 보여줬기 때문에 그들이 저지른 일은 일종의 공공서비스라고 말하는 수준에 이른 것이다. 구글은 700만 달러를 벌금으로 냈는데(미국에서 같은 건으로 기소되어 부과된 벌금—옮긴이 주) 그들 입장에서는 그리 큰돈이 아니다. 만약 집, 자동차, 이웃 등 데이터베이스에 있는 디지털 신원을 지도상의 실제 사람들과 연결하려는 계획이었다면, 그리 비싸지 않은 금액이었고 오히려 많이 절약한 셈이다. 구글은 이제 더 이상 지도상에 나온 집, 사무실에 있는 사람들의 이름, 주소, 전화번호, 비밀번호를 알아내기 위해 거리를 훑고 다닐 필요가 없다. 세계 모바일의 74.92%에 사전 설치된 운영체제 안드로이드가 있기 때문이다. 사용자가 항상 어디서나 휴대할 수 있는 장치에 2개의 카메라, 마이크, 평균 14개의 센서와 4개의 지리 위치 지정(위치 정보 추적) 시스템geolocalizacion이 장착되어 있다.

어떤 스파이라도 똑같이 말할 것이다. 개인에게 가장 귀중한 정보는 이메일이 아니라 지리적 위치다. 그가 인생의 매 순간마다 어디에 있는지 알 수 있다면 우리는 그가 사는 곳, 일하는 곳, 잠자는 시간, 달리는 시간, 연락을 주고받는 사람, 여행하는 곳, 한 곳에서 다른 곳으로 이동하는 방법 그리고 제일 좋아하는 노천 카페는 어디인지까지도 알 수 있다. 상점의 어느 진열대 앞에 서 있는지, 시장의 어느 상점에서 구입하는지, 재활용은 하는지, 마약을 복용하는지, 피임을 하는지, 교회에 가는지 다 알 수 있다. 야외 콘서트에 가는 걸 좋아하는지, 아니면 디제이를 더 선호하는지, 패스트푸드 식당에서 식사하는지 아니면 미식가인지도 알 수 있다. 그가 누구를 좋아하고 누구를 피하려 하는지, 누구와 점심을 먹고 저녁을 먹는지, 어떤 사람과 얼마나 많은 시간을 보내는지, 그 다음에 어디로 가는지 알고 있다. 그가 애인이 있는지, 아픈지, 도박을 하는지, 음주를 하는지 알고 있다. 정작 사람들이 자기 자신에 대해 모르는 것, 무의식적인 습관이나 미묘한 관계에 대해서도 알고 있다. **스마트폰**은 이 모든 걸 내장된 애플리케이션에 말해준다. 관심 경제의 측면에서 보면 끝없이 캘 수 있는 금광이나 다름없다.

주머니에 넣고 다니는 눈

모든 전화에는 3개의 위성과 통신해서 신호를 삼각 측량하여 위치를 정확히 알려주는 GPS(Global Positioning System)가 있다. GPS는 인터넷과 독립적인 관계이므로 인터넷에 연결되지 않거나 데이터가 부족하더라도 지도에서 우리의 위치를 표시하는 점을 계속 볼 수 있다. GPS는 미국의 시스템이며 1973년에 출시된 이래 미군이 운영했다. 미국은 보안상의 이유로 정밀도를 변경할 권리를 보유하고 있다. 그러나 위성의 세계는 조용하면서도 중요한 혁명 중이기 때문에 독점은 곧 끝날 것이다. 러시아는 글로나스GLONASS라는 자체의 시스템을 운영한다. 유럽 우주국은 갈릴레오를 거의 완성했다. 중국에는 북두위성항법시스템Compass/BeiDou2이 있으며 일본은 준텐초Quasi-Zenith 시스템을 보유했다. 미국 국가정보국장DNI이었던 댄 코츠는 상원 정보위원회에서 다음과 같이 증언했다. "러시아와 중국은 미국이 군수, 민수, 상용 우주 시스템에서 파생되어 누릴 수 있는 모든 이점을 상쇄하고자 미래 전쟁 교리의 일환으로 위성 시스템에 대한 공격을 점점 더 염두에 둔다." 지금은 누구나 우주 궤도에 뭐라도 올리고 싶어 한다. 우주로 발사된 물체 색인에 따르면 일론 머스크의 빨간색 컨버터블을 포함하여 4,921개의 위성이 궤도를 돌고 있다.

GPS는 휴대전화에서 사용되는 유일한 위치 정보 추적 시스템이 아니다. 적어도 3개 이상의 장치가 더 있다. 와이파이 카드에 두 가지 종류의 위치 인식 시스템이 있다. 수신 신호 강도 표시기RSSI는 무선 네트워크 환경의 신호 강도를 측정하여 와이파이 네트워크 데이터베이스와 비교하여 가장 가까운 네트워크에 연결한다. 가장 널리 사용되는 위치 인식 알고리즘은 핑거프린트Fingerprint로, 이전에 연결했던 와이파이들의 연결 지도를 기반으로 한다.

그 다음으로 블루투스가 있다. 블루투스를 통해 근거리 무선 신호를 방출하여 케이블을 사용하지 않고도 다른 장치, 예를 들어, 자동차 라디오, 무선 헤드폰, 스마트 스피커 등에 연결할 수 있다. 블루투스가 활성화되면 전화기에 대한 정보를 제공하고 연결할 장치를 찾는다. 스피커에서부터 체중계, 말하는 인형에 이르기까지 거의 모든 사물 인터넷 장치는 블루투스를 통해 작동한다.

휴대전화의 심SIM카드는 서비스를 위해 가장 가까운 휴대전화 안테나로 몇 초마다 신호를 보낸다. 운영자들은 셀 아이디 Cell ID라는 기술을 사용하여 사용자가 다른 신호들로부터 얼마나 멀리 떨어져 있는지 계산할 수 있다. 안테나 밀도가 높을수록 정밀도가 높아진다. 안테나의 최대 범위는 35킬로미터로 도메인에서 발생하는 모든 것을 기록한다. 때때로 당국은 운영 사업자에게 안테나 중개를 거친 모든 모바일 목록을 요청한다. 이 기술을 셀 타워 덤프cell tower dump라고 한다(특정 간격 동안 특정 기지국에 연결된 모든 장치에 대한 정보를 수집한다—옮긴이 주). 우크라이나 정부는 2014년 1월 빅토르 야누코비치 대통령의 최종 결정안에 항의하는 사람들을 색출해낸 다음 다음과 같은 문자메시지를 보냈다. "여러분은 대규모 소요 참가자로 기록되었습니다." 마케팅 회사들은 의류 매장이나 식당 등의 상권을 파악하고 주요한 결정을 내리는 데 데이터 정보를 사용한다. 시큐러스테크놀로지스와 같은 회사들도 데이터를 사용하여 회사, 개인, 기관에 실시간 전화 및 통화 모니터링 서비스를 판매한다. 2018년 시큐러스는 미국 내 교도소용 특별 패키지를 제공했는데, 교도소장이 감시를 목적으로 사용한 경우가 최소 1건 이상이었다. 후속 조사 결과, 시큐러스는 지리 위치 정보 회사(3Cinteractive)에서 데이터를 구매했고, 이들은 또 다른 회사 로케이션스마트에서 구매했고, 로케이션은 여러 운영자들(AT&T, Sprint, T-Mobile, Verizon)로부터 데이터를 직접 구매했다.[5] 마이크로빌트라는 회사는 채무자를 찾아내려는 보험 회사, 자동차 딜러 및 기타 신용 판매 업체에 동일한 서비스를 제공한다. 어둠의 세계에 있는 또 다른 회사들도 이러한 데이터를 사용하여 바람난 배우자, 전 애인, 성폭력의 잠재적 희생자를 찾는 데 사용한다. 한 내부고발자는 2019년 마더보드에 "그들은 잘못된 사람들에게 정보를 팔고 있다"라고 썼다.[6] 영장, 등록, 라이선스 없이 경찰이나 FBI가 가진 것과 동일한 종류의 접근권을 구매하는 '다크 서비스' 산업을 지적한 것이다.

당국이 사용하는 또 다른 기술은 또 다른 장치(StingRay 또는 IMSI-catcher)에 기반을 둔다. 해당 장치들은 주변의 모든 휴대전화를 추적하기 위해 안테나로 가장한다.[7] "중간자 공격"과 같다. 해커가 장치와 라우터 사이에 개입해 보호되지 않은 정보를 가로채는 데 사용하는 기술이다. 경찰은 헬리콥터와 밴을 타고 시위 중인 사람을 실시간으로 확인하거나, 건물 안에 있는 사람을 찾거나, 들어가기 전에 안에 누가 있는지 미리 알 수 있다. 이런 장치를 사용하는 것은 불법이지만 100유로 미만의 합법적인 부품들로 제조할 수 있다. 약 300유로면 수제 도청 장치를 제공하고, 2,000유로 미만의 값으로 경찰이 사용하는 전문 장비를 제공하는 인터넷카페도 있다.

GPS를 사용하는 모든 응용프로그램은 매 순간 당신이 어디에 있는지 파악한다. 만약 통신망의 탐지 범위 내에 있다면, 통신사들 역시 당신의 위치를 파악할 수 있다. 대부분의 서비스는 좌표를 완벽하게 기록하기 위해 두 가지 이상의 위치 정보 추적 시스템을 조합하여 사용한다. 2017년에 수행된 여러 연구에 따르면 디지털 플랫폼의 위치 서비스를 비활성화해도 회사는 사용자의 위치를 계속 파악할 수 있으며, 해당 정보를 사용한다. 비활성화된 사용자만 구글 지도에서 장소를 찾거나 틴더에서 가까운 사람들과 연결하거나, 인스타그램에 위치 정보가 등록된 사진을 게시하거나 하는 등의 기능을 사용하지 못하는 것이다. 구글과 페이스북은 위치 정보와 플랫폼의 애플리케이션들을 계속해서 기록한다. GPS에 액세스할 수 없는 경우 와이파이 카드와 IP 주소로 장치의 위치를 계속 찾는다. 《뉴욕타임스》의 조사에 따르면 수십 개의 위치 정보 마케팅 회사가 미국의 다양한 애플리케이션에서 최대 2억 대의 휴대전화에 대한 데이터를 추출한 다음, 정보를 판매하거나 자체 광고주를 위해 데이터를 분석하거나, 두 가지 일을 모두 했다.[8] 3대 상위 구매자 집단은 기술 회사, 데이터 브로커, 정치 컨설턴트였다.

사용자들이 상황을 정확히 파악하고, 심지어는 협력함으로써 데이터가 추출된 경우도 있다. "위치 정보의 해"라고 불린 2010년, 포스퀘어(스마트폰에 탑재된 GPS를 활용해 정보를 수집하고 이를 쇼핑 관광 등에 활용하는 위치 기반 SNS—옮긴이 주) 사용자 수백만 명은 의도적으로 자기들이 카페, 레스토랑, 페스티벌, 쇼핑몰, 회사 회의, 도서관, 클럽, 기차역에 있다고 알렸다. 자신의 연락처가 저장된 사람들에게 스스로의 위치를 계속 알리고 "자발적인" 연결을 만들려는 목적이었다. 많은 사람들이 트위터와 페이스북에서 자동 업데이트를 통해 자신을 알렸다. '위치 정보의 해'는 곧 '감시의 10년'으로 바뀌었고, 그 사이 사용자들은 포스퀘어에 호감을 잃었다. 다른 회사들은 다른 유형의 애플리케이션을 통해 동일한 데이터를 보다 미묘한 방식으로 추출하는 것을 선호했다. 2009~2015년 트위터는 기본적으로 사용자 또는 팔로워에게 보이지 않는 정확한 GPS 좌표를 사용하여 각 트윗의 위치를 지정했다. 애플리케이션프로그래밍인터페이스API 앱에서도 그런 짓을 했고 오늘날까지도 여전히 그렇게 하고 있다.[9] IBM은 웨더채널 앱을 샀다. 많은 이들이 홈 화면에서 도시의 날씨를 확인하기 위해 사용하는 앱이다. 이 부문에 가장 큰 후원을 하는 곳으로는 골드만삭스와 같은 금융 대기업이 있고, 페이팔의 공동 창립자이자 팔란티어의 소유인 피터 틸과 같은 군수 계약업자도 있다.

지리적 위치 추적 외에도 스마트폰에는 다양한 센서가 있다. 자이로스코프는 전화기의 위치와 방향을 기록한다. 센서는 우리가 손으로 잡고 전화를 걸거나 수평으로 둔 채 비디오를 보거나 사진 찍을 때가 언제인지 알고 있다. 휴대전화가 가방에 있는지 주머니에 있는지 알고 있다. 조명 센서는 우리가 조명을 켰는지 껐는지, 그 조명이 어떤 종류인지 알고 있다. 가속도계는 우리가 움직이는 속도와 방향을 측정한다. 이를 통해 피트니스 애플리케이션은 우리의 걸음 수를 세고, 자동차, 자전거, 기차 중 무엇을 탔는지 파악한다. 이는 포켓몬을 사냥하거나 증강현실 게임을 하는 데 필수적이다. 자력계는 자기장을 측정하고 지도에 나침반을 제공하지만 금속 탐지기 역할도 한다. 아이폰 등 일부 휴대전화에는 대기압의 변화를 감지하고 고도를 특정하는 기압계가 있다. 모바일 전면 상단에는 2개의 적외선 LED와 근접 센서가 있어 휴대전화가 귀에 가까이 붙으면 화면을 끄도록 시스템에 알려준다. 그 옆에는 주변광 센서가 빛을 측정하여 화면의 밝기를 보정한다. 〈철권〉 콤보와 같다. 한 번에 4개의 센서를 동시에 사용하면, 각각이 가진 기능을 합친 것 이상으로 더 큰 역량을 발휘한다.

뉴캐슬대학교 엔지니어 팀은 센서의 데이터만으로도 사용자가 애플리케이션뿐만 아니라 웹브라우저에서 입력한 비밀번호를 추출할 수 있음을 보여주었다. 같은 대학 사이버보안연구소 소속 마리암 메흐네자르드는 "센서를 통해 데이터를 감청하고, 사용자에 대한 모든 종류의 민감한 정보, 예를 들면 통화, 신체 활동, 모든 접촉 상호작용, PIN번호, 비밀번호 같은 것을 노출시킬 수 있는 악성 프로그램이 있다"라고 설명했다.

"더 걱정스러운 것은 악성 소프트웨어가 설치된 장치에서, 예를 들면 은행 페이지 같은 것을 열 때 입력하는 모든 데이터를 감시할 수 있는 브라우저가 있다는 것이다." 옥스퍼드대학교의 한 연구에 따르면 구글플레이 앱의 90%는 수집한 데이터를 구글과 공유한다.[10] 때로는 개발자도 이 사실을 모른다. 애플리케이션의 절반은 데이터를 10개의 제 3자와 공유한다. 20개 이상의 제 3자와 공유하는 앱도 20%나 된다. 제 3자에는 일반적으로 페이스북, 트위터, 마이크로소프트, 아마존이 포함된다. 거의 모든 회사가 하나 또는 그 이상의 브로커에게 데이터를 판매한다.

카메라와 마이크는 사용자가 가장 많이 사용하는 센서이며, 그 때문에 가장 우려스럽다. 그들은 전화기의 눈과 귀다. 사용자 입장에서는 센서들이 언제 자동하고 누구와 통신하는지 알 수 없다. 사이버 보안 컨설턴트 피터 한나이는 2018년 《바이스매거진》과의 인터뷰[11]에서 "때로 오디오 조각들이 페이스북과 다른 앱들의 서버들에 도달하지만, 왜 이런 일이 발생하는지 그 앱들은 공식적으로 설명하지 않는다. 우리는 그것이 특정 장소, 특정 시간에 또는 특정 기능에서 발생하는 것인지 알지 못한다. 그러나 앱들은 마이크 권한을 가져와 주기적으로 사용하고 있다"라고 말했다. 앱이 전송한 모든 정보가 암호화되어 있기 때문에 관련 회사와의 협업 없이는 분석할 수 없다. 한편, 최신 **스마트폰**에 내장된 가상 어시스턴트와 같이 지속적으로 '청취 상태'인 애플리케이션이 있다. 구글어시스턴트, 그리고 그의 경쟁자인 시리Siri(애플)와 알렉사Alexa(아마존)는 누군가 다음과 같은 마법의 단어를 말할 때 자신의 기능을 활성화시킨다. "오케이. 구글", "헤이, 시리", "알렉사". 그러나 활성화시키는 단어를 들으려면, 일단 먼저 듣고 있어야 한다. 아마존의 '스마트 스피커'인 아마존에코는 7개의 마이크를 사용하여 주변의 모든 소리를 듣는다. 이는 물론 스피커가 마법의 단어를 다른 것과 분리하는 데 특히 능숙하다는 뜻이 아니다.

2018년 5월, 오리건에 사는 한 여성은 남편과의 사적인 대화를 자신의 아마존에코가 녹음한 뒤, 허락도 확인도 받지 않은 채 휴대전화 연락처에 있는 한 사람에게 전송한 사실을 알게 되었다. 회사를 통해 알게 된 것이 아니다. 전송받은 지인이 가까운 사이였기에 그 즉시 "해킹당했다"라고 알려준 것이다. 그런데 아마존이 《워싱턴포스트》에 해명한 내용은 시트콤 수준이다. 그들은 에코가 "알렉사"라는 단어를 들었다고 믿고 활성화되었다고 말했다. 에코가 들었던 대화는 전송될 메시지로 해석되었고, 에코가 누구한테 보내냐고 물었을 때, "배경 대화가 사용자의 연락처 리스트에 있는 어떤 이름으로 해석되었다"라는 것이다. 유럽 데이터보호규정에 의거하여 자신에 대한 모든 데이터를 아마존에 요청한 독일 사용자는 다른 사람의 오디오파일 1,700개를 받았다. 아마존은 이에 대해 "인간이 만든 불행한 실수이자, 흔치 않은 사고"라고 했다. 아이폰, 안드로이드, 에코, 에코닷처럼 각자 자기 회사의 기기에 자기 것을 기본 설치하는 경우 외에도, 거대 기업들은 이제 콘솔, 차량, 텔레비전, 웹캠, 램프, 태블릿, 가전제품 및 심지어 다른 브랜드의 "스마트" 애플리케이션까지 자신들의 알고리즘으로 식민지화하기 위해 싸우고 있다. 구글어시스턴트는 네스트의 홈 비디오카메라, 레노버의 화면, 아이홈과 같은 자명종, 필립스의 텔레비소르, 여러 회사들(Onkyo, LG, Klipsch, Braven, JBL)의 스피커, 심지어는 마운틴 뷰의 기술을 사용하는 일본 패션 기업 유니클로의 앱에까지 통합되어 있다. 알렉사는 소노스빔의 스피커, 월풀의 전자레인지와 같은 시장의 스타들을 포함하여, 최소 150개의 다른 제품에 기본으로 제공된다. 테슬라가 만드는 차에는 당연히 테슬라의 어시스턴트가 장착된다. 우리는 조만간 우리 집, 우리 차, 우리 사무실, 그리고 우리 주변에서 벌어지는 모든 일을 듣는 테크놀로지 제품 외에는 구매할 상품을 찾아볼 수 없을 것이다. 모든 종류의 데이터를 다섯 회사에 전송할 것이다. 그렇게 되어도 우리는 그들이 데이터를 무엇을 위해 쓰는지, 얼마나 오랫동안 쓰는지, 누구와 공유하는지 모를 것이다.

그들의 코드에 접근할 수 없기 때문에 우리는 특허청과 같이 그 목표가 명백히 드러나는 장소를 찾아 우회해야 한다. 구글은 음성, 호흡, 울음소리와 같이 마이크를 통해 얻은 데이터를 사용하여 사용자의 정신 및 신체 상태를 확인하는 특허를 출원했다. 아마존은 음성을 실시간으로 분석하여 제품이나 서비스로 전환될 수 있는 모든 것에 대한 선호, 관심, 거부를 나타내는 단어와 표현을 찾는 알고리즘을 특허 출원했다. 이것은 심각한 수준의 '침입'과 미묘한 '조작'을 기반으로 한 광고 샘플을 만드는 데 기여하는 기획으로, 이에 대해서는 잠시 후에 다시 이야기할 것이다. 여기에서 강조하고 싶은 것은 어디에나 존재하는, 우리가 매일 들고 다니는, 항구적 각성 상태에 있는 매우 정교한 청취 장치들이 존재한다는 것을 자각할 필요가 있다는 점이다.

스마트폰에는 전면과 후면에 각각 2대 이상의 카메라가 있다. 카메라에 접근할 수 있는 응용프로그램은 허가 없이 카메라를 켜거나 끄고, 사진과 동영상을 찍고, 서버로 전송하고, 방송을 **스트리밍**할 수 있다.[12] 데이터베이스에 있는 다른 사람들의 얼굴과 비교하기 위해, 또는 안면 인식 데이터베이스에 필요한 얼굴을 3D 모델링하기 위해 사진과 비디오를 서버로 보낼 수도 있다. 화면을 터치하는 손가락 끝을 사진 찍을 수도 있다. 이러한 모든 기능들은 우리가 폰 잠금 해제를 위해 우리 목소리를 사용하고, 지문, 얼굴 등을 사용할 때 확보된다. 모든 생체 인식 애플리케이션은 우리들의 생체 데이터를 수집하고, 분석하고, 저장한다. 이는 데이터보호법에 의해 가장 보호받는 데이터들이기도 하다. 왜냐하면 비밀번호나 전화번호와는 달리 변경할 수 없기 때문이다. 우리의 남은 생애 동안 어디서나 식별 가능한 존재가 된다. 적어도 현실 세계에서는 그렇다.

2014년 구글은 딥마인드라는 영국의 인공지능 개발 회사를 5억 2000만 달러에 인수했다. 그의 가장 주목할 만한 업적은 미리 프로그램화하는 게 불가능한 게임인 바둑에서 세계 최고의 선수를 이긴 것이었다. 가장 우려스러운 업적은 구글이 질병 탐지 알고리즘을 개발한다면서 환자 본인의 허가 없이 영국 사회보장제도 사용자 수백만 명의 데이터를 사용한 것이다. 이 모든 정보가 비록 다른 일을 위해 쓰이더라도 결국 같은 장소에 도달하고 같은 방식으로 사용된다는 것을 이해하는 것이 중요하다: 폐기종의 증상을 식별할 수 있는 알고리즘은 시중에 나와 있는 대부분의 휴대전화에서 센서들을 작동시키는 알고리즘과 동일하다. 사용자의 울음, 맥박, 호흡을 보고 건강 상태를 판독하는 것이다. 검색엔진이 매일 백억 개씩 올라오는 질문에 대답하며 처리하는 것도 마찬가지다. 이런 질문들에는 정신질환 등에 대한 내밀한 상담까지 들어가 있다. 2018년 세 번째로 인기 있었던 질문은 '자궁 내막증'에 관한 것이었다. 이는 명백히 〈걸스〉 시리즈의 작가 레나 던햄의 자궁 조직에 영향을 미친 질병이었다. 네 번째는 '마리화나가 소변에 얼마나 오래 남아 있는 지'였고, 다섯 번째는 '나는 언제 죽을 것인가'였다.

에릭 슈미트는 2010년에 뽐내듯 말했다. "지금 막 놀라운 일이 벌어졌다. 당신은 더 이상 아무것도 입력할 필요가 없다. 우리가 당신이 어디에 있는지 알고 있기 때문이다. 그리고 어디에 있었는지도 알고 있다. 게다가 당신이 지금 생각하고 있는 것도 어느 정도 추측할 수 있다." 얼마 뒤 다시 말했다. "언젠가 우리는 시장을 예측할 수 있다고 말한 바 있지만, 이제는 그것이 불법이라고 결론지었다. 그래서 이제 그런 일을 하지 않는다." 하지만 그만두지 않았다. 2015년 구글은 알파벳 Alphabet Inc.의 자회사가 되었다. 구글 외에 8개의 자회사가 더 있다.

금융부분 회사인 캐피털G(벤처캐피털 펀드) 및 GV(벤처캐피

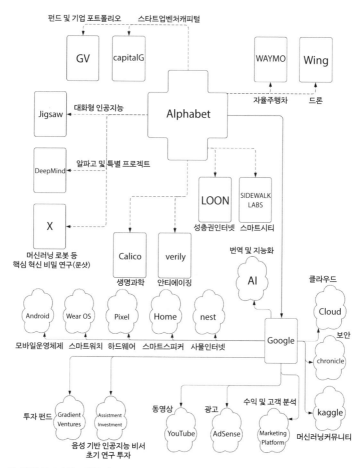

펀드 및 기업 포트폴리오　　스타트업벤처캐피털

GV　capitalG

WAYMO　Wing

Jigsaw　대화형 인공지능　　Alphabet　　자율주행차　드론

DeepMind　알파고 및 특별 프로젝트

X

머신러닝 로봇 등
핵심 혁신 비밀 연구(문샷)

Calico　verily

LOON　SIDEWALK LABS

성층권인터넷　스마트시티

번역 및 지능화

생명과학　안티에이징

AI

클라우드

Android　Wear OS　Pixel　Home　nest

Cloud

모바일운영체제　스마트워치　하드웨어　스마트스피커　사물인터넷

Google

보안

chronicle

투자 펀드　Gradient Ventures　Assistment Investment

동영상　광고　수익 및 고객 분석

kaggle

음성 기반 인공지능 비서
초기 연구 투자

YouTube　AdSense　Marketing Platform　머신러닝커뮤니티

알파벳의 2019년 말 조직 구조(Organizational Structure). 신규 사업을 반영하여 자주 변경된다. 2015년과 비교할 때, X(구글X)에서 비밀리에 연구했던 여러 사업들이 자회사로 분리되었다. 인공지능과 머신러닝이 전 영역에서 강조되고 있다.

털 투자), 의학 연구소 칼리코(장수 관련 생명공학)와 버릴리(유전 및 질병 연구), 케이블 인프라인 구글파이버(초고속 인터넷),

센서(네스트랩스), 스마트시티(사이드워크랩스), 마지막으로 구글X라는 비밀 R&D 연구소다. 진짜로 모든 게 비밀이다. 이 모든 자회사들이 구글의 방식대로 일한다. 점점 더 까다로워지는 사용자들에게서 은행, 병원, 행정, 교통 시스템, 공장, 학교 관련 데이터를 받는 대가로 서비스를 제공하는 것이다.

스노든 이후

언론에 발표된 에드워드 스노든Edward Snowden의 최초 폭로는 통화에 관한 것이었다. 《가디언》은 2013년 4월 미 국가안보국 NSA, National Security Agency이 버라이즌을 통해 미국 시민 수백만 명의 통화를 녹음하고 있다고 보도했다. 버라이즌은 1996년의 '자유화'에서 나온 괴물로 미국 역사상 가장 큰 합병의 결과물로 탄생했다. 벨애틀랜틱과 제너럴텔레폰앤드일렉트로닉스의 합작품이었다. 버라이즌의 기원에는 AT&T도 있다. 1984년 정부는 독점회사를 없애고자 AT&T를 분할하도록 강요했고 벨애틀랜틱이 "베이비 벨"이라고 불리는 7개 지역 분할 회사 중하나가 되었다.

최초 폭로 이틀 후 스노든이 넘긴 두 번째 파일은 프리즘 PRISMA프로젝트에 관한 문건이었다. 이 프로젝트에 따라 적어도 2008년부터 미국 정부는 구글, 페이스북, 애플, 아마존, 마이크로소프트를 포함한 주요 기술 회사의 서버에 직접 접근할 수 있었다. 영국, 호주, 뉴질랜드, 캐나다 등 소위 "5개의 눈

(파이브아이즈)"이라는 동맹국들과 액세스 권한을 공유했다. 버락 오바마 정부가 이 프로젝트를 합법화했는데, 반테러법과 비밀 법원의 조합이 그 근거가 됐다. 해외정보감독법FISA 702조는 미국 국경을 넘는 모든 사적인 통신 내용에 NSA가 접근할 수 있는 권한을 부여했다. 미국 애국법 215조는 은행 계좌, 도서관, 여행사, 비디오 대여, 전화 통화, 의료 데이터, 교회, 회당, 사원, 그리고 당연히 포함된 디지털 플랫폼 등에 있어서 제 3자가 보유한 기록에 대한 정부의 간섭을 승인했다. 이 모든 것은 보안 사건을 담당하는 비밀 법원의 승인 하에, 감시당하는 사람의 동의는 구하지 않고 벌인 일이다. 감시당하는 이들은 자신들이 감시당한다는 사실조차 몰랐다. 애국법은 등기된 회사들이 자신의 사용자에게 데이터 침해 사실을 알리지 못하도록 명시했다.

스노든 사건 이후 첫 번째 연설에서 버락 오바마 대통령은 기관들은 법에 따라 통신의 내용까지는 읽지 못할 뿐 아니라 법원 명령 없이 "가로채도 되는" 공개 정보인 메타데이터만 기록했다면서 유권자를 안심시키려고 했다. 그는 군 최고 통수권자로서 이것이 진실이 아님을 알았어야 했다. NSA의 법률 고문 스튜어트 베이커는 "메타데이터는 누군가의 삶에 관한 모든 것을 절대적으로 알려준다. 메타데이터가 충분하다면 내용은 필요하지 않다"라고 말했다. 〈NSA를 재평가하며〉[13]라는 제목의 토론에서 마이클 헤이든 장군은 "우리는 메타데이터를 사용하여 사람들을 죽인다"라고 했다. 빅데이터 시대에 가장 가치가 떨어지는 것이 콘텐츠다. 왕은 메타데이터다.

미 국가정보국장 제임스 클래퍼는 프리즘프로젝트를 대테러 안보를 위한 중요한 기반이라며 공개적으로 옹호했다. "이 프로그램을 통해 얻은 정보는 가장 중요하고 가치 있는 정보 inteligencia다." 이 사람은 3개월 전 상원 정보위원회 앞에서 NSA 는 미국인들 수억 명의 데이터를 수집하거나 저장한 적이 없다고 맹세했던 사람이다. 나머지 주역들도 자신들의 협력 사실을 강력하게 부인했다. 구글은 "우리는 정부에 사용자의 데이터를 제공할 때 법에 따르고, 사례를 신중하게 검토한다. 구글은 정부가 사용자들의 사적인 데이터에 접근하게 할 뒷문(백도어)을 가지고 있지 않다"라고 했다. 애플의 대변인은 프리즘프로젝트에 대해 들어본 적도 없다고 말했다. 미국 주요 언론이 확인하고 보도한 공식 문건과 정면으로 배치되는 말이었다. 국가정보국장이 자기 정부의 입법 기관 앞에서 거짓말한 것처럼 기업들도 거짓말을 했다.

이러한 상황에서 회사와 경영진이 시민의 자유를 제한하거나 사용자의 신뢰를 배신하는 검열을 윤리적으로 수행할 능력이 있는지 시민사회가 묻는 것은 이치에 맞지 않다. TCP/IP의 설계자들이 이미 알고 있었듯이, 기업들의 선의와 악의에 대한 모든 논쟁은 핵심이 아니다. 관리자들은 해고되거나 바뀔 수 있고, 거짓말을 하기도 하고, 마찬가지로 교체되기도 하고 거짓말도 하는 정부와 법률에 종속되어 있다. 토론에서 유일하게 의미 있는 질문은 검열을 실제로 하고 있는지, 시민의 자유를 축소하거나 사용자의 신뢰를 배신할 수 있는 기술을 개발하고 있는지 여부다. 만일 그렇다면 의도와 상관없이 항상 문제가 된다.

에드워드 스노든의 문건은 미국 시민들이 자신의 집에서 헌법이 보장하는 기본권을 침해당하면서 정부에 감시당하고 있음을 보여줬고, 점차 커다란 문제로 불거졌다. 과거에 정부는 시민운동 지도자들을 감시해 신뢰를 떨어뜨리려는 목적으로 첩보 행위를 했다. J. 에드거 후버는 FBI 국장으로 재임하면서 마틴 루터 킹 주변에 강력한 감시망을 구축했다. 특히 킹이 "남부 흑인 공동체에 가해지는 지속적인 폭력과 잔인함을 해결하는 데 완전히 비효율적"이라고 FBI를 비난하자, 방첩 프로그램을 통해 그가 최소 (싱어송라이터 존 바에즈를 포함한) 4명의 여성과 불륜 관계를 맺고 술과 매춘이 있는 난교에 참여했다는 내용의 서류들을 축적했다. 또한 킹이 공산당과 관계가 있고 세금을 회피한 혐의도 있다고 기록했다. 당시 대통령은 1963년 암살된 존 F. 케네디를 대리한 린든 B. 존슨이었다. 2019년 미국 대통령은 도널드 트럼프였다. 의회가 멕시코와의 국경 장벽을 건설하기 위한 50억 달러 예산 항목을 승인할 때까지 모든 정부 기능을 마비시킨 인물이다. 그는 2018년 12월 2일 하원 의장 낸시 펠로시와 민주당 대표 척 슈머에게 "우리가 원하는 것을 얻지 못하면 정부를 폐쇄할 것"이라 말했다. 그래서 2019년 1월 말이 되도록 공무원에서 거리의 청소노동자에 이르기까지 주 예산으로 급여를 받는 모든 노동자가 임금을 받지 못했다. 법원, 사회복지기관, 국립공원 등 정부 기관 예산에 의존하는 모든 곳이 타격을 입었다. 부정직한데다 앙심을 품고 보복하려는 성향이 있는 지도자의 손에 역사상 가장 거대한 스파이 기계가 놓여 있었다. 수많은 공식 보고서에 따르면 트럼프는 감시 장치를 잘 남용하고 디지털 플랫폼을 상업적으로 조작한 덕분에 자리를 보존했다. 그가 다른 사람들보다 더 책임감 있게 권력을 사용한다는 건 거의 불가능한 일이었다.

스노든은 미국 땅에서 벌어진 권력 남용을 비난했지만 미국의 정보기관은 합법적으로 전 세계 시민들을 감시하고 있다. 우리에게는 미국 시민권이 없고, 우리의 데이터는 외부 정보기관에 대한 오픈 바(분야, 범위, 활동에 제한 없이 원하는 것을 할 수 있다는 비유—옮긴이 주)나 다름없다. 예외가 하나 있다. 미국 상무부는 유럽연합과 신사협정을 맺었다. 1995년 유럽 데이터보호지침은 전화 회사, 은행, 운송 서비스, 가스, 전기, 수도 공급 업체 둥 고객에게 서비스를 제공하며 데이터를 요청하는 회사로부터 유럽 시민을 보호하기 위해 고안되었다. 모든 유럽 회사들이 이 지침에 가입했으므로 유럽 회사들 간에는 데이터의 자유로운 이동이 있었다. 그러나 미국 등 유럽 관할 외 지역으로 데이터를 수출하는 것은 금지되었다. 세계화와 인터넷의 등장으로 수백만의 유럽인들이 야후, 구글 지메일, 페이스북, 마이스페이스, 트위터, 모바일 애플리케이션인 왓츠앱, 포스퀘어 등 미국 통신 서비스 및 플랫폼을 사용하기 시작했다. 이 모든 사용자 계정은 유럽 바깥의 서버와 데이터베이스에 저장되었다. 2000년 유럽연합집행위원회European Commission는 미국 상무부가 개발한 예외 규약에 서명했다. 이를 세이프하버협정이라 부른다. 이에 따라 기업들은 모든 유럽발

데이터에 대해 적절한 보호 조치(Directive 95/46/EC)를 반드시 취해야 했지만, 기업들이 협정을 준수하도록 보장할 수단은 확립하지 못했다. 막스 슈렘스라는 젊은 오스트리아인이 발견했듯 기업들은 약속을 지키지 않았다.

슈렘스는 실리콘밸리의 산타클라라대학교에서 한 학기 동안 법학 강의를 들었다. 그의 교수 중 1명이 페이스북 개인정보 보호 변호사 에드 팔미에리를 강연자로 초청했다. 막스는 강연자가 유럽의 데이터보호법에 대해 아는 것이 거의 없다는 사실에 놀랐고, 수업에 제출할 연구 과제를 '유럽 지침의 맥락에서 조사한 페이스북'으로 결정했다. 그 과정에서 페이스북이 사용자들의 자료를 방대하게 수집했을 뿐만 아니라 세이프 하버협정을 존중하지 않고 대서양을 건너가게 했다는 것을 발견했다. 거의 모든 기술 대기업과 마찬가지로 페이스북은 아일랜드에 유럽 본부가 있다. 슈렘스는 "이는 모든 유럽 사용자가 더블린 사무소와 계약 관계에 있으며 아일랜드 데이터보호법의 적용을 받는다는 것을 의미한다"라고 설명했다.[14] 기업이 가지고 있는 사용자 데이터가 무엇인지 알아볼 수 있는 권한이 있는 것이다.

슈렘스는 페이스북 웹의 잘 보이지 않는 곳에 깊이 파묻혀 있는 데이터 요청 페이지를 발견했다. 그는 자신의 데이터를 요청했고, 1,200쪽의 문서가 들어 있는 CD를 받았다. 파일에서 그는 로그인한 모든 시간, 장소, 사용한 컴퓨터와 접속 시간에 대한 문서dosier를 발견했다. 그와 동일한 장소에서 동시에 로그인한 사람들은 누구인지. 친구인 모든 사람들과 친구를 끊은 모든 사람들. 그가 초대된 모든 이벤트와 그가 어떻게 초대에 반응했는지, 날짜와 그 모든 것들의 지속 기간. 모든 친구의 이메일 주소. 그가 '콕 찔러본poke' 모든 사람들, 삭제한 것을 포함하여 그가 쓴 모든 메시지와 채팅. 그가 본 모든 사진, 그가 읽은 모든 것, 그가 클릭한 모든 링크. 막스는 페이스북에서 널리 알려진 유명인사 또는 주요인물이 아니었다. 이 자료들은 알고리즘의 일환으로 자동 등록된 것이다. 그것은 모든 페이스북 사용자가 비슷한 '서류'를 가지고 있음을 의미했다. 또한 구글, 애플, 트위터, 드롭박스, 아마존, 마이크로소프트 등 유럽 시민들의 데이터를 가지고 있는 모든 외국 기업들에 대한 감독 부재가 만연해 있음을 시사하는 것이었다.

슈렘스는 Europe-v-페이스북이라는 페이지를 만들어 조사 내용을 발표했다. 이 사실을 언론에서 접한 수백 명의 사람들이 페이스북에 자신의 데이터를 요청했다. 레딧에도 관련 뉴스가 공유되었는데 이때 많은 미국인들은 자신들에게는 권리가 없다는 것을 알게 됐다. 유럽에는 데이터보호법이 있었지만 미국에는 없었다. 유럽인이라는 것도 충분한 조건은 아니었다. 슈렘스가 아일랜드에서 여러 차례 소송을 제기했지만 페이스북은 그의 얼굴에서 파생된 생체 정보는 제공하지 않았으며 이를 생성하는 데 사용된 기술은 "산업 기밀"이라고 주장했다. 슈렘스는 "저는 3년 동안 페이스북을 사용해온 평범한 사람에 불과합니다. 만약 10년 동안 사용했다면 어땠을지 상상해보십시오. 그들이 모은 건 내가 참석한 모든 시위, 정치 성향, 사적인 대화, 그리고 나의 질병에 관한 이야기들입니다"라고 말했다. 《가디언》이 프리즘프로젝트 문건을 발표하자 슈렘스는 더 이상 페이스북이 세이프하버협정을 위반하면서 유럽 사용자를 감시했다는 사실을 증명할 필요가 없어졌다. 그는 스노든의 서류와 함께 사건을 유럽 사법재판소로 가져갔고 승소했다. 유럽연합과 미국 간의 데이터 전송 계약은 취소되었다. 5개월 후, 위원회는 프라이버시실드Privacy Shield라고 하는 개인 데이터의 상업적 교환을 위한 새로운 대서양 횡단 계약을 발표했다. 에드워드 스노든은 2016년에 "NSA는 유럽 시민들이 잘못한 일이 있든 없든, 그들이 하는 모든 일을 기록한다. 또한 영장 없이 해당 기록에 접근하여 모든 파일을 검사할 수 있다. 유일한 차이점은 조사 후 그것들을 다루는 방식뿐이다"라고 말했다. 당시 페이스북 사용자는 총 8억 4500만 명이었다. 3년 후에는 22억 2200만 명으로 늘어났다. 페이스북의 가족 회사인 인스타그램과 왓츠앱의 사용자는 포함하지 않은 수치다.

플랫폼과 행정부의 밀접한 관계는 미국 정부에만 국한되지 않는다. 회사가 표방하는 가치에 공개적으로 반대하는 권위주의 정권과의 계약은 달콤한 유혹이다. 2018년 알파벳 직원 4,000명은 '드래곤플라이프로젝트'를 포기하라는 탄원서를 작성해 발표했다. 드래곤플라이프로젝트는 중국 정부 입장에서 바람직한 콘텐츠가 아닌 것, 예를 들면 인권, 민주주의, 종교, 활동, 감시 등에 관련된 블랙리스트 목록을 가지고 검열하는 검색엔진을 개발하는 것이었다. "우리 중 상당수는 중국 당국의 검열과 감시에 대해 구글이 예전에 표방했던 입장을 알고 있다. 또한 우리는 구글이 회사의 가치를 돈벌이보다는 높은 곳에 설정한다는 점을 염두에 두고 고용 계약을 수락했다."

300명의 직원은《뉴욕타임스》에 순다 피차이 구글 CEO에게 보내는 공개서한을 발표했다. 그들은 구글이 미군의 드론 공격 표적 인식 개선과 비디오 프로세스 개선을 위해 인공지능을 개발하는 것을 멈춰야 한다고 주장했다. 서한의 첫 문장은 "우리는 구글이 전쟁 사업에 참여해서는 안 된다고 생각한다"였다.

하지만 구글은 이미 전쟁 사업의 일부다. 미국의 다른 거대 테크놀로지 기업과 마찬가지다. 에릭 슈미트는 미 국방부 고문이고, 빈트 서프는 펜타곤과 테크놀로지 회사들 사이의 완벽한 외교관이자 구글의 '수석 인터넷 전도사'였다. 2004년 구글은 CIA의 모든 정보 보안 파일을 스캔하여 CIA를 위한 특수 검색엔진을 만든 바 있다. CIA가 구글 로고의 o 하나를 자신들의 인장으로 커스터마이징해줄 수 있냐고 묻자, 구글은 단서를 달았다. "나는 우리 회사의 판매부에 말했다. 만약 그들이 아무에게도 말하지 않는다고 약속하면 오케이 사인을 주라고 말이다. 개인정보 보호 활동가들을 놀라게 하고 싶지는 않았다." 더글라스 에드워드가 회고록《아임필링럭키*I'm feeling lucky*》(구글닷컴 메인 화면 검색창 아래 2개의 버튼 중 하나의 문구—옮긴이 주)에서 한 이야기다. 2007년에 구글은 아프간과 이라크 미군기지에서 군산복합체의 핵심 기업인 록히드마틴과 함께 미국 국립지리정보국에 제공할 시각 정보 시스템을 개발했다. 이 시스템은 이른바 '민족 청소'의 비극으로 빠르게 소멸되고 있는 시아파와 수니파 인구 밀집 지역을 표적으로 삼았다. 그것은 구글어스 창조를 예비한 프로젝트였다. 허리케인 카트리나가 멕시코만을 휩쓸었을 때 구글은 구조 헬기와 해안 경비대를 도와 피해자의 위치를 추적했다. 지구의 일반적인 이미지에 실시간으로 업데이트한 레이어를 중첩하는 방식이었다. 실시간으로 업데이트된 레이어는 미국 해양대기청과 민간 원격 감지 운영자인 디지털글로브가 제공했다.

2010년 구글은 기밀 데이터 레이어를 사용하여 미군에 실시간 지구 비전을 제공하는 새로운 시각화 서비스(GVS)를 개발하기 위해 2700만 달러의 비경쟁 계약을 체결했다. GVS 프로그램 관리자인 군인 마이크 러셀에 따르면, "GVS는 비밀 또는 극비 도메인에서 제공되는 구글어스의 한 버전으로 구축되었고, 사용자는 공유된 작전 사진에서 지리 공간적으로 또 시간적으로 분류된 정보를 시각화할 수 있다." 이 기술은 특수 전투 부대의 조준기에도 통합되어 있고 FBI, CIA, NRO, NSA 및 미국 연방재난관리청에서도 사용된다. 아이러니하게도 위기의 순간 이것이 보여준 능력치는 그 영향 범주가 어디까지일지 가늠케 한다.

하늘의 감시자

위성 이미지 시스템은 우주적 차원의 폐쇄회로 감시 시스템의 일부이며, 각기 다른 여러 정부를 위해 활동하는 소수의 회사들이 독점하고 있다. 회전하는 거대한 눈들은 국경 내에서 일어나는 일만 감시하지 않는다. 해상을 포함해 지표면에서 벌어지는 모든 일, 농축산업 생산, 원유 및 광물 추출, 인프라, 도시, 공장, 운송, 난민시설, 사람들을 기록한다. 행성에서 일어나는 모든 일은 시간과 공간을 추적할 수 있고 검색엔진을 통해 접근할 수 있다.

그것이 구글이다. 그러나 "모든 '사용자'를 위해 전 세계의 정보를 체계화하고 정보를 보편적으로 접근 가능하게 하고 유용하게 만드는" —구글 스스로 말하는 그들의 사명— 대신 '고객과 파트너'를 위해 전 세계의 정보를 체계화하고 그 정보를 접근 가능하게 하고 유용하게 만든다. 많은 사람들은 위성이 제공하는 데이터가 일기예보, 화재, 홍수 등을 예견하는데 쓰인다고 생각한다. 사실 위성 분서 회사가 하는 일은 수를 세는 것이다. 예를 들면 주차장에 있는 차량의 수를 세는 일 같은 것. 이는 미국 내 최소 25만 개의 차고에서 사용하는 서비스로 주변 슈퍼마켓과 쇼핑센터에 판매 기대치를 분 단위로 알려준다. 또한 각 지역에 설치된 태양 전지판의 양과 시장에 유통되는 석유 양을 계산한다. 지리 공간 분석 회사인 오비탈 인사이트는 중국이 주장하는 것보다 훨씬 많은 석유를 보유하고 있으며 우려할 만한 비율로 매장량을 늘리고 있다고 정기적으로 도발한다. 오비탈의 CEO 제임스 크로포드에 따르면, 이것은 "시장에서 가격 변동을 만들어 낼 수 있는 중국의 능력"을 나타낸다.

회사들은 위성 정보를 구입하여 올해 몇 톤의 시리얼, 콩,

곡물이 수확될지, 농부들이 각각 몇 두의 가축을 갖고 있는지 예측한다. "미국 농무부 스타일로 추정치를 얻으려면 수많은 농부들과 이야기를 나눠야 했다. 우리 기술의 장점은 여기에 있다. 우리는 머신러닝 기술을 사용하여 인공위성에서 나오는 수많은 픽셀을 살펴봄으로써 거기서 무엇이 자라고 있는지 알 수 있다." 위성 예측 스타트업 데카르트랩의 책임자인 마크 존슨이 《더버지》에 실린 기사에서 언급한 내용이다. 그들의 예측은 농림부의 예측보다 더 정교하다. 정부는 씨 뿌린 것만 알지, 얼마나 수확할지는 모르기 때문이다.

위성들은 분 단위로 수확을 감시한다. 엽록소의 수준을 측정하는 스펙트럼 비전도 가지고 있다. 그들은 농부가 무엇을 심는지도 안다. 이를 브라질, 아르헨티나, 중국, 흑해 및 유럽연합의 모든 작황 데이터에 추가할 수 있다. 그들은 공인 데이터를 지난 100년 동안의 수확과 비교하고, 기상을 예측하고, 토지 상태에 대한 중요한 측정값(광물, 수분, 곤충 개체 수, 주변 지역 오염)과 대조한다. 시장 동향을 예측하기 위해서다. '독립적인' 농부라도 자신의 농장과 관련된 데이터 수탈을 거부할 수 없다. 왜냐하면 그들은 하늘에서 동요하지 않고 잠도 자지 않는, 계산을 잘하고 눈꺼풀이 없는 기계들에 의해 감시당하기 때문이다. 그러나 이 모든 정보를 기록하는 회사는 알고리즘과 그들의 목표 및 고객 목록까지도 숨길 수 있다. "농업계와 거래하는 사람들은 정보 출처에 매우 예민하기 때문이다."[15] 크로포드는 2013년 오비탈인사이트를 설립하기 전에 NASA에서 구글프로젝트를 담당했다.

유럽연합은 위성을 사용하여 공동농업정책CAP의 직접 원조를 받는 농민들을 통제한다. 농민들이 순환 경작, 테라스 유지 보수, 경사면에 농사짓지 않기 등의 규정들을 준수하고 있는지 감시한다. 스페인 농무부는 일기예보, 피해 평가, 원조 모니터링, 경작 및 수확 상세 지도를 작성하는 데 위성을 사용한다. 진실은 당신이 도움을 받든 안 받든, 국가가 모르는 상태로 코르크 오크를 심을 수 없다는 것이다. 농업이 민족국가의 근본 원리가 되고, 우리가 곡물에 특별한 애정을 갖는 이유는 '씨앗이 본질적으로 편리하다'거나 '인간은 원초적으로 곡물에 끌린다'는 것보다는 작물의 수집 및 통제와 더 관련이 있다. 최근의 골상학적 연구는 곡물에 의존하는 호모사피엔스는 사냥하는 유목민보다 영양 상태가 불균형하고 병약하며, 병에 더 자주 걸린다고 암시한다. 그러니 그들은 더 많은 지손을 가졌고 공동체의 지원을 받아 생존에 더 유리하다. 제임스 C. 스콧은 《농경의 배신Against the grain: A Deep History of the Earliest State》이라는 매혹적인 글에서, 곡물은 중앙정부가 가격을 쉽게 책정할 수 있는 물질이기 때문에 주식으로 선택된 것이라고 주장한다. 농부는 땅 위에서 자라는 작물을 숨길 수 없고 연중 특정 시간에 수확하여 처리해야 한다. 감자, 고구마처럼 땅 밑에서 자라고 필요에 따라 구획을 나눠 수확할 수 있는 기타 줄기식물을 심는 공동체에 정부는 더 적은 편익을 제공했다.

곡물을 감시하는 것은 노동자를 감시하는 것이다. 스콧은 수확 의식을 인간에 의한 인간의 길고 논쟁적인 기계화 프로세스, 즉 유별나게 길고 원시적인 작업 루틴이 시작된 기원으로 바라본다.

결국 고정되어 있는 대지의 농작물로 대표되는 식물을 길들이는 것은 우리에게 1년 단위의 루틴을 부여했다. 이는 노동 생활, 정착 패턴, 사회구조 … 들을 조직했다. … 수확 그 자체가 또 다른 일련의 루틴을 부른다. 곡물의 경우, 베기, 묶기, 타작하기, 이삭 줍기, 지푸라기 분리, 체로 거르기, 건조, 분류 … 역사적으로 이 노동의 대부분은 여성의 작업이었다. 호모사피엔스가 그 운명적인 농업 단계에 들어섰을 때, 우리 종은 엄숙한 수도원에 입장했다. 인류 임무의 대부분은 몇 안 되는 식물들이 보유한 까다로운 유전적 시계태엽으로 구성된다.

위성 데이터가 지배하는 세계에서 기술 친화적인 특정 작물을 편애할 것이라는 점은 상상하기 어렵지 않다. 존슨은 "옥수수 밭은 위성 해상도에 매우 적합하다. 매우 크기 때문이다. 옥수수는 천천히 자라며 움직이지 않는다"라고 말했다.

곡물과 가축은 셀 수 있다. 사람도 마찬가지다. 디지털글로브는 남극 웨들해Weddell Sea에 남은 물개를 세는 공동 프로젝트를 진행하면서 동시에 네트워크에 연결되지 않은 사람들 수십억 명을 페이스북이 찾을 수 있도록 도와준다. 위성에는 다양한 기술과 레이더가 장착되어 있다. 특히 큰 수역에서 작은 물체를 구별해낼 때 유용하다. 마린트래픽은 가장 유명한 선박 추적 온라인 서비스인데, 위성이 선박에 '핑ping'을 보내서 그 위치를 알아내는 자동식별시스템AIS을 사용한다. 모든 선박이 응답하는 것은 아니다. 남중국해에서 불법 어획하는 사람들을 은밀하게 수송하는 배는 보통 집에 송수신기를 두고 떠난다. 하지만 우주에서까지 숨을 수는 없다. 가장 작은 선박조차도 수중의 빛을 감지하는 미국 최대의 군사 방위 계약자 중 하나인 레이시온의 위성해양정보시스템 레이더(VIIRS, Visible Infrared Imaging Radiometer Suite)로 추적할 수 있다. 또 금속 조각의 길이가 6m 이상만 되면 감지하는 레이더 시스템(SAR, Synthetic Aperture Radar)도 있다.

스페이스노우는 위성 데이터 조합을 기반으로 경제 지표를 만든다. 2018년 봄, 그들은 중국에서 6,000여 개 산업 공장 활동을 모니터링하여 생산을 평가했다. 휴 스미스 부사장은 그들의 계획이 "구조가 명백하지 않고 혼란스러운 물리적 세계를 디지털 플랫폼에 실시간으로 색인화하는 것"이라고 밝혔다. 기후 위기와 관련하여 곡물, 가축 또는 물과 같이 귀중한 자원을 통제하고 관리하는 인프라 주권은 사람들의 움직임을 추적하는 능력만큼이나 중요하다. 위성은 그 광대한 인프라의 일부일 뿐 아니라 업자들이 5G로 명명한 초감시네트워크의 핵심적 요소다. 2015년 미 국가지리정보국은 시각화 서비스 프로그램을 아마존의 클라우드인 아마존웹서비스AWS, Amazon Web Services로 이전했다.

클라우드라는 주권국가

아마존은 세계 클라우드 시장의 절반을 점유하고 있다. 사람들은 흔히 제프 베이조스가 온라인 서점을 운영해서 지구에서 가장 부유한 사람이 되었다고 생각하지만, 가장 큰돈이 되는 사업은 클라우드다(2019년 자료에 따르면 아마존 전체 영업이익의 약 70%가 클라우드 서비스에서 나왔다—옮긴이 주). 기술 대기업들 중에서 아마존은 가장 신중한 기업일 것이다. 슬로건이나 좌우명이 없으며 세상을 더 좋고 더 나은 연결된 장소로 만들 것이라고 말하지 않는다. 하지만 인터넷 호스팅의 1/3 이상이 아마존 서버에 있다. 물론 아마존은 호스팅 이상의 것을 제공한다. AWS는 고객이 자체적으로 기술을 구비하지 않아도 최고의 보안으로 최첨단 서비스를 제공할 수 있도록 구축된 소프트웨어와 인프라 서비스를 판매한다.

넷플릭스는 AWS를 사용하여 콘텐츠가 지구 방방곡곡의 장치들에서 완벽하게 스트리밍되도록 한다. 유니레버는 1,700개의 온라인 상점을 운영한다. 위트랜스퍼는 대형 데이터 패킷을 전송한다. 가디언뉴스앤미디어, 허스트코퍼레이션과 같은 미디어 제국은 웹의 헤드라인을 유지하고, 티켓마스터는 입장권을 팔고, 국제무선천문센터ICRAR는 문자 그대로 천문학적인 양의 데이터가 교환되는 협업 공간을 유지한다. 다우존스와 나스닥도 이를 사용하고, 플랫폼 에어비앤비, 슬랙, 핀터레스트, 코세라, 사운드클라우드, 웨더컴퍼니, 나사의 제트추진연구소도 사용한다. 스노든이 권장하고 전 세계 개인정보 보호 활동가가 사용하는 암호화 메시징 서비스 시그널Signal도 AWS를 사용한다.

아마존의 수평적 권력은 서비스 산업 전체로 확장되어 그들이 생산한 데이터에 무제한적 접근을 허용한다. 이러한 '감시적 지배'는 각 애플리케이션의 사용자뿐만 아니라 기업에도 영향을 미친다. 왜냐하면 아마존은 마치 실험실에서 테스트하는 것처럼 그들의 비즈니스 모델을 공부해서 추후 값을 별로 치르지 않고도 그들을 파괴할 수 있기 때문이다. 현재 왕좌를 차지한 AWS는 정복하기 어려운 상대로 보이지만 완전히 독보적인 상태는 아니다. 마이크로소프의 애저, 구글클라우드, IBM클라우드가 (점점 더 격차가 벌어지고 있지만 어쨌든) 뒤쫓아 오고 있다. 사실 유일한 경쟁자는 아시아 대륙을 지배하고 지난 2년 동안 공격적인 확장을 시작한 알리바바다. 구글의 창립자가 시사한 바대로 인터넷이 여러 진영으로 쪼개지면 이 두 클라우드가 주요 대륙 중 두 곳을 차지할 것이다.

유물론적 관점에서 볼 때, 그들은 이미 중간 규모 국가의 수요를 가진 자체 관리 왕국이다. 수증기 같은 이름이 암시하는 것과 달리 클라우드는 실리콘과 케이블, 중금속의 응집체로 매우 특정한 장소에 집중되어 있으며 놀라운 비율로 전기를 소비한다. 2008년에 이미 전 세계 이산화탄소 배출량의 2%를 생산했으며, 2020년 기준 아마도 두 배 이상 증가할 것으로 예상된다. 그들은 그 주요 원인 중 하나가 "잠자고 있는 오염원들"이라고 말한다. 매일 2.5×10^{30}(quintillones)바이트만큼의 데이터가 생성된다. 그중 일부가 총 1억 8700만 개의 이메일과 50만 개의 트윗, 넷플릭스 시청 266,000시간, 구글에서 수행된 370만 건의 검색, 틴더에서 버려진 110만 개의 얼굴이다. 많은 경우 방심한 사람들은 의도치 않고 데이터를 만들어낸다. 그들의 행동과 움직임은 카메라, 마이크 및 센서에 의해 본인들도 모르는 사이 세세하게 기록된다. 데이터는 아무것도 지우지 않는 산업의 서버에 차곡차곡 축적된다. 이 산업을 유지하려면 과열을 방지하는 지속적 냉각이 필요하다. 시스코는 사물인터넷과 스마트시티가 모든 사물에 네트워크 배치를 완료하는 2021년쯤이면 클라우드의 규모가 75% 증가할 것이라 추정한다.

구글과 애플은 2017년부터 센터들이 재생 에너지로 운영된 다고 확언했다. 마이크로소프트와 아마존은 자기들도 그 방향 으로 움직이고 있다고 말한다. 그러나 투명성에 관한 법이 기능하지 않는 국가들에서는 이를 확인하기가 어렵다. 현실을 보면, 전기가 싸고 세금이 감면되고 가용 가능하고 저렴한 노동력이 있고 데이터 보호가 없고 관리가 관대한 곳에 클라우드가 집중된다. 버클리국립연구소의 연구원인 아만 쉬하비에 따르면, 아이클라우드와 구글서버가 미국 총 전력 소비량의 1.8%를 차지한다. 아마존을 두 번째로 많이 사용하는 나라인 일본의 한 연구는 2030년에 네트워크의 소비량이 에너지 자원 총량을 초과할 것이라고 경고했다. 앞으로 일본인은 밤에 켜는 램프와 키보드 조명 중에서, 또는 에어컨과 인스턴트 메시징 중에서 하나를 선택해야 할 것이다. 비트코인 전용 데이터센터는 별도의 챕터가 필요할 정도다. 미국 환경보호청 연구개발국은 2016~2018년에 오직 "채굴" 과정에서만 300만 ~1300만 톤가량의 이산화탄소가 발생했다고 계산했다. 이는 백만 대의 자동차가 배출하는 양과 맞먹는 수치다.[16] 2018년

12월, 여러 재무 부서에서 비트코인을 채굴하는 가격이 통화 자체의 가치를 초과했다고 발표했다. 금융 분석업체 메러글림의 수석 전략가 제임스 리카즈는《뉴욕포스트》에 "현재 이익을 내고 있는 곳은 중국과 아이슬란드뿐이다. 둘 다 전기가 매우 저렴하다. 아이슬란드는 컴퓨터를 식히기에 알맞은 저온이라는 이점이 있다"라고 말했다.

클라우드는 자원이 부족한 시대에 귀중한 자원을 소비하지만 도시는 이를 경쟁적으로 유치하려고 한다. 사회학자 데이비드 로건과 하비 몰로치에 따르면 이 이상한 현상은 "성장 기계máquina de crecimiento"라는 도시 모델에 호응한다. 행정부는 지역의 자원을 희생하고 가장 취약한 인구계층의 삶의 질을 악화시킬지라도 이론상 경제성장을 촉진하는 산업에 인센티브를 제공한다는 것이다.[17]

버지니아 주 타이슨스가 위치한 카운티는 거대한 인터넷 허브가 세계에서 가장 밀집된 클라우드 지역을 생성한 곳으로, 미국에서 가장 부유한 주가 되었다. 가구당 연 평균 소득은 13만 4,464달러다. 이 지역 경제개발국장 버디 라이저는 "올해는 데이터센터에서만 2억 5000만 달러의 세수가 있을 것"이라고 자랑했다. AWS는 2006년에 이곳에 와서 현재 38개의 플랜트를 운영한다. 샌프란시스코에 8개, 시애틀에 8개, 오레곤 북서부에 7개의 센터가 있다. 유럽에는 더블린에 7개, 독일에 4개, 룩셈부르크에 3개가 있다. 태평양을 넘어가면 일본에 12개, 중국에 9개, 싱가포르에 6개, 호주에 8개의 센터가 있다. 라틴아메리카에는 고작 6개뿐인데, 모두 브라질에 있다.

Utah Data Center

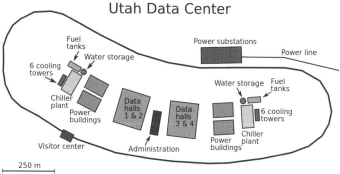

스노든의 폭로로 세상에 알려진 NSA가 관리하는 세계에서 가장 굶주리고 커다란 클라우드, 유타 데이터센터의 정문(위)과 전체 구조도(아래). 미국 정보기관들은 '페이팔 마피아'들이 가장 사랑하는 고객이다.

　　항상 데이터에 굶주려 있고 규모가 가장 큰 단일 클라우드는 유타 사막에 있다. NSA가 유지 관리하고 있으며, 요타바이트(1YB=2^{50}GB) 단위 정보를 처리할 수 있는 최고의 능력을 가지고 있다. 공중에서 보면 이민구류센터와 구별할 수 없다:

다양한 종류의 보안 레이어로 겹겹이 둘러싸인 길고 창문이 없는 건물. 생체 잠금장치, 철조망 통제, 기관단총으로 무장한 남성, 벽, 연방보호법, 지적재산권. 인텔리전스데이터센터들은 보안상의 이유로 지도에서 합법적으로 지워진다. 사진작가 트레버 페글렌Trevor Paglen은 장거리 렌즈를 사용해 수년 동안 비밀 장소 목록에 있는 곳들을 촬영했다. 스노든 문건이 폭로되었을 때, 그는 "거의 모든 서류가 인프라 구조를 다루고 있으며 모두 물리적 주소지가 있는 곳"[18]임을 깨달았다.

클라우드가 월드와이드웹의 창고 그 이상이 된 이후로 꽤 긴 시간이 흘렀다. 팀 버너스-리가 자신의 CERN 사무실에서 심은 작은 씨앗을 21세기의 대규모 군비 경쟁, 인공지능 개발이 벌어지는 복잡한 데이터 처리 시스템이 삼켜버렸다. 주요 기능은 거대한 데이터베이스를 축적해서 제 3자에게 제공하기 위해 이를 **머신러닝 및 딥러닝** 알고리즘으로 처리하는 것이다. "아마존닷컴은 다른 회사들도 빠르고 저렴하게 동일한 인프라를 즐길 수 있도록 AWS를 만들었으며 —웹사이트에서 말하기를— 이제는 모든 회사에서 사용할 수 있도록 머신러닝 기술을 계속해서 대중화하고 있다." 다른 사람들의 정보를 많이 처리할수록, 아마존의 알고리즘은 더 많이 배우고 더 강력해진다.

인공지능의 세계에서는 처리되는 데이터의 양 그 자체가 중요하지만 특히 귀중한 재료material가 있다. 정부는 상세하고 유용하고 특별한 정보를 제공한다. 정부가 제공하는 정보들 중에는 정보기관과 확장된 감시 시스템이 가진, 욕망에 사로잡힌 극비 문서los golosos archivos clasificado가 있다. 마이크로소프트 애저에는 특수 클라우드 서비스가 있다. 일급비밀로 분류된 "인지 능력, 인공지능 및 예측 분석력"을 가진 "미국 정부 기관 및 그 파트너를 위해 전례 없는 유연성과 혁신"을 판매하는 서비스다. 마이크로소프트 직원 백여 명은 빌 게이츠에게 미국 이민및세관집행국의 데이터와 이미지를 처리하기 위한 1920만 달러의 계약을 포기하라고 요구했다. 회사의 입장은 "마이크로소프트는 국경에서 가족과 자녀를 분리시키는 프로젝트에 대해서는 출입국관리국이나 국경순찰대와 협력하고 있지 않으며 소문과는 달리 우리는 애저 또는 애저의 서비스가 그런 목적으로 사용되고 있는지 알지 못한다"였다. 그러나 그들은 이를 보증하지 않았고 증명하지도 않았으며 펜타곤과의 관계를 끊지도 않았다. 왜냐면 기술과 연방기관의 시너지는 두 가지 방향에서 기능하기 때문이다: 회사가 기밀 데이터를 직접 사용하는 것은 법적으로 불가능하더라도 기밀 데이터들을 '처리'하는 것은 가능하다. 이는 비즈니스 알고리즘의 정밀도를 새로운 차원으로 높이기 때문에 회사가 보유한 다른 고객들에게 제공할 서비스인 '예측 능력'을 향상시킨다.

2014~2016년에 아마존은 CIA, NSA와 여러 계약을 체결하여 빅데이터 융합 시스템(Intelligence Community GovCloud)을 개발했다. 그 결과물 중 하나가 1장의 이미지에서 100명 이상을 식별할 수 있는 자동 안면 인식 소프트웨어인 아마존레코그니션이다. 베이조스의 경영진은 '트럼프에게 서비스를 제공하는 것에 항의하는 걸로 시간을 낭비하지 말라'고 직원들에

게 말했다. AWS 책임자 앤디 제시는 "AWS는 국방부와 100억 달러 계약을 맺기 위해 죽기 살기로 경쟁하고 있으며, AWS 본부의 두 곳 중 하나가 국방부에서 1.5km 떨어져 있는 것은 우연이 아니다. 직원들이 염려한다고 해서 그 사업에서 손을 떼지는 않을 것"이라고 했다. 이때 언급한 사업이 제다이JEDI, Joint Enterprise Defense Infrastructure 프로젝트인데, 단일 클라우드 섬에 국방부의 모든 기능을 중앙집중화하는 인프라 구조다.

아마존은 아무 코드나 다 접속시켜주는 게 아니다. 2010년에 AWS는 위키리크스를 서버에서 제거하면서 "자기 자신의 것이 아닌 콘텐츠를 게시하여 이용 약관을 어겼다"라고 말했다. 하지만 실리콘밸리에서 가장 논란이 많은 회사인 팔란티어Palantir Technologies와 일할 때, 그들은 문제를 제기하지 않았다.

팔란티어라는 사냥개

피터 틸Peter Andreas Thiel은 페이팔 마피아의 일원이다. 이들은 스탠퍼드와 일리노이대학교의 동창생들로, 밸리에서 가장 강력한 회사들을 세운 "집단clan"이다: 테슬라, 링크드인, 팔란티어 테크놀로지스, 스페이스엑스, 유튜브, 옐프.[19] 피터 틸은 페이스북의 최초 투자자였고, 마크 저커버그의 멘토로서 이사회의 저명한 임원이 되기도 했다. 2004년 틸은 팔란티어테크놀로지스를 설립하는 데 3000만 달러를 투입했다. 또 다른 주요 투자자는 CIA였다. CIA는 인큐텔을 통해 200만 달러를 투자했다.

인큐텔은 CIA가 자신들에게 유용할 기술에 투자하기 위해 사용하는 '고위험 캐피털'이다.

그들의 목적은 인구 관리를 위해 데이터 마이닝(데이터간의 상관관계를 밝혀 미래에 실행할 수 있는 정보를 도출하고 이를 의사결정에 이용하는 것—옮긴이 주)을 하는 것이었다. '팔란티어'는 시공간적으로 멀리 떨어져 있는 사람들을 순간적으로 볼 수 있게 하는 전설의 돌이다. 사우론은 〈반지의 제왕〉에서 팔란티어를 사용하여 적을 주시하고, 과거에 일어난 일을 보고, (당하는 사람들을) 으스스한 목소리로 미치게 한다. 돌은 반지에 연결되어 있어 누군가 반지를 사용하면 돌이 "호출"된다. 유추를 계속하면 인터넷에 연결된 모든 장치가 팔란티어에 연결된다. 팔란티어가 NSA를 위해 수행한 첫 번째 임무명은 엑스키스코어xKEYSCORE였다. 이메일, 채팅, 브라우징 기록, 사진, 문서, 웹캠, 트래픽 분석, 키보드 로그, 도용당한 사용자 이름과 암호를 사용해 시스템에 접근할 수 있는 키, 시스템 터널, P2P망, 스카이프 세션, 문자 메시지, 멀티미디어 콘텐츠, 지리 정보 등을 모두 알아낼 수 있는 검색엔진이었다. 이것은 이름, 장소, 전화번호, 자동차 번호판, 카드 등 아무 데서나 단서를 찾아 어떤 개인이나 조직, 또는 시스템을 원격으로 모니터링하는 데 사용된다. 이라크와 아프가니스탄에서 "반군"과 "자유세계의 적"을 감시하기 위해 만들어졌던 기술은 예의 그 패턴대로 연방국가 시민들을 감시하는 데 빠르게 적용되었다. 특히 아프리카계 미국인 대다수와 디트로이트나 뉴올리언스와 같이 빈곤하고 허리케인의 영향을 가장 많이 받는 지역의 시민들을 감시했다.

그 후 10년 동안 팔란티어는 해군, 국방정보국, 육군사관학교, FBI, CIA, NSA, 법무부, 재무부, 이민국 및 국토안보부와 12억 달러 이상의 계약을 체결했다. 심지어는 메디케이드에서도 남부 불법 의료 서비스 식별과 응급 전화 조사를 위해 팔란티어와 파일럿 프로젝트를 진행했다. 이는 오바마 행정부 기간 동안의 일이었다. 도널드 트럼프가 선거에서 승리한 배경에는 공개적으로 기술 및 재정 지원을 한 두 인물이 있었다. 바로 팔란티어의 소유자인 피터 틸과 케임브리지애널리티카의 로버트 머서Robert Mercer였다. 팔란티어는 트럼프의 범죄 예방 부서로 이름을 떨쳤다. 경찰은 예측 기술을 사용하여 폭력이 발생할 수 있는 "핫스팟"을 탐지한다. 또한 시위에 참석하거나 파업에 참여했거나 그린피스에 친구가 있거나 암호화 기술을 사용하거나 소셜네트워크에서 다른 활동가를 지원한 "요주의" 그룹과 사람들을 탐지한다. 팔란티어는 지문, 생체 데이터, 의료 기록, 카드 사용 내역, 여행 기록, 전화 대화, 세금 고지서 및 기타 자질구레한 기록에 접근할 수 있다. 또한 영국, 호주, 뉴질랜드 및 캐나다의 정보기관 등 여타 클라이언트와 함께 사용하고자 모든 처리 데이터를 보관한다. 유럽에서는 영국과 덴마크 등 적어도 2개 이상의 정부가 팔란티어의 고객이다. 그러나 무엇보다도 범죄 기록이 없는 이민자를 대량으로 체포하거나 추방하기 위한 트럼프의 장난감이었다고 볼 수 있다. 이 모든 것이 AWS에서 호스팅된다. 안면 인식 알고리즘인 아마존레코그니션도 AWS를 이용한다.

감시의 평범성

2018년 5월 테일러 스위프트는 LA로즈보울스타디움에서 콘서트를 개최하며 팬 서비스의 일환으로 사진과 영상을 찍을 수 있는 천막을 설치했다. 몇 달 후 《롤링스톤》은 이 공간에 안면 인식 소프트웨어가 장착되어 있었으며, 비밀리에 참여자들의 사진을 찍어 내슈빌에 있는 서버로 보내 가수를 괴롭히는 것으로 의심되는 사람들의 데이터와 대조했다고 폭로했다. 이들은 가수가 인터뷰에서 언급한 "나의 집, 어머니의 집에 나타나 나를 죽이거나 납치하거나 결혼하겠다고 위협한 남자들"[20]일 수도 있고 다른 회사나 기관의 또 다른 데이터베이스 목록에 속한 사람들일 수도 있다. 우리는 정확히 알 수 없다. 가수는 노래 제목을 통해 새롭고 시적인 방식으로 고단함을 표현한다. 〈네가 날 이렇게 만들었잖아Look what you made me do〉.

안면 인식 알고리즘들은 세계에서 가장 값비싸고 가장 위험한 코드 조각이며, 사람을 식별하도록 설계된 강제적이고 비가시적인 인식 시스템을 제공한다. 사람들은 안면 인식을 허락한 적 없지만, 이런 일이 벌어지고 있는지 인식조차 할 수 없고 저항할 수도 없다. 변경되지 않고 양도할 수도 없는 자기 자신의 신체적 특징에 배신당하는 것이다. 이러한 유형의 데이터 규정은 국가마다 크게 다르지만 접근이 간단하고 즉각적이기 때문에 모든 산업에서 사용이 폭발적으로 증가했다. "아마존레코그니션은 이미지 및 영상 분석을 자기 애플리케이션에 손쉽게 통합한다. 레코그니션의 API에 이미지나 영상을 제공하면 서비스에서 개체, 사람, 텍스트, 장면 및 활동을 식별한다." 한 달에 첫 1,000분 분량의 동영상은 무료다! 공항 출입국 심사에서 활용하거나 군대가 테러리스트를 찾고 드론으로 분쟁 지역을 모니터링하는 데 사용하는 것과 동일한 기술이 상점, 쇼핑몰, 은행, 차고, 음악 페스티벌, 주유소, 사립학교, 테마파크에서 사용될 수 있다. 미국 의회에서 발생하는 모든 일을 실시간으로 중계하는 채널(C-SPAN)은 아마존레코그니션을 사용하여 국회의원을 자동으로 식별한다. 《스카이뉴스》는 해리 왕자와 메건 마클의 결혼식 하객을 식별하기 위해 세인트조지예배당 위로 드론을 날렸다. 닉스 팀의 농구 경기가 진행되고, 빌리 조엘이 연주하고, 매년 그래미가 수여되는 2만 2,000석 규모의 맨해튼 매디슨스퀘어가든은 일반 보안 프로토콜의 일부로 아마존레코그니션을 사용한다. 지배력을 확장하고 기술을 연마하여 팔란티어와 같은 소중한 고객에게 서비스를 제공하는 아마존의 감시 네트워크를 미래의 고객들은 예의 주시하고 있다.

최근까지 최고 수준의 안면 인식 알고리즘은 페이스북이 보유했다. 딥페이스는 사용자들의 기여 덕분에 97.47%의 적중률을 보여줬다. 2011년 1월 안면 인식 알고리즘이 생성되기 전에 이미 일반 사용자는 평균 53장의 사진에 태그되어 있었다. 알고리즘이 모델을 생성하는데 필요한 것보다 10여 장 더 많은 숫자였다. 2016년 딥마스크, 샤프마스크, 멀티패스넷은 사진 탐지, 인식 및 분류 알고리즘을 "공개했다liberó". 이로써 모든 사람들이 플리커와 같은 플랫폼에서 알고리즘을 사용하여 이미 광범위하게 수집된 데이터베이스에 새로운 데이터베이스를 추가할 수 있었다. 정확도를 가늠하기 위해 비교하자면, FBI가 설계한 알고리즘은 정확도가 85%에 불과하다. 인간의 육안도 97.65%를 초과하지 않는다. 딥페이스의 기능 중 하나는 사진을 업로드한 사람이 사진 속의 사람을 모르는 경우에도 이미지에 나타난 사람을 인식하고 태그를 지정하는 것이다. 또 다른 기능 하나는 인터넷에 연결되어 있지 않은 사람이더라도 —그가 실제의 삶에서 무엇을 하고 있든— 그가 누구인지 특정하는 것이다.

2015년에 이고르 츠베코프라는 러시아 사진작가는 지하철에서 본 사람들의 사진을 찍고 파인드페이스라는 무료 앱을 사용하여 (러시아의 페이스북이라 부를 수 있는) 브콘탁테VKontakte의 프로필에 연결했다. 이는 사실 페이스북 페이스파인더, 즉 사진을 통해 친구를 찾는 기능의 복사본에 불과했다(다만 페이스북에서는 당신의 친구인 사람들 내에서만 인식이 가능하도록 제한되어 있었다). 그의 프로젝트 〈당신의 얼굴이 빅데이터다〉는 안면 인식의 시대에 소셜미디어에 있다는 것은 거리에서 당신의 사진을 찍는 사람은 당신이 누구인지 즉시 알고 연락할 수 있다는 의미임을 증명했다. 더 나아간다면 누군가 데이터 브로커에게서 정보를 구입해 당신에 대한 모든 것을 알아낼 수도 있다. 구글은 2015년 페이스넷을 출시했다. 안드로이드와 아이폰은 잠금 해제에 사용하는 안면 인식 시스템을 제공하지만, 기술적으로 보면 카메라를 사용하는 모든 응용프로그램이 안면 인식 소프트웨어에 데이터를 추가할 수 있다. 이 프로젝트는 크렘린의 관심을 끌었다. 크렘린은 젊은 프로그래머 알렉산더 카바코프와 그의 회사 엔테크랩Ntechlab에 추가 개발 자금을 지원했다. 회사는 오늘날 이 분야에서 세계적인 선도 기업이 되었다.

증강현실 앱은 사용자의 얼굴을 가져와 측정하는 가장 손쉬운 방법이다. 사용자를 식별한다는 점에서 포스퀘어와 유사하지만 이 경우는 은밀한 방식으로 진행된다. 토끼 귀, 애니메이션 배경, 도자기 피부 등 스냅챗과 인스타그램에서 인기 있는 필터들이 그렇다. 2017년 애플은 클립스라는 비슷한 앱을 출시했다. 아시아에서 왕좌를 차지한 앱은 페이스++로, 사진을 보내거나 공유할 때 또는 게시하기 전에 사용하는 필터다. 이러한 응용프로그램을 사용하거나 사진을 클라우드에 업로드할 때미디 회사 직원 출입 허용에 사용하는 것과 동일한 알고리즘, 이동 요금을 부과하는 교통 시스템 또는 ATM에서 돈을 인출하거나 식당에서 지불할 때 사용되는 것과 동일한 알고리즘이 정교하게 다듬어진다. 우리가 원하지 않더라도, 우리가 알고 있든 모르고 있든 그들은 우리를 식별한다. 페이스++ 프로그래머들의 교수는 MIT 학술지에 이렇게 설명했다.[21] "이런 식으로 돈을 지불할 수 있을 뿐만 아니라, 카페 직원은 시스템을 통해 손님이 등장할 때 알림을 받고 손님 이름을 미리 알고 맞이할 수 있다." 이는 사회신용점수社會信用點數를 얻거나 깎이지 않고서는 한 발자국도 움직일 수 없는, 중국 정부의 조밀한 감시 네트워크를 구성한다.

중국 2020, 디지털 독재의 서막

베이징에서는 빨간불에 길을 건너는 시민은 그 즉시 은행 계좌에서 벌금이 빠져나갈 수 있다. 또한 버스 정류장에서 부당하게 길을 건너는 자신과 가족을 조롱하는 불멸의 비디오가 반복해서 재생되는 것을 보게 될 수도 있다. 주차를 잘못하거나 어머니와의 사적인 대화에서 정부를 비판하거나 기저귀보다 술을 더 많이 구매하는 등 문제를 많이 일으키면 직업과 건강보험을 잃고 더 이상 다른 직업을 얻거나 비행기를 탈 수 없게 된다. 이것이 2020년에 완전히 시행될 예정인 중국의 새로운 사회신용 시스템이 작동하는 방식이다. 모토는 다음과 같다. "좋은 사람은 햇볕 아래 자유롭게 걸을 수 있고 나쁜 사람은 한 걸음도 나아갈 수 없다." 참깨신용 Sesame Credit이라고도 하는 사회신용 시스템에서 모든 시민은 동일한 점수로 시작하지만 행동 방식에 따라 점수를 더 따기도 하고, 잃기도 한다. 점수를 낮추는 여러 가지 행위 중에는 도둑질, 지하철에서 식사, 타인에게 시비를 거는 것, 노상방뇨, 청구를 지불하지 않는 것이 있다. 친구와 사적 대화를 할 때 정부를 욕하고, 의도를 가지고 노동조합에 모이거나, 정치 시위에 참여하거나, 모스크에 들어가거나 (다른 나라에 있더라도) 부적절한 책을 읽는 것도 있다. 비디오게임에서 부정 행위(봇 사용)를 하면 점수가 많이 깎인다. 또한 가장 가까운 가족 구성원인 경우에도 사회신용점수가 매우 낮은 사람들과 교류하면 점수가 깎인다.

신용을 상실한 나쁜 시민은 사회적 서비스를 받지 못하고 직업, 주택, 승진, 저당권에 접근할 수 없고 기차를 타거나 콘서트에 갈 권리도 잃는다. 2018년 6월, 총 169명이 철도 시스템에서 추방되었으며 비행 허가를 받지 못했다. 이름, 얼굴과 함께 정부가 발표한 그들의 죄목에는 빚, 선동, 라이터를 가지고 공항 심사대를 넘으려는 시도가 포함되었다. 점수를 올리는 것들도 있다: 좋은 성적을 얻고, 헌혈하고, 자원봉사를 하거나 지방 정부가 조직한 활동에 참여하고, 직장에서 초과 근무를 하는 것. 점수가 높은 시민들은 병원의 대기열을 건너뛰고, 특별 할인과 직업 프로모션을 받고, 연락처를 소개 받아 "매우 괜찮은" 소녀들과 데이트할 수 있다. 그들은 최고의 동네에서 주택을 구입할 수 있는 크레딧을 받고 최고의 학교에 자녀를 보낼 등록금을 받는다. 중국판 틴더인 제나이Zhenai.com는 최고 점수를 받은 남성에게 '볼 수 있는' 권한을 제공한다. 모든 사람이 다른 사람의 신용 정보 업데이트 내용을 알 수 있다. 사람들은 누구와 관계를 맺어야 하는지 알아야 한다.

중국 신용 시스템은 인구를 항구적으로 모니터링하는 4억 대 이상의 카메라에 기반을 둔다. 카메라들은 실시간 안면 인식 시스템을 가지고 있고 모두 서버에 연결되어 있다. 그것은 샤프 아이Sharp Eye라는 프로그램의 일부이지만, 실제로 중국 내 모든 장치의 카메라, 마이크, 센서는 정부 감시 시스템의 일부다. 휴대전화도 마찬가지다. 2017년에 승인된 새로운 사이버보안법은 사이버 공간에 대한 국가 주권을 주장하면서 기술 회사가 사용자를 모니터링하고, 모든 프로그램의 소스 코드를 공유하고, 보안 검토를 위해 서버를 공개하도록 한다. 카드

대신 얼굴을 제시하여 돈을 인출하는 것 외에도, 대부분의 인구는 위챗페이, 알리페이와 같은 모바일 응용프로그램을 통해 청구하고, 대출받고, 소비한다. 거래의 총체적 디지털화는 정부의 조사 및 통제에 필수적이다.《시녀 이야기*The Handmaid's Tale*》의 주인공이 말했던 것처럼 모든 화폐가 디지털화되면 민주주의에서 독재로의 도약은 쉬워진다. 바이두, 텐센트, 알리바바 등 3개 거대 기업이 주도하는 기술 생태계 덕에 전체 프로젝트가 지속되고 있다. 그들이 인기 있는 미국 페이지를 개성 없이 단순하게 카피한 것에 지나지 않을 때도 있었다. 그러나 중화인민공화국 시진핑 주석과 함께 그런 날들은 끝났다. 그는 외국의 인공지능이 어떻게 바둑에서 이기는지를 목격했다.

4

알 고 리 즘

1997년 세계 체스 챔피언 카스파로프를 이긴 인공지능 체스 머신 "딥블루"는 '무차별 대입 공격'을 사용했다. 이 방식은 '생각'이라는 행위와 정확히 일치하는 것은 아니다. 이때의 '지능'은 게임의 논리를 이해한 다음 이길 가능성이 더 높은 방법을 선택하기 위해 가능한 모든 순열을 미리 계산하는 능력을 기반으로 한다. 이것은 이후 "올드스쿨 지능"이라고 불리며 구식이 되어 밀려났지만, 논리 기반 문제를 효율적이고 보다 정확하게 해결하는 데 사용할 수 있는 유일한 인공지능이었다. 인간이 잘 할 수 없는 영역의 일을 할 수 있었다. 이후 인공지능의 개발은 인지 과정의 논리적이고 추상적인 표현, 즉 인간이 하는 일을 모방하는 회로에 기반을 두었다.

1980년대 네트워크 시대가 도래하면서 이른바 '연결주의'라고 불리는 사조와 함께 새 세대가 당도했고, 이 연결주의자들은 다음과 같이 생각했다. '뇌가 하는 일을 모방하는 유일한 방법은 그 자체를 정확히 모방하는 것이다.' 상징적인 말이 아니었다. 문자 그대로 뉴런을 시뮬레이션 하겠다는 것이었다. 기계를 프로그래밍하듯이 사고 구조의 논리를 프로그래밍하는 의미론적 방식이 아니라, 아이나 동물을 가르치듯 전례를 통해 배우게 하는 것을 뜻한다. 체스 머신은 더 이상 가능한 모든 순열을 계산하고 최상의 결과를 얻을 수 있는 규칙을 선택하기 위해 각 체스말의 규칙을 배우지 않는다. 대신, 그는 이전 게임에서 가장 큰 이점을 얻은 모든 시합의 데이터베이스를 연구하고 적절한 상황에 적용했다. 자신의 성공과 실패에서 배우고 게임 운용력을 타의 추종을 불허할 만큼 완벽하게 다듬었다.

폰 켐펠렌Von Kempelen의 유명한 자동 장치 기계, 더 투르크The Turk가 18세기 유럽의 위대한 대가들과 체스 게임을 시작했을 때, 당시의 지식인들은 "기계는 생각할 능력이 없다. 기계가 사기를 친다"라고 비난했다. 당시에는 일리 있는 말이었다. 딥블루가 1997년 카스파로프를 물리쳤을 때 사람들은 (체스처럼) 유한한 규칙에 따라 유한한 가능성을 기계가 계산할 수는 있지만, 바둑 같은 것은 배울 수 없을 거라 말했다. 바둑은 규칙이 아니라 자연 그 자체이기 때문이다. 세계 최고의 선수조차도 그들이 어떻게 게임에서 이기는지 정확히 알지 못한다. 규모도 매우 차이가 난다. 체스는 8×8 보드에서 진행되며 순열의 순서는 64보다 조금 크다. 바둑에서는 각 바둑돌의 움직임이 약 400개 순열의 순서를 가진다. 미리 계산된 플레이는 기하급수적으로 앞으로 나올 순열의 가능성을 늘릴 수밖에 없다. 그들이 프로그래밍을 할 수 있다고 하더라도, 카스파로프를 이긴 알고리즘으로는 한 번의 움직임을 결정하는 데도 몇 달이 걸릴 것이다. 유일한 방법은 훌륭한 선수처럼 직관적으로 두는 것이다. 바둑판의 점을 보고 어떤 것이 의미가 있고 어떤 것은 없는지 추측한다.

알파고의 엔지니어는 세 가지 알고리즘을 결합했다. 첫째, 실제 대국의 역사에서 어떤 조합이 승리로 이어졌는지, 어떤 조합이 그렇지 않았는지를 식별할 수 있는 '딥러닝 알고리즘'. 기계는 인간의 지각력을 벗어나는 패턴(그래서 우리는 이를 직관이라고 부른다)을 인식하여 최고 선수들의 추론을 모방할 수 있다. 두 번째 알고리즘은 '강화 학습Reinforcement Learning'이다. 기계는 자신이 학습한 내용을 자신과 재대결하면서 수백만 번 연습하고, 게임에 대한 이해력과 장악력을 높인다. 이는 영화 〈위험한 게임War Games〉에 나온 틱택토 게임의 결과(영화에서 주인공 조슈아와 인공지능 컴퓨터는 틱택토 게임을 하지만 계속해서 무승부가 나고 결국 승자는 없다—옮긴이 주)와 비슷하지만 그 학습 속도는 훨씬 빠르다. 마지막으로 '몬테카를로트리탐색MCTS, Monte Carlo Tree search'을 적용하여 매 수마다 가능한 모든 순열을 계산할 필요 없이 가장 적절한 경우만 효율적으로 탐색한다. 그리고 대국에 나섰다.

그 이후의 역사는 우리 모두가 알고 있다. 세계 챔피언을 18번 거머쥔 한국인 이세돌은 2016년 3월 알파고에 패배했다. 기계를 이긴 대국은 한 번뿐이었다. 한국바둑협회는 이 기계에 프로 선수 최고의 급수인 9단을 부여했다. 1년 뒤, 바둑 역사상 최고의 선수라는 중국인 커제는 〈바둑의 미래 서밋中国乌镇围棋峰会〉이란 이름의 행사에서 알파고에 패배했다. 한 게임과 다른 게임 사이에 기계가 스스로와 싸워 이룬 질적 도약은 대단했고, 기계는 9단에서 20단으로 승급했다. 1년 만에 그는 자신의 능력과 뼈와 살을 가진 인간의 능력 사이에 극복할 수 없는 격차를 벌렸다. 무한한 변수를 지닌 바둑에서, 무한한 인구의 중국인조차도 알파고를 이길 수 없었다. 2000년이 넘는 기간 동안 바둑 고수라면 누구나 완벽한 상대와 완벽한 게임을 하는 걸 꿈꿔왔다. 매 수가 완벽한 한 수인 경기. 그것을 "신의 손"이라고 불렀다. 이제 그 게임을 완벽하게 할 줄 아는 유일한 기계가 등장했는데, 그 기계가 하필 중국이 만든 것이 아니었다. 알파고는 딥마인드테크놀로지스의 가장 유명한 상품producto이었다. 이 인공지능 영국 회사를 2010년 구글이 인수했다.

머신러닝의 선구자이자 《인공지능 슈퍼 파워AI Superpower: China, Silicon Valley and the New World Order》의 저자 리카이푸는 커제가 알파고(구글)에게 패배한 그 순간이 러시아가 물체를 위성 궤도에 올려놓은 것을 보았을 때 미국이 겪은 실제 상황과 비슷한 충격, 즉 '중국이 느낀 스푸트니크적 순간'이라고 했다. 중국 정부는 인공지능 개발 프로그램에 박차를 가하여 2년 만에 강대국이 되었다. 알고리즘 개발에 선도적인 기업들을 보유한 것 외에도 서구와 비교해 두 가지 면에서 커다란 경쟁 우위를 점하고 있다: 전체주의 정부와 세계 인구의 1/4. 전체주의 정부의 장점 중 하나는 개인의 시민권을 고려할 필요가 없다는 것이다. 중국 시민들은 자신들을 감시하는 바로 그 기술들을 수 년 동안 담금질해왔다. 이제는 바로 그 기술들이 비디오게임처럼 보이는 처벌 및 보상 시스템으로 시민들을 조련한다. 중국공산당은 적어도 중국의 인민들만큼은 그 시스템을 이해하고 있다고 확신한다. 중국이 아닌 세계 다른 곳에도 신용 시스템은 존재한다. 그러나 무엇이 규칙인지, 그것이 시민들에 어떤 영향을 미치는지, 신용을 향상하기 위해 무엇을 할 수 있는지는 아무도 모른다.

산업혁명들은 언제나 팽창의 시기를 갖고 그와 더불어 기술적 합리주의를 확산시킨다. 기술적 합리주의는 모든 장애물을 극복하고, 조건에 대한 정확한 계산을 바탕으로 자원을 최적화하고, 수학 공식을 정확히 적용하는 '기술'의 능력에 대한 낙관적 관점을 말한다. 이는 이솝우화에 나오는 〈젖 짜는 소녀 이야기〉(젖 짜는 소녀가 우유를 머리에 지고 오면서 우유를 팔아 할 수 있는 일을 공상하다가 그만 엎질러 모든 게 수포로 돌아가는 내용―옮긴이 주)와 같다. 올바른 공식을 찾는다면 굶주림과 질병을 근절하고, 악을 종식시키고, 빵과 물고기는 증식하고, 영원히 살며, 더 높은 진화 단계로 나아가고 실수를 범하지 않고 다른 행성을 식민지화하기 전에 세계를 더 나은 곳으로 만들 수 있을 거라는 상상. 세상을 보는 이러한 방식에서 나온 환상 중 하나는 우리가 마침내 "신의 손"을 가지고 완벽한 결정을 내릴 수 있게 됐다는 생각이다.

또 다른 환상은 기술적 실행이 인간의 실행보다 본질적으로 더 낫다는 것이다. 왜냐면 우리 인간은 감정에 사로잡힐 때가 많고 가장 단순한 작업조차도 불완전하게 실행할 운명에 처한 사소하고 비참한 생물이기 때문이다. 반면 기계는 무결하고 신뢰할 수 있고 효율적이며 신중하다. 기계는 항상 같은 방식으로 명령을 실행하고, 피곤해하거나 산만해지거나 동기를 상실하는 일도 없다. 기계는 과체중이거나 여성이라는 이유로 누군가를 혐오하지 않고, 귀걸이를 착용했다는 이유로 어떤 학생을 싫어하지도 않는다. 이론적으로 그들은 죄에서 자유롭다. 이를 통해 기관과 기업 들은 심사숙고를 요구하지 않는 고되고 반복적인 작업뿐만 아니라 더러운 작업까지도 한다. 알고리즘을 면죄부로 사용하여 "정치적으로 책임 있는" 결정을 기계에 위임했다. 기계는 효율성 원칙에 따라 공정하고 합리적인 결정을 내릴 것이라고 말한다. 그러나 이 과정은 지적재산권에 의해 보호되기 때문에 감사가 들어올지라도 알고리즘 코드를 공개하지 않아도 된다. 이 관행이 너무 일반적이어서 지칭하는 말까지 생겼다. 알고리즘을 통해 세탁한다는 뜻에서 **수학 세탁**math washing이라고 부르고 있다.

알고리즘은 특정 문제를 해결하도록 설계된 일련의 명령어다. 그러나 알고리즘이 불투명하면 알고리즘이 해결하려는 문제가 무엇인지도 더 이상 알 수 없게 된다. 2017년 4월 시카고 공항에서 유나이티드항공은 한 승객을 비행기에서 내리게 했다. 데이비드 다오라는 호흡기 전문의는 탑승요금을 정상적으로 지불했고, 보안 검문을 통과했으며, 필요한 모든 서류를 순서대로 건넸다. 그가 이륙을 기다리는 비행기 좌석에 앉아 있을 때, 갑자기 승무원이 다가와 비행기에서 내리라고 말했다. 내리기를 거절한 그를 2명의 경비원이 끌어내렸다. 옆에 앉은 두 사람은 휴대전화로 영상을 찍어 소셜네트워크에 공유했다. 다오의 입에서는 분명히 피가 나고 있었다. 몇 시간 만에 이 일은 모든 신문의 1면을 장식했고 도널드 트럼프조차도 사건을 "끔찍하다"라고 평가했다. 다음날 항공사의 최고 경영자 오스카 무뇨스는 해명에 나섰다: 회사는 일부 승객을 "재정비"해야 했고 승무원은 적절한 프로토콜을 따랐으며 다오는 "파괴적"이고 "호전적인" 사람이었다. 그러나 승객들은 다오가 완벽하게 매너를 갖춘 사람이었다고 말했고 녹화된 영상은 그의 "행동"은 비행기를 떠나라는 말에 저항한 것이 전부임을 증명했다. 사실 그들은 그가 한 일이 아니라 자신들이 한 일 때문에 그를 끌어낸 것이다: 초과 예약overbooking.

　회사는 비행기 좌석보다 더 많은 티켓을 판매했다. 그들은 다음 비행을 기다릴 자원자가 안 나오자, 내릴 사람을 선택해내기 위해 그 유명한 알고리즘을 꺼내들었다. 그리고 알고리즘은 다오를 선택했다. 무뇨스는 마치 신의 손이 구름에서 내려와 선택된 자를 가리킨 것처럼 설명했다. 이것이 바로 **수학 세탁**의 의미다. 코드라는 깨끗한 손으로 차별적이고 문제가 될 만한 행동을 소독한다. 초과 예약은 "오류"가 아니다. 보통 상황이라면 숫자를 무작위로 선택하기 위한 알고리즘은 필요하지 않기 때문이다. 만약 항공사가 내려야 할 승객을 지정하는 알고리즘을 가지고 있다면, 이는 좌석보다 더 많은 좌석을 관행적으로 판매했다는 의미다. 사실, 얼마나 많은 승객들이 비행기를 놓칠 건지, 그리고 마지막 순간에 여행지를 바꿀 건지를 계산하기 위해 항공사들이 사용하는 다른 알고리즘도 있다. 물론 때때로 계산이 맞지 않는다. 하지만 내려야 하는 승객을 승무원이 손가락으로 지명했다면 회사는 차별적 행동을 했다는 소송에 직면했을 것이다. VIP 승객을 골라내는 위험한 일을 저지를 수도 있다. 무뇨스는 알고리즘을 언급하며 다오가 비행기에서 가장 덜 귀중한 승객으로 선정된 것은, 무작위로 지명된 것임을 암시했다.

그러나 스텔라항공의 CEO 폴 토우가 《유에스에이투데이》에 한 말에 따르면 "그들은 알리안사글로벌과 같은 곳의 멤버나 백만장자 승객을 지목하는 실수를 범하고 싶지는 않을 것이다. 그들은 미국에서 여행을 한 적이 없거나, 그들에게 중요하지 않은 손님을 떨구고 가야만" 한다. 만약 당신이 여행을 거의 하지 않았거나, 저렴한 항공권을 주로 구매했거나, 자주 여행하는 승객이 아니거나, 항공권을 많이 구매하는 중요한 회사에 다니지 않거나, 다른 나라에 산다면, 항공사는 당신을 내려놓고 가도 별 손해를 입지 않는다. 이러한 알고리즘은 모든 곳에 존재한다. 고객 응대 서비스의 자동응답기에서도 발견할 수 있다. 계약을 변경하기 위해 전화를 걸거나 송장을 반품하거나 불만을 제기할 때 전화번호를 인식하고 응대 우선순위를 평가하는 알고리즘이 있다. 당신이 응대 받는 데까지 너무 오래 기다려야 하는 경우라면, 그건 알고리즘이 당신을 딱히 중요하게 생각하지 않기 때문이다. 실제로 이것이 당신의 티켓 가격을 결정하는 알고리즘이다. 당신의 이전 구매 내역은 물론, 통계와 메트릭(정보통신의 측정에 사용되는 척도 및 기법—옮긴이 주)에 기반을 두고 실시간으로 가격을 조정하는 시스템이다. 그것은 당신이 얼마나 필요로 하는지 당신이 얼마만큼 지불할 수 있는지부터 시장에서 제시하는 금액은 얼마인지까지 평가하는 편견이 동반된 수학이다. 그렇게 당신에게 맞는 마법의 숫자를 찾아낸다. 바둑 두는 기계처럼 점점 더 정확하게 배운다. 15년 동안 수백만 명의 사람들을 대상으로 지속적으로 실험한 결과, 적절한 가격을 제시하고 거래에서 승리하는 기계가 되었다.

흔히 퀘이커교도들이 고정가격을 발명했다고 말한다. 그들은 모든 사람이 하나님 앞에 평등하다고 생각했기 때문에 판매자의 교활함과 약탈에 휘둘리지 않고 동일한 제품에는 동일한 비용을 지불해야 한다고 생각했다. 미국에서 고정가격 정책을 구현한 최초의 상점인 그랜드디포의 슬로건은 "고정가격! 편파적인 가격은 없다!"였다. 그러나 막상 매장에서는 물품 공급량이나 수요량에 따라서, 혹은 충성도가 높은 고객에 제공하는 할인 및 특별 선물("너한테는 15유로로 줄게. 그리고 덤으로 2kg 더 넣었어. 집에 가서 먹어봐.")에 따라서 가격이 항상 달라졌다. 백화점은 쿠폰, 할인 및 포인트 카드(아이러니하게도 데이터 시장의 정보 출처)로 충성도를 높인다. 그러나 알고리즘을 사용하면 고객이 흥정할 수 없다. 이 게임에서 가격을 협상하려는 고객은 알고리즘을 속여보려 애쓴다. 성공 확률은 경력이 정점에 오른 올림픽 마라톤 메달리스트와 함께 42.195킬로미터를 뛰어 그를 이길 확률과 같다. 그래도 사람들은 최저가를 찾기 위한 비법으로 네트워크를 가득 채운다. 검색엔진과 익명화 장치를 거쳐서 종국에는 제 3세계 국가의 빈민가에서 비행기 티켓을 사면 좀 더 저렴하게 구매할 수 있다고 기대하면서 가상사설망vpn을 경유한다.

모든 일은 2000년에 시작되었다. 이때부터 플랫폼들은 수요 곡선을 계산하기 위해 경제학자를 고용했다: 변화하는 상황 속에서도 고객이 기꺼이 제품 값을 지불하게 만드는 가장 큰 공통분모를 찾기 위해서였다. 구글은 《정보시대의 규칙 Information Rules: A Strategic Guide to the Network Economy》으로 센세이션을 일으킨 버클리 경제학자 할 바리안을 고용하여 애드워즈프로젝트를 진행했다. "이베이는 완전 디즈니랜드였어요. 알잖아요, 가격, 사람, 행동, 평판. 이런 것들은 경제학자를 미치게 만들죠. 게다가 다의 추종을 불허하는 규모로 실험할 수 있는 기회까지."[2] 아마존과 협업한 또 다른 버클리 경제학자 스티브 타델리스는 말한다. 그들은 사람들이 밤보다 아침에 더 많은 돈을 지불하고 집보다 사무실에서 더 많은 돈을 쓰는 것을 발견했다. 빅데이터의 폭발로 야망이 커졌다. 그들은 사람들의 구매 내역과 프로필 데이터를 알고 있었다. 포인트 카드, 의료보험, 텔레비전 시청 취미에 대한 세부 사항을 알고 있었다. 아침 2시에 강박적으로 구매하는 사람이 누군지, 누가 결혼식을 신중하게 준비하고 있고 누가 자신의 도시가 아닌 곳에서 지금 막 비행기를 놓쳤는지 알았다. 그들은 각각에서 얻을 수 있는 최댓값을 계산할 수 있었다. 가격 변동 알고리즘은 결코 소비자 편이 아니다. 알고리즘은 철저한 기회주의자이며 감정이

우리의 적들은 시스템을 알고 있다

없는 장사꾼이다.

시스템을 적극적으로 활용한 첫 번째 주자는 항공사들이었다. 구매 물품의 가격이 결제 직전에 변경되는 것을 경험 못해 본 사람이 있을까? 불과 몇 시간 전에 보았던 티켓 가격이 막상 구매하려고 할 때 두 배가 된 경우는? 3시간의 국내 여행이 12시간의 대륙 간 항공편보다 비싼 적은? 케이블 버블이 발생했을 때처럼 항공 영역의 자유화는 항공사 거품을 촉발했다. 항공사들 간의 경쟁은 인수, 합병, 구제 등 잘 알려진 국면과 함께 티켓 가격 하락으로 이어졌다. 오늘날 유럽 시장의 절반은 5개 그룹(Ryanair, Lufthansa Group, AIG, Easy Jet, Air France-KLM)에 집중되어 있다. 미국은 사우스웨스트항공, 아메리칸항공, 델타항공, 유나이티드항공, 에어캐나다에 집중되어 있다. 항공권 가격은 더 이상 연료 가격, 승객 수, 여행 거리에 크게 좌우되지 않는다. 그것은 특별한 수요와 공급을 따른다. 단일 회사가 운영하는 노선은 매우 높은 최대 가격을 제시할 수 있다. 기차, 자동차 그리고 신속함과 경쟁한다. 작업, 파업 또는 사고로 인해 어떤 노선이 닫히면 나머지는 가격을 올릴 것이다. 관광지가 공격을 받아 많은 항공편이 취소되면, 가격을 내릴 것이다. 허리케인 어마rma가 플로리다를 강타하기 직전 비상사태가 선포되면서 항공편 가격이 600%나 상승했다. 트위터리안 레이 도우는 그들을 후안무치sinvergüenzas하다고 비난했다. "부끄러운 줄 알아라. @delta. 대피하려는 사람들한테 547달러에서 3,200달러로 값을 올리다니Shame on you @delta. Jacking from \$547 to over \$3200 for people trying to evacuate properly." 코네티컷에 있었던 존 리옹은 트위터에 "나는 어제 딸이 집에 올 때 탈 목요일 비행기 표를 예매했다. 그런데 현재 허리케인 경보가 발령되자 아메리칸항공은 같은 표를 1인당 약 1,000달러에 팔고 있다. 친구의 딸은 비용을 감당할 수 없어 갇혀 있다"라고 썼다. 회사는 가격 조정에 개입한 적이 없다며 이는 결함 때문이었다고 주장했다. "한꺼번에 많은 사람들이 구매에 몰릴 때 일어나는 일"이라고 사과했다. 알고리즘은 인류에 긴급한 위기가 닥쳐 수요가 발생하더라도 소비자들의 돈을 엄청나게 착취하도록 설계되었다. 논란이 지속되자 관련 항공사들은(제트블루와 아메리칸항공) 요금을 99달러로 낮췄다. 제트블루의 대변인은 "우리는 허리케인이 닥치기 전에 탈출하려는 사람들이 비행기 표 값이 아니라 안전하게 대피하는 것에만 집중하기를 바란다"라고 말했다. 유니이티드는 "플로리다에서 출발하는 항공편에 대한 좌석 가격을 변경하지 않았다"라고 말했다. 그러나 그들은 남아 있는 티켓의 수를 "일반적인 땡처리 비행의 잔여석 수보다 적게" 축소시켰다. 성명서 발표 당시 티켓 가격은 1,142달러로 평소보다 훨씬 비쌌다. 위기에 직면하여 수요가 증가하는 의약품, 식품, 기타 기본 필수품도 이러한 기회주의적 가격 변동을 동일하게 보여준다. 아마존이 제공하는 거부할 수 없는 편의 정책, 저렴한 가격, 즉각적인 배송, 탁월한 고객 서비스를 통해 한 지역의 모든 공급자들을 끝장내버리면, 원하는 가격을 설정할 수 있는 권한뿐 아니라 위기 상황의 통제권도 확보하게 된다.

비즈니스 알고리즘은 투명하지 않으며 눈에 보이지 않는다.

우리는 기업들이 주장하는 그대로 알고리즘이 작동한다고 믿어야 한다. 사실 그때에야 비로소 우리는 알고리즘이 사용되고 있다는 것을 알게 된다. 세상에는 수백만 가지 방식으로 우리 삶에 개입하는 알고리즘이 있지만 대부분의 경우 우리는 알고리즘이 존재하는지, 누가 알고리즘을 집어넣었는지, (더구나) 어디에서 쓰이는지를 모른다. 일부 알고리즘은 마치 수십 년 동안 수많은 계좌에서 1페니를 가져간 은행 강도처럼 조금씩 그러나 끊임없이 수정된다. 2013년 웨스트버지니아대학교의 연구원들은 폭스바겐 자동차가 승인 테스트 중에 기록된 수치보다 10~35배 더 많은 이산화질소를 방출한다는 것을 우연히 발견했다. 독일 제조업체의 엔지니어는 공식 테스트 조건을 감지하고 법적 한계에 딱 맞춰 자동차 동작을 변경하는 알고리즘을 만들었다. 작은 코드 덕분에 1100만 대의 자동차가 허용 수준보다 40배나 더 많은 이산화질소를 배출하며 도로를 달렸다.

사건 초기 폭스바겐 경영진은 시스템 오류로 발생한 일이라고 당국을 설득하려 했다. 그 다음엔 알고리즘으로 방출 문제를 해결하기 위해 상사들을 속이고 자신들의 무능을 감춘 엔지니어들에게 책임을 떠넘기는 내부 조사 결과를 발표했다. 코드라는 '다크 박스'를 사용하면 미지의 내막을 버그, 해커, 희생양 들로 가릴 수 있다. 그러나 이 코드는 경영진의 위임을 받아 디자인한 그대로 정확하게 작동했을 뿐더러 유일한 코드도 아니었다.[3] 공식 실험과 다른 결과를 발견한 앨버커키러브레이스연구소의 또 다른 테스트와 폭로가 아니었다면, 이 함정은 수년간 우리 눈에 띄지 않았을 것이다. 한편, 알고리즘도 역시 오류를 일으키고, 우리가 모르는 게 나았을 면모를 스스로 드러낸다. 그중 한 사례로 매트릭스 오류를 말할 수 있을 것이다. 2011년에 벌어진 가장 주목할 만한 사건 중 하나는 (아무도 신경을 쓰지 않지만) 2개의 알고리즘 사이에서 벌어진 인터넷서점 가격 전쟁이 노랑초파리의 유전적 진화에 관한 책을 2360만 달러(배송료는 3.99달러)에 웹에 올려놓은 것이다.

객관적으로 보면 그 정도 가치를 지닌 책은 아니었다. 그것은 피터 A. 로런스 교수의 《초파리 만들기*The making of a fly*》 문고판이었다. 그저 절판되었을 뿐이지, 노벨상 수상자의 친필 서명이 들어간 것도 아니었고, 초판도 아니었다. 설사 노벨상 수상자의 친필 서명이 들어간 초판이라 하더라도 그 가격은 여전히 이상하다. 레오나르도 다빈치가 1508년에서 1510년 사이에 작업한, 그의 글과 그림을 담은 기록물 《코덱스레스터 *Codex Leicester*》는 심지어 유일한 필사본인데 경매가가 3080만 달러였다. 《초파리 만들기》는 사용 가능한 유일한 판본도 아니었다! 또한, 아마존에서 개인이 판매하는 초파리 관련 책만 17권이 더 있었는데 그 책들의 가격은 일반적인 수준이었다. 그런데도 그 초파리 책에 반 고흐 그림값 수준을 요구하는 판매자가 둘이나 있었던 것이다. 생물학자 마이클 아이젠은 제목을 검색하는 동안 우연히 이상 현상을 발견했고 호기심에 이끌려 패턴을 발견할 때까지 며칠 동안 변화를 관찰했다. 하루에 한 번, 알고리즘 중 하나가 가격을 확인하여 다른 책보다 정확히 0.9983달러 더 높아지고 있었다. 가격 인상은 그 책의 일반적 가치를 상승시키고 다른 책의 알고리즘은 자기 책값을 또 올린다. 이런 식으로 가격이 무한대로 높아진 것이다. 아이젠은 공식을 발견했지만 논리를 완전히 이해하지 못했다. 내가 원하는 것이 책을 먼저 파는 것이라면, 경쟁자의 가격보다 0.99달러 낮아야 하는 것 아닌가? "내가 생각하기에 그들은 책을 가지고 있지 않았던 것 같다. 그들은 누군가가 판매용으로 책을 올린 것을 보았고, 책은 없지만 웹에 올리면 일단 그들의 구매자를 자기 사이트로 끌어들일 것이라고 확신했던 것 같다. 그러나 누군가 그것을 사면 책을 구해야 한다. 그래서 그들은 다른 곳에서 구매하게 하려고 일반적인 가격보다 훨씬 높은 가격을 책정해야 했다." 누군가와 우연히 마주칠 때까지 광대한 곳을 떠다닌 시체들처럼 오류들은 시스템이 가진 문제를 수면 위로 끌어올린다. 대부분의 경우 범죄와 연루된 시체는 아무도 보지 못하게 밤에 수거된다. 그러나 수거되지 않은 경우라면 범죄 연루 시체가 사람들 눈에 띄지 않기란 불가능하다. 2010년 5월 주식 시장 붕괴가 가진 영향력이 그렇다. 금융시장의 9%가 설명도 없이 사라졌다. "플래시 크래시Flash Crash"라고 불리는 일련의 사건에서 5분도 안 되어 3조 달러가 사라진 것이다.

처음에는 사이버 공격 가능성을 배제했다. 증시는 그 후 상당히 반등했고 전날보다 3% 낮게 마감되었다. 다른 상황이었다면 재앙이었겠지만, 자유 낙하 후의 상황인지라 사람들은 안도의 숨을 내쉬었다. 증권거래위원회와 상품선물거래위원회 보고서가 범인을 특정할 때까지 불확실성에 짓눌렸고 외상 후 스트레스는 5개월 동안 지속되었다. 모든 것이 오후 2시 45분에 와델앤리드라는 미국의 투자 펀드가 진행한 매수 건으로부터 시작되었다. 고빈도 거래alta frecuencia(알고리즘을 이용하는 첨단 금융 기법 중 하나로 대규모 거래를 한순간에 처리한다—옮긴이 주)였다. 이것은 주식시장 알고리즘에 부여된 멋진 이름이다. 구매량은 모든 투자자의 위치를 바꿀 만큼 충분히 컸다. 이는 다른 거래자들도 자극했다. 도미노 효과로 인해 그들은 "비이성적인" 가격으로 사고팔기 시작했고, 오후 3시에 모든 것이 갑자기 멈출 때까지 1페니에서 십만 달러 사이를 오르락내리락 했다. 초파리에 관한 책에 벌어진 일과 비슷하지만 두 가지 악화 요인이 더 있었다: 터미널들이 56조 달러의 주식을 움직였다. 아무도 요청하지 않은 일이었고 아무도 이유를 알지 못했던 일이었다.

올드스쿨 인공지능은 인간이 이미 그 방법을 알고 있는 것들을 더 잘, 더 빠르게 하도록 설계되었다. 머신러닝은 정확히 어떻게 작동하는지 모르는 것을 자동화하는 데 사용된다. 바둑 대국과 같이 "본능적으로" 수행하는 것들이다. 알고리즘은 우리에게서 벗어난 보이지 않는 패턴, 우리들 행동의 가장 깊은 층, 우리가 도달할 수 없고 우리가 따라갈 수도 없는 곳을 선택한다. 2017년 여름 페이스북은 두 인공지능을 협상 테이블에 앉혔다. 그들의 임무는 일련의 물건: 모자, 공, 책을 미리 지정된 값으로 교환하는 것이었다. 프로그래머들은 어떻게 하라고 말해주지 않아도 알고리즘 스스로 거래 전술을 향상시킬 수 있는지 확인하고 싶었다. 〈블레이드 러너〉의 J. F. 세바

스찬 박사가 말하는데 소요한 시간보다 빠른 속도로(그는 조로증을 앓는다—옮긴이 주), 아이-브로커들은 해석 불가능한 토론에 몰두했다. 해석이 불가능했던 이유는 그들이 점점 더 빨리 합의에 이르려고 하면서, 원래의 말(영어)을 자신들의 말로 진화시켰기 때문이었다. 그것을 설계한 인간들조차 완전히 이해할 수 없는 언어였다. 고빈도 거래 알고리즘이 이런 종류의 브로커다. 그것은 논리적인 추론을 따르도록 프로그램화된 올드스쿨 인공지능이 아니라 머신러닝으로 훈련된 신경망으로, 우리는 이해하지 못하는 시장을 "가지고 논다". 그것도 실물의 돈을. 수백만 명의 은퇴연금기금을 가지고 놀지만, 알고리즘은 그걸 만든 프로그래머들에게도 블랙박스다. 그날 프로그래머들은 사건을 막는 방법을 알 수 없었고 왜 그런 일이 일어났는지도 모른 채 주식시장이 화면에서 붕괴되는 것을 보고만 있었다.

캐시 오닐은 잘 알려진 책《대량살상수학무기Weapons of Math Destruction: How Big Data Increases Inequality and Threatens Democracy》에서 판사들이 벌금, 보석금, 유죄 판결, 집행유예 가능성을 결정하는 데 도움을 주는 재범 평가 알고리즘을 탐구한다. 그 결과를 조사한 미국시민자유연맹은 미국에서 유색 인종에 선고된 형량이 동일한 범죄를 저지른 백인들에 비해 20% 더 무겁다는 것을 발견했다. 독립 통신사 프로퍼블리카의 조사에 따르면, 미국 법원 위험 평가에 가장 널리 사용되는 소프트웨어는 흑인이 재범을 저지를 미래의 가능성이 백인보다 두 배 높을 것이라고, 백인은 그렇게 할 가능성이 흑인의 절반이라고 예측했다. 다른 연구에 따르면 알고리즘의 도움을 받은 판사는 유색인이 범죄를 저지른 경우 종신형을 선고할 가능성이, 또는 명백히 부적절한 처벌을 부과할 가능성이 높다. 법원이 포화 상태인 상황에서 기술에 대한 맹목적인 신뢰는 대포차를 운전하다가 경찰에게서 도망친 죄로 2013년 2월에 체포된 후 6년형을 선고 받은 에릭 루미스와 같은 사례를 만든다. 대포차 운전, 경찰을 따돌린 범죄 모두 징역형은 아니지만, 사건을 처리한 위스콘신의 판사는 업무 포화 상태였고, 이퀴번트에서 만든 "법원, 변호사, 수용자 분류, 감독 요원에 대한 지원과 의사 결정 관리(일명 컴파스COMPAS)"의 도움을 받았다. 이 프로그램은 루미스를 지역 사회 "고위험군" 사례로 분류했으며, 그 이유로 판사는 그에게 징역 6년과 보호관찰 5년, 총 11년형을 선고했다.[4] 자기가 저지른 범죄에 맞지 않는 형량에 어떤 요인이 기여했는지 알아보고자 루미스가 프로그램 감사를 요구했을 때 대법원은 그의 소를 기각했다. 컴파스는 법정 앞에서 자신의 불가침한 공명정대함integridad을 입증하지 않아도 감사를 받지 않고 사람들을 감옥에 보낼 수 있는 지적재산권으로 보호되는 또하나의 사영 소프트웨어다.

알고리즘은 자신이 복무하는 시스템이 가진 암묵적 편향을 모방한다. 그들의 도덕적 가치를 계속 훈련하여 과거의 오류를 재생산하기 때문이다. 2015년 아마존은 "여성"이라는 단어가 포함된 이력서에 불이익을 가하는 채용 알고리즘을 사용한 것으로 나타났다. 여성 그룹 회원, "여성 테니스 챔피언"과 같은 데이터 또는 여자대학교에서 공부한 것도 포함된다. 알고리즘은 회사의 고용 데이터베이스를 학습한다. 알고리즘이 관찰한 패턴 중 하나는 자질에 관계없이 아마존은 여성을 거의 고용하지 않는다는 것이었다. 미국의 사법 시스템과 같이 인종문제가 있거나, 기술 산업에서와 같이 젠더문제가 있는 구조 속에서 알고리즘이 판사나 관리자를 대체하면서, 알고리즘은 데이터베이스의 인종차별과 성차별을 기계화하고 소독하는 역할을 한다. 이는 (가장 공정한 시스템과 가장 민주적인 구조까지 포함하여) 제도적 의사 결정을 자동화하도록 설계된 모든 시스템에 스며든 문제다. 유전적 알고리즘으로 실현된 인공지능에서 편견의 "자연스러운" 발전에 대한 MIT의 연구는 독립된 기계 그룹이 다른 기계의 행동을 식별, 모방, 학습함으로써 편향sesgo을 채택하는 방법을 보여주었다. "우리의 시뮬레이션은 편견이 자연의 강력한 힘이고 진화를 통해 가상 집단에서 쉽게 고무되며, 타인과 더 넓게 관계 맺을 가능성을 해칠 수 있음을 보여준다"라고 연구의 공동 저자 중 한 명인 카디프대학교 로저 휘태커 교수가 말했다. 좋은 의도만으로는 충분하지 않다.

"유해한 집단으로부터 보호하겠다는 것은 의도치 않게 똑같이 유해한 다른 집단을 형성하는 것으로 이어질 수 있다. 그 결과 시민은 분열된다. 일단 편견이 일반화되면 뒤집기 어렵다. 타인을 모방하고 차별적 시선으로 식별하는 능력을 지닌 자율적 기계는 앞으로 인류에서 찾아볼 수 있을 유해한 현상들에 취약할 수 있다"라고 말했다. 그러나 인공지능은 의사 결정 과정에 점점 더 많이 이식되고 있다. 차별을 소독하는 덮

개 역할을 할 뿐만 아니라 논쟁의 여지도 없애주기 때문이다. 대표적인 예는 대규모 인적자원HR 관리 회사의 "분석 기반"채용 프로토콜이다. "사람 관리"업무를 하는 다국적기업 에이치씨엠프론트 페이지는 다음과 같이 설명한다.

2014년 5월호 《하버드비즈니스리뷰》에 실린 나단 쿤셀, 데니즈 원스, 데이비드 클리거의 논문에 따르면, 채용 관리자는 별로 중요해보이지 않는 것들로 인해 쉽게 판단력이 흔들리고 일관되지 않은 방식으로 정보를 사용한다. … 그들은 확실히 채용 후보자의 칭찬이나 임의의 주제에 대한 관찰처럼 중요하지 않은 데이터에 마음이 움직일 수 있다. 결과를 개선하기 위해 저자들은 조직이 먼저 후보자 수를 줄이는 데이터 중심 알고리즘을 사용한 다음 최종 후보자 중에서 사람의 판단을 활용하여 선택할 것을 권장한다.

문제는 다음과 같다. 그 데이터는 무엇인가? 어떤 데이터베이스를 관리하는가? 차별 금지 원칙은 인종, 성별, 나이, 사회경제적 계급 또는 채용할 직분과 관련 없는 다른 측면의 이유로 취업 지원자가 탈락하지 않도록 보호한다. 그러나 알고리즘이 우리의 출신 지역, 운전하는 자동차 또는 우리가 입는 의류 브랜드가 아닌, 이전 직장에서의 평가, 경험, 성적, 학문적 성취를 평가했다는 것을 어떻게 알 수 있을까? 인적자원 회사는 데이터 브로커의 정기적인 고객이며 학업 및 노동 데이터는 공개되어 있다. 그들은 우리가 페이스북에서 재미로 채우는 성격 테스트를 확인하는가? 노조의 투쟁을 지지하거나 다국적기업을 비판하는 트윗도 봤는가? 우리가 조상을 확인하거나 질병의 소인을 알아보기 위한 DNA 검사 결과도 알고 있나? 향후 임신 또는 우울증 치료 가능성을 보여주는 검색이나 구매 기록도? 중국의 노동부는 '사회안전과 인적자원부'로 바뀌었다. 노동시장의 통합성과 공공서비스를 보호하기 위해 만들었던 기관을 그런 가치를 파괴하기 위해 구체적으로 설계된 회사와 결합시켰다. 서구에서 "사람 관리" 산업은 민간의 영역이다. 그들은 불평등, 실업, 산업 생산 자동화가 지배하는 시장에서 차별을 가리는 알고리즘의 어둠 속에서 비호 받는다.

머신러닝으로 개발된 AI 시스템에서 편견을 추출하는 것은 대중문화에서 편견을 추출하는 것만큼 쉽다. 왜냐면 그가 세계를 학습하는 방식은 언어와 행동의 미묘한 패턴을 모방하는 것이지 공적인 표명(신문기사와 같은)과 사적인 표명(이메일 또는 검색과 같은)의 차이를 모방하는 것은 아니기 때문이다. 인간은 우리가 공개적으로는 말하지 않았던 것들을 사석에서 말한다. 그러나 알고리즘은 그 차이를 이해하도록 훈련되지 않았으며, 사회적 배신주의ostracismo social에 대한 수치심이나 공포의 메커니즘을 갖추고 있지 않다.

흑인 프로그래머 재키 알신은 2015년에 구글포토 이미지 인식 시스템에서 자신에게 "고릴라"라는 태그가 달려 있음을 발견했다. 우연일까? 아니면 구글의 방침? 둘 다 아니었다. "고릴라"라는 단어는 종종 아프리카계 미국인 남성을 경멸하는 말로 사용된다. 유사한 소프트웨어를 사용하여 플리커는 유색인을 "원숭이"로, 다하우강제수용소의 사진을 두고 "야생 체육관gimnasio salvaje"으로 태그했다. 이것이 우리가 사는 세상이다. 전 시대를 통틀어 최고의 실력을 지닌 바둑 기사를 이긴 기계를 설계한 회사가 고안한 유일한 해결책은 시스템에서 "고릴라"라는 단어를 제거하는 것뿐이었다. 그러자 알고리즘은 "원숭이" 또는 "침팬지"와 같은 단어로 동일한 짓을 반복했다. 이후 구글포토와 구글렌즈를 통해서는 영장류를 인식할 수 없게 됐지만 기업들이 사용하는 이미지 인식 서비스인 구글어시스턴트와 구글클라우드비전은 변경되지 않은 채 남아 있다.

"사람 관리" 시스템과 안면 인식 알고리즘 사이의 정교한 교차점에서도 동일한 오류가 나타난다. 2017년 미국시민자유연맹은 아마존레코그니션을 사용하여 미 의회 의원 535명의 얼굴을 처리했다. 그리고 이 시스템은 28명의 의원을 등록된 범죄자와 혼동했다. 예상대로, 범죄자로 혼동된 이들 중에는 흑인이 압도적으로 많았다. 세계 제 1위 국가라는 곳의 존경받는 민주당 대표자들이 탐지 오류로부터 안전하지 않다면 나머지 사람들은 어떻겠는가? 특히 이민자들은? 유럽을 포함한 전 세계 항만 지역은 이러한 기술이 가장 집적된 곳이다. 네덜란드 경찰은 이를 사용하여 공항 승객이나 거리 관광객의 범죄 행위를 예측하거나 이들을 식별할 수 있다. 유럽연합의 국경에 가상 아바타를 설치하여 승객을 "조사"하고 피험자가 거짓말하는지 바이오마커로 분석하는 파일럿 프로젝트도 있다. 보더컨트롤이라고 한다.

1992년에 출판된 《지능 기계 시대의 전쟁War in the Age of Intelligent

Machines》에서 마누엘 데 란다는 군수산업이 습관적 활동(인종주의, 불법 구금, 암살)으로 파생시킨 도덕적 불편함을 소독하기 위해 시스템을 개발하고 있다고 경고했다. 이 과정에서 편견이 가득하고 시력은 좋지 않은 나쁜 자율 기계가 만들어졌다. 사반세기가 지난 지금 우리는 아프가니스탄과 같은 지역에 배치된 20세 군인을 지원한답시고 무장 드론에 안면 인식 시스템을 장착하여 공중에서 "반란군"을 공격하는 것과 같은 결정을 내릴 수 있다. 운영자는 평면 스크린에서 여러 대의 드론이 찍은 비디오 스트리밍을 시청하며 컴파스의 지원을 받은 판사가 한 것과 비슷한 결정을 내린다. "날씨나 기후 환경, 인간 및 기술 요소가 우리 편일 때, 우리는 우리가 찾는 것을 아주 잘 알 수 있었다. 그러나 날씨가 나쁜 날에 우리는 모든 것을 짐작해야 했다"라고 운영자 중 한 사람인 크리스토퍼 아론이 《뉴욕타임스》에 고백했다. 그들은 알고리즘이 테러범을 격추하기 전에 시민과 구별하는 법을 배우도록 새로운 "학습" 자료를 생산한다. 젊고 경험이 일천한, 점령지의 언어도 모르고 점령지의 사람들과 일면식도 없는 남성, 그들이 인식하는 환경은 비디오게임처럼 보이도록 의도적으로 설계된 인터페이스로 조정되며, 이 모든 것은 이미지에서 픽셀이 되어 인간과의 공감을 약화시키고 비현실적인 느낌을 만들어낸다.

2010년 위키리크스가 폭로한 바그다드 공습 비디오 〈**콜래트럴 머더**Collateral Murder〉로 이러한 기술이 미국 관리자들의 결정에 미치는 영향력을 추측해볼 수 있다. 버락 오바마는 분쟁 지역 외부에서 500회 이상의 드론 공격을 승인했다. 조지 W. 부시

보다 10배나 많은 수치다. 도널드 트럼프는 취임 후 반년 동안 오바마 퇴임 반년 전의 5배에 달하는 드론 공격을 승인했다. 2018년에는 비충돌 지역에서의 드론 사용에 대한 국제 협약을 우회하면서 예멘과 소말리아에서 공격을 세 배로 늘렸다. 치명적인 작전의 일환으로 드론 사용이 점차 보편화되고 있으며, 이는 점점 더 비밀리에 진행된다.

2017년에는 일론 머스크와 딥마인드의 설립자 무스타파 술레이만Mustafa Suleyman을 포함하여 26개국의 선도적인 로봇 공학 및 인공지능 회사의 창립자 116명이 자율 무기 개발 금지를 촉구하며 유엔에 공개서한을 보냈다. "자율적이고 치명적인 무기는 전쟁에서 3차 혁명을 일으킬 위험성을 지니고 있다. 일단 개발되면 전례 없는 규모로 무장이 허용될 것이고 이는 인간의 이해 능력보다 몇 배 더 빠른 속도로 진행될 것이다. 그것은 테러의 무기가 될 수 있다. 독재자와 테러리스트가 무고한 인구를 대상으로 사용할 수 있다. 이 무기는 해킹을 통해 원치 않는 방식으로 활용될 수 있다." 전쟁과 테러를 위해 설계된 모든 기술은 국경을 통제하기 위해 점점 더 권위주의로 향하는 정부가 사용하고 있으며, 때로는 친절로 위장된다. 이 책을 마감하는 시점에 난민, 이민자, 자연 재해 및 위기의 피해자들에게 식량을 배포하는 역할을 하는 유엔 세계식량프로그램은 팔란티어와 계약을 맺고 데이터 분석을 맡겼다. 그들을 보호하려는 목적으로 만들어진 기관들의 협력 덕분에, 9000만 명의 난민들이 미래 난민의 움직임을 예측하고 통제하려는 훈련에 동원된 것이다. 세계은행의 추정에 따라 기후 변화로 1억 4000만 명의 사람들이 생존을 위해 이주해야 할 때가 오면, 이렇게 만들어진 데이터가 자원을 관리하고 보호하는 주요 메커니즘으로 사용될 것이다.

5

혁   명

냅스터는 페이지 망이 아닌,

개인 간 소셜네트워크의 시작이었다.

그때 난 유레카를 외쳤다.

인터넷이 피어투피어P2P, Peer-to-Peer 유통 시스템이

될 수 있다는 것이 증명되었다.

우리는 모든 다국적 미디어그룹을 중개할 수 있었고,

우리끼리 서로 연결될 수도 있었다.

– 마크 핑커스. 페이스북, 냅스터, 프렌즈터, 스냅챗, 샤오미, 트위터

창립 투자자. 징가, 트라이브넷 설립자.

구원을 약속하는 글을 쓰고

"구조화된", "가상의", "추상적인", "분산된"

혹은 "고차원의", "응용적인" 어떤 것으로 만들면,

새로운 문화 현상(컬트)을 시작했다는 확신을 가질 수 있다.

– 에츠허르 비버 다익스트라,

《컴퓨팅 사이언스에 대한 나의 희망》, 1979.

인터넷 전체를 냅스터와 같은 기술 구조로 다시 설계할 수 있다.

– 인텔 회장 앤디 그로브, 《포춘》 기고,

〈2000년을 빛낸 위대한 아이디어에 관하여〉.

2000년 3월 거품이 꺼지면서 1조 달러의 주식이 증발했다. 안테나, 해저 케이블, 수백만 킬로미터의 광섬유만 남았다. 10년간의 비이성적인 과열은 스파르타식 배급으로 전환되었다.¹ 그 누구도 닷컴에 투자하려 하지 않았다. 꿈은 끝났다. 이루어질 것 같았던 것들은 더 이상 실현될 수 없었다. 만약 뭔가가 이루어질 것이라 해도, 지금은 아니었다. 샌프란시스코만에는 더 이상 나눠가질 돈이 남아 있지 않았다. 돈을 제외한 모든 것은 남아돌았다. 토지, 서버, 프로그래머, 데이터베이스 등. "닷컴 열풍은 지나갔고 미래가 어떻게 될지 아무도 모른다." 《뉴욕타임스》에 실린 기사에서 샌프란시스코의 사무실 임대인은 탄식했다. 임대료는 폭락했다.

기사에서는 크레이그 뉴마크Craig Newmark가 이 사건을 가장 긍정적으로 해석했다. "샌프란시스코가 좀 더 건강한 어떤 것으로 돌아오고 있음을 의미하지요." 누군가에게는 불행이지만, 다른 이들에게는 축복이다. 어쩌면 경제를 이해하는 두 가지 방식일 수도 있다. 뉴마크는 임대용 점포를 가지고 있지 않았고, 수억 달러를 들여 사무실을 임차하지 않았고, 반려동물 상품 플랫폼²을 구축하기 위해 스무 살 언저리의 엔지니어들에게 하늘을 찌를 듯한 고임금을 줘가며 사무실을 채우지도 않았다. 그는 그저 광고 게시판만 운영했다. 아파트, 직업, 중고 또는 저렴한 가구, 친구들, 여행 메이트, 블라인드 데이트 상대 등을 교환하고 판매하고 사거나 구하기 위한 말들을 나열하는 게시판이었다. 지하철에 대해 불평하거나 작은 키오스크에서 파는 아이스크림에 대한 애정을 공유하는 게시판도 있었다. 사진이나 링크는 없었고, 광고도 없었다. 당시 엔지니어를 찾던 구글 같은 회사들이 3행 광고에 돈을 지불했다. 크레이그가 처음 페이지를 연 때가 1995년이었다. 친구들이 그에게 샌프란시스코에서 무엇을 할 수 있는지, 제일 맛있는 부리토는 어디서 먹을 수 있는지, 방을 빌려줄 누군가를 알고 있는지 물어보는 것에 질린 나머지 아예 웹페이지를 만들고 "크레이그리스트"라고 불렀다. 거품 붕괴 이후 크레이그는 하루아침에 유명해졌고, 외부와의 협업을 결정했다. 손은 많을수록 좋았다.

크레이그리스트는 아포칼립스에서 살아남았을 뿐 아니라, 그 덕에 번성했다. 크레이그리스트의 첫 번째 버전은 중고품 교환과 구인 제공 게시판이 있는 가상 시장이었다. 실업 상태에 놓였거나, 자기 아파트를 떠나고 가구를 팔아야 했던, 가지고 있는 자원을 그나마 덜 고통스러운 방식으로 공유해야 했던 수만 명의 사람들은 직면한 거의 모든 문제에 대한 해결책을 여기서 찾았다. 이베이도 같은 동력으로 살아남았다: 필요한 순간에 중고 제품을 사고 팔 수 있는 플랫폼을 제공한 것이다. 하지만 프로세스는 완전히 달랐다. 이베이에서 사용자 계정을 만들려면 회사에 실명과 주소를 제공해야 했다. 회사는 물건을 사고 팔 수 있는 필요 정보가 담긴 편지를 집으로 보냈다. 또한 자체의 폐쇄적인 결제 시스템을 통해 원격 거래를 가능하게 했다. 반면 크레이그리스트는 서로 밀접한 요구 사항을 가진 사람들끼리 직접 연결해줬다. 사용자 계정, 신용카드, 중개자, 대기, 인증, 수수료, 심지어는 실명도 요구하지 않았다. 또한 무료 소프트웨어만 사용했다. 거품의 광기, 과열, 탕진 직후의 시대였기에 진정으로 반자본주의적이고 지역을 초월한 공동체 프로젝트에는 최적의 환경이었다. 전 세계에서 수백만의 낯선 사람들이 모여 문화산업의 탐욕스러운 생산자와 관리자를 무릎 꿇릴 시기였다. 인터넷에서 정보는 자유롭기를 원하기 때문이다. 그것은 유토피아적이었던 최초의 조상으로부터 네트워크가 물려받은 정신이기도 했다.

숀 패닝Shawn Fanning과 숀 파커Sean Parker는 1999년 6월 냅스터Napster를 출시했다. 대규모 파일 공유를 위한 최초의 P2P 시스템이었다. 또한 1999년 12월 7일, 저작권 침해로 미국음반산업협회RIAA로부터 소송 당한 최초의 회사였다. 처음부터 인기가 있었지만 소송이 바이럴을 만들어 2000년 한 해 냅스터 사용자가 2000만 명에서 7000만 명으로 늘어났다. 전 세계 인

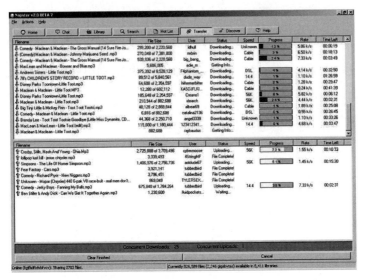

P2P의 시조, 냅스터 이용 화면.

터넷 사용자가 3억 명이 안 될 때였다. 사법적 압력이 가해져 2002년 9월 3일 플랫폼이 폐쇄되었다. 소송이 진행되고 서비스가 종결되는 2년 동안 세상은 사회를 이해하는 방식을 바꿀 사건을 경험했다. 공적 생활에 참여하는 방식, 공적 생활을 규제하는 메커니즘에 접근하는 방식을 바꿔놓은 사건들이었다: 시애틀의 반 WTO 정상회담 투쟁, 자유 소프트웨어의 폭발, 애플의 재탄생, 쌍둥이빌딩 공격, 크리에이티브 커먼즈, 블로그, 소셜네트워크의 등장.

냅스터 사용자들은 비디오게임, 음악, 프로그램을 공짜로 교환하려고 했다. 엔터테인먼트 산업에 무릎 꿇고 싶지 않았

우리의 적들은 시스템을 알고 있다

다. 기술적으로 보면, 그것은 하나의 사건이었다. 그 과정에서 당대의 가장 위험하고 혁명적인 도구를 개발했다. 지식에 접근하고 이를 대중화(민주화)하기 위한 전투는 냅스터와 함께 시작되어 최초의 저작권 대전gran geurra을 촉발했다. 하지만 그들은 '네트워크가 디자인된 원래의 목적대로 네트워크를 활용하는 것'을 원했을 뿐이다. 냅스터의 행크 배리 의장이 천진하게 설명했다. 2000년 7월 12일 워싱턴에서 열린 사법위원회에서 증언한 내용이다:

"아시다시피, 인터넷은 국방 연구에 관여하는 과학자들 사이에서 중복 통신네트워크로 시작됐습니다. 그들은 시스템 전체에 흩어진 정보를 안정적으로 공유해야 했습니다. 기업들은 인터넷을 미디어 도구로 간주하고 상업적으로 사용하면서 이 구조를 폐기합니다. 그 대신, 방송(전파 유통) 모델을 채택하여 대형 중앙 컴퓨터가 일종의 텔레비전 수신기가 되어 소비자의 PC에 정보를 '서비스'합니다. 공유하는 것이 아니라 서비스하는 것, 이것이 지배적인 전략이 되었습니다. 숀 패닝은 인터넷을 뿌리로 돌려놓는 혁명을 시작했습니다. 냅스터는 사용자가 다른 사람의 취향을 배우고 MP3 파일을 공유할 수 있게 해주는 응용프로그램입니다. 사용자가 파일 공유를 선택하면 —그들에겐 이유가 없습니다— 응용프로그램은 해당 파일의 목록을 만들고 그 목록만 냅스터 중앙 디렉토리의 일부로 바꿉니다. 그러므로 냅스터 디렉토리는 파일 공유를 원하는 커뮤니티 구성원이 갖고 있는 모든 파일의 목록으로 임시적이며 끊임없이 변경됩니다. 사용자는 해당 목록을 검색하고 다른 사람의 파일에 댓글을 달고 다른 사람들이 좋아하는 것이 무엇인지 보고 이 모든 것에 대해 채팅할 수 있습니다. 그들은 돈을 벌겠다고 이 일을 하는 게 아닙니다. 사람 대 사람이 기본입니다. 대가를 바라지 않습니다. 그게 전부입니다."

정말 그것이 전부였다. P2P, 피어네트워크는 사용자가 하드 드라이브의 내용과 대역폭을 낯선 사람과 직접 공유할 것을 제안했다. 포스트-스노든 시대에 이 개념은 혐오감과 질투를 불러일으킨다. HIV가 명명되기 전인 1970년대의 유명한 난교 파티가 불러일으키는 감정과 똑같다. 포스트-아르파넷 시대에는 '다른 사람들과 직접 연결되는 것'이 인터넷의 근본정신이었다. 학계에서 다른 기관의 컴퓨터에 원격으로 로그인하여 작업을 수행했고, 수십만 명의 유즈넷 사용자가 수행한 일이었다. 그러나 냅스터 사용자는 학계 또는 군사기관 구성원과 일하는 학자가 아니었으며 신뢰 관계가 이미 확립된 학위 기관의 학생도 아니었다. 그들은 그저 전 세계 어디서나 클라이언트[3]를 다운받았고, 네트워크에 연결된 컴퓨터를 가졌을 뿐이었다. 그들은 닉네임만 있을 뿐 이름도 없었다. 하드 드라이브의 내용을 공유하는 완전히 낯선 사람들이었다. 애플리케이션은 사용자 각각의 컴퓨터를 시스템 서버로 바꿔놓았다. 냅스터가 보유한 유일한 인프라는 중앙 서버로, 언제라도 공유할 수 있도록 모든 파일의 목록과 검색엔진을 유지했다. 해리 뱅크가 상원위원회에 설명하려고 한 것처럼, 냅스터 서버에는 노래가 아니라 노래 이름만 있기 때문에 레코드 회사들은 냅스터가 노래를 훔치거나 배포한다고 비난할 수 없었다. 사용자가 노래를 원할 때 클라이언트는 노래를 가진 다른 사용자와 연락을 취했으며 파일은 한 컴퓨터에서 다른 컴퓨터로 직접 이동했다. 음악을 서로 나누는 두 사람을 접촉시키는 것은 범죄인가? 이는 정확히 네트워크가 가진 개방적인 '분산' 정신이 아닌가?

틀림없이 그랬다. 왜냐면 2년도 안 되는 기간에 인터넷 사용자의 1/3이 냅스터에서 파일을 교환하고 있었기 때문이다. 별생각 없이 그들은 역사상 최초의 대규모 소셜네트워크, 국제적이고 열정적이고 무질서한 공동체를 구성했다. 누구의 통제도 없이, 대규모의 투자자도 없이 전례 없는 잠재력을 지닌 채 압도적인 방식으로 성장했다. 편견도 필터도 없었다. 냅스터는 노동자와 여피YUPPIE, young urban professional(젊은 도시 전문직의 약자 ―옮긴이 주)를 연결했다. 예일대 학생과 주부, 배달 노동자와 변호사, 전자기기 애호가와 금속 애호가를 연결했다. "냅스터 이전 대부분의 네트워크 개발은 정보 저장 및 검색과 관련 있었다. 아무도 사람을 다른 사람과 연결시킬 생각을 하지 않았다."[4] 숀 파커가 설명했다. 우리가 디지털 사회에 내재된 문제로서의 정치적 양극화와 허위조작정보, 필터 버블과 같은 개념에 대해 이야기할 때, 그 도구가 다국적기업의 손에 놓인 불투명하고 중앙집중화된 구조가 아닌 '피어네트워크'였던 시절에 모든 것이 얼마나 달랐는지 기억해내는 게 중요하다.

냅스터는 온라인 시민권 투쟁의 예상치 못한 맹아였다. 의도가 아니라 구조 때문이었다. 그들이 만든 유통 기술은 대화 상대들을 감시하거나 정보를 통제하기 위해 고안된 게 아니라, 파일을 효과적으로 교환하기 위해 고안되었다. 로런스 레시그Lawrence Lessig가《코드 2.0Code: Version 2.0》에 묘사한 그대로 정책은 설계에 있었다:

상대적인 익명성, 탈중심적인 분산 구조, 다양한 접근 지점, 지리적 관계의 불필요성, 콘텐츠를 식별하기에 간단한 시스템이 아니라는 점, 암호화 도구. 인터넷프로토콜의 이 모든 속성과 영향력으로 인해 사이버 공간에서 표현을 통제하는 것은 어렵다. 사이버 공간이라는 구조 그 자체가 발언의 진정한 수호자다. 이것이 "사이버 공간의 진정한 수정헌법 1조"이다.

레시그는 인터넷에 대해 말하고 있다. 새로운 형상에 대한 이야기가 아니다. 냅스터는 1970년대 분산네트워크의 핏줄을 이어받은 사용자 자유의 진정한 수호자였다. 얼마 뒤 그것의 정치적 중요성이 당국과 음반 자본의 박해와 함께 드러났다. 냅스터를 쓰러뜨리는 데 2년 반이 걸렸고, 그 과정에서 냅스터는 바이럴화되었다.

자유 소프트웨어: "자유가 우리를 해방하리라"

냅스터는 인터넷릴레이챗IRC(실시간 채팅프로토콜)에서 탄생했다. IRC 채널은 유즈넷에서 흥했던 '인터넷 포럼'과 '뉴스 게시판'의 혼합물이었다. IRC에는 모든 종류의 주제가 있었다.

누구나 채널을 만들거나 참여할 수 있어서 인기가 좋았다. 그저 클라이언트를 다운받아, 채널을 찾고, 대화를 시작하면 됐다. 뉴스그룹들과는 달리 모든 게 실시간으로 진행됐다. 하지만 ICQ와 같은 메신저 프로그램 —사용자 중심의 프로그램으로 AOL(미국의 포털 사이트 및 온라인 서비스 제공 업체—옮긴이 주)이 소유했었다— 은 아니었다. 채널 중심적이고 개방적이며 분산된 구조로 인해 〈언리얼 시리즈〉 게임 팬들과 개발자들이 가장 좋아하는 만남의 장소가 되었다. 1991년 여름, KGB 수장을 필두로 한 8명의 러시아 장교가 소비에트연방의 종말을 가속화하는 쿠데타를 시도한 때까지는 그랬다.

쿠데타 이야기는 돌이켜보면 너무나 코믹해서 믿기 힘들 정도다. 그들은 크림반도의 별장에서 휴가 중이던 미하일 고르바초프를 납치하기로 결정했다. 공화국을 분산시키려는 조약을 포기하거나 사임하라고 강제하기 위해서였다. 그들의 세계 정복 계획은 고르바초프가 서명을 거부하자 곧바로 실패했다. 쿠데타 범들은 러시아 언론에 그들의 요구를 읽고 하나의 노래만 연속해서 송출하라고 명령했다. 〈백조의 호수〉였다. 기나긴 이틀 동안, 러시아인들은 차이코프스키의 아름다운 음악을 들었다. 동시에 세계 미디어들은 탱크에 올라타 크렘린의 쿠데타 범들을 조롱하는 보리스 옐친의 이미지를 반복 재생했다. 이 나라에서 유일하게 정치적으로 독립적인 라디오였던 에코모스크비EkhoMoskvy는 다른 방송사들과 마찬가지로 폐쇄되었다. 약 2억 9000만 명의 소련 사람 대부분은 며칠 뒤 쿠데타가 실패할 때까지 그 사실을 알지도 못했다. 오직 선택받은 소수의 사람들만 알 수 있었다. NSFNET이 학술 네트워크 역할을 중단했을 때 동구권에 대한 접근 금지령도 해제되었고 IRC에 존재하던 감시당하지 않는 채널들은 국제 뉴스들을 송출했다.[5] 제 1차 걸프전이 벌어지는 동안 쿠웨이트에서 검열이 반복되자, IRC는 공용 선party line에서 액티비즘으로 진화했다. 감시와 검열을 피해 익명의 정보 배포 시스템으로 전환했다. 당연하게도 곧바로 소프트웨어, 음악, 비디오게임의 해적판이 유통되기 시작했다. 정보는 자유롭길 원한다. 엔터테인먼트는 더욱 그렇다.

문제는 IRC가 파일 교환을 위해 설계되지 않았다는 것이다. 대용량 파일을 색인할 중앙 시스템이 없었다. 연결이 끊길 때마다 전송도 끊어졌다. "우리가 음악을 원할 때, IRC 채널로 가서 음악을 다운받기 위해 봇을 심었다. 그것은 치통과 같았다." 냅스터의 설계자 조던 리터가 인터뷰에서 말했다. 1998년 11월, w00w00라는 코드 애호가의 채널에서 숀 패닝은 조금 더 효율적인 파일 교환 프로그램을 생각 중이라고 말했다. 리터(닉네임 "노 캐리어")는 당시 뮤직넷이라고 부르던 프로젝트를 통해 패닝을 도와주게 됐다.

냅스터는 농구 코트에서 삭발한 패닝 자신을 가리키던 별명이었다. 숀 파커는 자신을 "manowar"라고 불렀다. 그들은 모두 수년간 같은 채널에 있었지만 서로를 개인적으로 본 적이 없었다. 음악의 역사에 있어서, 1976년 6월 맨체스터 프리트레이드홀에서 열린 섹스피스톨즈 콘서트보다 냅스터의 시작이 더 중요하다. 그러나 당시에는 아무도 몰랐다. 그들은 지적재산에 대해 전혀 몰랐다. 그들은 음악과 코드를 보다 효율적으로 공유하고 싶었을 뿐이다.

IRC는 해커를 위한 훌륭한 대학이었다. 모든 사람이 스탠퍼드, 예일 또는 MIT에 갈 수는 없다. 1990년대 후반, 기술에 관심이 많은 수십만 명의 10대 청소년들이 당대의 프로그램과 비디오게임에서 코드를 제거하고, 삽입하고, 변경하면 어떤 일이 벌어지는지 확인하면서 놀았다. 뭔가가 잘못됐을 때 채널로 가서 조언을 구했다. 흥미로운 일이 벌어지면 다른 사람들과 공유했다. 그 세대의 사용자들에게는 코드, 음악, 비디오게임을 변경하는 것이 농구를 하거나 스케이트보드로 점프하는 법을 배우는 것만큼 자연스러운 일이었다. 그들은 자신이 만든 코드와 다른 코드에서 가져온 코드를 구별하지 못했다. 모든 코드는 모든 사람, 적어도 컴퓨터에서 코드를 읽고 실행하는 방법을 알고 있는 모든 사람의 것이었다. 그들은 지적재산에 대해 생각하지 않았고, 자신의 소유가 아닌 것을 훔치거나 전유하고 있다고 생각하지 않았다. 누구에게 팔기 위해서가 아니라 그들이 익힌 것을 공유하고 배우기 위한 행위였기 때문이다. 그리고 프로그래밍 천재로 지적재산권 라이선스인 일반공중사용허가서GPL, General Public License의 아버지인 리처드 매튜 스톨만Richard Matthew Stallman이 등장했다.

스톨만은 1971년 물리학을 공부하러 하버드에 왔다. 그러나 도착하자마자 MIT의 인공지능연구소를 발견했고, 시스템 프로그래머로 고용되었다. 그는 열여덟 살이었고 거친 성격과 다소 폐쇄적인 면모를 지녔지만, 코드를 작성하는 능력만으로 자신을 판단하는 세계의 한 영역을 찾았다. 스톨만은 코드 천재이자 프로그래밍 기계였다. 스톨만이 MIT에서 발견한 행복은 그에게 완전히 새로운 것이었고 그는 다른 곳으로 가고 싶지 않았다. 하버드와는 달리 ─그는 어쨌든 우등 졸업했다─ 실험실에는 "인위적인 장애물이 없었고, 해야 할 일이 없었고, 작업을 끝낼 수 없게 방해하는 것들이 없었다: 관료주의, 보안, 다른 사람과 작업 내용을 공유하지 못하게 하는 것". 초년기 컴퓨터 혁명의 특징은 일종의 생산적 무정부 상태였고, 수필가 스티븐 레비는 이를 총 여섯 가지의 〈해커 윤리 원칙〉으로 특징지었다.

1. 세상이 작동하는 방식에 대해 배울 수 있는 모든 것과 컴퓨터에 대한 접근은 무제한적이며 촘체적이어야 한다.
2. 모든 정보는 자유로워야 한다.
3. 권위를 믿지 마라. 탈중심화를 장려하라.
4. 해커는 학위, 나이, 인종, 성별, 지위가 아닌 자신의 능력에 따라 판단되어야 한다.
5. 컴퓨터에서 예술과 아름다움을 만들 수 있다.
6. 컴퓨터는 당신의 삶을 더 낫게 바꿀 수 있다.[6]

코드는 그 세대 프로그래머들에게, 새로운 시대의 라틴어였다. 학문적으로나 상업적으로 이용하기 위해 코드를 보호하는 것은 부자와 사제들이 독서를 독점하는 것과 같았다. 이는 교회와 폭군들이 했던 짓이다. 대중으로 하여금 읽는 법을 배우지 못하게 할 수는 없다. 이것이 IRC 채널을 지배한 철학이었다. 스톨만은 종교적 강단으로 이러한 원칙들을 전달했다. "미국 사회는 이미 개가 개를 먹는 정글이다. 사회를 그렇게 유지하는 법칙들이 있다. 우리 해커들은 이러한 법칙들을 건설적인 협력에 관한 관심으로 대체하려고 한다." 이후 10년 동안, 스톨만이 사랑했던 인공지능연구소는 MIT 회원들이 직접 만든 소프트웨어의 상용화와 민영화를 둘러싼 불균형한 내부 전투로 인해 무너졌다.[7] 예전에는 공동 작업을 수행하고 결과를 공유하던 사람들이 서로 대화도 나누지 않고 출근도 하지 않았다. "기계들은 고장 나기 시작했고, 그것을 고칠 사람은 아무도 없었다. 때때로 기계들을 쓰레기통에 버렸다. 소프트웨어에서 필요한 변경사항을 수행할 수 없었다. 해커가 아닌 사람들의 대응은 상업용 운영 시스템을 구매하고 파시즘과 라이선스 계약을 맺는 것이었다." 몇 년 뒤 스톨만이 암울하게 회상했다. 그가 더 이상 참지 못하고 MIT를 떠났을 때 그는 AT&T의 재산이자 대학의 표준이 된 유닉스와는 다른 운영체제를 만들었다. 그가 만든 자유 운영체제는 GNU라고 불렸다. 그 자체가 약어다: GNU's Not Unix.

스톨만은 자신이 사랑하는 연구실을 만들어낸 원칙을 배반하지 않고 컴퓨터 작업을 계속하고 싶었고, 그와 같은 사람들이 자본주의의 논리에 의해 파괴되지 않고 계속 발전할 수 있는 새로운 공간을 만드는 데 도움을 주고 싶었다. 그러나 IRC의 구석에 박혀 코드 줄을 바꾸는 것만으로는 충분하지 않았다. 그는 어디에 있든, 어떤 맥락에서든, 악조건 하에서도 자기는 계속해서 일을 해나갈 수 있음을, 또 누구든지 그렇게 할 수 있음을 확인하고 싶었다. 그리고 이를 수행하는 유일한 방법은 자신만의 운영체제를 보유하는 것, 그리고 IBM이나 AT&T와 같은 독점기업 또는 마이크로소프트와 같은 소프트웨어 회사가 가진 동일한 무기 —지적재산권— 로 자신만의 운영체제를 보호하는 것임을 알고 있었다. 우리 사회에 리처드 스톨만이 기여한 여러 성취 중에서도 GPL이 가장 중요하다. GPL은 우리 시대의 핵심적인 텍스트다. 공공선 수호를 기반으로 한, 그래서 창조자·사용자·정부·산업의 의도로부터 독립적인 경제를 제안하기 때문이다. 이것은 스페인어나 중국어나 프랑스어처럼 변경 불가능한 대상인 자본주의에 대항한 무적의 마법 망토와 같다. 그리고 간단하다. 자유 소프트웨이가 되려면 "코드는 사용, 연구, 수정, 배포될 수 있어야" 한다. GPL은 독점권을 유지하기 위해 고안된 라이선스가 아니라 완전히 그 반대이기 때문에 모든 권리가 보유된 기존의 저작권 라이선스만큼 엄격하다. 코드를 통제하기 위해서가 아니라 자유를 보장하기 위해 설계된 도구다.

사용자 대신 코드에 중점을 두면, 코드의 자유는 코드를 사용하는 사람이나 회사, 기관의 목적이나 의도, 정치적 관계나 경제력에 의존할 수 없다. 누구나 어떤 목적으로든 자유 소프트웨어를 사용할 수 있다. 오직 그것을 자유 소프트웨어가 아닌 것으로 바꾸려는 목적만 빼고 말이다. 그렇게 되면 누구도 실험실에서 벌어졌던 일을 되풀이할 수 없을 것이다: 폐쇄적으로 만들고 다른 사람의 노동의 대가로 부를 얻는 것. 사용,

연구, 수정, 배포 중 그 어떤 것도 타협할 수 없다. 스톨만이 말했듯이 GPL은 "미스터 나이스 가이가 아니다".

"때로는 사람들이 좋아하는 것도 거절할 수 있어야 한다. 어떤 사람들은 GPL이 '자유 소프트웨어 커뮤니티에서 환대할 필요가 있는' 일부 개발자를 쫓아낸 것을 실수라고 생각한다. 그러나 우리가 그들을 배제한 것이 아니다. 그들이 들어오지 않기로 결정한 것이다. 사적인 영리 소프트웨어를 만들겠다는 것은 우리들 커뮤니티 외부에 머물겠다고 결정한 것이다. 우리 커뮤니티의 일부가 된다는 것은 우리와 협력한다는 뜻이다. 우리는 우리에게 오고 싶어 하지 않는 사람을 커뮤니티로 데려올 수 없다. GNU와 GPL은 바로 소프트웨어 그 자체에서 인센티브를 창조하도록 설계되었다. '만약 당신이 자유소프트웨어를 만들었다면, 당신은 그 코드를 사용할 수 있다.' 모두를 설득할 수 없을 게 명백하다. 하지만 누군가는 설득할 수 있을 것이다."

자유 소프트웨어에서 "자유free"는 "'공짜' 맥주라는 뜻이 아니라 표현의 '자유'를 말할 때의 그것이다".[8] 누군가 당신에게서 그것을 사면, 그들이 팔거나 배포할 수 있도록 허용하라. 다른 이들이 거기에 참여하길 원한다면 업데이트할 수 있도록 계층 구조를 만드는 걸 허용하라. 라이선스를 변경하고 코드에 대한 접근을 막는 것만 빼고 모든 것을 허용하라. 자유 소프트웨어를 사용하여 생성된 모든 것은 역시 자유 소프트웨어여야 한다. 기술적·정치적·도덕적 예외는 인정하지 않는다. 코드의 근본적인 투명성이 감시, 검열, 권력 남용으로부터 안전을 보장한다. 스톨만은 NSA가 하는 일을 알기 10년 전에 이를 분명히 밝혔다.

"만약 사용자가 모든 권한에 대해 자유를 갖지 않는다면, 그들은 프로그램을 완전히 통제할 수 없을 것이다. 이것이 뜻하는 바는 프로그램이 사용자를 통제한다는 것이다. 즉 프로그램을 통제하는 자가 사용자를 통제한다는 뜻이다. 프로그램은 자신의 주인을 위해 사용자에 권력을 행사하는 도구로 사용될 수 있다. 그래서 사적 소프트웨어는 불공정하다. 이 권력은 개발자들을 지속적으로 유혹한다. 오늘날 사적 소프트웨어 개발자들의 윤리 표준은 바닥에 떨어져 있다. 사적 소프트웨어가 사용자들을 감시하고, 그들이 하고 싶은 것을 못하도록 고의적으로 방해하는 것이 현재의 표준이다. 이것을 디지털권리관리DRM, Digital Rights Management라고 부른다.⁹ 그리고 사용자가 아닌 다른 사람의 주문을 받는 백도어도 있다. 검열 플랫폼으로 작동하는 사적 소프트웨어도 있다."

소프트웨어의 자유를 보장하면 모두가 이익을 얻는다. 서로가 서로를 이용하지 않고 차별하지 않고 감시하지 않고 물어뜯지 않고 정체하지 않는다. 이탈리아의 경제학자, 카를로 치폴라의 유명한 공식에 따르면 모두를 똑똑하게 만든다. 자신의 이익을 위해 노력하면서 동시에 다른 사람들의 이익을 위해 계속 노력한다. 《인간의 어리석음에 대한 기초법칙The Basic Laws of Human Stupidity》에서 그는 하나의 매개변수에 따라 인간을 네 가지 유형으로 구분한다. 그들의 행위가 자기 스스로에게 이익을 주거나 해를 끼친다면, 다른 이들에게도 이익을 주거나

우리의 적들은 시스템을 알고 있다

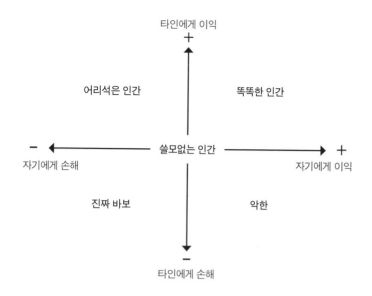

해를 끼친다. 치폴라는 2개의 축과 사분면을 보여준다. 타인을 해치면서 자기 이익을 얻는 사람은 악하이다. 다른 사람에게 유익하면서 자신을 해치는 사람은 어리석다. 치폴라가 말하는 '진짜 바보'는 자신을 해치면서 남들도 해치는 사람이다. 그의 기초법칙에 따르면 인간의 어리석음은 인간이 가진 다른 특성들과 무관하며, 사람들은 세상에 얼마나 많은 멍청이들이 있는지 과소평가하는 경향이 있다. 그러나 또한 이 멍청이들이 지구상에서 가장 위험한 인간 유형이다. 가장 파괴적일 뿐만 아니라 예측할 수도 없기 때문이다. 이들은 제 3자를 해하기 위해 자신을 파괴할 수도 있다. 명백히, 가장 최악이다.

진짜 바보 반대편에 있는 존재가 다른 사람에게 이익이 되는 동시에 자신의 이익을 위해 일하는 똑똑한 인간이다. 이것이 GPL이 작동할 수 있는 유일한 사분면이다. 그걸 알고 있던 것은 아니지만 스톨만은 가치, 의도, 개인적 특성에 관계없이 모든 사람이 적어도 치폴라의 세계에서는 지능적으로 행동하도록 만든 것이다. GPL은 코드의 다원적 진화를 촉진시키는 유전자로, 항상 자신의 이익을 고려해야 하지만 동시에 다른 사람들을 해치지 않아야 한다.

스톨만은 GPL을 설계할 때 치폴라에 대해 알지 못했다. 그저 자신의 옛 실험실 동료들을 떠올렸을 뿐이다. 그들은 팀으로 개발했던 작업을 비공개했다. 원래는 누군가가 그것을 가져가서 성장시킬 수 있기를 바라며 함께 작업했던 것이었다. 하지만 이는 결국 치폴라 공식을 확인해준 셈이다. 자유 소프트웨어가 지구 전체에 들불처럼 퍼졌기 때문이다. '코드에 대한 접근'보다 더 큰 광고는 없다. 배우고, 해결책을 찾고, 게임과 프로그램을 만들고, 같은 생각을 가진 사람들과 공유할 수 있는 가능성보다 더 만족스러운 것은 없다.

투명성은 능력주의Meritocracy를 장려한다. 그 누구도 결함이 있는 코드를 공유하면서 '아무나'로 남아 있으려고 하지 않는다. 접근은 협업을 장려한다. 새로운 프로젝트를 시작하는 것보다 필요에 맞게 기존의 것을 수정하는 것이 더 쉽다. 수정은 코드의 종 다양성에 유리하게 작용했다. 이로 인해 나중에는 바이러스의 공격에 맞서는 요새가 되었다. 1990년대 후반 공공 및 민간 기관의 IT 부서와 수만 명의 열광적 은자들(예를 들면 리누스 토르발스의 "리눅스 커널")의 기여 덕분에 자유 소프트웨어

GNU 라이선스 로고

여러분의 저작물을 GFDL이나 버전 3의 GNU GPL, LGPL 또는 AGPL로 배포한다면, 라이선스를 알리기 위해 다음 이미지들을 여러분의 사이트나 응용 소프트웨어에 자유롭게 사용할 수 있습니다. 로고는 즉시 알아볼 수 있어 사용자에게 자신의 자유가 보호받고 있음을 확신시켜 줄 것입니다.

다음의 벡터 이미지도 이용할 수 있습니다: GPLv3 SVG, LGPLv3 and AGPLv3 SVG, GFDL SVG.

예외 없는 자유를 지향하는 위험한 운동, '자유 소프트웨어'를 대표하는 라이선스 GPL(GNU)의 다양한 로고 (캡처).

가 연구 센터 및 대학, 실험실, 회사를 포함한 서구 기관 및 인프라의 모든 수요 프로젝트에 통합되었다. 특히 인터넷. 네트워크에서 가장 인기 있는 도메인 서버는 자유 소프트웨어였다. 압도적 대다수의 웹서버는 아파치Apache를 사용했다. 스톨만은 스티븐 레비가 묘사했던 것처럼 "마지막 남은 진정한 해커"가 아니었다. 그의 공동체는 퀴퀴한 지하실에서 감자칩 봉지와 키보드에 둘러싸인 폐쇄적 인간들의 집단이 아니었다.

자유 소프트웨어는 위험한 운동이었다. 소프트웨어 산업의 리더를 두려움에 떨게 할 확실한 능력을 지닌 개방적이고 협동적이고 탈중심화된 생산 체제였다. 스스로 그렇게 말한 게 아니다. 마이크로소프트 회장 스티브 발머의 말이다. 그는 2000년 시애틀에서 열린 재무 분석가 회의에서 설명했다 "리눅스는 까다로운 경쟁자다. 리눅스라는 회사도 없고, 로드맵도 없다. 마치 땅에서 솟은 것처럼 보인다. 그리고 사람들이 좋아하는 공산주의적 특징이 있다. 무료다." 2001년 2월 짐 알친 마이크로소프트 부사장은 《블룸버그》에 "열린 코드el codigo abierto는 지적재산의 파괴자다. 소프트웨어 산업과 지적재산권 산업에 있어 그보다 더 나쁜 것을 상상할 수 없다"라고 말했다. 그들의 입장은 미국의 음반산업협회와 일치했다. 할머니, 청소년, 장애인이 포함된 냅스터 사용자에 대한 소송이 당시 언론 헤드라인을 장식할 때였다.

그러나 문제는 점점 더 커지고 있었다. IBM과의 거래 덕분에 윈도우즈는 PC의 기본 운영체제가 되었다. 그리고 운영체제의 교육용 라이선스를 정부에 제공하여 학교, 대학 및 행정부에 시스템을 주입함으로써 더욱 강력해졌다. 자유 소프트웨어를 무료로 사용, 연구, 적용할 수 있는데 학교에서 사적 소프트웨어를 가르치기 위해 돈을 지불하는 것이 합법적인지 의문을 제기하는 목소리가 이미 나오고 있었다. 독점은 어떻게 대처해야 할지 모를 라이벌의 등장으로 비틀거렸다.

1998년 11월에 유출된 내부 문서에서 마이크로소프트는 직원들에게 "인터넷을 통해 수천 명의 집단지성을 모으고 활용할 수 있는 능력은 믿을 수 없을 정도다"라고 경고했다. 더욱 걱정스러운 점은 "집단지성이 가진 복음화 능력은 인터넷과 함께 성장한다. 우리의 노력으로 성장할 수 있는 것보다 훨씬 빠른 속도"라는 것이다. 이 문건은 소프트웨어 특허를 사용하여 리눅스Linux 개발을 중단시킬 것을, 그리고 미국에서 할 수 있는 비난 중에 최악의 방식으로 리눅스를 욕하자고 제안

했다: 공산주의자라는 것이다. 알친은 "나는 미국인이며, 우리나라가 일을 하는 방식을 믿지만 정부가 자유 소프트웨어를 장려하고 있다는 것이 우려스럽다. 우리는 그것이 초래할 위협을 통치자들이 이해할 만큼 충분히 교육하지 못했다."《시카고선타임스》에 스티브 발머는 "리눅스는 지적재산권의 관점에서 볼 때 만지는 모든 것을 감염시키는 암이다. 이것이 저 라이선스의 작동 방식이다"라고 말했다. 이 말은 옳았다.

IBM은 자유 소프트웨어 개발에 10억 달러를 투자할 것이라고 발표했다. "블루 자이언트"는 여전히 기관 및 교육 환경의 정규 플레이어였지만 공공기관은 라이선스에 돈을 쓰지 않고도 필요에 맞게 조정할 수 있는 코드를 원했다.《포레스터리서치》의 당시 보고서에 따르면 세계 2,500대 기술 기업 경영진 중 56%는 자사가 오픈 소스를 사용한다고 답했다. 비록 그 목적이 마이크로소프트를 파괴하는 것뿐이었지만, 경쟁이 자유 소프트웨어 운동을 포용하는 것처럼 보였다. 썬마이크로시스템즈의 페트르 허백과 팀 부드로는 빌 게이츠를 끌어내릴 수 있는 유일한 기회의 창으로 자유 소프트웨어를 수용한다고, 여러 매체에서 공개적으로 연설했다.[10] 그러나 업계는 자유 소프트웨어의 혁신적인 향기를 있는 그대로 가져오지 않았다. GPL은 착취와 독점, 과점으로부터 자유 소프트웨어를 철저히 보호했다. 그렇게 할 수 없었던 업계는 작은 개혁을 도입했다: 이제 더 이상 자유 소프트웨어가 아니라 "오픈 소스" 또는 "열린 코드"라고 불린다. 더 이상 GPL을 사용하지 않고 유사하지만 더 현대적이고 더 치장한 라이선스를 쓴다. 라이선스는 스톨만이 피하려 했던 빛나는 화려한 망토를 입고 나타 났다. 바로 자본주의다.

위험한 비전가: 스티브 잡스와 팀 오라일리

"'자유libre 소프트웨어'와 '열린abierto 코드 소프트웨어'는 같은 걸 가리키는 두 가지 용어이다." 1998년 에릭 레이먼드와 브루스 페렌스가 설립한 오픈소스이니셔티브 페이지에서 볼 수 있는 말이다. 라이선스에는 약간의 차이가 있다: **오픈 소스**는 너무나 개방적이어서 "유연한" 라이선스를 허용했다. 이는 개방적인 것도 폐쇄적인 것도 아니다. 이것은 자유 소프트웨어가 아니었고, 더 이상 그 길에 함께하지 않았다. "우리는 자유 소프트웨어와 관련해 대립적인 태도를 버릴 때임을 깨달았다. 넷스케이프가 했던 것처럼, 철저히 실용적이고 비즈니스적인 관점에서 아이디어를 판매할 때가 되었다." 이 말의 전제는 열린 코드 소프트웨어가 자유 소프트웨어보다 더 개방적이라는 것이다. 규제 없는 통신 산업이 기관이 관리하는 산업보다 자유롭다는 것과 같은 이유에서. 열린 코드를 대표하는 스타는 버클리에서 나온 유닉스 버전(BSD, Berkeley Software Distribution)과 최초의 상용 브라우저 넷스케이프Netscape였다. 1994년에 출시된 넷스케이프는 시장의 주요 브라우저였지만 마이크로소프트사의 익스플로러로 대체되었다. 둘 다 미국 국립슈퍼컴퓨터응용센터가 버너스-리 웹을 위해 만든 브라우저

우리의 적들은 시스템을 알고 있다

인 모자이크Mosaic의 직접적인 파생물이었으나 모든 PC가 윈도우95를 기본 운영체제로 설치하면서 익스플로러도 동시에 기본값으로 제공되었다. 넷스케이프는 영토를 회복하기 위한 전략으로, 1998년 1월에 코드를 공개하기로 결정했다. 그러나 GPL 라이선스, 즉 불가역한 방식으로 퍼블릭 도메인에 공개하는 것에는 따르지 않았다. 넷스케이프 퍼블릭 라이선스라는 비개방 라이선스에 따라 커뮤니티가 기여한 수정 사항에 따라 향후 버전의 브라우저를 배포할 수 있도록 허용했다. 자유소프트웨어재단이 채식주의자라 한다면, 그들은 보다 유연한 식단을 제안하면서 훨씬 더 다양하고 더 따라하기 쉬울 것이라며 행복을 약속했다.

스톨만과는 달리 열린 코드 전문가(구루)들은 자유가 아니라 기회에 대해 이야기한다. 그들이 제안하는 시나리오는 장애물 없이 협업할 수 있는 해커 커뮤니티가 아니라 인재를 위한 쇼케이스이다. "참가자들은 다음과 같은 가치를 얻기 위해 개발한 코드를 기부한다: 자신의 일보다 더 큰 무언가에 참여할 수 있는 기회, 프로젝트의 방향에 영향을 미쳐 그들의 요구를 수용하게 하고 동료들 사이에서 특정한 사회적 지위를 달성." 이는 또한 자원을 최적화할 수 있는 기회이기도 하다: "소프트웨어 프로젝트가 보다 지속 가능하게 자체적으로 관리된다면 무슨 일이 생길까? 지리적 위치가 더 이상 중요하지 않게 될 때는? 회사가 더 작은 건물, 더 적은 에너지를 필요로 하고, 노동 시장에서 선택지가 더 많아진다면?" 핵심어는 '자유'가 아니라 '열린'이었다. 열린 코드, 열린 문화. 이것이 인터넷 문화였다. 이와 같은 철학을 공유하며 구글이나 애플과 같은 회사, 기술 문화 세계에 새롭게 등장한 "통찰력"있는 사람들, 전도사들, 고문들,《와이어드》가 쉬지 않고 밀어주는, 팀 오라 일리Tim o'Reilly와 같은 수다쟁이들이 한 자리에 모여들었다.

팀 오라일리는 다른 부류의 해커였다. 우선, 코드를 한 줄도 만들지 않고 자유 소프트웨어 커뮤니티에 들어갔다. 그는 귀 여운 작은 동물로 표지를 장식한 소프트웨어 매뉴얼과 프로그 래밍 언어 매뉴얼을 편집해서 커뮤니티에서 열광적인 지지를 받았다. 그때까지 소프트웨어 매뉴얼은 상용 프로그램 패키지 와 함께 제공되는, 작은 글씨로 가득한 우울한 회색 종이 뭉텅 이였다. 자유 소프트웨어에는 매뉴얼이 없었다. 명령 행을 사 용하여 콘솔에서 수동으로 man(매뉴얼의 약자)을 입력하면 불 러올 수 있는 간결한 지침만 있었다 자유 소프트웨어 커뮤니 티는 코드를 작성하거나 IRC의 다른 사람들을 돕는 데 하루를 보냈기 때문에 매뉴얼을 작성할 시간이 없었다. 경쟁이 없었 고 로열티를 지불할 필요도 없었기 때문에 완벽한 틈새시장이 었다. GPL은 코드를 보호했지만 매뉴얼은 코드가 아니었다. 오라일리는 전통적인 저작권 라이선스로 자유 소프트웨어 매 뉴얼을 출판할 수 있었다. 그것이 바로 그가 한 일이다.

그의 책은 즉각 성공을 거두었으며 1985년 스톨만이 만든 자유소프트웨어재단이 주최한 것과 비슷한 컨퍼런스를 열어 자유 소프트웨어를 홍보하고, 재정을 지원하기로 결정했다. 사람들은 IRC 채널과 뉴스그룹에서 나와 키보드를 떠나AFK, Away From Keyboard[11] 한 곳에 모였다. 그들은 자기만의 것을 조립하면서도 더 유연한 라이선스를 가져온 이들과 함께 리눅스, 펄, 센드메일 같은 자유 소프트웨어 프로젝트를 진행하는 주요 개발자 자리에 앉게 되었다. 또 이를 모두 **오픈 소스** 범주로 그룹화할 기회를 갖게 되었다. 스톨만과 달리 오라일리는 언론을 초청하는 데 특히 관심이 많았다. "우리는 《월스트리트저널》, 《뉴욕타임스》, 《산호세머큐리》(당시 실리콘밸리에서 가장 널리 읽힌 신문), 《포브스》, 《포춘》과 인연이 닿아 있었다." 그는 곧 또 다른 자유 소프트웨어 컨퍼런스에 게스트로 참여하기 시작했으며, 이를 통해 스톨만과 같은 심술궂고 완고한 존재와 대비되는 유쾌하고 자유주의적인 대안으로 "열린 코드"가 강력하게 떠올랐다.

카리스마적인 편집자와 비교하면 스톨만은 노티 나고 권위주의적인 공산주의자처럼 보였고, 자유 소프트웨어 개발자가 자신의 공헌으로 먹고살 수 있도록 하는 협상을 실현할 능력이 없어보였다. 오라일리는 설득력 있는 설교자였으며, 아름다운 매뉴얼을 통해 퀴퀴한 코드를 예술적 지위로 끌어올려 공동체의 사랑을 받았다. 그는 네트워크가 최고의 속도로 성장하고 있으며 이 산업이 다시 침수되거나 기회의 창이 닫히기 전에 모든 사람들이 빨리 낚아채야 한다고 말했다. 그들이 할 일은 자유 소프트웨어라는 사이비분파를 버리고, 다시 유연하고 매력적인 방식으로 대기업에 돌아가는 것뿐이었다. 1998년 그는 "그의 저작을 뛰어넘는" 공로를 산업에 세운 대가로 큰 상(InfoWorld Collaborative Software Community Award)을 수상했다.

인터넷이 경제 호황의 중심이 되면서, 오라일리는 개방형 표준 및 공동 개발 프로세스 덕분에 인터넷 개발이 가능해졌다는 사실을 업계에 상기시켰다. 그는 열린 코드가 운영체제들(리눅스 등)의 최전선일 뿐만 아니라, 인터넷 인프라의 일부이며 강력한 힘이라는 것을 분명히 하기 위해 개인적인 캠페인을 시작했다.

그들은 소프트웨어의 핌퍼넬Pimpernel과 같다. 회의에 참석해 달라고 초청받았고, 언론인들은 그들에게 전화해 신랄한 인용구를 얻으려 했다. 오라일리는 GPL에 따라 배포된 프로젝트를 BSD, 모질라공용허가서Mozilla Public License와 같은 더 상업적인 라이선스와 의도적으로 혼합했고 오픈 소스를 공기 중에 떠다니는 일종의 요정 가루, 무한한 가능성의 성운으로 지칭했다. 무엇이 될지는 맥락, 상품, 대화 상대에 따라 바뀐다. "변호사와 상담하면 사실 모든 게 법적으로 집행 가능한 것은 아니라고 말할 것이다. 그러나 그것은 중력과 같다. 중력을 보호하기 위한 법은 필요하지 않다. 그 혜택은 모두에게 명백할 것이다. 어떤 면에서 GPL은 과도기적 도구로, 덕분에 사용자에게 그러한 권리가 필요하다는 것이 분명해졌다." 오라일리는 1999년 3월 《아이티위크유케이》 인터뷰에서 앤드류 오를로프스키에게 솔직히 말했다. 그는 "당신이 쥐고 있는 것보다 더 많은 가치를 창출"하라는 슬로건을 반복한다. 하지만 그것을 하라고 강요하지는 않는다. 오직 선한 의도만 강조한다. 구속력이 없는 이 약속은 곧 구글이 슬로건으로 채택할 "악을 행하지 마십시오"에서 가장 빛을 발할 것이다. "리처드는 소프트웨어의 재배포에 도덕적 명령이 있다고 생각한다. 나아가 이제는 모든 정보에 있어서도 그렇다고 생각한다. 리처드는 소프트웨어 복사에 물리적 비용이 들지 않기 때문에 무료 재배포를 제한하는 것이 일종의 강탈이라고 생각한다. 그러나 어떤 식으로든 보상하지 않고 남이 만든 것을 나누도록 강요하는 것은 부도덕하다. 소프트웨어가 자유로워지는 건 선물이지, 의무의 결과가 아니다." 그는 1998년 12월 〈오라일리의 책은 왜 오픈 소스가 아닌가Por que los libros de O'Reilly no son open source〉라고 제목 붙여진 글에서 설명한다. 카리스마는 그가 가진 모순들을 덮는 유일한 요소가 아니다. 오라일리는 커뮤니티의 일원이지만, 커뮤니티 그 자체는 아니다. 마이크로소프트가 장악하고 있는 소프트웨어 시장은 그 커뮤니티를 잡아먹고 싶어 한다. 그와 그의 친구들이 가는 길에는 두 가지 장애물이 있다: 열정적이고 생산적이고 탈중심적인 자유 소프트웨어라는 연합 그리고 빌 게이츠의 독점.

돌이켜보면 세상을 이해하는 두 가지 방식이 충돌한 게 분명하다. 하나는 자유 문화를 열성적으로 믿는 강박적인 프로그래머의 방식이고, 다른 하나는 엄청난 기회의 냄새를 맡은 마케팅 천재의 방식이다. 그 둘은 확신에 차 있었고 적대적이었지만 공유하는 부분도 있었다. 다음의 세부 사항만 제외하면 말이다: 오라일리는 스톨만의 어떤 것이 필요했던 반면 스톨만은 오라일리의 아무것도 필요하지 않았다. **오픈 소스**라는 새로운 물결이 자유 소프트웨어의 과실을 수확하려면 오라일리가 이미 자유 소프트웨어 매뉴얼을 가지고 했던 일을 또 한

번 반복해야 했다: 커뮤니티에 자유롭게 풀지 않고 다른 사람의 작업으로 수익을 창출하는 것. 즉, 카를로 치폴라의 지능 사분면 중 1사분면에 있는 커뮤니티를 아래로 드래그하는 것. 4사분면에서는 많은 사람들의 수고를 희생하여 소수가 이익을 얻을 수 있다. 그걸 깨달은 사람은 오라일리만이 아니었다.

잘라내기_{Rip.} 섞기_{Mix.} 굽기_{Burn.}

"스티브 잡스_{Steve Jobs}는 〈피터와 늑대〉 같다. 그는 너무 여러 번 '혁명!'을 외쳤다." 1994년 《롤링스톤》에 로버트 크링리가 쓴 글이다. 하지만 잡스는 마술사 다이버논보다도 더 많은 에이스를 소매에 숨기고 있었다. 팀 오라일리처럼 그도 코드 한 줄 만들지 않고 현대 정보사회에서 가장 영향력 있는 인물이 되었다. 그 역시 또 다른 종류의 해커였다. 매킨토시 제작 과정에서 이사회와 팀 내 대다수와 공개적인 전쟁을 치른 뒤 잡스는 1976년 스티브 보즈니악, 론 웨인과 함께 자기가 설립한 회사에서 해고당했다. 이후 8년 동안 넥스트소프트웨어를 통해 잃어버린 영토를 되찾으려 노력했다. 또한 루카스필름의 컴퓨터 그래픽 개발 영역을 담당한 그래픽스그룹을 인수하여 픽사_{Pixar}로 이름을 변경했다.

애플은 그가 없는 동안 잘 지내지 못했다. 1995년 잡스를 다시 찾았을 때 그들은 승리하고 또 승리한 욥(성서의 인물, 박해받는 자에서 하나님의 축복을 받는 자로 바뀌는 것을 상징—옮긴이 주)을 보았다. 그의 첫 번째 영화 〈토이 스토리〉는 오스카상 3개 부문에 노미네이트되었고, 그가 만든 넥스트큐브 중 하나는 웹페이지의 근간이 됐다. 애플은 그에게 회사를 하나 주면서 고문 자리를 맡겼다. 잡스는 이를 수용하고, 세 가지 일을 처리했다. 첫째, 자신을 되돌아오게 한 바로 그 CEO 자리를 빼앗는 것. 둘째, 회사의 슈퍼 라이벌과 합의하는 것. 애플과 마이크로소프트가 서로를 고발한 특허권 침해 소송은 교차 라이선스 계약에 의해 해결되었다. 빌 게이츠는 1억 5000만 주를 투표 없이 애플에 투자했으며 5년 동안 맥OS용 오피스를 개발하겠다고 약속했다. 애플은 같은 기간 동안 인터넷익스플로러를 메인 브라우저로 사용하겠다고 약속했다. 잡스가 1997년 보스턴 맥월드에서 이 협약을 발표할 때 그는 자신의 등 뒤로 웃고 있는 빌 게이츠의 화면을 내보냈다. 그곳에 퍼지는 혼란과 무력감을 느끼고 싶다면 관련 영상을 유튜브에서 찾아볼 수 있다. 엄청난 수치, 도덕적 패배처럼 보였다. 하지만 그 거래로 잡스는 자신이 정말로 하고 싶었던 일을 진행할 시간을 벌었다. 맥OS9 운영체제를 쓰레기통에 버리고 그가 NeXT를 위해 만든 운영체제를 재활용하는 것이다. 스톨만과 그의 GNU와 평행선을 그으며 버클리대학에서 개발된 유닉스의 파생 버전인 FreeBSD가 NeXT에 탑재되었다. 그리고 FreeBSD는 오라일리가 홍보한 유연한 라이선스 중 하나를 가지고 있었다.

커뮤니티에서는 FreeBSD는 "프리"한 라이선스가 아니라 "방탕한" 라이선스라는 농담이 있었다. 왜냐면 한 회사가 커뮤니티의 코드를 사용하고 그 기여로 성장하는 것은 허용하지만, GPL과 달리 자신들 고유의 개발에 대해서는 전통적인 라이선스를 사용해 공개를 막아버리기 때문이다. 이것이 잡스가 운영체제의 커널(운영체제의 핵심 프로그램으로 시스템을 통제한다—옮긴이 주), '다윈'을 위해 선택한 방법이다. 그는 자신이 무엇을 하고 있는지 정확히 알고 있었던 게 분명하다. "다윈은 굉장한, '슈퍼 모던'한 커널이다. 꼭 리눅스 같다! 리눅스와 동일한 유닉스 FreeBSD를 가지고 있으니 개발자들에게는 실제로 거의 동일하다. 그것은 마이크로커널을 가지고 있으며 완전한 오픈 소스다. … 우리는 맥 커뮤니티에서 그것을 개선하는데 필요한 많은 도움을 받고 있다." 그는 2000년 3월 샌프란시스코의 맥월드에서 관중들에게 새로운 OS인 'X'를 처음 소개하면서 설명한다. 실제로는 리눅스와 전혀 닮은 점이 없었다. 왜냐면 운영체제는 애플의 프로그래머들이 구현하지 않으면 작동하지 않았고, 이는 "모든 권리 보유"로 보호되었기 때문이다. 오늘날 다윈 프리 버전을 개발하기 위한 프로젝트는 모두 사라졌지만 애플은 세계에서 가장 가치 있는 회사가 됐다. 이 프레젠테이션을 통해 잡스는 애플 상임 CEO 자리를 되찾았다. 그의 신의 한수가 임박한 때였다.

2001년 10월 23일, 쿠퍼티노의 애플타운홀에서 잡스는 "포켓에 수천 곡의 노래를 담을 수 있는" 장치를 발표했다. 배터리는 10시간 동안 지속된다. 아이팟iPod이었다. 잡스는 특유의 시건방진 스타일로 이를 "퀀텀 리프(양자 도약)"라고 묘사한다. 그러나 사실이 아니다. 애플이 솔리드스테이트메모리를 갖춘 MP3 플레이어를 발명한 건 아니기 때문이다. 이 기술을 최초로 출시한 건 Rio PMP300을 내놓은 다이아몬드멀티미디어와 MPMan F10을 내놓은 한국의 새한정보시스템이었다. 그러나 이들 중 어느 회사도 스티브 잡스를 갖지 못했다. 진정한 혁신가들이 자신들이 만든 새로운 장치의 기술적 혁신을 설명하며 물건을 팔고 있을 때, 잡스는 양자 도약과, 심지어는, 혁명까지도 거론했다. 잡스가 말한 혁명은 실제로 일어나고 있었다. 잡스는 냅스터 사용자들과 음반사들과의 전쟁을 계기로 음악 공유 및 다운로드가 시민불복종 운동으로 바뀌었음을 이해하고 이를 위한 캠페인을 설계했다. 첫 번째 광고는 초창기 힙스터가 자신이 좋아하는 음악에 맞춰 춤을 추면서 컴퓨터 사용을 마치고 집을 떠나는 모습을 보여주었다. 다음에는 훨씬 더 직접적인 언질을 주었다. 광고 이름은 **"립, 믹스, 번"** 그 자체였다. 애플의 시그니처인 흰색 케이블은 RIAA, 다운로드 정책, 음반 산업 전체에 대한 도발이었고 '좀 앞서 가는' 사람들 사이에서는 창의적인 계급의 기표가 되었다(나쁜 사람들, 관료, 부모, 회색분자 들에게는 감지되지 않았다). 그것은 애플의 새로운 미니멀리즘 화이트 디자인과 일치했고, 아이튠즈iTunes라고 불리는 몇 달 전에 출시된 플레이어와 슬며시 통합되었다.

갑자기, 전 세계의 잡지 표지가 스티브 잡스의 얼굴로 도배되었다. 그는 귀환했을 뿐 아니라, 자유 소프트웨어의 에너지와 최초의 저작권 전쟁을 자본화하여 애플을 수렁, 아니 어쩌면 더 나쁜 것이었을 평범함에서 구했다. 디즈니의 CEO인 마이클 아이즈너가 미 상원 상무위원회 앞에서 스티브 잡스가 공개적으로 불법 복제를 조장했다고 비난하자, 그는 "합법적으로 음악을 구입하면 그가 소유한 모든 장치에서 음악을 다룰 권리가 있어야 한다"라고 《월스트리트저널》을 통해 응수했다. 그는 가장 화려한 피루엣(공중돌기)을 위해 둥지를 준비하고 있었다. 판사들이 저작권 보호를 위해 냅스터 폐쇄를 명령하기 6개월 전 저작권 전쟁이 역사상 최악의 상황에 처했을 때, 잡스는 완벽한 속임수를 썼다. 그는 엘리트 대학교에 가서 학생들이 계속해서 대학교 네트워크를 사용하여 불법적으로 음악을 다운로드할 것이라고 말하며 관계자들을 설득했다. 비용과 책임을 부담하고 싶지 않다면 두 가지 옵션이 있다. 인터넷 액세스를 차단하거나, 수업료의 일부로 값을 미리 지불하고 그 주제를 치워버리는 것. 또 한편으로 그는 음반사들과 이야기를 나누며 그들의 사업은 기술이 아니라 음악이라는 것을 상기시켰다. 기술과의 전쟁으로 음반사들은 고객들로부터 불필요한 증오를 받고 있었다. 잡스는 디지털 음원 판매 플랫폼으로 그들을 이 문제에서 해방시킬 수 있었다. 그가 음악 '사업'을 음악 '산업'으로 키운 방법이다. 냅스터는 음반 회사에 대한 손해 배상금 2600만 달러와 미래 저작권에 대한 배상금 1000만 달러를 부채로 한 채 문을 닫았다: 잡스는 애플이 완전히 장악해서 음원을 등록하고 관리하는 디지털 플랫폼으로 서로를 죽이려던 두 적 사이를 중개했다. 이 플랫폼이 아이팟, 그리고 새로운 OS인 X와 완벽하게 통합된 것은 물론이다.

음반사들은 음원 사업이 보여준 장밋빛 미래에 고민이 깊었다. CD 복사 및 배포에는 비용이 들었지만 MP3 복사 및 배포에는 실질적인 돈이 들지 않았다. 다만 한 가지 문제가 있었다: 일단 디지털 트랙이 시장에 풀리면, 불법 유포를 막는 건 손으로 물을 잡으려는 것과 같다. 이를 종식시킬 만큼 큰 소송도 없었고 확산을 막을 만큼 효과적인 복제 방지 기술도 없었다. 그들은 아무것도 잃지 않고 한계비용 제로로 판매하기를 원했지만 스티브 잡스가 나타나기 전까지 그 방법을 몰랐다. 악몽을 끝내기 위해 그가 제시한 전략은 두 가지였다. 점점 더 까다로워지는 요구로 사용자를 위협하고, 동시에 아이튠즈라는 단 하나의 출구를 제공하는 것. 그가 보여준 술책이 천재적이었다는 점은 더 말할 필요도 없다. 스티브 잡스는 왕국의 열쇠를 빼앗아 놓고, 음반사들이 자신에게 고마워하게 만들었을 뿐 아니라, 그들을 자신의 용역 깡패로 삼았다.

그 후로 2년 동안, 세상은 음반 회사와 저작권 관리 회사가 제기한 수백 건의 소송에 놀라지 않을 수 없었다. 교환 네트워크와 연결된 웹페이지와 개인 사용자에 대한 소송전이었다. 사용자들의 이름과 드라마틱한 상황은 불신과 기회주의가 뒤섞인 주류 매체에 실려 묘사되었다. 그들은 아무에게도 예의를 갖추지 않았다. 망자에 대해서도 마찬가지였다. 2005년 2월, RIAA는 웨스트버지니아 출신의 83세 할머니 거트루드 월턴을 고소했다. 그녀가 smittenedkitten이란 별칭으로 700건이 넘는 팝, 록, 랩 음악을 공유했다는 혐의였다. 그녀의 딸이 언론과의 인터뷰에서 어머니는 평생 컴퓨터를 만진 적 없고, 심지어 몇 달 전 고인이 되셨다고 밝혔음에도 협회의 대답은 다음과 같았다. "증거 수집과 그에 따른 법적 조치는 몇 주 전, 아니 몇 달 전부터 시작되었다." 어머니가 딸의 등 뒤에서 이중생활을 한 거라고 말했다. 전략은 순조롭게 진행되었다. 1년도 채 되지 않아 애플은 손을 더럽히지 않고 《포춘》 500대 기업 순위 236등에서 35등으로 상승했다. 레이놀즈담배와 펩시그룹 사이에 있던 애플이 인텔과 마이크로소프트를 앞선 것이다. 아이팟은 그 세대에서 가장 아이코닉한 물건이 되었다. 소니 워크맨이 3억 대 팔리는 데 20년이 걸렸다. 애플은 2014년에 4억 대의 아이팟을 팔았다(아이폰 덕에 아이팟은 현재 거의 단종됐다).

재미있는 것은 아이팟에 불법적으로 다운로드 받은 음악이 가득하다는 것을 모두가 알고 있다는 점이다. 10달러에 앨범을 구입하고, 99센트에 1곡을 구입할 수 있는 아이튠즈뮤직스토어는 키지 같은 P2P와 경쟁할 수 없었다. 영수증이 그것을 명확하게 설명한다. 아이팟 1세대의 가격은 399달러이며 용량은 5GB다. 합법적으로 용량을 채우려면 그 비용은 1,000달러 이상이다. 아이팟 3세대의 가격은 499달러이며 용량은 8배 더 많은 40GB다. 택시 뒷좌석에서 잃어버리거나 바에서 도난당할 수 있는 물건에 8,499달러를 투자할 사람은 거의 없다.

디지털 출판 소프트웨어로 구동되는 프로덕션 세계에서 음악에 대한 무제한 액세스는 또 다른 퀀텀 리프와 동시에 이루어졌다. 모두가 음악을 다운로드하여 공유했다. 또한 어디서나 항상 음악을 만들고, 제작하고, 리믹스하고 재생했다. 그 어느 때보다 많은 밴드, 더 많은 공연, 더 많은 리믹스가 있었다. 확장된 무대는 또 다른 세계를 먹여 살렸다. 음악 비평과

　　　우리의 적들은 시스템을 알고 있다

페스티벌이 번성하고 행동주의가 광고 언어에서 가장 순수한 표현의 형태를 발견했다. 디제이들은 저작권으로 보호되는 원작 노래들을 극성스레 편곡하여 매시업mashups을 제작했다. 부틀렉bootlegs이라고 하는 불법 복사본이었다. 갑자기 모든 것이 가능해졌고 동시에 모든 것이 불법이었다. 예술가들은 레코드를 공개하는 것보다 콘서트에서 더 많은 돈을 버는 것을 보고 레코드 레이블 없이 자신의 웹사이트에 노래를 게시하고 홍보하기 시작했다. 그리고 그때 그들은 자신들의 음악을 더 이상 선물할 수 없다는 것을 알게 됐다. 왜냐면 모든 출시된 음악은 저작권 관리 회사가 자동적으로 관리하는 대상이 되었기 때문이다.[12] 자체적으로 관리하려면 자신의 권리를 관리 회사에 양도하지 않고, 음반회사가 그것을 무료로 착취하도록 내버려두지 않고, 주어진 조건 내에서 음악을 공유할 수 있도록 하는 라이선스 유형이 필요했다.

전통적인 저작권과 GPL 사이. 일정한 권리와 일정한 자유가 있어야 했다. 잠시 열었다가 닫을 수 있는 열린 코드 라이선스와 같은 것. 그들은 로런스 레시그라는 코드 전문 변호사의 제안에서 원하던 것을 발견했다.

크리에이티브 커먼즈: 일부 권리 보유

2000년에 피어네트워크에서 돌아다니던 음악과 영화의 95%가 미국에서 라이선스를 받은 작품이었다. 1998년 10월 르윈

스키 사건이 한창인 때 클린턴 대통령이 미국 저작권법의 최신 개정안에 서명했다. 법안은 한때 가수였고 나중에는 하원의원이 된 소니 보노의 이름을 땄다(일명 '소니보노법'). 개인 창작물의 사적 권리는 작가 사망 후 70년까지, 그리고 권리의 법적 소유자가 회사인 경우 작품의 초연 또는 초판 후 95년까지로 연장되었다. 1978년 이전에 만들어진 저작물은 누구의 소유든 95년 동안 보호를 받는다. 공적 영역으로 넘어가려던 작품 수십만 개의 사적 권리가 유지되었다. 오래된 희귀 서적을 재편집하여 생계를 유지해온 작은 출판사들은 업무를 멈춰야 했다. 세계문학과 예술 명작을 사용자에게 자유롭게 제공했던 웹페이지는 갑자기 불법이 되었다. 스탠퍼드대학교의 법률 교수로 사이버 법률에 관한 세계 최고의 전문가 중 1명인 로런스 레시그에게 이 상황은 그리 좋아 보이지 않았다.

레시그는 해당 페이지들의 편집자 에릭 엘드레드를 변호하며 대법원까지 소송을 이어갔다. 그는 이렇게 주장했다. '미국 헌법 제 1조 8항에 따르면 의회는 과학과 유용한 예술의 발전을 촉진할 의무가 있으며, 저작자와 발명가가 가진 해당 저작물과 발명품에 대한 독점적 권리를 제한된 시간 동안 보장하고 그 뒤에는 공적 영역에 내놓아야 한다. 1790년에 그 기간은 14년이었다. 이를 70년, 95년으로 연장함으로써, 의회는 (그 권한을 제한해야 한다는) 의무를 다 하지 않았다. 셰익스피어의 작품에서 〈잠자는 숲속의 미녀〉에 이르기까지 이미 대중문화의 근간이 되는 고전으로 여겨지는 작품을 개조하여 전유하는 것도 막지 않았다.' 《산호세머큐리》의 유명 칼럼니스트 댄

우리의 적들은 시스템을 알고 있다

길모어는 소동이 시작되자 "빅토르 위고는 디즈니가 〈노틀담의 꼽추〉에 저지른 일을 본다면 무덤에서 몸부림칠 것이다. 하지만 이는 창작물이 공적 영역에 있을 때 일어날 수 있는 일이다"라고 꼬집어 말했다.

레시그는 재판에서 졌지만, 그의 패배는 지적 재산의 세계를 통째로 뒤바꾼 토대인 크리에이티브 커먼즈Creative Commons의 탄생으로 이어졌다. 이보다 더 적시에 올 수는 없었다. 냅스터로 시작된 전쟁은 더 이상 보호된 파일을 다운로드하는 문제가 아니었다. 엔터테인먼트 산업의 손아귀에서 문화의 자유를 구출하는 문제가 된 것이다. 그들은 인기가 많은 미키마우스의 형상에서 예기치 않은 아이콘을 발견했다. 소니보노법은 디즈니가 미키마우스에 대한 독점 권한을 잃기 4년 전에 발효되었다. 그래서 미키마우스가 해방되지 못하도록 디즈니가 투자한 수억 달러를 기리며 "미키마우스 보호법"이라고 비아냥거리는 것이다. 로런스 레시그는 미키마우스가 퍼블릭 도메인에 들어가야 할 때마다 저작권이 갱신된다고 했다. 디즈니 자신은 그림 형제의 유산으로 한 일을 다른 사람들이 미키마우스를 가지고 하는 걸 두고 볼 수 없었던 것이다.

리처드 스톨만은 소프트웨어의 사적 소유권을 근본적으로 반대했다. 소프트웨어는 대중의 문해력을 손상시키면서 회사의 이익을 위해 보호되는 대상이 아니며, 회사는 이와 연계하여 제공되는 또 다른 서비스로 수익을 창출해야 한다. 그리고 그는 동일한 논리를 냅스터에 적용했다. 냅스터가 콘서트에 사람들을 데려왔기 때문에 긍정적이라는 것이다. 콘서트는 뮤

크리에이티브 커먼즈와 위키피디아의 로고.

지션들이 돈을 버는 곳이다. 동시에 욕심 많은 독점기업이 이익을 얻었던 음반 판매는 줄이기 때문에 긍정적이다.

그러나 레시그는 폐지론자가 아니라 개혁주의자였다. 지적 재산권을 믿었다. 그는 작가에게 이익이 되며 적절한 기간 이내라면, 작품의 상업적 이용에 대한 권리를 보호하는 것이 공정하다고 생각했다. 이러한 생각에 따라 크리에이티브 커먼즈가 대체 지적재산권 라이선스를 다양하게 생산하고 지역 전문가들의 사심 없는 도움을 받아 전 세계 모든 국가의 법률에 적용될 수 있었다.

크리에이티브 커먼즈 라이선스는 전통적인 "모든 권리 보유"에서 GPL의 의무적인 자유에 이르기까지의 그레이스케일을 아우르지만, 무엇보다 특징적인 것은 공동선을 보호하도록 설계되지 않았다는 점에 있다. 원래는 이 무한한 재생산의 시대에, 창작자가 문화 산업 —음반 제작, 영화 제작 회사, 관리 회사, 대규모 출판 그룹, 미디어 제국— 에 의존하지 않고 자

우리의 적들은 시스템을 알고 있다

신의 작업을 홍보하는 데 도움을 주기 위한 것이었다. 하지만 이로 인해 문화산업은 창작자의 창조물을 착취할 빌미를 포기하지 않게 되었다. 다시 말해, 크리에이티브 커먼즈의 라이선스들은 반자본주의 라이선스가 아니라 오픈 소스 라이선스였다. 한편, 점점 더 커지는 창작자 네트워크에서 사람들은 자발적으로, 자유롭게, 조직적으로 초연결되어 현실에 대한 비전을 공유하는 자신들의 천성을 발견했다. 내가 잘 안다. 나도 그들 중 하나였기 때문이다.

집단지성이라는 함정

1999년 11월 29일, 냅스터가 런칭된 후 수개월이 지난 시점에 시애틀에서 반 WTO 정상회담 투쟁이 벌어졌다. 새로운 운동의 시대가 시작됐다. 역사상 처음으로 도시의 노조들이 환경주의자, 평화주의자, 무정부주의자, 공산주의자, 페미니스트, 원주민 단체 및 기타 민권 단체와 연합하여 세계무역기구의 정상회담에 대한 거부를 표명했다. 정당이 아니라 국민, 캠페인이 아니라 시위, 서로 연대하는 700개 이상의 단체. 평화적인 시위였지만 당국은 방위군Guardia Nacional을 동원해 비상사태 estado de excepción를 선포했다. 30일, 전 세계의 텔레비전은 수많은 사람들이 앉아 있는 모습, 행진하는 모습을 24시간 내내 보도했다. 언론은 트럭운전사와 팔짱을 낀 환경운동가, 아나키스트와 함께 걷는 참전 용사, 워싱턴의 금발과 섞인 캐롤라이나의 흑인, 대학 교수와 함께 있는 멕시코의 일용 노동자를 보여주었다. 또한 언론은 연꽃 자세로 평화롭게 앉아 있는 시위대에 후추 스프레이를 뿌리는 무장 경찰관의 이미지를 보여주었다. 언론은 이를 "시애틀전투"라고 불렀다. 두 가지 운동이 생겨났지만 곧 하나가 되었다. 그리고 불평등한 두 그룹의 사람들을 분명하게 구분하는 격차에 대한 인식이 생겨났다: 결정을 내리는 사람 따로 있고 결과에 고통받는 사람 따로 있다. 1%와 나머지 99%.

사회운동 전문가이자 암스테르담자유대학교 사회학과 학과장인 재클린 판 스테켈렌뷔르흐는 시위 성공을 위한 두 가지 열쇠가 있다고 말했다. 첫째, 교통 마비나 심각한 파업과 같이 중대한 문제를 일으킬 수 있어야 한다. 그리고 언론의 지속적인 관심을 이끌어내야 한다. 어떤 조건이 사회문제로 정의되려면, 사회적 영향력을 가진 그룹이 이를 불공정한 것으로 간주해야 한다. 예를 들어 '일반적인' 미디어들이 그래야 한다. 둘째, 민주적 정권, 보편적인 경멸의 분위기, 수정 가능한 시스템, 국제사회와 같은 강력한 동맹이 지원하는 등의 유리한 환경에 있어야 한다. 서방 세계에는 시애틀 반정상회담 투쟁을 성공적으로 진행하기 위한 모든 재료가 준비되어 있었다.

더욱 충격적으로 재창조된 시위대의 폭력 행사 장면과 시애틀 경찰의 '모범적 대응'이 연일 언론에 보도되었다. 시위대 입장의 보도는 상황을 바꾼 스캔들에서 시작되었다. 《뉴욕타임스》는 시위대가 경찰에 화염병을 던졌다고 보도했으나, 다음날 '오보'를 철회해야 했던 것이다. 다른 미디어들은 '그레이 레이디'(회색 머리카락의 노부인이라는 말로《뉴욕타임스》의 보수성을 꼬집는 별명—옮긴이 주)에 맞서 자신을 해독제로 자임하고 투쟁에 우호적인 변곡점을 만들었다. 골리앗에 맞선 다윗과 같이 권력자에 맞서 뭉쳐 나가는 민중이라는 서사를 만들었다. 이제는 모든 기관들이 시위대를 침묵시키려고 공모한 것처럼 보였다. 경찰이 최루액을 뿌리는 동안 입을 가리고 앉아 있는 학생들의 사진은 분노를 일으켰다. 다른 주에서 뉴스를 보고 있던 수백 명의 사람들이 차를 타고 달려와 시위에 참여했다. 유럽에서는 이러한 이미지들이 반란의 아이콘들과 연관되어 향수를 불러 일으켰다: 68년 5월과 베를린 장벽의 붕괴. 유럽 전역을 휩쓴 유령은 공산주의가 아니라 연대였다. 마이크 무어 WTO 국장이 시위대를 비난하며 국제주의를 공격하는 보호주의자라고 했을 때 나오미 클라인은 아이러니를 이용했다. "WTO 정상회담에 대한 시위대를 60년대에 대한 향수를 가진 급진파로 매도하는 것은 참 쉬운 일일 것이다."《뉴욕타임스》에 기고한 글은 이렇게 시작된다. 그녀의 자본주의 삼부작 중《슈퍼 브랜드의 불편한 진실*No Logo: Taking Aim at the Brand Bullies*》이 처음으로 인쇄된 때였다.

그러나 진실은 시애틀 시위자들이 시애틀 호텔에 머물며 돈벌이에 골몰한 변호사들만큼이나 강력하고 확실하게 세계화라는 모기에 물렸다는 것이다. 물론 다 알겠지만, 이는 다른 종류의 세계화이다. 시위자들의 정치적 요구가 혼란을 일으킨 것도 이해할 만하다: 그것은 인터넷의 무정부적 경로에서 태어난 최초의 운동이다. 위에서 아래로의 계층 구조가 없으며, 보편적으로 인정되는 지도자가 없으며, 다음에 무엇이 올지 아무도 모른다. … 이것은 세계가 경험한 가장 국제적이며 세계화된 운동이다. 더 이상 익명의 멕시코인이나 중국인이 우리의 직업을 훔치지 않는다. 그 노동자의 대표자들은 서양 운동가들과 같은 회의에 참석하고 이들과 같은 메일링리스트에 있기 때문이다. 시위자들이 세계화의 악령에 맞서 소리칠 때 대다수는 좁은 민족주의로의 복귀를 요구하는 게 아니라 세계화의 경계를 확장하도록, 무역이 민주주의 개혁, 더 높은 임금, 노동권 및 환경보호와 연결되도록 요구하는 것이다.

다양한 국적의 대표자들이 말한 것처럼 촌스러운 민족주의 운동이 아니라 연대를 바탕으로 한 국제적 반자본주의 운동이었다. 노동자들은 다국적기업이 정부를 통치하는 게 아니라, 그 반대로 자신들이 민주적으로 선출한 정부가 다국적기업을 통치해야 한다고 요구하며 모여들었다. 평화로운 저항의 상징적인 목표는 정부와 다국적기업들이 협상을 위해 모인 시애틀 정상회담을 저지하는 것이었다. 그리고 모두의 예측과 달리, 이 목표를 이뤘다. 다윗이 골리앗을 이긴 것이다. 이름, 얼굴, 로고, 약어siglas, 본부, 정당이 없는 운동은 정상회담을 중단시켰고 도시의 CEO, 변호사, 은행가를 쫓아냈다. 첫 전투에서 승리했다. 사람들이 그들의 목소리를 들었다. 그들은 전 세계의 주요 매체에 등장해 불안정, 자원의 민영화, 차별, 빈곤, 환경 파괴에 관해 이야기했다. 그들은 불가능을 요구했지만 그것을 쟁취했다. 그때부터 반자본주의 운동은 세계화되었다.

존 버거가 말하길, 시위대는 노동자 총회la asamblea de trabajadores

와 달리 "요구되는 역할에 대한 응답으로 모인 게 아니라 자신의 역할을 창조하기 위해 공개적으로 모인다". 때문에 시위는 혁명을 위한 리허설이다. 시애틀의 역할은 신자유주의 체제에 맞설, 권력이 없는 자들을 깨우는 것이었다. 수년간 양당주의와 파벌주의가 깨뜨려온 것을 다시 모으는 것: 인종, 계급, 학력, 정치적 지향, 성적 지향과 관계없이 노동자와 노동자가 만나고 이웃과 이웃이 만나는 것. 그들은 서방 세계에 신자유주의 체제를 수립한 기관들이 모이는 그밖의 회의들도 저지하고자 자생적으로 조직되었다. 모두의 예측과 달리 그들은 쟁취했다. 멜버른과 다보스에서 열리는 세계경제포럼을, 워싱턴과 프라하에서의 IMF와 세계은행의 만남을 저지했다. 또한 미주자유무역협정NAFTA에 대한 퀘벡 정상회담과 스웨덴 예테보리에서 열린 유럽연합회의에 대한 반대 시위를 벌였다. 행진을 조직하고, 다국적기업을 대변하는 정부에 대한 혐오감을 나누고, 통치자를 경멸하고, 수백만 시간의 음악을 공유하기 위해 메일링리스트, 뉴스그룹, 포럼에서 만나 모임을 가졌다. 이 운동이 절정에 달한 이탈리아 제노바 G8 정상회담에 이르기까지 조직화된 이들은 맹렬히 움직였다.

블로고스피어의 약속: 함께, 이야기하기 위해 살다

2001년 7월 G8 정상회담을 위해 제노바에 세계 최고 권력자들이 모였다. 토니 블레어, 블라디미르 푸틴, 게르하르트 슈뢰더, 실비오 베를루스코니, 자크 시라크, 캐나다인 장 크레티앵. 그리고 조지 W. 부시. 처음 참석한 고이즈미 준이치로. 운동은 다른 정상회담에서처럼 신자유주의 정책에 반대하며 조직되었다. 그러나 분위기와 결과는 매우 달랐다. 우선, 규모가 훨씬 커졌다. 시애틀에 모인 이는 5만 명이 채 안 되었지만, 제노바에는 20만 명 이상이 모였다. 그리고 반란을 끝장내겠다는 분명한 목적을 가진, 그보다 훨씬 많은 경찰이 있었다. 시위자들에 맞서 무장한 제노바의 경찰Carabinieri들에 비하면, 시애틀 경찰은 보이스카우트 캠프의 반장이었다.

클라우디오 스카졸라 내무장관은 전쟁을 준비했다. 거리가 끊겼고 하수구가 막혔으며 G8 정상회담 주변의 모든 교통수단이 통제되었다. G8 기획단은 사회운동 전력이 있는 기자들에게는 프레스 카드를 발급해주지 않았다. 그리고 약 600명 정도를 수용할 수 있게 구치소에 자리를 마련했다. 통신 모니터링을 위해 180명의 보안 전문가가 파견되었다. 그들이 시체를 담을 관과 바디백까지 주문했다는 보도도 나왔다. 언론은 시위대, 특히 시애틀에서 이미 프랜차이즈 매장(GAP, Starbucks, Old Navy 등)의 진열창을 표적으로 삼았던 블랙블록이라는 단체의 폭력성을 경고했다. 블랙블록 회원들은 서로를 알아볼 수 있도록 검은색 옷을 입었고 신분 노출을 피하기 위해 두건을 썼다. 그들은 다리미, 병, 돌을 가지고 다녔다. 시위대의 후일담은 일치한다: 경찰은 블랙블록이 마음대로 돌아다니게 했고 다른 사람들을 습격하는 것을 내버려뒀다.

7월 21일 밤, 300명의 경찰이 디아즈학교에 들어갔다. 4층

우리의 적들은 시스템을 알고 있다

짜리 건물은 시위대가 잘 수 있도록 정부가 제공한 장소였다. 시위대는 잠들어 있었다. 경찰은 나이, 상황, 활동과는 무관하게 아무나 보이는 대로 마구 팼다. "모두를 다치게 하는 게 중요해보였어요." 영국에서 온 26세의 사회복지사가 말했다.[13] 그들은 질서 정연하게 이동했다: 하나의 몸이 더 이상 움직이지 않을 때, 다음 몸으로 넘어갔다. 뼈가 부러지고 피범벅이 됐다. 뼈가 부러질 때까지 사람들을 두들겨 패며 한 층 한 층 이동한 그들의 모습을 묘사한 수십 개의 증언이 있다. 같은 건물에 시애틀에서 태어난 독립 언론 네트워크 인디미디어의 본부가 있었다. 기자들도 다른 모든 사람들처럼 맞았다. 그들의 컴퓨터, 카메라, 장비들이 파괴되고 고장 났다. 중증 부상자들은 산마리노병원으로 이송되었고, 나머지는 볼자네토 인근의 감옥에 구금되었다. 206명이 입원했고, 500명 이상이 투옥되었다.

잔인한 공습을 정당화하기 위해 경찰은 시위대가 학교에 화염병을 심었고, 자기들에 칼부림하려 했다고 비난했다. 2012년이 되어서야 오랜 과정을 거쳐 경찰은 폭력과 증거 위조로 유죄 판결을 받았다. 2015년 유럽 인권재판소는 "당국이 고문을 저질렀다. 이탈리아의 형사법은 그러한 행위를 처벌하는데 부적합했고 고문이 반복되는 것을 효과적으로 막지 못했다"라고 말했다.

공권력 집행이 너무 역겨워서 (안드레아 카밀레리의 유명한 소설 속 형사) 살보 몬탈바노Salvo Montalbano가 사임을 발표할 정도였다.[14] 그러나 너무 늦은 일이었다. 당시 주류 언론은 소수의 폭력적인 사람들을 보도하면서 아무런 이유 없이 잔인하게 구타 당한 수천 명의 평화로운 시위대를 버렸다. 적어도 1명이 죽어 나갈 때까지는 그랬다. 백주 대낮의 대로에서, 《로이터》 기자의 카메라 앞에서, 국가헌병 마리오 플라카니카는 시위자 카를로 줄리아니Carlo Giuliani를 총으로 쐈다. 그 다음 곧바로 차로 밀어버렸다.

딜런 마르티네즈의 사진은 어떤 일이 벌어졌는지 일기처럼 기록으로 남겼다. 줄리아니는 소화기를 들고 차 뒤쪽에 접근했다. 갑자기 손 하나가 차 안에서 나와 그의 머리에 총을 쏜다. 줄리아니는 쓰러지고 차는 그의 휘청이는 몸 위로 지나갔다. 처음에는 후진, 그다음에는 전진했다. 경찰 보고서는 화염병이 쏟아지던 폭력적인 거리에 대해 말했지만, 경찰은 한 청년의 머리에 총을 쐈다. 망자는 고작 23세, 경찰은 21세였다.

G8 지도자들은 시위대 소수가 보여준 "무정부 상태에서 파생된 폭력"을 한목소리로 비난했다. 그들은 평화로운 시위를 존중한다고 말하면서도 "수백만의 사람들을 대표하는, 민주적으로 선출된 지도자들이 만나 상호 관심사를 논의하는 것이 매우 중요하다"라고 말했다. 일반 언론이 공식 성명을 보도하는 동안, 포럼과 메일링리스트에서는 시위대의 영상, 사진, 증언으로 만든 대안적인 이야기가 유통되었다. 조지 홀리데이가 회자되었다. 그는 아마추어 비디오작가였고 1992년 로스앤젤레스 경찰이 흑인 택시 기사 로드니 킹을 무자비하게 때리는 장면을 녹화했다. 그때보다 카메라는 저렴해졌고, 디지털화되면서 생산 물량도 늘어났다. 서로 연결된 분노의 대중은 모든

것을 실시간으로 전송하는 말초신경계였다. 사진과 비디오를 찍고 배포하는 것이 돌연 혁명적인 행동이 되었다.

언론의 자유는 더 이상 가진 자들만의 것이 아니었다. 사진을 찍는 것보다 중요한 건 그것이 사람들에게 닿도록 하는 것이다. 시위대는 처음으로 BBC와 동시에 자신들의 이야기를 할 기회를 얻었다. 네트워크의 힘은 배포를 보장했다. 진실은 집단적인 노력이었다: 그들은 사건을 다루는 기존 언론사의 보도에 대응하고 자기 고유의 미디어를 통해 이를 증명할 수 있었다. 사람들은 권력에 매수되고 권위주의 정부가 통제하고 지배계급이 관리하고 궁극적으로 부패로 썩어가는 신문을 부끄럽게 만드는, 중개자도 필터도 없는 다성적 이야기, 시민 저널리즘에 대해 이야기하기 시작했다. 가장 혁신적인 부분은 집 밖에 나서지 않고서도 뉴스를 따라잡고 그것을 배포할 수 있다는 것이었다.

초기 버전의 블로거Blogger는 1999년 9월에 출현했다. 에반 윌리엄스Evan Williams와 메그 하우리한Meg Hourihan의 회사 파이라랩스는 슬래시닷을 모방해 날짜를 역순으로 표시한 콘텐츠와 헤드라인 형식을 보여줬다. 슬래시닷은 온라인 뉴스 서비스로, 설립 2년 뒤 현금 1500만 달러와 주식 700만 달러에 매각되었다. 블로거는 최초의 블로그 게시 서비스는 아니지만(라이브저널이 3개월 먼저 시작) 호스팅 서비스를 제공했고 사용하기 쉬워서 커다란 반향을 일으켰다. 그때까지 "웹로그"는 HTML 지식을 가진 사람들이 웹페이지를 디자인하기 위해 만든 웹페이지였으며 이를 호스팅하기 위해 서버를 계약해야 했다. 팀 버너스-

리는 BBC와의 인터뷰에서 "웹을 사용하는 사람들은 누구나 무언가를 쓸 수는 있지만 웹페이지를 편집하는 것은 어렵고 복잡했다. 편집 가능한 공간인 블로그들(블로고스피어blogosphere 는 모든 블로그들의 집합이자 그로부터 파생되는 문화를 뜻하며, 위키wiki도 그에 속한다고 볼 수 있다—옮긴이 주)과 위키에서 동시에 벌어진 일의 핵심은, 훨씬 단순해졌다는 것이다. 블로그를 쓸 때 하이퍼텍스트는 작성하지 않는다. 오직 텍스트만 작성하는 것이다"라고 설명했다. 블로거를 사용하면 제목, 사용자 이름을 선택하고 게시하는 것까지 20분 내에 끝낼 수 있다. 2000년 12월에 《뉴욕타임스》가 **블로그의 공습**을 선언할 정도로 폭증했다. "그것은 사회운동을 발전시킬 신의 한 수로 보이지 않을 수 있다. 그러나 지난 2년 동안 수천 명의 사람들이 자신의 웹로그를 시작하여 **특별한 지식이 없는 사람들이 볼 때는** 네트워크의 평행 우주처럼 느껴질 수 있는 방대한 사이트를 생성했다."

그것은 평행 우주 그 이상이었다. 국제적이고 상호 연결된 자체 레퍼런스를 가진 게시물 커뮤니티였고, 기존 미디어의 승인이나 존중을 구하지 않고 대규모 자본 투자 없이 기하급수적으로 성장했다. 다큐멘터리 영화 제작자 아스트라 테일러는 자신의 저서 《인민 플랫폼The People's Platform: Taking Back Power and Culture in the Digital Age》에서 "인터넷은 그 특별한 구조 덕분에 창의력과 의사소통을 유례없이 촉진한다. 우리 각자가 이제 의사소통의 통로다. 우리는 더 이상 수동적인 소비자가 아니라 적극적인 생산자다. 텔레비전과 라디오, 음반이나 책과 같은 수직 단

우리의 적들은 시스템을 알고 있다

방향 전송과 다른, 마침내 모든 사람의 목소리를 들을 수 있는 매체를 갖게 되었다"라고 했다.[15] 집단적 목소리는 전장에서 막 돌아온 특파원의 목소리처럼 강렬하게 2001년 아프가니스탄 전쟁에 의견을 냈고, 미 육군의 "항구적 자유" 작전과 영국군의 "헤릭" 작전을 격렬히 논평했다. CNN의 24시간 실시간 보도를 따라했다. 같은 해 9월 11일, 19명의 알 카에다 조직원이 세계에서 가장 상징적인 장소인 쌍둥이빌딩에 두 대의 보잉767 비행기를 충돌시키는 조직적 공격을 수행했을 때도 마찬가지였다. 블로거들은 깨어 있었고 현실에 발을 담그고 참여했다. 세상은 가능한 많은 사람들이 끊임없이 감시하고, 끊임없이 이야기해야 할 대상이 되었다. 정보 접근을 위한 권리에서 시작된 싸움은 역사를 쓰기 위한 전쟁으로 바뀌었다. 블로거들은 곧 2개의 엄청난 동맹, 즉 온건 동맹 위키피디아Wikipedia와 과격 동맹 위키리크스Wikileaks를 갖게 된다.

위키피디아는 2001년 1월 GPL라이선스와 위키 형식으로 탄생했다. 지미 웨일스Jimmy Wales와 래리 생어Larry Sanger는 학자와 전문가가 작성한 온라인 백과사전인 누피디아를 연구하다가, 누구나 참여할 수 있는 공동 작업을 떠올렸다. 열정적이고 생산적인 자유 소프트웨어 커뮤니티 비슷한 것이 생겨날 수 있을지 궁금했다. 이 실험은 이후 순식간에 누피디아를 집어삼키고 사람들이 네트워크에서 가장 많이 찾는 참조문서가 된다. "지구상의 모든 사람이 모든 지식의 총체에 접근할 수 있는 세상을 상상해보라. 그것이 지금 우리가 하는 일이다." 슬래시닷에서 웨일스가 말했다. 그러나 위키피디아의 참신함은 콘텐츠에 대한 접근이 아니라 콘텐츠 제작에 있었다. 역사를 읽기만 하는 것이 아니라, 새로 쓸 수 있는 권리. 이처럼 과거사에서 민주주의를 실현하는 것은 초기 몇 해 동안 제도권의 조롱거리였다. 필립 브래들리라는 이름의 사서는 "나는 그것을 사용하지 않을 것이다. 그걸 사용하는 사서를 본 적도 없다. 가장 큰 문제는 권위가 없다는 것이다. 출판물을 출판할 때 편집자는 그 자료가 믿을 만한 것인지 확인해야 한다. 작업의 질은 거기에 달려 있기 때문이다"라고 말했고 이는 《가디언》에 소개됐다. 소프트웨어는 기능하거나 기능하지 않거나 둘 중 하나지만, 역사는 계속 진실에서 미끄러지는 존재다. 팩트 체크도 없이 자기 기사에 대한 책임감이 없는 이들이 작성한 내용을 어떻게 정확하다고 보증할 수 있는가? 누가 문서가 '진실'이라고 확신할 수 있는가?

웨일스의 대답은 다음과 같다. "진실은 사실을 해석하는 것에 지나지 않으며, 사실에 대한 집단적이고 협력적이며 합의적인 해석은 기존 제도가 내린 단일하고 불투명한 해석만큼이나 존재할 권리가 있다. 네트워크에는 고유한 책임 모델이 있다. 기관의 권한이 아니라 총체적인 투명성을 바탕으로 한 평판 시스템에 기반을 둔 모델이다. 위키피디아는 텍스트의 변경 사항과 변경에 기여한 사람을 모두 보여준다." 2010년 제임스 브라이들은 2004년 12월부터 2009년 11월까지의 이라크전쟁에 관한 모든 버전의 위키피디아 페이지를 인쇄했다. 총 12만 건의 변경 사항이 있었고 분량은 7,000쪽에 달했다. 그는 《이라크전쟁: 위키피디아 체인지 로그의 역사*The Iraq War: A*

History of Wikipedia Changelogs》라는 제목을 달아 12권으로 편집했다. 위키피디아는 역사에는 결말, 즉 최종 버전이 없으며 이해 관계자들 사이에 지루하고 끝없는 논쟁이 계속된다는 것을 보여주었다.

줄리안 어산지Julian Assange는 2007년 독일 해커 그룹인 카오스 컴퓨터 클럽 연례 회의에서 위키리크스를 발표하며 "일종의 위키피디아로 대규모로 문건을 폭로하고 이를 분석하는 곳"이라고 소개했다. 그는 아시아, 구 소비에트 블록, 사하라 사막 이남 아프리카, 중동 지역의 압제 체제를 비난하고 "그들 정부와 기업의 부도덕한 행위를 폭로하려는 모든 사람들을 위한 도구 역할을 하고 싶다"라고 말했다. 이 호주인은 사이퍼펑크라는 명망 있는 메일링리스트의 일원이었고 곧 해커 커뮤니티의 지원을 받았다. 그러나 대중적인 문화로 도약한 계기는 사이언톨로지교의 일부 비밀 매뉴얼을 공개한 사건이다. 거기에는 언론인 침묵시키기 프로토콜과 이 종파에서 추방된 "억압적인supresivas" 이들(사이언톨로지교에서 말하는 주변의 다른 사람들을 억압하려는 이들로, 히틀러 등을 예로 든다―옮긴이 주)을 감시하는 프로토콜이 설명되어 있었다. 사이언톨로지 교단은 모든 법적 자원을 동원했고 그 결과 콘텐츠를 검열하려는 노력이 오히려 스트라이샌드 효과(어떤 정보를 감추거나 삭제하려다가 오히려 더 공공연히 확산되는 현상―옮긴이 주)를 가속화했다. 앤디 그린버그는 자신의 책《내부 고발자들, 위험한 폭로 This Machine Kills Secrets: How Wikileakers, Cypherpunks and Hacktivists Aim to Free the World's Information》에서 이 상황을 가리켜 "위키리크스가 뜨는 데 가장 기여한 순간"이라고 부른다. 어산지는 자신을 세계적으로 유명하게 만든 위협에 내부 자료를 더 많이 폭로하며 응수했다. "위키리크스는 사이언톨로지교의 과도한 요청에 굴복할 생각이 없다. 스위스 은행, 러시아 줄기세포 기밀 센터, 아프리카의 도둑 정치kleptocracy 그리고 펜타곤이 비슷한 요청들을 해왔지만 이 정도는 아니었다."

3년 후에는 〈콜래트럴 머더〉라는 비디오로 저널리즘 업계에 폭탄을 떨어뜨렸다. 미군 아파치 헬리콥터 2대가 비무장 이라크인 집단에 총격을 가해 12명이 죽었다. 여기에는 《로이터》 기자 2명이 포함되어 있었다. 자료는 논란의 여지없이 명백했다. 영상은 공격을 가한 바로 그 헬기에서 2007년에 찍힌 것이다. 영상에는 헬기와 장교 사이의 무선 대화가 포함되어 있다. 《로이터》는 법적 절차를 통해 그것을 구하려 했으나, 아무것도 얻지 못한 채 2년을 허비했다. 이 자료들이 2010년 7월과 10월에 〈아프가니스탄 전쟁 일기〉와 〈이라크 전쟁 일지〉라는 출력물과 함께 익명 사서함에 도착했다. 《뉴욕타임스》는 더 이상 어떤 뉴스가 "발행하기에 적합한" 것인지 결정할 수 없었다.[16] 1897년 아돌프 옥스가 존경받는 신문을 만들기 위해 내세운 유명한 슬로건은 더 이상 공정성에 대한 진술처럼 보이지 않았다. 오히려 그 반대였다. 위키리크스는 보도 여부를 선택하는 행위 자체가 대중 조작의 일환임을 보여주었다. 역사뿐 아니라 뉴스까지도 거짓일 수 있다. "나는 과학적 저널리즘이라는 새로운 표준을 세우고 싶다."[17] 어산지는 《뉴요커》 인물 인터뷰에서 라피 카차두리안에게 말했다. 진실은 문건과 소스 코드에 있다. 나머지는 모두 조작이다.

이 전쟁에서 중개인들의 설 자리는 점점 줄어들었다. 민중이 기득권과 직접 대결하고, 공동 권력이라는 비전이 출판보도 산업이 지닌 탐욕적이고 기업적이고 이해타산적인 비전과 직접 대결하는 뉴미디어 생태계가 형성되었다. 네트워크에는 계층도 연줄도 관료도 없다. 권력이 수평적이면 진정한 재능이 승리한다. 진정한 재능은 객관적이다. 심지어 과학적이라고도 말할 수 있는데, 측정 가능한 지표로 평가받기 때문이다: 더 많이 참조되었는가, 더 많이 방문 받았는가, 더 높은 평판이 생겼는가. 그것은 거짓말을 할 줄 모르는, 민중의 목소리가 선택한 것, 집단지성이다. 아스트라 테일러는 "새로운 정통은 네트워크를 로빈 후드처럼 사용한다. 강자에게서 관객을 빼앗고 영향력을 빼앗아 약자에게 준다. 네트워크 기술은 전문가와 아마추어를 평평한 운동장에 배치하고, 후자에 이점을 줄 수 있다. 예술가와 작가는 제도적 지원 없이 활약하여 관객에 직접 다가갈 수 있다. 위키피디아와 오픈 소스 모델에서 영감을 얻은 공유와 협업의 황금시대가 다가오고 있다. 여러 가지 면에서 놀라운 우리 모두가 기다려온 세상이다. 그러나 인터넷의 불가피한 영향력에 대한 바로 이러한 이미 대중화된 생각들이 우리를 혼란에 빠뜨리는 중차대한 요소이다"라고 했다. 하지만 '대중화된 생각들'은 무에서 시작된 게 아니다. 그 뒤에 캠페인이 있었다.

뉴미디어 생태계

"닷컴 버블이 터지자 모두가 입을 모아 웹의 종말을 선언했다." 팀 오라일리는 즐겨 말했다. 하지만 진실은 모두가 위기 중에 모든 걸 잃었다는 점, 그리고 그 모두가 생존 전략을 찾고 있었다는 점이다. 오라일리는 생존자 그룹에 끼고 싶었고, **오픈 소스** 때 이미 선택했던 방식으로 또 밀고 나갔다: 자기 것이 아닌 것을 차용해서 새로운 브랜드로 만드는 일. 그런 다음 해당 브랜드의 비전을 홍보하는 활동가들을 조직한다. 최종적으로는 자기가 원하는 것에 브랜드를 적용시킨다. 그는 2017년에 출간한 도서(《왓츠 더 퓨처: 4차 산업혁명과 우리의 미래*What's the Future and Why It's Up to Us*》)를 홍보하는 투어에서 비결을 설명했다:

"우리는 지식인들의 리더십과 관련된 행사로 시작했다. CEO들을 초대해 우리의 역사를 인정해주길, 그래서 이렇게 말해주길 바랐다: 도시에 새로운 게임이 있다. 이런 것들이 게임의 새로운 규칙이다. 이러한 역사는 진리다. 그 다음에는 이를 활용해 지금 막 등장한 혁신가들을 띄운다. 사람들로 하여금 여기서 뭔가 벌어지고 있다는 걸 보게 하는 것이다. 그리고 엑스포를 열었다. 상업 생태계라는 테마가 있었기 때문이다."

2004년 10월 샌프란시스코의 닛코호텔에서 최초의 웹2.0컨퍼런스(나중에 "웹2.0서밋"으로 다시 이름 붙임)가 열렸다. 손님들은 거품의 생존자였다. 크레이그리스트의 크레이그 넷마크, 넷스케이프의 마크 앤드리슨, 알타비스타, 이베이, 구글의 루이스 무니어, 야후의 제리 양. 이미 AWS와 아마존메커니컬터크 클라우드 소싱 플랫폼을 시작한 제프 베이조스도 있었다. 웹로그의 최고 투자자 중 한 사람인 마크 큐반이 와서 연설했다. 존 도어, 메리 미커, 빌 그로스, 할세이 마이너 같은 위대한 투자자들도 있었다. 인디 쪽 스타로는 크리에이티브 커먼즈의 로런스 레시그와 냅스터 세대에 인기 있는 괴짜 트렌드 블로그 보잉보잉의 편집자 코리 닥터로가 있었다. 이 프로젝트에서 오라일리의 파트너는 《와이어드》의 공동 창립자이자 보잉보잉 및 디그의 광고주를 관리하기 위해 만들어진 최초의 블로그 광고 플랫폼, 페더레이티드미디어의 창립자 존 바텔 John Battelle이다.

바텔은 그때 《검색으로 세상을 바꾼 구글 스토리The Search: How Google and It's Rivals Rewrote the Rules of Business and Trandsformed Our Culture》라는 책을 탈고하고 있었다. 잡지 《와이어드》는 실리콘밸리의 바이블이 되었으며, IBM, 델, 마이크로소프트, 정부 등 올드 가드의 악당들에 맞선 비전가와 "민간 자유주의자", 진취적인 사업가, 영웅적인 해커의 신화를 만들어냈다. 새로운 반문화의 사도들은 마샬 맥루한, 버크민스터 풀러, 테드 로작 그리고 《홀어스카탈로그》의 편집자 스튜어트 브랜드였다. 또한 해커, 사악한 다국적기업, 인공적 네레이데스(그리스 신화 속 바다의 요정들—옮긴이 주)가 넘쳐나는 SF 누아르, 사이버펑크 같은 하위 장르에서 스타를 찾아냈다. 윌리엄 깁슨, 닐 스티븐슨, 브루스 스털링이 대표적이다. 사운드트랙은 캘리포니아 록과 일렉트로닉 음악의 믹스였으며 코스의 피날레는 버닝맨 축제였다. 《와이어드》는 세계에서 제일 큰 해저 네트워크[18] 건설, 사이퍼펑크[19] 선언, "긴 꼬리"[20]에 대한 사이비 학문적인 사유와 같이 "울트라 너드"한 주제를 길고 심층적으로 추적한 보고서를 실었다. 새로운 세대를 위한 새로운 언어를 확립했다. 예를 들면, 코그니파잉(인지화), 리믹싱(뒤섞기), 스크리닝(화면 보기), 트래킹(추적), 이걸 크립토(암호화)하고, 저걸 사이퍼(부호화/암호화)하기와 같은 말들. 새로운 경제계의 《롤링스톤》이다. 이는 오라일리가 당시 손에 쥐고 있던 프로젝트에 꼭 필요했던 일종의 앰프였다: 자유 소프트웨어로부터 이익을 얻은 똑같은 방식으로 사회운동과 블로고스피어의 에너지를 활용하는 것. 이제 그것을 포장해서 명명하는 일만 남았다. 그게 바로 웹2.0이었다.

"웹2.0컨퍼런스" 5년 후에 오라일리는 설명한다. "우리는 첫 번째 세션에서 왜 어떤 회사는 거품이 터질 때 살아남고 어떤 회사는 비참하게 무너졌는지 자문했다. … 우리의 통찰 중에서 가장 중요한 것은 다음과 같다. '플랫폼으로서 네트워크'는 그것을 통해 낡은 앱을 제공하는 것(서비스로서의 소프트웨어) 이상의 의미를 갖는다. 더 많은 사람들이 사용할수록, 말그대로 더 좋아지는 애플리케이션을 만드는 것을 의미한다. 네트워크 효과를 활용하여 사용자를 더 확보할 뿐만 아니라 사용자로부터 배우고 그 기여를 바탕으로 구축하는 것이다. 구글과 아마존, 위키피디아, 이베이, 크레이그리스트에 이르기까지, 우리는 소프트웨어가 만들어낸 가치를 연결된 사용자 커뮤니티가 공동으로 확산시키고 애초에 그 가치가 바로 이들을 위해 제공되는 것임을 목격했다. 그때부터 유튜브, 페이스북, 트위터와 같은 강력하고 새로운 플랫폼들이 우리와 동일한 통찰을 새로운 방식으로 보여주었다. 웹2.0은 집단지성의 활용에 관한 모든 것이다."[21] 그들로부터 배우고 그들의 기여를 바탕으로 구축하는 것.

집단지성 앱들은 "사용자가 생성하는 대량의 데이터를 실시간으로 관리하고 이해하고, 처리하는 데 성패가 달려 있다". 키보드뿐만 아니라 센서를 통해서도 사용자는 데이터를 생성한다. 전자의 경우 사용자의 기여는 자신의 의도에 따르지만, 후자의 데이터 트랜잭션은 눈에 보이지 않는다. "휴대전화와 카메라는 응용프로그램의 눈과 귀가 되고 있다. 동작 및 위치 센서는 현재 위치, 보고 있는 내용, 이동 속도를 알려준다. 데이터는 실시간으로 수집되고 나타나고 적용된다." 요약하면, 통찰과 아이디어와 컨셉이다: 네트워크에서는 집단지성을 잘 포착하도록 설계된 시스템을 가진 회사가 성공한다. 오라일리의 천재성 중 가장 눈에 띄는 측면은 문제적 비즈니스 모델을 천진난만하게 제안하는 능력이다. 그가 제안한 비즈니스 모델 속에서 주요 기업들은 무고한 시민 수백만 명을 별 탈 없이 감시하고 그들의 무급 노동을 이용하여 백만장자가 된다. 차이점에 주목해보라:《와이어드》의 CEO인 케빈 켈리는 동일한 비즈니스에 대해 이야기하며 이를 "사용자로부터 배우고 그 기여를 바탕으로 구축하는 것"이라는 표현도 하지 않았고,

"집단지성을 잘 포착"하겠다고도 하지 않았다. 그 대신 '집단 주의'와 '디지털 사회주의'를 언급했다. 그는 "모든 사람을 모든 시간에 서로 연결하려는 광적이고 지구적인 차원의 열정이 기술적이면서 개정된 버전의 사회주의를 조용히 진행시키고 있다"라고 〈새로운 사회주의, 집단주의적 글로벌 사회〉[22]에서 말했다. 그가 인용한 사례는 위키피디아와 디그, 스텀블어폰, 레딧, 핀터레스트, 텀블러와 같은 기타 "협업 사이트"이다. 그러나 그는 이들의 사회주의에는 뭔가 다른 점이 있다고 지적한다. 국가로부터 해방된 사회주의이자, **메이드 인 아메리카**이며 디지털 형태라는 점이다.

우리는 할아버지 시절의 정치적 사회주의에 대해 이야기하는 게 아니다. 사실, 새로운 사회주의가 아닌 과거의 운동을 나열하자면 끝도 없이 말할 수 있다. 계급투쟁이나 반미 운동을 말하는 것도 아니다. 사실, 디지털 사회주의는 미국 내 가장 새로운 혁신일 것이다. 구식 사회주의는 국가의 무기였지만, 디지털 사회주의는 국가 없는 사회주의다. 이 새로운 사회주의 브랜드는 정부가 아닌 문화와 경제의 영역에서 작동한다. … 우리는 집단 농장 대신 집단 세계collective worlds에 모인다. 국영 공장 대신 가상의 협동조합에 연결된 데스크톱 공장이 있다. 우리는 삽과 곡괭이를 공유하는 대신 앱과 스크립트와 API를 공유한다.[23] 얼굴이 없는 관료를 마주하는 대신, 우리는 얼굴이 없는 메리토크라시를 가지고 있다. 중요한 것은 할 일을 처리하는 것뿐이다. 국가 생산 대신, 우리는 '동료 생산peer production'이 있다. 정부 보조금과 식량 대신 무료 상용 제품과 서비스를 많이 가지고 있다. … 새로운 사회주의는 사유 재산이 없

우리의 적들은 시스템을 알고 있다

는 중앙집중식 구조의 공산주의가 아니다. 자유시장의 집중적이고 이기적인 카오스도 아니다. 대신, 탈중심화된 공공 조정이 문제를 해결하고, 순수한 사회주의나 순수한 자본주의가 할 수 없는 것들을 창조하는 떠오르는 설계 공간이다.

그런데 같은 이름표 밑에 매우 다른 깃털이 달린 새를 모으는 그의 전술만큼은 높이 평가해줘야 한다. 그는 "'페이션츠라이크미Patients Like Me'는 환자가 자신의 상태를 개선하기 위해 치료 결과를 모으는 곳이다. 트위터로 당신이 생각하는 것을, 스텀블어폰으로 당신이 읽는 것을, 위사베로 당신의 재정 상태를, 한 마디로 웹을 통해 당신의 모든 것을 공유하는 점점 일반화되는 습관은 우리 문화의 근간이다"라고 말하며 위키피디아를 이 맥락에 끼워넣는다. 당시 《와이어드》 독자들은 "무료 상용 제품과 서비스"가 사실상 무료가 아닌 것을 몰랐다. 그리고 "탈중심화된 공공 조정"은 사실상 실리콘밸리와 북부 버지니아에 있는 서버 더미에 집중되어 있으며, 이 무국적 "디지털 사회주의"가 곧 국가의 주요 감시 도구가 될 것도 몰랐다.

웹2.0을 견인한 또 하나의 마법적 수단은 테드TED였다. 현재 《와이어드》의 책임자인 크리스 앤더슨이 2002년에 인수한 컨퍼런스 플랫폼이다. 테드는 캘리포니아 몬테레이에서 열린 컨퍼런스였다. 창립자인 리처드 솔 위먼Richard Saul Wurman은 기술 산업을 엔터테인먼트 및 디자인 산업과 연결하고자 했다. "사람들은 이들이 같은 그룹의 일부라는 것을 몰랐다. 이들이 함께 성장하는 것을 본 적이 없었던 것이다." 그는 수학자 브누아 망델브로와 같이 존경받는 사람들과 스티브 잡스 같은 사업가 그리고 니콜라스 네그로폰테 같은 리더들을 초청해 신화적 분위기를 조성하는데 성공했다. 그러나 수익성 있는 행사는 아니었다. 앤더슨은 이를 이중 상품으로 만들었다. 컨퍼런스는 초대를 통해서만 접근할 수 있었으며 매우 비싼 값을 지불해야 했다. 그러나 이 행사를 녹화한 영상은 세상을 좀 더 나은 곳으로 만들기 위해 "무료"로 풀렸다. 일단 화상 강연이 업로드되면, 강연자들을 불러 모을 필요가 없다. 한 행사에 초대할 필요도 없다. 똑같은 태그를 붙이기만 하면 충분하다.

이것이 하워드 라인골드처럼 참여 민주주의 영역에서 진정한 통찰력을 보여준 인물들이 세스 고딘과 같은 마케팅 업계의 영적 지도자들이나, 아마도 이 모임에서 가장 부끄러운 멤버일 클레이 셔키Clay Shirky와 같은 기회주의자들에게 자신들의 '권위karma'(스페인의 정보 소개 사이트 메네아메meneame.net에서 사용자가 커뮤니티에 기여하는 정도를 나타내는 표현—옮긴이 주)를 쏟아부어준 방식이다.

클레이 셔키의 첫 번째 책은 택시에서 휴대전화를 잃어버린 한 승객이 자신의 휴대전화를 지니고 있던 사람을 추적하여 괴롭힌 방법에 대해 이야기한다. 소셜네트워크에서 대중들의 공분을 일으켜 스스로에게 돌려주려는 것이다. 해석은 황당하게 긍정적이다: "인터넷은 사랑으로 만들어졌다". 두 번째 책은 소셜네트워크의 "과학적, 문학적, 예술적, 정치적인 엄청난 실험"처럼 사람들이 "대규모의 프로젝트에, 때로는 전 지구적 프로젝트에 자발적으로 협력"하면서 사용하는 잉여 재능과 잉여 관심, 즉 "인지적 잉여"에 관한 내용이다. 셔키는 포스팅, 클릭, 리트윗, 흔들기meneo(메네아메에서는 사용자가 흥미로운 기사나 뉴스를 제출하면 나머지 커뮤니티 원들이 투표, 즉 '흔들기'를 할 수 있다—옮긴이 주)로 채워진 인류 잉여의 시간을 조 단위로 추정한다. 세상을 구하기에 충분한 시간이다. 그러나 그가 틀린 것은 분명하다: 지금 우리는 그가 판촉한 것과 같은 플랫폼에 하루 평균 3시간의 인지 잉여를 주고 있으나 세상은 망하기 일보 직전이다. 또 다른 대담에서 그는 플랫폼을 통한 협업이 여타 단체를 통하는 것보다 더 혁신적이라고 옹호한다. 하지만 현재 집단적 행동은 페이스북, 트위터 또는 체인지change.org와 같은 도구를 통한 수동적 참여로 대체되고 있다. "기관들은 항상 그들 자신이 해결책이 되는 문제를 '보존'하려 한다." 케빈 켈리가 자신의 강연에서 인용한 셔키 원칙이다. 세상을 구하고 싶으면 리트윗하라는 것도 마찬가지다. 그가 행한 5회의 강연은 개방적이고 공적인 네트워크를 대규모 데이터 추출 플랫폼이 주도하는 디지털 봉건주의로 몰아가는 경로를 차근차근 보여준다. 이는 정치 활동이 존재할 수 없는 곳에 정치적 행동주의를 몰아넣는 사업 모델이다. 자유 소프트웨어 커뮤니티에서 벌어진 일과 마찬가지로, 그들 모두는 새로운 "공동체적" 플랫폼을 재능의 쇼케이스로 사용할 것을 옹호한다. 시민 기자, 사진작가, 블로거, 뮤지션들의 권리를 요구하는 사람은 아무도 없다.

웹로그 출판 플랫폼 무버블타입은 쌍둥이빌딩 공격이 벌어진 3주 뒤 전문적인 디자인과 패턴과 결합한 형식으로 출시되었다. 누구나 콘데나스트Condé Nast만큼 레이아웃이 좋은 잡지를 만들 수 있다. 블로고스피어는 공개 고발장이 되기도 하고, 사진을 과시적으로 게시하고, 음악을 공유하고, 책, 비디오게임 또는 가젯을 논하는, 자신의 독특한 개성을 표현하고 자신을 유명하게 만들 개인적인 표현 공간이 될 수 있다. 인터넷 스타는 미디어 스타의 클린 버전으로 각광받는다. 그들은 미디어나 경제적인 이익에 종속되지 않고 사심 없는 사람들에 의해 민주적으로 선출되었기 때문이다. 그들은 돈이나 뒷배 없이도 잘 나가는 진정한 스타이며, 오로지 자기 자신의 천재성만으로 자체 발광한다는 점에 이론의 여지가 없다.

하나의 브랜드가 되기 위한 필수조건은 쉽게 식별 가능해야 한다는 점이다. 기존 미디어와 달리 새로운 플랫폼은 각 기여 수단의 영향력에 대한 "과학적" 독해를 제공한다. 방문 횟수와 중복 횟수를 계산하는 도구를 사용하면 가장 많이 방문한 사람의 순위가 나온다. 자연 선택 알고리즘 모델은 '바이럴성'이라고 하는 새로운 성공 표준을 설정한다. 이는 페이지 방문자 수보다 복잡한 것이다. 콘텐츠가 얼마나 재발행되는지, 다른 이들이 해당 콘텐츠를 얼마나 참조하는지와 관련이 있다. 2명의 MIT 학생이 블로그덱스를 출시했다. 참조 횟수에 따라 각 링크의 점수를 수치화하는 시스템이다. 테크노라티는 특정 주제에 가장 영향력 있는 블로그와 게시물을 통해 글로벌 순위와 주제별 순위를 한 번에 매긴다. 이 모델에서 각 뉴스 항목의 순위에 따라 계층적 위치가 변경되는 디그와 같은 외부

뉴스 애그리게이터(기존 뉴스, 정보를 모아 소개하되 웹사이트 운영자가 직접 헤드라인을 선택한다—옮긴이 주) 플랫폼이 탄생한다. 저자는 인터넷에서 새로운 지위를 얻는다: 인플루언서.

처음에 대부분의 인플루언서는 과학, 기술, 디지털 문화와 관련된 특정 분야의 전문가였다. 주요 신문사, 출판사, 음반사, 신흥 갤러리들이 그들을 재빨리 흉내 냈다. 올드 가드에 속한 또 다른 구성원들은 디지털 원주민의 독립성과 독창성을 내세우면서 자신들만의 미디어 제국을 만들기 위한 기회로 삼았다. 개척자들은 출판보도 분야에서 이미 자리를 꿰찬 사람들이었다. 존 바텔은 보잉보잉의 배너 광고를 달았고 닉 덴튼은 강력한 온라인 미디어 회사 고커미디어를 키웠다. 웹로그는 광고를 협상할 때 집단적으로 대응하고자 블로그 컨소시엄을 만들었다. 이는 다량의 외국 콘텐츠가 포함된 문화, 기술, 비디오게임, 새로운 경제 등에 관한 테마 블로그들의 소우주이며, 바이럴을 늘리기 위해 크리에이티브 커먼즈 라이선스로 게시되었다. 광고 대행사가 없는 이들을 위해 구글은 애드센스, 즉 광고를 "민주화"하는 플랫폼을 출시한다. 정치권에서는 새로운 종류의 하이브리드가 형성되기 시작했다. 절반은 팸플릿, 절반은 블로그. 시민운동의 분위기와 에너지를 모방하지만 거리에서 나온 것은 아니다. 그리고 주류 통신 미디어의 "부패한 제국"이 끝장나기를 열망한다.

《드럿지리포트》는 1996년 우파들의 메일링리스트로 태어났지만 입지를 다진 계기는 백악관 동료와 빌 클린턴 대통령 사이의 "부적절한 관계"를 독점 보도한 것이다. 르윈스키 스캔들로 영향력 있는 우파 매체가 되었던 것이다. 일반적인 주요 언론 규범에 따르지 않았기 때문에 누구도 감히 출판할 수 없는 것, 그중에는 사실이 아닌 것도 있지만 어쨌든 이를 출판할 수 있는 놀라운 능력을 보여줬다. 초기 단독 보도들을 분석한 결과 61%만이 진짜 단독이었고, 그중에서도 36%는 사실, 32%는 거짓, 나머지 32%는 절반만 진실이었다. 의심스러운 자료가 폭스와 같은 그룹에 의해 정기적으로 복제되고 증폭되어 상업적이고 정치적인 목적에 복무하게 되는 가짜뉴스의 새로운 시대, 밈이라고 불리는 일종의 변종 바이럴 콘텐츠의 시대가 열리게 될 것이었다. 리처드 도킨스는 그의 베스트셀러 《이기적 유전자The Selfish Gene》에서 이를 "자가 복제 아이디어"로 부르자고 제안했다. 네트워크에서 기존 콘텐츠들은 맥락과 달리 편집되거나 결국에는 원본 자체를 풍자하는 것으로 바뀐다. 라틴 드라마의 강렬함과 의회라는 서사를 갖춘 정당정치는 밈의 무한한 원천이다. 《드럿지리포트》의 카운터파트는 《허핑턴포스트》다. 민주당 쪽 주요 칼럼니스트 그룹이다.

아리아나 허핑턴Arianna Huffington은 《워싱턴포스트》를 경쟁 상대로 삼았지만 기사 작성 인원은 1/10이 채 되지 않았다. 명성도, 축적해놓은 아카이브도 부족했다. 구글 검색엔진에서 자기들의 기사가 많이 나오게 하려면 헤드라인을 내용으로 매우 빠르게 채워야했고 모든 것이 매우 "바이럴"해야 했다. 그는 해당 분야 전문가인 앤드류 브라이트바트Andrew Breitbart와 조나 페레티Jonah Peretti와 협력했다. 앤드류는 매트 드럿지와 일했던 인물로, 독자들을 어떻게 "꼬시는picar"지에 대해 알고 있었다. 조나 페레티는 MIT 학위 과정을 통해 바이럴의 레시피를 발견했다. 간략히 요약하면 이렇다. 그는 신발을 개인 맞춤형으로 만들어준다는 나이키 광고를 보고 스웨트샵sweatshop이라는 단어를 요구했다. 나이키는 거부했다. 부적절한 용어이기 때문에 프로모션 조건을 벗어났다는 것이다. 조나는 옥스퍼드 사전을 검색해서 그 뜻을 알아냈다. "공장이나 작업장, 특히 섬유 산업에서 근로자들이 매우 열악한 조건에서 장시간 동안 매우 낮은 임금으로 고용된다." 나이키는 그 단어가 지적재산권에 의해 보호되어 있으며 합법적으로 재사용될 수 없다고 대답했다. 조나와 브랜드 사이에는 재미있는 대화가 이어졌으며 미디어적 현상이 될 때까지 여러 메일링리스트에서 공유되었다. 조나는 오후 방송 프로그램들에 출연해 섬유 산업 노동자들의 근로 조건에 대해 이야기하기도 했다. 그는 자신의 새로운 지위에 놀랐고, 기발하게 바이럴 공식을 찾아내기 시작했다. 정확한 특질을 찾기 위해 다양한 형식과 측정 항목으로 실험했다. 그리고 아리아나가 자신을 스카우트 할 때쯤 이미 콘텐츠에 다리를 달아주고 있었다. 그들은 곧 사업가 켄 레러를 만나《허핑턴포스트》를 설립했다.

아리아나 허핑턴이 가졌던 문제의식이 새로운 것은 아니다. 1990년대 초 MTV는 비슷한 일을 겪었다. 과거의 텔레비전 문화를 마이클 잭슨, 마돈나, 듀란듀란의 뮤직비디오로 정의한 뒤, 시청자가 이제는 축구와 드라마를 보지만 자기들은 그걸 살 돈이 없다고 탄식했다. 절망의 순간에 그들은 자기 채널에서 드라마를 저렴하게 만들기로 결심했지만 예산 제약으로 인해 난관에 부딪혔고, 어쩔 수 없이 리얼리티 TV를 발명하게 됐다. 〈더리얼월드The Real World〉는 스타, 장소, 배경음악, 대본 없는 연속극과 같았다. 더 이상 저렴하게 제작하는 것은 불가능했다. 몇 달 동안 소호의 한 집에 7명을 가둬놓고 무슨 일이 일어나는지 지켜봤다. 가구에서부터 심지어 감자튀김까지 전체 프로덕션이 마케팅 계약의 일부였다. 주인공은 전체 시즌 동안 총 1,400달러를 받았다. 회사는 돈을 많이 지불하는 대신 출연자들이 많은 관심과 명성을 얻어 나중에 부자가 될 거라고 설명했다. 그들은 프로그램을 홍보하며 "이것은 낯선 사람들이 한 집에서 살고, 함께 일하면서 그들이 더 이상의 친절을 포기하고 현실적인 모습을 드러낼 때 어떤 일이 일어나는지 보기 위해 실제의 삶을 촬영한 실화입니다"라고 말했다. 제작자들은 조니 페레티보다 먼저 바이럴의 비밀을 발견했다. 병리적 자기애, 극도의 비합리성, 이념적 광신주의의 조합은 사람들과 계속 부대낄 때 더욱 심각해졌고 여성혐오, 인종주의, 폭력성, 비열함이 펼쳐지는 대서사시를 만들었으며 미국은 이를 병적 매력과 혐오감이 뒤섞인 마음으로 탐식하기 시작했다. 리얼리티는 현실 그 자체보다 더 "리얼"했다. 그리고 무엇보다도 훨씬 더 바이럴했다.

허핑턴은 수백 명의 블로거들에게 1,400달러를 주지도 않고 이와 똑같은 제안을 한 것이다. 블로거들은 아마존 지역과 공공도서관들을 지키기 위해 싸우고, 앨 고어처럼 여러 회사를 끼고 눈에 엄청나게 잘 띄는 플랫폼에서 민주주의를 수호한다는 만족감을 느끼며 돈을 받지 않고 글을 썼다. 허핑턴은 콘텐

우리의 적들은 시스템을 알고 있다

츠가 잘 기능하면 미디어들의 관심을 끌어서 그들이 어떤 이유로든 돈을 지불할 것이라고 했다. 처음에는 표지와 잇더프레스Eat The Press, 딱 두 페이지만 있었다. 위기의 해(리먼브라더스 파산 이후 세계 자본주의 위기가 발생한 2008년을 뜻함—옮긴이 주)는 《허핑턴포스트》 황금의 해였다. 일단 수백만 명의 언론인이 실직했다. 오바마가 예비 선거에서 힐러리를 이기더니 결국 대선에서 존 메케인까지도 이겨버리는 역사적 승리를 거뒀다. 이로써 아리아나의 언론은 워싱턴 지배계급에게 지나치게 흡수되어버린 전문가 보도를 대체할 실질적 대안으로 떠올랐다. 시민에 복무한다는 것이었다. 여기서 그들은 〈오프더버스 Off The Bus〉라는 시민 정치 저널리즘 역사에 족적을 남긴 코너를 만들었다.

캠페인이 언론을 어떻게 조작하는지를 다룬 티모시 크라우즈Timothy Crouse의 〈더버스보이스The Bus Boys〉[24]에서 영감을 받아 우리는 시민 기자들에게 경마식 보도, 일반적인 언론을 지배하고 있던 수직적 보도 행태에서 벗어나라고 요청했다. 우리는 기존 기자들이 그동안 잘해온 것들을 하지 않았다. 우리는 그들이 할 수 없었던 것, 하고자 하지 않았던 것에 집중했다. 선거운동본부로 가서 거기서부터 캠페인을 취재하라. 디지털 기술은 독점화된 저널리즘 제작 현실을 깨뜨렸다. 우리는 현실을 십분 활용하여, 아마도 우리 시대에서 가장 중요하게 남을 선거를 보도하기 위해 수천 명의 평범한 (때로는 종종 비범한) 사람들을 조직했다.[25]

"아리아나는 작가들이 자신의 능력을 홍보할 수 있는 장소를 제공한 것이다. 이 장소는 작가 지망생을 위한 일종의 구획 광고였다. 단지 차이가 있다면 일반적인 광고와 달리 그들에게 돈을 청구하지는 않았다."함께 일했던 글린니스 맥니콜은 《비즈니스인사이더》와의 인터뷰에서 말했다.[26] 《허핑턴포스트》는 2008년 위기 당시 전통적인 재정 모델과 기자들을 보유했던 다른 디지털 미디어들이 추락한 것과 달리 백만장자가 되었다. 2011년 아리아나는 AOL에 《허핑턴포스트》를 315만 달러에 매각했다.

이 소식이 전해지자마자 《허핑턴포스트》에서 자신의 프로젝트를 진행했던 시민기자들은 굴욕감을 느꼈고 속았다고 생각했다. 그들 중에는 변호사도 있었다. 조나단 타시니는 프로젝트를 진행하기 위해 무급으로 일한 블로거 9,000명을 대리하여 집단소송을 제기했다. 《허핑턴포스트》 대변인은 "이 소송은 근거가 없다. 당사의 블로거는 당사 플랫폼뿐만 아니라 기타 무료 웹 플랫폼을 사용하여 가능한 많은 사람들이 자신의 작업을 보고 연결되도록 한다. 사람들이 자신의 의견과 아이디어를 홍보하기 위해 텔레비전에 나오는 이유도 마찬가지다. 블로거는 자신의 웹사이트를 포함한 다른 사이트에 자신의 작업을 중복 게시할 수 있다." 존 코엘트 뉴욕 주 판사는 이 사건을 기각했다. "아무도 원고에게 《허핑턴포스트》에 자신의 연구 결과를 발표하도록 강요하지 않았으며, 원고는 이에 대한 보상이 없다는 것을 분명히 알고 있었다"라고 했다. 타시니는 "개별 제작자들이 무료로 일해야 한다는 이 아이디어는 전 세계 주류 미디어를 통해 번져나가는 암과 같다. 때문에 미래의 표준을 만들어야 한다"라고 말했다. '허프포스트 Huffpost(《허핑턴포스트》의 애칭으로 2017년부터는 정식 명칭으로 쓰이고 있다—옮긴이 주)'는 월 평균 2억 회 방문을 자랑하는 글로벌 미디어가 되어 15개국으로 뻗어 나갔다. 한편, 브라이트바트는 《브라이트바트뉴스》와 함께 우회전했다. 페레티와 레러는 버즈피드라는 이름으로, 바이럴성 콘텐츠 메트릭만 취급하는 자신들만의 매체를 만들었다.

새로운 시민 저널리즘이란 태그는 뉴미디어 생태계에 블로고스피어의 정신을 가미했지만 그것은 철저히 위계적이고 중앙집중적이며 수익성을 극대화하는 데 최적화된 것이었다. 한편, 블로고스피어의 대부분은 발견되기를 기다리는 개인 블로그였다. 방문 수가 백만 번에 이르는 보잉보잉처럼 될 수 없다면, 애드센스가 최후의 보루임이 입증됐다. 네트워크는 돈, 불의, 불평등의 제국에 대항하는 게릴라들이 가진 훌륭한 도구이며 그들이 진정한 재능을 보여줄 수 있는 거대한 쇼케이스지만 그 과정이 너무나 고되다. 고커, 허핑턴과 같은 노드는 다른 노드보다 훨씬 많은 트래픽을 집중시킨다. 새로운 슬로건은 별로 힘들이지 않고 바이럴을 찾아내 자동화된 콘텐츠를 수용하며 상호 연결을 최대화한다. 그러나 누군가 링크해주길 바라며 하루에 3개의 기사를 쓰는 것보다 더 직접적이고 효과적인 방법이 많이 있다. 더 짧고, 더 빠르고, 더 단순하게. 그리고 또 한 가지: 익명 군중의 힘을 강화하는 노드가 되려고 하지 말고 좋아요 수, 팔로워 수, 다운로드 수, 리트윗 수에 의해 그 상업적 가치가 정확한 방식으로 계산되고 업데이트되는 네트워크의 중심 브랜드가 될 것. 아랍의 봄이 닥쳤을 때 활동가들은 소셜네트워크로 집단 이동하고 있었다.

그런데 그보다 먼저 해야 할 이야기가 있다. P2P 커뮤니티는 유럽 의회에 진출했고, 온라인 시민권을 수호하는 첫 번째 싸움을 시작했다.

다원적 진화: 냅스터에서 파이럿베이까지

냅스터는 끝났다. 그런데 RIAA 때문은 아니다. 음반사들의 박해는 P2P를 순전히 자연선택에 기반을 둔 기술 진화의 과정으로 밀어 넣었다. P2P 1세대의 표본인 냅스터와 오디오갤럭시는 사용성을 고려하여 설계되었으며 비록 음악 파일은 포함되지 않았지만 시스템 작동에 필수적인 중앙 서버가 있었다. 이는 적이 바로 처단할 수 있도록 목숨을 내놓은 것이나 다름없었다. 냅스터 다음 세대는 이 위험한 부록을 없애고 점점 더 분산된 형태를 채택하여 정보가 최종 목적지에 도달할 때까지 시스템의 모든 노드에 의해 동시에 공유될 수 있도록 파편화했다. 용이 아니라 벌떼가 되어 증식하면서 파괴되지 않을 수 있었다. 2000년 3월, 저스틴 프랑켈Justin Frankel과 톰 페페르도스 Tom Pepperdos는 세계 최초의 완전 분산형 피어네트워크인 그누텔라Gnutella를 출시했다. 과거에 일했던 회사 널소프트의 서버에서 호스팅했지만 이 회사를 곧 AOL이 사들였고, AOL이 프로젝트를 중단하고 배포를 금지하는 데 24시간도 걸리지 않았

파이럿베이와 위키리크스의 로고.

다. 다행히 그누텔라는 GPL 라이선스 하에 있었다. 슬래시닷이 소스 코드를 공유하자 프로그램은 바이럴화되었다. 아키텍처, 자유 소프트웨어, 정치적 불온함의 조합은 완벽한 마법의 가루였다. 그날 완전히 분산되어 제거가 거의 불가능한 차세대 P2P 시스템, 수백 개의 클론이 탄생했다. P2P 운동을 향한 당국의 부적절한 대응은 운동의 양식도 변화시켰다.

　중요한 사건은 2006년 5월 파이럿베이Pirate Bay 사무소에 대한 습격이었다. 경찰은 영화와 노래만 들어 있는 컴퓨터들을 압수하려고 마치 마약 단속반이 작전을 펼치듯 20세의 활동가 3명을 체포했다. 이것은 더 이상 기술과 노래에 관한 사안이 아니라 주권과 자본에 관한 문제가 되었다. 미국 엔터테인먼트 회사들의 로비와 이익을 보호하기 위해 스웨덴 땅에서 스웨덴 시민들을 상대로 스웨덴 경찰이 행동했다. 다시 한 번 민주적으로 선출된 정부가 자국민의 시민권을 침해하고, 외국의 다국적기업을 위해 복무했다. 저작권 침해만의 문제가 아니라 권력의 문제였다. 파이럿베이는 슈퍼 노드로 변해 있었다. 경찰이 도착했을 때 인터넷 전체 트래픽의 1/3이 움직였다.

습격은 다운로드를 억제하는 데 별 효과가 없었다. 스웨덴의 해적들은 다른 분산 프로토콜인 비트 토렌트를 사용했다. 웹사이트는 3일 만에 다른 국가의 서버에서 활동을 재개했다. 그리고 3년 후 워너브라더스, 엠지엠, 이엠아이, 컬럼비아픽처스, 20세기폭스, 소니비엠지, 유니버설의 집단소송으로 인해 3명의 관리자가 1년의 징역형을 선고받을 때도 여전히 그런 식으로 운영되고 있었다. 파이럿베이 창업자 갓프리드 스바트홀름Gottfrid Svartholm, 피터 순데Peter Sunde 그리고 프레드릭 네이Fredrik Neij는 "저작권이 있는 콘텐츠를 이용 가능하게 도왔다"라는 혐의로 기소되었다. 그러나 선고 당일 파이럿베이에는 380만 명의 가입자, 170만 개의 토렌트, 1300만 개의 노드가 있었다. 이 습격은 파일 교환을 중단시키지 못했을뿐더러 활동가들이 변두리에서 서성거리는 게 아니라 정치 한복판에 들어가도록 만들었다.

선고 3개월 전에 기술 사업가 리카르트 팔크빙에Rick Falkvinge는 최초로 공식 "해적당Piratpartiet"을 창당했다. 그는 지적재산권에 관한 스웨덴 의회의 토론과 결정에 참가하기 위해 정당을 만들었다. 당시 의회는 무지와 무관심의 위험한 조합이 지배적인 곳이었다. 경찰의 드라마틱한 행위는 해적당원 수를 2,200명에서 6,600명으로 늘렸고 미국, 오스트리아, 핀란드에서 해적당이 탄생하는데 영감을 주었다. 해적당이 첫 번째로 누린 영광의 순간은 2009년 유럽의회 선거였으며, 이 선거에서 7.1%를 차지한 후 크리스티안 앵스트룀을 유럽 최초의 해적당 유럽의회 의원으로 임명했다. 영국과 독일에서도 해적당이 설립되고 벨기에에서 국제해적당이 창당되었다. 벌금을 내지 않고 노래를 공짜로 다운로드하려는 너드들의 모임이 아니었다. 정치적 개입 능력을 가진 국제적이고 분산화된 운동이었다. 그들은 세상을 바꾸려 하지 않았다. 인프라 제어, 데이터 트래픽 관리, 지적재산권 관리와 관련하여 입법부의 관심과 이해에서 멀리 떨어진 정치적 논쟁의 한 측면을 소개하려던 것뿐이다. 이후로 그들은 입법 과정과 다양한 산업들의 로비라는 항구적 압력에 맞선 감시자로 활동했다. 문화 영역뿐만 아니라 감시, 검열, 조작이 벌어지는 데이터 자본주의의 가장 우려스러운 영역도 그들의 활동 범주였다.

2012년 해적당 컨소시엄은 보호 대상 자료를 호스팅한 혐의로 고발된 플랫폼을 폐쇄할 수 있는 법안, 단일 웹페이지에서 한 번만 위반해도 전체 도메인에 대한 액세스를 차단할 수 있는 법안의 입법을 막아냈다. 온라인상에서 받은 수백만 명의 지지와 블로고스피어의 도움으로 가능했다. 두 법안의 이름은 온라인해적행위방지법SOPA, Stop Online Piracy Act 및 지적재산권보호법 PIPA, PROTECT IP Act이었다. 위키피디아, EFF 및 심지어는 구글까지 포함하여 수천 개의 웹페이지가 항의 포스터를 내걸고, "문을 닫은", "정전"(두 법안에 반대해 2012년 1월 17일 위키피디아 홈페이지를 하루 폐쇄한 일. 스스로 정전Blackout이라고 명명했다—옮긴이 주) 이후, 미국 의회와 백악관을 반성하게 한 "네트워크의 힘"에 관한 기사, 에세이, 칼럼이 눈에 띄게 생성되었다. 여러 차례 전쟁을 치른 후 버락 오바마는 "표현의 자유를 줄이는 입법안"을 지지하지 않겠다고 밝혔다.[27] 승리는 공짜로 오지 않았다. 바로 하루 뒤, 메가업로드를 설립한 괴짜, 킴 닷컴Kim Dotcom은 파이럿베이에서 몇 년 전에 벌어졌던 일처럼 드라마틱하고 파괴적인 방식으로 뉴질랜드 집에서 제압당했다. 몇 주 후, 유럽에서는 네트워크의 기본적인 자유를 침해하는 것 외에 제네릭 의약품의 생산마저 위태롭게 하는 조약인 위조및불법복제방지협약ACTA에 대한 항의가 계속됐다. 폴란드 정부가 조약에 서명한 날, 폴란드 의원들이 〈브이 포 벤데타〉의 가이 포크스 마스크를 쓰고 의회에 나타났으며, 행정부의 모든 페이지는 디도스DDOS(분산서비스거부공격)로 차단되었다.

당시 형성된 정치 그룹이 해적당만 있는 것은 아니다. 홀리건처럼 공포감을 주는 익명의 다수로 구성된 군단 어나니머스Anonymous는 2008년 아주 특별한 검열 행위를 하려는 사이언톨로지교를 처벌하기 위해 분산화된 행동의 힘을 이용하기 시작했다. 이 종파의 변호사들은 인터넷에 떠도는 9분짜리 강렬한 동영상을 제거하려 애썼다. 이 영상에서 톰 크루즈는 "자동차 사고에서 도움을 줄 수 있고 마약을 끊게 할 수 있는 유일한 사람들"이 사이언톨로지 교인들이라고 확신한다. 이 비디오는 너무 재미있었고 당연히 바이럴화되었다. 교회가 배포를 막으려고 할 때, 어나니머스는 서버에 일련의 디도스를 시작했다.[28] 교회 사무실에 터무니없는 전화하기 캠페인을 벌였다. 예전 교인들을 대상으로 한 갈취 또는 교단의 탈세 등 어두운 행위들을 고발했다. 그리고 유튜브에 새로운 시대의 시작을 알리는 영상을 공개했다. "우리는 인터넷에서 당신들을 추방하고 현재의 모습대로 사이언톨로지교를 체계적으로 해체할 것이다. … 우리는 어나니머스다. 우리는 군단이다. 우리는 용서하지 않는다. 우리는 잊지 않는다. 우리를 믿어라."

이 영상을 통해 어나니머스는 대규모 감시의 시대에 새로운 반골 정신을 실현했다. 스노든이 NSA의 프로그램을 공개하기 훨씬 전의 일이다. 이들의 영향력은 〈미스터로봇〉과 같은 시리즈나 가이 포크스의 얼굴을 한 시위대의 마스크에서도 확실히 찾아볼 수 있다. 그러나 그 진정한 정치력은 2010년 12월 버락 오바마 정부가 위키리크스 페이지를 폐쇄하고 금융 기관과 플랫폼에 기부금을 줄이도록 압력을 가한 시점에 나타났다. 당시 위키리크스는 기부가 유일한 재원이었다. 오바마는 줄리안 어산지가 선택한 5개의 미디어 ―《엘파이스》,《르몽드》,《슈피겔》,《가디언》,《뉴욕타임스》― 와 위키리크스가 협력하여 미국 정부의 외교 전문 편집본을 출판하자 탄압했다.

오바마는 자료의 소스를 공격했다. 왜냐면 그렇게 할 수 있기 때문이다. 메이저 언론사 중 어느 곳도 보도한 내용으로 불이익을 당하지 않았다. 수정헌법 1조는 정부를 자극하는 뉴스를 게시할 권리를 보장하고 있기 때문이다. 위키리크스는 주요 언론사가 아니며 소스로 사용되었을 뿐이다. 그리고 주요 언론사들은 자신들의 소스를 보호하지 않았다. 해적당은 즉시 서버를 제공하여 가능한 빨리 시스템을 재개하도록 도움을 줬다. 그리고 페이지의 수십 가지 미러 버전(패키지 콘텐츠만 가지고 있다가 서버 등에서 필요한 메타데이터를 전송하는 것—옮긴이 주)을 유지시켰다. 어나니머스는 미국 정부에 굴복한 다국적 기업에 맞서, 또 미국 정부 자체에 맞서 디도스의 물결을 일으켰다. 그들은 디지털 정치인이었고, 어디에나 동시다발적으로 존재했다.

디도스를 수행하기 위해 공격자는 봇 군대를 만들어 네트워크의 여러 부분에서 서버에 과부하가 걸리게 하고 시스템이 충돌할 때까지 수백만 건의 요청을 일으켜 서버를 공격한다. 목표는 모든 리소스 또는 대역폭을 소비하여 서버를 작동하지 않게 하는 것이다. 도메인이 호스팅된 서버에서 공격을 실행하고 이 방법으로 페이지를 무너뜨린다. 어나니머스는 아마존, 비자, 페이팔, 마스터카드의 페이지를 공격했다. 이 새로운 유형의 행동주의는 기술 권력의 사이버전쟁 전술과 사이버 범죄자들의 컴퓨터 하이재킹으로 모방되고 이지러졌으나, 당시에는 권력을 쥐지 않고 세상을 바꾸는 하나의 방법이었다.

냅스터는 또 다른 흥미로운 모습으로 환생했다. 각 가정을 연결하는 통신 산업에 새로운 활력을 불어넣었고 역시 승리를 쟁취했다. 2003년 에스토니아 개발자들은 덴마크인 야누스 프리스와 스웨덴인 니클라스 젠스트롬의 P2P, 카자Kazaa를 가져와서 국제 전화 및 대륙 간 전화를 포함하여 자유롭게 통화할 수 있는 네트워크로 전환했다. 스카이프Skype의 탄생이었다. 그

때까지, 장거리 전화는 전송 비용에 비해 가격이 합당하지 않았다. 과하게 비쌌다. 2005년 사업자들은 스카이프를 망하게 하려고 P2P 트래픽을 적극적으로 차단하는 등 인프라 지배력을 행사했다. 월드와이드웹의 트래픽과는 달랐기 때문에 비교적 쉬웠다. 그들은 네트워크 소유주가 데이터 트래픽에 개입하지 말아야 한다는 망 중립성의 원칙(모든 네트워크 사업자와 정부들은 인터넷에 존재하는 모든 데이터를 동등하게 취급하고, 사용자, 내용, 플랫폼, 장비, 전송 방식에 따른 어떠한 차별도 하지 않아야 한다는 원칙—옮긴이 주)을 무시하고 사용자에게 엄청나게 비싼 전화 요금을 지불하라고 강요했다. 스카이프를 차단하고 금지하려는 시도는 2년 이상 계속되었지만, 그 뒤 음성인터넷프로토콜VoIP 트래픽이 상용 전화 시스템에 통합되었고 통화 요금은 현재 수준으로 낮아졌다.

P2P 기술에 대한 가장 심각한 법적 공격은 스페인에서 일어났다. 푸로무시카에Promusicae(스페인 음반 산업을 대표하는 단체—옮긴이 주)와 세계적인 메이저 음반사들 —워너, 유니버설, 이엠아이, 소니비엠지— 이 파블로 소토Pablo Soto를 '마놀리토 P2P'의 설립자라는 이유로 고소했다. 당시 마놀리토Manolito는 역사상 가장 많이 다운로드된 스페인의 파일 공유 프로그램이었다. 불법 다운로드를 수소폭탄에 비유하고 소프트웨어를 "대량살상무기"라고 비난하며 1300만 유로를 청구했다. 노래 한 곡의 값을 임의로 정하고 프로그램의 초기부터 계산해서 마놀리토의 최대 사용자 수에 다운로드할 수 있는 최대의 수를 곱한 추정치였다. 그들이 이겼다면 그들은 소토 개인을 파

산시킬 뿐 아니라 유럽연합 전역에서 피어네트워크를 영원히 끝장냈을 것이다. 3년 후, 판사는 "파일 교환을 촉진하는 행위는 헌법에서 금지된 행동이 아니다"라는 이유로 이 사건을 기각했다. 파블로 소토는 현재 좌파 정당 연합인 아오라마드리드Ahora Madrid의 구성원으로 활동하고 있다. 마드리드 시의회의 '시민 참여와 투명성 및 열린 정부' 분야 책임자로서 그를 감옥에 가둘 뻔했던 프로젝트들을 실행하고 집단적 참여를 위한 개방형 모델 구축에 전념하고 있다. 그가 생각하는 P2P는 상호 지원과 공동 이익에 기반을 둔 지속 가능한 사회를 목표로 국가와 시장을 개혁하는 데 필요한 핵심 도구 중 하나다.

"P2P는 개인이 공통 자원의 생성 및 유지에 기여하면서 동시에 이익을 얻을 수 있는 시스템을 완벽하게 묘사한다." 미셸 바우엔스, 바실리스 코스타키스, 알렉스 파자이티는 그들의 책《P2P, 커먼즈 선언Peer to Peer. The Commons Manifesto》의 첫 페이지에 이렇게 썼다. 이 책은 2019년 3월 크리에이티브 커먼즈 라이선스에 따라 출판되었다. 독자들은 여기서 카를로 치폴라의 사분면과 리처드 스톨만의 GPL을 떠올릴 것이다. 힘이 가능한 한 분산되도록 설계된 구조로 대부분의 사람들은 자신을 해치지 않고 이익을 얻을 수 있다. 그러나 P2P는 어느새 정치적 행동주의의 상징으로만 남게 됐다. 이제 대부분의 사람들은 P2P를 사용하여 음악을 듣지 않는다. 음악을 찾는 이들은 모두 스포티파이로 갔다.

P2P는 더 이상 음반 산업에 위협이 되지 않는다. 이는 RIAA나 당국의 공격 탓이 아니다. 스티브 잡스, 클라우드, 스마트

폰, 데이터 고정 요금 탓이다. 이들은 엔터테인먼트를 스포티파이, 넷플릭스와 같은 주문형 구독 모델을 통해 소비하도록 밀어붙였다. 아이튠즈가 열어낸 길이다: 사용자들을 더 이상 고소하지 않는 대신에 편리하고 합리적인 출구를 제시하는 것. 애플이 자신이 요리한 케이크에서 스포티파이가 많은 조각을 떼어가게 내버려뒀다면, 그건 아마도 숀 파커가 스티브 잡스로부터 교훈을 얻었기 때문일 것이다.

냅스터 공동 창립자였던 숀 파커는 스웨덴 음악 사이트 스포티파이와 음반 레이블 사이를 오가며 사절단처럼 행동했고, 주요 투자자가 되었다. 스포티파이가 미국에 상륙했을 때 아직 사업화되지 않은 베타 버전을 통해 수백만 건의 불법 MP3 파일이 유통됐지만, 곧 "불법 해적 행위를 대체할 실행 가능한 대안"으로 자리 잡았다. 잡스는 3개월 뒤 세상을 떠났다.

그가 이 상황을 어떻게 받아들였을지 우리가 지금 알 방법은 없지만, 즐거워했을 거라고 나는 생각한다. 영화 〈쇼걸 Showgirls〉에서 크리스탈 코노가 노미 말론에게 말한 것처럼, 더 젊고 더 배고픈 사람이 당신 뒤에서 계단을 내려오고 있다.

반자본주의 운동에서 웹2.0으로

"'월스트리트를 점령하라 Occupy Wall Street' 구호는 트위터의 #해시태그 hashtag에서 시작되었다. 그리고 사람들이 월스트리트를 진짜 점령하자고 말할 때까지 약 3~4개월 동안은 단지 해시태그에 지나지 않았다. … 가장 재밌는 건, 만약 우리가 시간을 거슬러 올라가 트위터를 만든 에반 윌리엄스, 잭 도로시, 비즈 스톤에게 당신들이 창작한 플랫폼이 해시태그를 사용해서 전 세계의 투쟁을 조직하는 데 사용될 거라고 얘기해준다면, 그들은 이렇게 말할 것이라는 점이다. '해시태그가 뭐죠?'" 스티븐 존슨이 말했다.[29]

트위터는 대화 주제를 표시하기 위한 태그와 같은 기호를 구현해놓지 않았기 때문에, 2007년 구글 디자이너 크리스 메시나Chris Messina가 필요에 의해 "발명"했다. 플랫폼 소유자들이 그것을 시스템에 공식적으로 통합하는데 2년이 걸렸지만, 이제는 태그들이 새로운 앞표지가 됐다. 윌리엄 깁슨이 말했듯 거리는 언제나 사물에서 예기치 않은 쓰임새를 찾아낸다the street finds its own uses for things. "모든 것은 7월 13일에 충분히 무해한 방식으로 #월스트리트를_점령하라#OccupyWallStreet고 촉구하는 블로그 게시물에서 시작되었다. '점령하라' 운동은 지도자가 없는 분산된 운동이며 오직 인터넷만을 사용해 전 세계 수천만 명의 사람들을 동원했다. 군중은 트위터, 페이스북, 밋업을 통해 대규모로 조직되고 연결되었다."《로이터》에 실린 기사 일부다. 이러한 설명에서 우리가 이끌어낼 수 있는 이야기는 트위터 사용자가 제작자의 의도와 이해를 초월한 방식으로 플랫폼을 사용할 수 있다는 것이다. 마치 사용자가 제작자보다 플랫폼을 더 잘 이해하는 것 같다. 이 플랫폼 없이는 그렇게 많은 사람들이 하나의 목적을 가지고 모일 수 없을 것 같다. 또한 플랫폼들 자체가 마치 그 플랫폼을 사용한 운동처럼 탈중심적이고 리더가 없다는 걸 의미하는 듯 보인다.

모든 것이 하나의 메일링리스트에서 시작된 것은 맞다: '#OccupyWallStreet. Are you ready for a Tahrir moment?' 타흐리르의 순간을 맞이할 준비가 되셨습니까? 이는 광고의 언어로 광고를 파괴하기로 유명한 반자본주의 팬 매거진(동호인들이 만드는 잡지—옮긴이 주) 《애드버스터Adbusters》의 베테랑 편집자 칼레 라슨과 미카 화이트가 2011년 7월 13일에 시작한 것이었다. 그리고 2007년 메시나가 발명했다는 해시태그는 사실 IRC 채널들에서 사용하던 것을 말 그대로 "복사"한 것이다. 태양 아래 새로운 것은 없다지만, 전설에는 시작이 있다.

전설에서 "타흐리르의 순간"은 2010년 6월 와엘 고님Wael Ghonim이라는 구글 직원이 페이스북에서 "우리는 모두 칼레드 모하메드 사이드Khaled Mohamed Saeed다"라는 그룹을 열면서 시작되었다. 익명 그룹이었다. 인터넷 카페에 있던 28세의 이집트 컴퓨터 과학자 모하메드 사이드를 알렉산드리아의 경찰관 2명이 길거리로 끌어냈고, 그는 결국 살해당했다. 마약 밀매 네트워크에 경찰관이 연루된 증거 비디오를 게시했다는 이유였다. 공식 보고서에 따른다면 사이드가 해시시 뭉치를 삼키려다가 질식한 것이지만, 그의 형제가 시신 사진을 공개했고 이후 페이스북 페이지는 민란의 진원지가 되었다. 2011년 1월 25일 타흐리르 광장에 수십만 명의 이집트인들이 모여 시위를 벌였다. 그들은 30년 독재를 이어온 호시니 무바라크 이집트아랍공화국 대통령의 사임을 촉구했다.

수백 명의 사람들이 시위 중에 사망했지만 튀니지에서 기적이 반복되었다. 한 달 전, 모하메드 부아지지Mohamed Bouazizi라는 거리의 상인이 그의 물건들을 빼앗은 튀니지 경찰에 항거하여 정부 청사 앞에서 분신했다. 그의 사촌은 휴대전화로 영상을 찍어 페이스북에 올렸다. 유명한 정치 블로거가 공유하고 《알자지라》가 이를 모아 편집해 반복적으로 방송했다. 이 끔찍한 죽음으로 24년 동안 "대통령"이었던 벤 알리를 몰아낸 반란이 일어났다. 시리아의 독재자 바샤르 알-아사드, 예멘의 알리 압둘라 살레, 알제리의 압델라지즈 부텔리 카에 대항하는 저항이 이어졌다. 서방에서 이 모든 충돌은 #아랍의_봄#PrimaveraÁrabe.으로 태그되었다.

독재자를 쫓아낸 건 아랍 사람들이지만, 주인공은 소셜네트워크였다. 고님은 같은 해 제네바에서 열린 테드 강연에서 "이것은 혁명2.0이다. 모든 사람이 영웅이기 때문에, 영웅은 없다"라고 했다. 그의 이야기에서 진짜 영웅은 다음과 같다: 인터넷, 기술, 블랙베리, SMS. "유튜브, 트위터, 페이스북과 같은 플랫폼은 우리를 돕는다. 왜냐면 기본적으로 우리에게 '와, 난 혼자가 아니야'라는 인상을 주기 때문이다. 이들이 좌절한 사람보다 더 많다." 버거는 대중 시위를 일컬어 '자신의 역할을 창조하기 위해 모인 것이지, 요구되는 역할을 수행하려고 모이는 것이 아니'라고 말한 바 있다. 길거리에서 시위가 일어나기 전에 사람들이 페이스북에 모인다면, 이때 페이스북의 역할은 아랍인들이 권위주의 정권을 종식시킬 수 있도록 돕는 것이어야 한다. 이는 구글의 중동 및 북아프리카 최고 마케팅 책임자인 고님의 발언이다. CNN에서 혁명이 페이스북 덕분이라고 생각하는지 물었을 때, 고님은 "절대적으로 그렇다"라고 말했다. 혁명은 끊임없이 녹음하고 공유하는 열린 눈과 귀의 총체인 수십만 대의 휴대전화에 의해 송출되었다. 활동가 파와즈 라쉬드Fawaz Rashed는 다음과 같이 트윗했다. "우리는 페이스북으로 시위 스케줄을 짜고, 트위터로 시위를 기획하고, 유튜브로 세상에 알린다."

처음에 이집트 정부는 튀니지처럼 트위터와 페이스북에 대한 접근을 차단했다. 그다음 전례 없는 일을 벌였다. 네트워크 접근을 모두 차단하라고 명령한 것이다. 모든 운영자(Telecom Egypt, Vodafone/Raya, Link Egypt, Etisalat Misr, Internet Egypt)는 명령을 준수했다: 당시 2800만 명의 고객을 보유한 보다폰은 자사 웹사이트에 "모든 이집트 이동 통신 사업자들이 특정 지역에서 서비스를 중단하라는 명령을 받았다"라고 알렸다. 네트워크의 93%가 어둠 속으로 들어갔다. 유일하게 켜져 있던 온라인은 볼사다. 유라시아 해저케이블과 누어그룹-텔레콤이탈리아와의 연결을 통해 차단되지 않았던 것이다.

봉쇄는 뒤늦은 것이었고 제대로 진행되지도 않았다. "정부는 사람들에게서 손가락이라는 옵션을 제거했는데 이는 치명적인 실수였다. 왜냐면 절망한 그들이 거리로 뛰쳐나왔기 때문이다. 블로그는 더 이상 중요하지 않았다. 전장은 다른 곳으로 옮겨갔다." 통신학 교수 모하메드 엘-나와이가 《더타임스》에 말했다. 소셜네트워크는 대중 혁명의 무기이자 프랑스 혁명의 팸플릿이고, 하이드파크의 **스피커스코너**speakers' corner이자 "**내가 스파르타쿠스다**"라고 외칠 무대였고, 또한 이 모든 것이었다. 서로 알지 못하는 수백만 명의 사람들을 대의를 중심으로 즉시 불러 모으는 능력이야말로 순수한 혁명의 불꽃이었다. 그들의 서버가 미국에 있다는 것은 당국이 이를 검열할 수 없다는 것을 의미했다. 민주주의의 대사, 메신저, 촉진자였다. 언론이 좋아하는 종류의 뉴스였다. 긍정적이고 활기차며 명확한 헤드라인, 주먹을 치켜든 젊은이들의 사진, 모든 것을 더 좋게 바꾸는 테크놀로지. **뉴스피드**에서 승리할 수밖에 없는 헤드라인이었다.

플랫폼의 추천 알고리즘이 혁명을 좋아한다는 것을 우리는 알고 있다. 그것은 혁명이 자유롭기 때문이 아니라 폭력적이기 때문이다. 분노, 증오, 복수는 **인게이지먼트**를 일으키는 감정이자 바이럴이 자라나는 효모다. 승리를 자축한 뒤, 함께 노래하고 저항하고 항의했던 무슬림 형제들, 좌파들, 자유주의자들, 나세르주의자들, 살라프주의자들은 다시 서로 반목하고 우리가 익히 아는 유혈 충돌을 일으켰다. 몇 년 후 고님은 반추했다. "내가 가장 힘든 부분은 우리를 하나로 모아줬던 도구가 어떻게 우리를 파괴하는지를 보는 것이다. 도구들은 그저 촉진자일 뿐이다. 선악을 구분하지 못한다. 상호작용의 데이터만 볼 뿐이다." 하지만 그저 보기만 하는 건 아니다. 모든 걸 기록한다.

무바라크 정권이 무너지고 한 달 후, 이집트 시위대는 카이로의 국가안보조사국ssi 사무실에 입성했다. 그곳은 대규모 시민 감시 프로그램, 고문 도구, 지하 감옥에 관한 문서가 있다고 여겨지는 곳이었다. 요원들이 도망가면서 남겨놓은 파쇄된

종이 뭉치들 속에서, 많은 시민들이 자신의 지메일 메시지, 문자 메시지, 스카이프 통화, 게시물 등이 있는 개인별 파일을 찾았다. 에브게니 모로조프는 그의 첫 번째 저서인 《인터넷에 절망하다*The Net Declusion: The Dark Side of Internet Freedom*》에서 "과거 이란에서는 사람들의 관계를 이해하는 데 수 주에서 수개월이 걸렸다. KGB는 정보를 얻기 위해 사람들을 고문해야 했다. 그런데 지금은 모든 게 네트워크에 있다!"라고 했다.

프라이버시인터내셔널의 조사에 따르면, 이집트 첩보 당국은 노키아지멘스네트워크와 기술 계약을 맺어 자국 시민들의 통화를 도청하고 네트워크를 "종료"한 뒤에도 여전히 연결된 상태로 유지시키기 위해 대체 인프라를 만들었다. 또한 유럽 회사 두 곳의 스파이웨어를 사용했다. 다른 사람의 장치에 원격으로 접근할 수 있는 이탈리아 해킹 팀의 원격 제어 시스템과 독일 회사 핀피셔의 유사 시스템이다. 해커들은 자신의 서비스가 유럽 법률에 따라 합법적이라고 선언했다. 노키아는 2009년 모니터링 서비스를 폐쇄했으며 기술을 올바르게 사용하기 위해 인권 프로그램을 만든 최초의 운영자라고 자평했다.[30] 무슬림형제단의 당수이자 이집트 역사상 최초의 민선 대통령인 무함마드 무르시 정부가 SSI를 물려받았다. 그는 시민권과 양립할 수 있도록 기관을 개혁할 것이라고 말했다. 의도가 무엇이든 그에겐 시간이 없었다. 당선 1년만인 2013년에 그는 이집트 군대 사령관 압둘 팟타흐 알-시시의 쿠데타로 제거되었다. 2017년 통신국 책임자 에삼-엘 사기르는 자신의 부서가 지문, 홍채, 국가 신원 문서의 자동 판독 시스템을 기반으로 시민들로부터 데이터를 수집하기 위해 "독특한 방법"[31]을 사용하고 있다고 밝혔다. 구 권위주의 체제의 해체를 지원했던 바로 그 디지털 플랫폼은 새로운 체제의 주요 동맹이 되었다. 전 CNN 저널리스트이자 글로벌보이스온라인의 이사 레베카 맥키넌이 말했듯이, 디지털 플랫폼은 매우 흥미로운 방식으로 국가 주권에 도전할 수 있는 충분한 실체와 정치적 자율성을 갖춘 글로벌 인프라이다. 그러나 동시에 주권국가가 국경을 넘어서까지 그 주권을 확장하고 투사하는 데에도 유용하게 쓰일 수 있다. 특히 허위조작정보 캠페인을 실행할 자원이 있는 경우엔 더욱 그렇다.

이집트 쿠데타 이후, 한 사기꾼이 페이스북에서 고님을 사칭하며 군대를 모욕했다. 고님은 목숨을 잃을 수도 있다는 공포에 사로잡혔다. 그는 수천 명의 활동가들을 키다란 위험에 빠트릴 수 있는 상황인데도 플랫폼이 악성 루머 배포를 촉진하고 있다고 페이스북에 위험을 알리는 편지를 보냈지만 답장을 받지 못했다. 페이스북은 곧 있을 신규 상장 때문에 바빴다. 페이스북은 투자자들에게 황금 알을 낳는 거위가 있다는 것을, 조만간 페이스북이 큰돈을 번다는 점을 증명해야 했다. 이것이 바로 플랫폼 자본주의의 씨앗인 애드워즈와 애드센스를 싹틔운, 구글의 온라인 영업 및 운영 부서를 만든 셰릴 샌드버그Sheryl Sandberg가 페이스북에서 수행한 작업이었다.

6

비 즈 니 스   모 델

빅데이터는 새로운 플루토늄이다.

자연 상태에서는 누출될 수도 있고

해를 끼칠 수도 있는 오염원이지만

격리해서 안전하게 활용하면

도시를 밝힐 수 있다.

– 로버트 커크패트릭, 유엔글로벌펄스(유엔의 빅데이터 분석 연구소).

"우리 세대 최고의 두뇌들은 고작 배너를 클릭하게 만드는 방법을 연구한다." 제프 해머바커Jeff Hammerbacher는 〈지금의 테크 버블은 다르다〉라는 제목의 《블룸버그》 기사에서 애슐리 반스에게 말했다. 인터뷰는 2011년 4월에 이루어졌고, 인터뷰 대상자는 페이스북 창립 초기부터 일한 28세의 프로그래머였다. 소셜네트워크의 메이플라워호, 밸리 신화의 필그림 파더스, "페이스북 첫 100명의 직원" 중 한 사람이다. 마크 저커버그는 2006년에 그를 고용했다. 그가 페이스북이 일부 대학에서는 약진했지만 다른 대학들에서는 부진한 이유를 알아내주길 바랐다. 또한 고등학생 나이대의 아이들과 조금 더 나이를 먹고 술을 마시는 대학생들의 행동 차이를 분석해달라고 했다. "아주 수준 높은 질문이었다. 그러나 회사는 여기에 답할 수 있는 아무런 도구도 준비해놓지 않았다." 해머바커가 말했다.

그 후 2년 동안, 그의 팀은 플랫폼과 사용자 상호작용 사이의 모든 정량화 가능한 측면을 소중히 여기며 알고리즘 개발에 몰두한다. 그들은 특히 사용자들의 사회적 집단에 관심이 있었다: 예를 들면 어떤 소년이 인기가 있고 어떤 소년이 인기가 없는지와 같은 것. 사용자들의 활동, 관계, 열망, 두려움을 기록했다. 이러한 통찰의 결과 페이스북은 3년 만에 그들 비즈니스의 기반인 정밀 광고를 본격화할 수 있었다. 반스는 인터뷰를 정리하면서 "실질적으로 보자면 페이스북은 자신의 행동을 모니터링하라고 실질적으로 자원한 것이나 다름없는 사람들, 즉 실험용 쥐처럼 포로로 잡힌 대중에 접근할 수 있었다"라고 설명했다.

페이스북의 비즈니스 모델은 우연히 시작된 것처럼 보이지만, 물론 그럴 리 없다. 저커버그는 2004년 2월 4일 하버드 기숙사 방에서 페이스북닷컴을 시작했고 그때 이미 프로젝트 수익화 방법을 알고 있었다. 그는 냅스터의 공동 창립자인 숀 파커를 고용했을 때와 피터 틸로부터 재정 지원을 받았을 때도 방법을 알고 있었다. 피터 틸이 미국 정부의 거대 스파이 조직 팔란티어를 설립하기 전이다. 피터 틸은 그 이후로 저커버그의 멘토이자 이사회의 주요 멤버가 되었다. "개인정보 보호 정책의 시대가 끝났다"라고 공표하기 전에 이미 저커버그는 자기 고객들로부터 데이터를 추출해 개인적 목적을 달성하려는 강한 의지를 보여주었다.

쌍둥이 형제인 카메론 윙클보스와 타일러 윙클보스 그리고 디비아 나렌드, 이 3명의 하버드 동문은 모두가 알다시피 저커버그가 소셜네트워크에 대한 자신들의 아이디어를 훔쳤다면서 그를 고소했다. 3명의 학생들은 코드 작성을 위해 저커버그를 고용했지만, 그가 자신의 모델을 먼저 출시하고 그들을 판에서 배제하기 위해 프로젝트를 엉망으로 만들었다고 비난했다. 이 드라마는 2007년, 저커버그가 그들에게 2000만 달러와 12억 5300만 개의 보통주를 나눠주는 내용의 합의를 통해 해결되었다. 그런 다음 아론 소킨이 시나리오를 쓰고 데이비드 핀처 감독이 감독한 영화, 〈소셜네트워크〉 —이번에는 집단적인 상상력으로, 피고인에게 유리한— 의 가장 인상적인 순간을 통해 재청산이 이루어졌다. 4명의 대학생이 각자의 변호사 옆 협상 테이블에 앉아있고, 저커버그는 다음과 같이 말한다. "문제의 본질에 이르겠다고 포렌식 팀을 구할 필요도 없어. 만약 너희들이 페이스북을 발명했다고 말하고 싶다면, 너희가 진작에 페이스북을 발명했어야지." 지적재산권이 지배하는 이 시대에 과학과 진보의 황금률을 다시 생각하게 만든 소킨의 전략이다. 좋은 아이디어는 어디에나 있다. 중요한 것은 구현하는 것이다.

잘 알려지지 않은 사실은 하버드 학생 신문인 《크림슨》이 이미 이 사건에 대해 조사하고 있었다는 것이다. 그들은 미국 엘리트 대학의 주요 이슈인 지적 도용에 관한 기사를 쓰고 싶었다. 그 당시 모든 학생들이 페이스북에 계정을 가지고 있었다. 저커버그는 여러 게시자의 개인 액세스 데이터를 사용하여 전자 메일 계정에 들어갔고, 그들이 앞으로 무엇을 게시할지 확인했다. 그는 적시에 해당 데이터에 대한 액세스 권한을 사용했을 뿐만 아니라 이를 다른 목적으로 지인들에게 넘긴 것으로 보인다. "하버드에 다니는 누군가에 관한 정보가 필요하다면, 말만 해. 이메일, 사진, 주소, SNS가 4,000개 넘게 있어." 그는 웹을 연 직후 메신저를 통해 친구에게 말했다. 친구가 그에게 어떻게 이 모든 것을 얻었는지 물었더니 저커버그는 다음과 같이 대답한다. "이유를 모르겠어. 그냥 다 나를 믿더라니까. 바보들dumb fucks."[1]

그보다 몇 달 전 《크림슨》은 대학이 서버 보안을 위반하고 기관의 지적재산권과 학생의 개인정보를 침해한 것과 관련하여 저커버그를 징계했음을 보도했다. 저커버그는 핫오어낫Hot or not이라는 사이트의 클론으로 페이스매시Facemash라는 웹사이트를 만들었다. 학생들의 외모에 투표하는 곳으로 1위와 2위를 선택하게 했다. 투표 결과를 자동으로 순위로 생성하도록 설계했다. 이를 위해 허가 없이 하버드 웹사이트 사진을 사용했고 대학 내 모든 학생들의 이름을 공개 목록으로 작성했다. 아이러니하게도 이 웹의 성공은 윙클보스 쌍둥이가 저커버그에게 작업을 의뢰하는 계기가 되었다. 저커버그는 그의 첫 파트너인 에두아르도 사베린에게 편지를 썼다. "누가 연락처 웹을 만들 거래. 그들은 실수한 거야. 나한테 그걸 해달라고 요청했거든."

《블룸버그》 기사는 해머바커를 "광고 기반 비즈니스 모델과 마케팅 기반 문화에 대한 양심적인 반대자"라고 설명했다. 하지만 그는 반체제 인사가 아니다. 그는 자신이 무엇을 위해 페이스북에 왔는지 정확히 알고 있었다. 또한 페이스북 비즈니

우리의 적들은 시스템을 알고 있다

스 모델에 도덕적 문제가 있다고 여기지도 않았다. 그를 불편하게 한 것은 재능의 낭비였다. 정확한 사람 앞에 적시에 올바른 제품을 배치하기 위해, 불확실한 것은 확실하게 하고 추세를 예측하고 패턴을 찾으면서 시간을 낭비하는 이 시대 최고의 두뇌들이 비극적으로 보였다. 그는 세상을 바꾸기 위해 밸리에 온 천재들이 그토록 진부한 것을 가지고 최신의 산업혁명에 기여하는 것이 안타까웠다.

기술적으로 보자면, 모든 것은 쿠키에서 시작되었다. 때는 1994년이었다. 루 몬툴리는 넷스케이프 브라우저와 가상 장바구니가 상호작용하는 것을 상상했다. 애플리케이션이 상점의 서버에 데이터를 저장하지 않고도 사용자를 인식하고 사용자가 장바구니에 넣었던 항목들을 기억한다는 아이디어였다. 몬툴리는 넷스케이프에서 만든 웹 언어인 자바스크립트를 사용하여 사용자를 방해하지 않고 해당 데이터를 기록하는 작은 텍스트 파일을 브라우저에 삽입했다. 이렇게 쿠키가 탄생했다. 당신이 웹사이트를 지나가면 코드 조각이 당신의 브라우저에 고정되어 해당 웹사이트의 서버에 사용자가 누군지 알려준다. 사용자를 고유한 방식으로 인식할 수 있게 되자마자, 포털들은 사용자 정보를 저장했다. 사용자의 취향에 맞게 자신들의 외양을 바꾸려는 순수한 의도였다. 이론적으로 쿠키는 사용자가 해당 페이지로 돌아왔을 때, 쿠키를 설정한 페이지에서만 읽을 수 있다. 1996년 더블클릭이라는 회사는 수천 개의 서로 다른 페이지에 배너를 배치하기 시작했으며 사용자가 해당 페이지를 방문할 때마다 정보를 기록하는 "제 3자 쿠키_{cookies de terceros}"를 발명했다. 사용자를 고유하게 식별하는 것 외에도 새로운 쿠키(트래커라고도 함)가 방문한 페이지와 해당 컨텍스트, 즉 읽은 항목, 본 광고, 구매한 제품 등을 기록했다. 더블클릭은 동일한 사용자에게 동일한 광고를 너무 여러 번 반복해서 보여주지 않을 것이며 "브라우저 소유자 또는 사용자의 실제 신원을 알려고 시도하지도 않을 것"이라고 보증했다. 그런 다음 아바커스다이렉트라는 마케팅 회사와 합병하여, 구매자의 이름, 주소, 전화번호, 전자 메일 및 실제 주소가 포함된 20억 건의 거래 목록을 통합했다. 이후 구글이 더블클릭을 매수했다.

구글은 검색엔진을 다른 회사에 라이선싱하기 시작했고 버블이 터진 후부터는 브랜드들에 "프리미엄 스폰서십"을 제공했다. 사용자 검색에 바탕을 둔 광고 상자를 넣는 형태였다. 구글의 투자자 페이지에는 "지역 고객을 찾고 있는 소기업에서부터 세계에서 가장 큰 다국적기업에 이르기까지 100만 명 이상의 광고주가 우리의 고객이다"라고 적혀 있다. 고객들은 클릭한 사람들에 접근하기 위해 비용을 지불한다. 그들은 자신의 제품을 온 세상에 큰 소리로 광고하기보다 구매 가능성이 높은 사용자 앞에 그것이 나타나길 원한다. 일부를 설득하기 위해 모두를 위한 광고를 만드는 대신 특정 그룹을 위해 설계된 여러 개의 광고를 만드는 것이 낫다. 가격은 광고가 나온 횟수에 따라 달라진다. 그 뒤 애드워즈와 애드센스가 나왔다.

이 모델들은 달랐다. 광고주는 공간을 구매하는 대신 특정 단어에 "베팅"한다. 사용자가 무언가를 검색하면 "스폰서 링크"와 같은 광고가 페이지 상단에 게재된다. 비록 다른 사람의 아이디어를 훔친 것이었지만 획기적이었다. 스폰서 검색을 발명한 회사 오버추어는 특허 침해 소송을 제기했지만 2002년 그들이 야후에 인수된 이후에야 승소했다. 2003년에 애드센스 광고 플랫폼이 출시되었다. 블로그의 폭발적 성장 속에서 애드센스는 그것을 사용하려는 모든 웹페이지로 광고 공간을 확장시켰다. 누구나 자신의 페이지에 배너들을 넣을 수 있게 되었고 창출된 이익의 일부를 가져갔다. 순식간에 벌어진 변화였다. 자기 자신의 블로그에서 곧바로 검색하도록 구글 엔진 상자를 넣을 수도 있었다. 블로거, 무버블타입, (당시 신생이었던) 워드프레스는 플랫폼 광고와 검색엔진을 템플릿에 통합하기 위해 서두르고 있었다. 각 광고와 구글 검색엔진은 구글 쿠키에 등록되어 수백만 개의 사이트를 통해 사용자를 추적한다. 당신이 누구인지, 무엇을 읽고 클릭하는지, 머무르는 시간은 얼마나 되는지, 다음에 어디로 갈 것인지 알고 있다. 광고 당 청구를 중단하고 클릭 당 청구를 시작했다. 2006년 실리콘 밸리에서 가장 우수한 두뇌는 클릭을 얻어낼 방법을 이미 생각하고 있었다.

실리콘밸리와 로스앨러모스국립연구소의 인재들은 서로 경쟁한다. 분야는 핵무기가 아니라 데이터 추출 시스템이다. 구글의 59번째 직원 더글라스 에드워즈는 회고록 《아임필링럭키》에서 "항공 우주 로봇 공학 박사 학위자인 로스는 광고 시스템 작동 방식에 대한 아이디어를 가지고 있었다"라고 말했다. 또 다른 이는 "고작 세그먼트 광고를 개선하기 위해 세계에서 가장 큰 머신러닝 시스템 중 하나를 구축하는 그룹의 리더"다. 페이스북, 구글, 트위터, 링크드인, 아마존, 그루폰에서 일하지 않는 사람들은 월가에서 광고 개선 방법을 찾고 있었다. 마이크로초 단위로 구매 및 판매 결정을 내릴 수 있도록 시장의 산업 데이터를 소화할 수 있는 알고리즘을 작성했던 것이다. 온라인 비디오게임 서비스인 웹티비와 온라이브의 설립자인 스티브 펄만Steve Pearlman은 "어떤 세대나 똑똑한 사람들은 결국 돈에 이끌린다. 지금은 바야흐로 배너 세대다"라고 말했다.

당시에는 모든 것이 좋은 생각이고 공정한 거래로 보였다: 사용자의 요구를 충족시키는 방법을 알아내는 대가로 우수한 서비스를 무료로 제공하고, 사용자는 자신이 필요로 하거나 구매하고자 하는 제품과 연결된다. 기술적인 문제 해결에 몰두하는 사람들은 자신이 만들 솔루션의 사회적 영향에 대해 평가할 수 없는 상태로 너무 늦게까지 자신들이 맡은 임무에만 빠져 있다는 것, 이것이 보편적 진실이다. 심지어 모든 게 그렇다. 소셜네트워크가 그랬고 온라인 판매 플랫폼이 그랬다. 비디오게임 회사, 음악 플랫폼, 은행, 슈퍼마켓, 텔레비전 제작사가 그랬다. 그리고 정치 캠페인까지. 요점은 그렇게 하지 않는 것처럼 보이지만, 사실은 그렇게 하고 있다는 점이다. 영화에서 숀 파커가 저커버그에게 말한 것처럼:

"페이스북은 쿨해. 그게 페이스북의 자본이야. 광고로 그걸 망치려 하지마. 광고는 쿨하지 않아. 그건 캠퍼스에서 제일 큰 파티를 열었는데 누군가 와서 11시에 끝난다고 말하는 거랑 같아. 너는 아직 이게 얼마나 큰일인지 몰라. 얼마나 크게 자랄 수 있을까. 아직 차에서 내릴 때가 아니야. 100만 달러는 쿨하지 않아. 뭐가 쿨한지 아니? 10억 달러. 그게 너의 목표야. 10억 달러라는 가치 평가."

광고는 연막이자 변명이다. 그들의 사업은 사용자에게 제품을 판매하는 것이 아니라 관심에 굶주린 산업에 사용자를 제품으로서 판매하는 것이다. 비즈니스가 작동하려면 사용자들이 가능한 한 오랫동안 재미있게 페이지를 봐야한다. 2006년 페이스북은 뉴스피드를 시작했다. 알고리즘은 폭포수처럼 무한히 뉴스를 띄운다. 여기에는 커뮤니케이션 미디어와 광고주 콘텐츠, 친구들의 댓글과 사진, 업데이트 내역이 다 섞여 있다. 프레젠테이션에서 저커버그는 "알고리즘은 사용자를 위해 가능한 모든 정보를 분석한다. 또 무엇이 가장 흥미로운 정보인지 결정하고 그것에 관한 짧은 이야기를 게시한다"라고 설명한다. 저커버그에게는 작은 한 걸음이었지만, 대중 조작la manipulación de masas에 있어서는 큰 한 걸음이었다. 어떤 뉴스가 중요한지 이제는 플랫폼이 결정하게 되었다(마치 《뉴욕타임스》가 "발행하기에 적합한"이라고 표현한 것처럼). 뉴스들은 시간 순으로 게시되지 않았다. 마치 블로그처럼 기사들을 편집해 사용자에게 이야기를 들려준다. 이것은 개인화된 신문이고 지속적으로 업데이트되는 신문이다. 심지어는 당신이 선택하지 않은 것들도 나머지 것들과 섞여 있다. 디지털 플랫폼에서 신비한 알고리즘으로 색칠되고 장식된, 세상을 향한 당신 고유의 창문. 모든 것이 철저히 눈에 띄지 않는 방식으로 진행된다. 모든 플랫폼에 무장봉기를 일으킨 변화 때문이다: 친구들의 업데이트에는 업로드한 모든 사진, 가입한 모든 그룹, "친구를 맺은" 모든 사람, 결혼 상태의 모든 변경 사항이 포함된다(민감한 문제다!). 그리고 당신은 그가 아닌 "당신의" 담벼락에서 모든 것을 볼 수 있다. 반응이 너무 부정적이어서 변경 사항을 즉시 취소하지 않으면 페이스북을 보이콧하겠다는 그룹도 나타났다. 이들이 보기에는 모든 게 이상했다. 이전의 페이스북은 블로고스피어와 같았다. 그들이 하는 것을 보거나 담벼락에 뭔가를 남기려면 친구의 페이지에 가야 했다. 다른 사람들의 담벼락은 여전히 존재했다. 모든 활동을 영구적으로 배포하는 새로운 모델은 이 그룹이 보기에 개인정보를 침해하는 걸로 보였다. 당시 페이스북에는 950만 명의 사용자가 있었으며 대부분 대학생이었다. '상설 전시 문화'는 아직 나타나지 않았다. 적합한 상벌 시스템을 발명하지 못했기 때문이었다(좋아요 같은 버튼은 2009년까지는 나오지 않았다). 짜증이 너무 커진 저커버그는 다음과 같은 제목의 글을 쓰는데, 향후 10년 동안 만트라처럼 반복될 유명한 문구가 됐다. "침착해요. 숨을 쉬어요. 우리는 당신들 말을 듣고 있어요."

해당 글에서 그는 사용자의 개인정보가 보장된다고 확언했다. 테크크런치 설립자 마이클 애링턴은, "단기적으로 볼 때 페이스북에서 페이지 뷰는 중요성이 점점 줄어들 것이다. 왜냐면 이제 더 이상 사용자는 자신들의 친구들에게 무슨 일이 생겼는지 보기 위해 관리자 페이지를 떠날 필요가 없기 때문이다. 하지만 사용자가 페이스북을 더 사랑하게 만든다면(그게 가능하다면) 결국에는 그만한 가치가 있을 것이다"라며 열변을 토한다. 테크크런치는 웹2.0을 위한 치어리더로 변신했다. 몇 달 지나지 않아, 두 가지 사건이 페이스북의 성장을 가속화했다. 첫째, 애플이 최초의 아이폰을 출시한다. 둘째, 저커버그가 댄 로젠스위그의 크리스마스 파티에서 셰릴 샌드버그를 만난다.

샌드버그는 2001년 구글에 입사했고 애드워즈와 애드센스를 출시한 온라인 영업 및 운영 부서를 만든 사람이다. 파티 당시 38세였으며 이미 실리콘밸리에서 가장 강력한 여성이었다. 저커버그는 23세였고 백만 명의 사용자를 보유한 페이스북의 성공을 눈앞에 두고 있었다. 이 플랫폼은 서버 비용에 수십만 달러를 쏟아부으며 기하급수적으로 성장했지만 효과적인 수익 창출 모델을 찾지 못하고 있었다. 저커버그는 조금 외로웠다. 그의 가장 친한 친구인 애덤 디 안젤로가 회사를 떠났다. 멘토 중에는 무시무시한 피터 틸과 빌 게이츠가 있었다. 샌드버그는 저커버그와 일주일에 두 번 만나 미래에 대해 이야기하고 서로에게 질문했다고 말한다. 당신은 무엇을 믿고 있는가, 당신에게 정말로 중요한 것은 무엇인가. "모든 것이 매우 철학적이었다." 2008년 3월 페이스북은 샌드버그가 새로운 운영 책임자가 될 것이라고 발표했다. 새로운 공식 모토는 "세상을 더 개방되고 연결된 장소로 만드는 것"이었다. 물론 오래된 모토의 적용을 포기한 것은 아니다: 빠르게 실행하고 부숴버려라.

샌드버그를 영입하고 회사는 외부 애플리케이션을 통합할 수 있는 플랫폼을 런칭했다. 예를 들면, 스포티파이에서 노래를 듣고 이를 페이스북 친구들과 공유할 수 있도록 했다. 사용자가 아마존 구매 링크와 함께 담벼락에 서평을 게시하는 앱도 있었다. 응용프로그램과 플랫폼을 연결하는 API가 있었으므로 프로그래머들과 따로 협력할 필요 없이 개발자들은 자신들의 앱을 플랫폼에 통합할 수 있었다. API는 문gate이자 벽의 역할을 한다. 특정 데이터베이스, 프로세스 및 기능에 대한 액세스를 제공하고 다른 데이터베이스에 대한 액세스를 차단한다. 비즈니스를 보호하면서 동시에 최적화할 수 있도록 전문 프로그래머가 의도적으로 활성화한 수학적 함수 세트다. 특정 API는 외부 개발자가 응용프로그램을 설치한 사용자의 데이터뿐민 아니라 의심하지 않는 친구의 데이터에도 접근할 수 있도록 설계되었다. 짧은 시간에 수백만 명의 사용자 데이터를 추출하도록 설계된 첫 번째 응용프로그램은 게임 그리고 퀴즈였다.

2009년에는 모두가 게임 〈팜빌Farmville〉을 했다. 사회를 대상으로 한 멋진 실험이었다. 동물, 씨앗, 식물을 선물하면서 사회관계를 극대화하도록 설계되었다. 이 게임은 지속적인 관심을 필요로 했지만 복잡하지 않았으며 행복하게 동물과 마을이 성장하는 것을 본 사람들은 매우 만족했다. 선물은 다른 사람들과 네트워크를 만드는 완벽한 명분이라는 게 판명됐다. 대부분은 진정한 친구가 아니라 이름만 알거나 만나고 싶었던 사람들이었다. 그다음, '좋아요' 버튼이 생겼다. 사회적 윤활

콕 찔러볼 만한 친구 검색

대기 중인 콕 찔러보기 표시

새로운 콕 찔러보기 없음

'좋아요' 전에 '찌르기'가 있었다. 지금은 많지 쓰이지 않아 화면에서 찾기 어렵게 숨겨져 있지만, '찌르기' 기능은 여전히 남아 있다(캡처).

유의 최종 완성이었다. 찌르기poke 버튼은 개인적인 느낌이었다. 모르는 사람들에게 누르기 이상하고 부적절했다. **좋아요**like 버튼은 더 우아하고, 절제되어 있고, 덜 감정적이었다. "'좋아요'를 통해 연결하세요." 마크는 반복했다. 좋아요를 보면서 사람들은 누군가 자신의 이야기를 듣고, 가치 있게 평가하고, 인정하고 있다고 느꼈다. 페이스북은 '좋아요'를 더 활성화하기 위해 더 많은 일을 시작했다. 마침내 서클에 속한 사람이 누구인지, 어떤 행동이 다른 사용자에게 관심을 불러 일으켰는지, 그룹이 어떻게 생성되었는지, 누가 다른 사람에게 영향을 미치는지, 어떤 종류의 콘텐츠가 더 많은 상호작용을 생산하는지를 평가할 수 있는 내부 측정기를 만들었다. 패션, 트렌드, 사회운동 등의 폭발이 임박했을 때 이를 드러낼 수 있는 패턴들, 또는 추천 알고리즘으로 모방될 수 있는 패턴들을 발견했다.

또 다른 자연스러운 정보원은 테스트였다. 전형적인 연쇄작용으로 공유되도록 설계되었다: 결과를 공유하고 7명에 더 도전하세요. 너무 진부한 나머지 무해한 것처럼 보인다. 당신은 〈스타워즈〉 속 어떤 캐릭터입니까? 〈섹스 앤 더 시티〉의 캐리, 사만다, 미란다, 샬롯 중 누구입니까? 몇 번째 물결의 페미니즘에 속하십니까? 귀하의 가치를 가장 잘 나타내는 색상은 무엇입니까? 당신은 어떤 행성에서 살아야 할까요? 당신의 MBTI 성격유형검사 결과는? 실제로, 퀴즈는 개발자들이 과도하게 악용한 리소스였다. CNN은 소셜네트워크에서 가장 견딜 수 없는 인물 유형 12명에 퀴즈 내는 사람을 포함시켰다. 시민권을 옹호하는 단체는 그와는 다른 것을 발견했다. 테스트를 할 때 당신은 결과보다 더 많은 것을 공유하고 있었다. 담당자들은 테스트를 한 사용자(나이, 위치, 결혼 여부, 종교, 정치적 성향, 선호도)의 데이터와 친구의 데이터에 접근했다. 오류가 아니라 시스템의 기능이었고 광고주를 유치하기 위한 의도적인 속성이었다.[2] 당시 페이스북에서 외부 개발자를 감독한 샌디 파라킬라스가 《가디언》에 말한 바에 따르면, "그것은 데이터의 향연이었다. 데이터가 페이스북 서버를 떠난 후에는 어떤 종류의 컨트롤도 없었다. 아무도 그들이 데이터를 가지고 하려고 했던 일을 알려고도 하지 않았다". 2009년 미국시민자유연합은 페이스북이 허가 없이 제 3자에 데이터를 제공하는 것을 중단시키기 위해 캠페인을 진행했다. 2011년 연방무역위원회는 그들에게 사용자의 명시적인 동의 없이 제 3자와 데이터를 공유하는 행위를 중단하라고 명령한다. 효과는 거의 없었다. 이는 정치 마케팅과 온라인 조작에 전념하는 기관을 포함하여 여타 많은 회사들, 특히 케임브리지애널리티카가 2012년에 틈입해올 수 있었던 구멍이었다.

아랍의 봄이 뒤틀리기 시작했을 때 페이스북은 상장을 준비하고 있었다. 반란을 촉진했던 바로 그 플랫폼은 이제 우려스럽고 극단적인 무대가 되었다. 페이스북은 뉴스 선택 알고리즘이 인종차별적 의견, 팸플릿 행동주의, 가짜뉴스를 선호한다는 경고를 수없이 받았다. 가장 극단적인 콘텐츠는 그 외의 것들보다 더 많은 상호작용을 생성한다. 왜냐하면 팔로워들은 '좋아요'를 누르고 비판자들은 수정하고 모욕하고 위협을 가하기 때문이다. 또 양측에 동일하게 배포된다. 알고리즘 입장에서 이들은 모두 샴페인의 거품이다. 알고리즘은 좋은지 나쁜지 평가하지 않고 상호작용을 최적화하도록 설계되었다. 페이스북은 경고를 무시했다. 그들은 먼 나라에서 벌어지고 있거나 완전히 이해하지 못한 과거의 갈등에 대해 생각할 시간이 없었다. 그리고 가장 중요하게는, 페이스북은 게시물에 법적인 책임이 없다. 1996년 빌 클린턴이 서명한 통신품위법 230조 덕분에 사용자들끼리 어떤 제지도 받지 않고 (심지어)

죽일 때까지 서로를 위협할 수 있었다.

이 법은 상호 연결된 세계에서 곰팡이가 번식하듯 번창한 최초의 사업인 인터넷 포르노를 추적하기 위해 고안되었다. 법안을 통과시키기 전에 의회는 누군가가 음란물 배포를 목적으로 연결을 사용할 때 케이블 공급자와 서비스가 박해받지 않도록 보호하는 조항을 집어넣었다. "대화형 컴퓨팅 서비스의 공급자나 사용자는 다른 콘텐츠 공급자가 제공한 정보의 게시자 또는 대변인으로 간주되지 않는다." '착한 사마리아인의 법'으로도 알려진 이 조항 덕분에 플랫폼은 지적재산의 대규모 침해, 가짜뉴스의 대규모 배포, 소수민족이나 종교를 핍박하는 대규모 폭력 캠페인에 대한 우려 없이 다른 사람이 만든 콘텐츠를 자동으로 게시할 수 있었다(유럽에는 인터넷에서 중개자의 책임을 확립한 법안, LSSI의 17조가 있다). 페이스북은 세계에서 가장 큰 미디어 아울렛일지도 모르지만 《뉴욕타임스》처럼 무거운 책임을 지지는 않았다. 페이스북의 유일한 관심사는 상장 전에 이익을 늘리는 것이었다. 그들은 추천 알고리즘을 미세 조정하기 위해 사용자에 대해 더 많이 알아야 했다.

구글에서 애드센스로 이미 했던 것처럼 샌드버그는 쿠키를 통해 네트워크에서 사용자를 추적할 수 있는 시스템을 마련했다. 기사를 공유하거나 '좋아요'를 누르기 위해, 다른 웹페이지에 게시하기 위해 사용한 버튼을 닻으로 사용했다. 그리고 사용자가 아닌 사람들까지 쫓아갔다. 2005년부터 2010년까지 페이스북에서 일한 몇 안 되는 여성 중 한 명인 캐서린 로세가 이 점을 지적했다. "기술 팀이 2006년에 다크 프로필Dark Profiles

이라는 실험 기능을 만들었을 때 아무도 문제를 제기하지 않았다. 그들은 모든 인류가 페이스북을 반드시 사용해야 한다고 강력하게 확신하고 있었다."³ 2012년이 되자 이 정도로는 더 이상 충분하지 않았다. 그들은 페이스북 이외의 다른 앱에서 사용자들이 무엇을 하고 있는지 알아야 했다. 특히 상업적인 정보를 알아야 했다. 그들이 얼마나 많은 돈을 가지고 있는지, 무엇을 사는지, 일을 마치고 저녁 식사를 한 곳은 어디며, 누구와 함께했는지에 대해 알아내려고 했다. 페이스북은 엔지니어들에게 다른 데이터 소스를 찾으라고 했지만, 가장 쉬운 방법은 구매하는 것이었다. 상장 5개월 전에 페이스북은 최소 3개의 데이터 브로커(Acxiom Corp., Epsilon Data Management, Epsilon)와 계약을 체결했다. 알고리즘에 사용하기 위해서였다. 같은 해 페이스북은 인스타그램을 인수했다.

개인정보 매매

데이터 브로커들은 개인정보 데이터베이스 매매에 전념하는 회사다. 그들의 임무는 흩어져 존재하는 각 개인의 정보를 하나의 신원 아래 모아 놓는 것이다. 이름 전체, 주소, 전화번호, 주민등록번호 같은 것들을 카드 세부 정보, 자동차 번호, 의료보험, 회사 보고서, 은행 결제, 카드 소비, 여행, 구독, 벌금, 카지노 출입, 동물병원 청구서, 총기 허가증, 학술 이력서, 좋아하는 시리즈, 범죄 기록, 종교, 결혼 여부, DNA 검사 등과 연결시킨다. 데이터가 있는 곳이라면, 그곳이 어디든 데이터를 구매한다. 암시장도 예외는 아니다. 그런 다음 특정 고객이나 캠페인에 유용하도록 사회경제적 세부 그룹으로 다시 구분한다. 예를 들어, 심장 병력이 있고 붉은 고기를 너무 많이 소비하는 높은 구매력을 가진 은퇴자, 성폭력 피해자이며 현재 대도시에 혼자 사는 여성. 이혼한 부모의 청소년 자녀인데 자존감에 문제를 겪고 있는 경우, 구매력이 높은데 생계를 잘 꾸리지 못하는 대가족. 이 회사들이 보유한 데이터가 무한히 쏟아져 나오는 출처는 바로 고객 포인트 카드들이다. 포인트 카드는 미혼모, 최근 이혼한 사람, 고혈압, 빈혈 또는 당뇨병을 앓고 있거나 설탕에 중독되어 특별한 치료가 필요한 사람들의 목록을 자동적으로 생성한다. 이 사람들은 나중에 영문도 모른 채 면접이나 건강 보험에서 불이익을 받는다. 또 다른 출처로는 데이트 사이트와 포르노 사이트가 있다.

2017년까지 사용자 데이터의 대부분은 제대로 보호되지 않았다. 2016년 덴마크 오르후스대학교 학생이 오픈사이언스 프레임워크 포털에 오케이큐피드 사용자 7만 명의 프로필(연령, 성별, 직업, 위치, 페티시, 선호하는 약물, 파트너 수, 정치 성향)을 게시했다. 데이터를 익명화하지 않은 이유를 물었을 때 에밀 키르케고르는 데이터가 이미 공개되어 있었다고 설명했다. "모든 데이터들은 퍼블릭 도메인에서 현재 이용 가능하거나, 과거에 이용 가능했다. 그래서 데이터 세트를 게시한 것은 그저 더 유용한 형태로 보여준 것에 불과하다." 〈**페이스북을 직면하자**Face to FACEBOOK 〉라는 프로젝트에서 파올로 시리오와 알레산드로 루도빅은 백만 개의 페이스북 프로필에서 정보를 수집하고 안면 인식 알고리즘을 사용하여 얼굴 특징별로 재분류하여 가짜 데이트 페이지인 러블리페이스닷컴에 올렸다. 이 페이지는 고작 5일 동안 지속되었지만 이 프로젝트는 페이스북의 변호사들이 "정지명령서"[4]를 보낼 때까지 언론 보도만 1,000건이 넘었다.

오늘날의 데이트 페이지들은 사용자를 교환하면서 상호 격차를 줄인다. 시장에 등장한 새로운 데이트 웹사이트 데이터베이스에 연락처가 있다면, 그건 다른 웹사이트에서 구매했기 때문이다. 잘 나가던 사이트가 휘청할 때 더 많은 프로필을 구입하여 카탈로그를 다시 채우는 경향이 있다. 숙취가 있던 고독한 오후에 "어떤지 보려고" 해당 페이지에서 프로필을 공개한 사람은 다음 날 계정을 삭제했더라도 이미 데이터베이스의 일부가 된다. 당연히, 꼭 성적인 목적이 아니더라도 누구나 프로필을 구입할 수 있다. 사진이 동반된 아주 내밀한 프로필을 사실상 모든 사람이 구매할 수 있다. 오케이큐피드는 수백 개의 질문으로 구성된 것으로 유명한데, 이론상으로는 정서적으로나 지적으로 서로 잘 맞는 사람들을 찾을 수 있도록 설계되었다. 이 시장에서 가장 남아도는 프로필은 섹스파트너를 찾아다니는 수집가들, 대도시에 혼자 사는 여성들의 것이다. 또한 이 앱은 사용자가 굳이 말로 공개하지 않아도 그들의 성적 취향에 따라 수백만 명의 사람들을 그룹화할 수 있었다. 케임브리지대학의 심리학자 미하우 코신스키는 이성애자와 동성애자를 분리할 수 있는 안면 인식 알고리즘을 보여주었다. 그는 민주당과 공화당을 구별하는 것보다 쉽다고 말했다. 왜냐하면 민주당과 공화당 양쪽에서 모두 수염이 유행해서 작업을 훨씬 어렵게 하기 때문이다. 2018년 카탈로니아의 예술가 요나 몰은 〈데이트 브로커들: 온라인 사랑의 부검The Dating Brokers〉이라는 프로젝트를 위해 유에스데이트라고 불리는 데이터 브로커로부터 백만 개의 프로필을 구매했다. 프로필 출처는 주요 연락처 플랫폼 데이터베이스인 매치, 틴더, 플렌티오브피시, 오케이큐피드였다. 데이터 값으로 지불한 금액은 153달러였다.

이렇게 축적한 모든 데이터를 페이스북의 알고리즘에 통합하니 기록적인 시간 내에 수익이 급증했다. 상장 당시 페이스북은 사용자와 그보다 더 많은 사람들에 관해 알아낼 수 있는 모든 것들을 다 알고 있었다. 연령, 인종, 결혼 여부, 이웃, 사회경제적 상태에 따라 세계 인구의 1/3을 세분화할 수 있었다. 가치, 두려움, 성적 선호도, 직업 만족도에 따라 구분했다.

2010년 상하원 선거 전에, 그들은 투표소에 관한 정보와 함께 "투표했다" 버튼을 사용자의 담벼락에 만들어 놓았다. 그들은 투표를 명예 훈장으로 만들어 투표를 자극할 수 있는지 알고 싶었다. 그들은 사람들이 실제로 투표하지 않고도 훈장을 수여받은 걸 발견했다. 같은 해 여름 그들은 '공유될 수 없는 콘텐츠'가 존재하도록 알고리즘을 변경했다. 그들은 사용자가 자신의 관심사에 관계없이 다른 사람들이 공유한 내용을 공유할 가능성이 훨씬 높았으며, 지인이 '좋아요'를 누를 때 광고가 가장 잘 기능한다는 것을 발견했다. 부족 효과는 디지털 커뮤니티에서 강력하게 나타난다. 2012년 페이스북은 사용자가 삭제한 내용을 기록하기 시작했고, 사용자들이 작성한 내용의 71%를 후회한다는 사실을 알게 되었다. 페이스북은 아무것도 삭제하지 않는다는 것을 기억하자. 삭제된 모든 메시지는 "당신이 말하고 싶었지만 공개할 배짱은 없었던 것들" 폴더의 일부를 이룬다. 이것들도 최종 평가에 포함된다. 그 다음 사용자들의 반응을 보려고 일주일 동안 69만 명의 뉴스피드를 조작했다. 실험이 저명한 학술지에 발표되었을 때,[5] 사용자들은 분노했다. 많은 사람들은 그때서야 사용자 계정을 만드는 순간 "데이터 분석, 테스트 및 조사"의 대상이 되는 것을 자신들이 수락했음을 알아차렸다. 페이스북의 데이터 책임자들은 수십만 명의 알고리즘을 조작하여 그룹의 절반에게는 긍정적인 콘텐츠, 행복한 뉴스, 강아지를 보도록 했다. 나머지 절반은 부정적인 뉴스, 우울한 사진, 슬픈 말을 읽었다. 그들은 사용자에게 나쁜 소식을 제공하는 것이 플랫폼 내에서 사용자의 반응과 관계에 영향을 미치는지 알고 싶었다. 결론은 '그렇다'는 것이다.

행복한 것을 읽는 사람들은 더 행복한 것을 썼고, 부정적인 것을 읽는 사람들은 더 부정적으로 표현했다. "감정 상태는 다른 사람에게 전염될 수 있어 사람들은 인식하지 않고도 동일한 감정을 경험할 수 있다"라고 보고서는 전했다. 이는 사람들 간의 직접적인 상호작용 없이 전염이 발생할 수 있음을 나타낸다. 그리고 마지막 세부 사항. 담벼락에 내려오는 콘텐츠가 감정적으로 중립적일 때(특히 긍정적이거나 특히 부정적이지 않은 경우) 사용자는 글을 적게 썼다. 주요 결론은 상호작용을 특히 자극하도록 최적화된 알고리즘 때문에 소셜네트워크에 표시되는 감정적 콘텐츠, 우리를 위해 고안되었고 "무슨 일이 일어나고 있는지"에 대한 통찰을 제공하는 이 콘텐츠에 우리가 특히 민감하다는 것이다. 그러나 사법적 결정에 도움을 주는 알고리즘에 인종차별주의가 있었던 것처럼, 조작은 그 세계관 자체에 내재되어 있다. 이 알고리즘은 비록 그것이 상호작용일 뿐이더라도 뉴스, 친구의 댓글, 동영상 및 사진을 혼합하여 우리로부터 정보를 얻는다. 터키 언론인 제이넵 투펙치Zeynep Tufekci의 표현을 다른 말로 바꿔보면, 우리 세대의 최고의 두뇌들은 고작 사람들로 하여금 물건을 사도록 하려고 디스토피아를 만들었다. 그리고 디스토피아 건설은 더욱 가속화될 것이다.

알려진 바와 같이 저커버그는 감시 네트워크를 확장하기 위해 인스타그램과 왓츠앱을 사들였다. 그러나 이상하게도 눈에 띄지 않았던 세 번째 기업 인수가 있었다. 가상현실 플랫폼인 오큘러스Oculus. 인공적이고 인조적인 세계로 당신이 사라질 수 있게 하는 곳. '복잡한 경험'이 너무 깊어 모든 감각은 기만당한다. 사용자는 자신이 고속으로 내리막길을 달리는 열차에 탑승하지 않았다는 걸 알고 있다. 그러나 그의 뇌는 아니다. 그래서 속도감과 현기증을 느낀다. 그리고 경험을 설계하는 바로 그 장치가 인조적인 세계에서 우리가 내리는 모든 결정과 그에 따른 반응을 실시간으로 측정할 수 있다: 맥박, 혈압, 동공 확장 등. 가상현실은 새로운 넷플릭스다. 점점 더 무서워지는 세계에서 피난처가 되어줄 만한 대안 현실이다. 마치 우리가 같은 방에 있는 것처럼 사랑하는 사람들

우리의 적들은 시스템을 알고 있다

과 대화하기 위해 그것을 사용한다면, 우리들은 모르는 것을 그는 알게 될 것이다. 예를 들어, 당신의 어머니를 화나게 하는 것이 정확하게 무엇인지, 나쁜 사람이 당신에게 용서받고 당신을 돌아오게 하기 위해 당신을 어떻게 조작하는지. 의심할 여지없이, 그것은 우리의 삶을 더 나아지게 도와줄 가치 있는 정보다. 사실 가상현실은 이미 트라우마 치료나 마취 없는 수술에 사용되고 있다. 하지만 우리의 취약점을 악용하기 위해, 우리를 집 밖으로 끄집어내지 않고서도 우리를 조작하고 굴복시키기 위해, 다국적기업과 정치 단체에서 사용될 가능성이 훨씬 더 크다. 아마도 이미 그들은 그 짓을 하고 있다. 2014년 DARPA 연구원 랜드 왈츠만은 디지털 플랫폼은 이미 대규모 "인지적 해킹" 기계였으며, 냉전 시기 심리적 선전물의 초연결시대판 돌연변이임을 발견했다. 또 미국 사람들이 소셜네트워크 플랫폼을 통한 매우 효과적인 공격에 취약할 수 있음을 발견했다. 그는 이 문제에 사로잡혀서 2015년 부서가 문을 닫기 전 악의적인 앱, 은근한 개입, 반대편 요원에 의해 설계된 대중 조작 캠페인에 대해서 200개가 넘는 보고서를 발표했다. 1년 후 그는 2016년 미국 대통령 선거에 개입한 러시아와 인터넷리서치에이전시라는 상트페테르부르크의 회사에 대해 상원 상공회의소 군사위원회 사이버보안 소위원회에서 증언하게 된다.

7

조   작

주의하지 않으면,

언론은 당신으로 하여금

억압받는 사람들을 혐오하고

억압하는 사람들을 추앙하게 만들 것이다.

– 맬컴 엑스

국가 안에서는 모든 것,

국가 밖에서는 아무것도,

국가에 반하는 것은 아무것도.

– 베니토 무솔리니

우리는 준비되어 있었지만, 엉뚱한 것을 대비했다. 2017년 1월 20일, 도널드 트럼프가 미국의 45대 대통령이 된 날, 아마존에서 가장 많이 팔린 책은 카테고리와 장르를 불문하고 《1984》였다. 조지 오웰의 유명한 소설은 판매량이 9,500% 늘었다. 그 책만 홀로 온 것은 아니다. 깊이 있는 내용이 담긴 두 권의 책도 어느 정도 거리를 두고 예기치 않은 부흥을 즐기고 있었다. 하나는 싱클레어 루이스의 소설 《있을 수 없는 일이야_Eso no puede pasar aqui_》로 제노포비아와 포퓰리스트 캠페인으로 대선에 오른 민주당 상원의원에 관한 내용이다. 다른 하나는 1951년에 초판이 발행된 유럽 파시즘 추진 역학에 관한 한나 아렌트의 책 《전체주의의 기원_The Origins of Totalitarianism_》이다. 누구도 우리에게 생각 없는 존재라고 말할 수는 없다. 하지만 문제는 우리가 제대로 생각하지 못했다는 점이다.

우리 시대에서 오웰이 말하는 인간 본성을 찾아본다면, '일단 당신이 뭔가를 보면 그것을 보는 걸 멈출 수 없게 된다는 것'이라고 할 수 있다. 우리의 미디어 플랫폼이자 서구 문명의 눈과 귀에 정확히 그런 일이 벌어지는 것 같다. 마거릿 애트우드가 《1984》의 "붉은 깃발"이라고 불렀던 것을 어디서나 감지할 수 있다. "오웰은 우리에게 위험은 기독교, 사회주의, 이슬람교, 민주주의, 멀쩡한 두 다리, 이상한 네 다리와 같은 용어가 아니라, 그러한 이름으로 우리가 저지르는 행동에 있음을 가르쳐준다."[1]

트럼프 행정부가 저지른 행위들은 붉은 깃발의 화수분이다. 취임식에서 이미 백악관 대변인 숀 스파이서는 믿을 수 없는 숫자를 인용하고 언론과 기관, 심지어 그의 발언과는 매우 다른 현실을 보여주는 사진, 영상, 데이터를 무시하면서 "취임식 역사상 가장 많은 인파가 몰렸다"라고 발표했다. 트럼프는 워싱턴에서 인기가 높지 않아 4.1%를 득표했다. 심지어는 다음 날 그에게 항의하러 나온 여성 행진 인파가 그의 취임식 인파보다 많았다. 그러나 대통령 고문에게 이 불행한 사건에 대해 물었을 때 켈리앤 콘웨이는 스파이서의 조작된 데이터는 거짓이 아니라 "대안적 사실"이라고 단호하게 말했다. '전쟁은 평화, 자유는 노예, 무지는 힘'이라는 《1984》에 등장하는 슬로건을 떠올리지 않는 게 불가능한 상황이다.

《1984》에서는 정부 관료 조직을 묘사하기 위해 실제로 하는 일의 정반대로 언어를 사용하는 전략이 뻔뻔스럽게 적용된다: 평화부는 전쟁을 선포하고, 사랑부는 정치범을 고문한다. 진

우리의 적들은 시스템을 알고 있다

리부는 당의 "대안적 사실들"로 역사책을 다시 쓴다. 당은 구성원들에게 눈으로 보고 귀로 들은 증거를 모두 거부하고 당에서 제안하는 진리만 받아들이라고 공개적으로 요구한다. 이 글을 쓰는 시점에 도널드 트럼프는 참전 용사들에게 "당신들이 보고 있는 것과 읽은 것이 지금 일어나고 있는 일이 아니라는 점(가짜뉴스라는 점)만 기억하십시오"라고 말한다. 또 다른 캐치 프레이즈는 "과거를 통제하는 자가 미래를 지배하고, 현재를 통제하는 자가 과거를 통제"한다는 것이다. 좌파가 되풀이하는 실수 중 하나가 포퓰리즘을 바보들의 전략이라고 생각하는 것이다. 사실, 압도적인 성공을 달성한 포퓰리즘이 그렇게 바보 같은 것은 아님을 역사가 보여준다. 이미 《전체주의의 기원》에서 한나 아렌트는 설명했다. 이러한 유형의 전략은 사회에서 지적이고 영적으로 교육받은 자원을 제거하고 각각의 자아와 인내심의 정도에 따라 인구를 냉소주의자 또는 유아로 전환하도록 의도적으로 설계되었다. 시카고학파보다 앞섰던 '쇼크 독트린'은 독일 나치즘에서 이탈리아 파시즘, 러시아 스탈린주의에 이르기까지 모든 현대 전체주의의 특징이었다.

끊임없이 변화하고 이해할 수 없는 세상에서 대중은 모든 것을 믿으면서 동시에 아무것도 믿지 않고, 모든 것이 진실일 수 있다고 생각하면서 동시에 진실은 아예 없다고 생각하는 지점에 이르렀다. … 전체주의 대중 지도자들은 이러한 조건하에서 프로파간다를 진행했다. 다음과 같은 정확한 심리적 전제에 근거한 것이다. 대중들로 하여금 판타지 같은 이야기도 믿게 할 수 있다. 그리고 다음 날 바로 그 이야기가 허위라는 반

박할 수 없는 증거가 나오더라도 냉소주의에서 쉽게 피난처를 찾을 수 있다. 대중은 거짓말하는 지도자를 버리는 대신, 오히려 그 말이 거짓임을 줄곧 알고 있었다며 지도자의 뛰어나고 예리한 전략에 경탄할 것이다.

브렉시트 국민투표와 트럼프 대통령 선거 운동의 영향으로 《옥스퍼드사전》은 2016년의 단어로 "탈진실Post-truth"을 선정했다. "객관적인 사실이 감정과 개인적 신념보다 여론에 미치는 영향이 덜한 상황을 가리킨다." 권위 있는 《옥스퍼드사전》이 현실을 너무나 빠르게 반영했다며 놀란 사람이라면 조지 W. 부시가 이미 2003년 이라크 침략을 위해 "대안적 사실"을 사용했었다는 사실을 잊은 것이다. 대량살상무기의 존재는 사담 후세인이 1991년 제1차 걸프전을 종결하며 맺은 합의를 위반했음을 보여주었다. 증거도 있었다: 핵 시설의 위성 이미지, "가스 원심 분리기 및 기타 우라늄 농축에 필요한 고강도 알루미늄" 구매. 그들은 사담 후세인이 1년 안에 핵무기를 생산할 수 있다고 말했다. 그들 앞에 증거가 있었다. 그것은 **팩트**였다.

아버지가 시작한 전쟁에 파병하고 지원한 34개국 중 21개국이 침공에 반대했고 유엔안전보장이사회도 마찬가지였다. 전쟁이 끝난 후 이라크가 그러한 무기를 만들 수 있는 시설이나 능력이 없었고 부시 행정부가 불법 전쟁을 정당화하기 위해 거짓말을 했다는 것이 알려졌다. 그러자 그가 보인 반응은 다음과 같다.

우리의 적들은 시스템을 알고 있다

"사담 후세인은 원유 생산량이 증가하며 많은 돈을 벌었을 것이다. 그리고 음… 비록 아무것도 없는 것이 사실이었지만, 우리는 예를 들면 더러운 폭탄[2] 같은 것을 발견했다. 그들은 생화학무기와 핵무기를 만들 수 있는 능력을 갖추고 있었다. 그래서… 음, 그렇다. 모든 것이 가설이다. 그러나 우리는 사담이 없다면 훨씬 더 안전하다고 말할 수 있다. 그리고 나는 이라크 국민들이 국가, 그러니까 평화로운 국가에서 살 확률이 더 높다고 말하고 싶다."

우리는 잊고 있었지만 이 발언도 유명하다. "하나님께서 저에게 말씀하셨습니다. '조지, 가서 아프가니스탄의 테러리스트들과 싸워라.' 그리고 저는 그렇게 했습니다. 그다음 또 말씀하셨습니다. '조지, 이라크에서 폭정을 종식시켜라.' 그리고 또 그렇게 했습니다."

적어도 200명의 언론인을 포함하여 2만 명이 넘는 사람들이 사망한 전쟁에는 영국, 포르투갈, 스페인이 동참했다. 대부분의 민간인들이 이에 반대하는 시위를 했음에도 불구하고 파병했다(당시 한국의 노무현 대통령 역시 전쟁 반대 여론에도 불구하고 자이툰 전투 부대를 파병했다—옮긴이 주). 토니 블레어는 유엔 전문가협의회 대신 "오류가 많은 정보기관의 정보를 수용한" 것에 대해 그리고 "우리가 생각한 형태의 프로그램은 우리가 생각했던 방식대로 존재하지 않은" 것에 대해 CNN에 나와 사과했다. 페데리코 트리요 스페인 국방장관은 온다세로 방송에서 "스페인은 전쟁을 한 것은 아니었다. 이라크에 전투병을 보내지 않았다. 고의적으로 그리고 의회를 통해, 스페인은 다른 결정을 내렸다. 우리는 인도주의적인 지원 패키지를 보냈다"라고 말했다.

7년여에 걸쳐 150명 이상의 증인이 협력하여 작성한 〈칠콧 보고서〉는 스페인 국방장관의 주장이 거짓임을 폭로했다. 이 독립적인 위원회는 아조레스의 네 사람(2003년 미·영·스 3자 정상회담에 참가한 정상들과 장소를 제공한 포르투갈 총리를 말한다. 이 자리에서 이라크 침략이 공식화됐다—옮긴이 주)이 대량살상무기가 없다는 것을 알고도 침략을 옹호하고 대중에게 "전쟁을 피하기 위해 가능한 모든 것을 했다"는 것을 보여주기 위한 커뮤니케이션 전략에 동의했다는 것을 밝혔다. 그들은 또한 세계의 다른 '어두운 지역'에 있는 CIA 구금 센터와 관타나모에 수년간 구금된 사람들에 대해 거짓말을 했다. 전문가들은 2차 걸프전이 ISIS 도래의 원동력이라는 것에 동의한다. 부시 행정부의 "대안적 사실"은 그의 공화당 백악관 후임, 트럼프의 충동적 행실로 인해 묻히고 있지만, 부시 없이는 후임자도 불가능했을 것이다. 우리는 그 결과물인 지금의 세계에서 살고 있다. 한편, 호세 마리아 아스나르 당시 총리는 베르탱 오스본이 진행하는 〈우리 집에서 편하게 머무세요Mi casa es la tuya〉를 선택하여 아조레스에서 자신의 역할을 재평가했다. 그는 "스페인의 국익이 위태로워지면 아조레스 제도로 수천 번 돌아갈 것"이라고 말했다. 야인으로 지내던 그는 도널드 트럼프를 추대한 거대한 조작 기계의 도움을 받아 새로운 우익 전선으로 귀환했다.

오웰은 말의 중요성을 강조했다. 대중 언어의 빈곤은 "거짓말을 진실처럼 들리게 하고 살인을 존중받을 만한 것으로 보이게 함으로써 공기조차도 견고해 보이도록 외양을 부여하는" 정치 언어의 결과물이라는 것이다. 1930년대 완곡어와 대중 커뮤니케이션의 결합은 뚜렷한 결과를 가져왔다. 선전을 끊임없이 송출하고 끄는 것이 금지된 《1984》 속 TV는 오웰이 아니라 괴벨스의 아이디어였다. 교활한 제 3제국 선전대장은 히틀러의 웅변적 마법이 전파 스펙트럼으로는 잘 전달되지 않는다는 것을 재빨리 알아챘다. 총통Führer의 TV에는 그가 직접 나와야 했지만, 라디오에 필요한 건 수다쟁이였다. 당시의 광고를 연구하면서 대중을 사로잡는 가장 좋은 방법은 긴 연설이 아니라 다양한 프로그램, 가볍고 즐거운 것을 틀다가 히틀러나 괴벨스 본인이 개입하여 독일 민족의 고귀함, 그들 혈통의 뛰어난 본질, 유대인과 흑인 그리고 공산주의의 비열한 본성을 이야기하는 것임을 깨달았다. 그는 상업용 라디오 중간 중간에 세제, 비누, 담배 광고가 나와 본 프로그램을 중단시키는 형식을 '카피'했다. 1933년 3월이었다. 그들은 원하는 것을 할 수 있었다. 그들은 허위조작정보 캠페인으로 그들의 길 위에 놓인 모든 장애물을 제거했다.

1933년 1월 나치는 독일의 주요 정치세력이었지만 의회 선거에서 34석을 잃었다. 히틀러는 간신히 총통이 되었다. 사회주의자와 공산주의자 사이의 협정이 그를 날려버릴 수도 있었다. 1933년 2월 27일 독일 의회가 불길에 휩싸였을 때 히틀러는 공산주의자들이 음모를 꾸며 국가를 내전으로 몰아넣는다고 비난했다. 이러한 명분으로 내무부는 국민과 국가 보호를 위한 제국 대통령령을 공표하고, 독일 사회 안정이라는 명분으로 "추후 명령이 있을 때까지" 시민권을 정지시켰다. 시민권은 민주주의의 공공 생활에 시민이 참여할 권리, 즉 표현의 자유, 언론·결사·집회의 자유와 통신 비밀 보장 등에 관한 권리다.

총통은 법원 명령 없이는 구금되지 않을 권리인 인신보호권을 무효화했다. 당국은 집과 사무실을 수색하고, 사유재산을 압수하고, 신문을 폐간하고, 자신의 뜻과 변덕에 따라 시민들을 수감하기 시작했다. 이런 식으로 그는 모든 공산당 대의원들을 교도소에 보냈다. 3월 5일 자신이 요구한 새로운 독일 의회 선거에서 승리했다. 1933년 3월 23일에 국회 비준 없이 법을 통과시킬 수 있는 권한을 스스로에게 부여했다. 국민과 국가에 숨어 있는 위험을 제거하기 위한 법을 승인할 수 있게 됐다. 국가의 수많은 적들을 집어넣을 곳이 없었기 때문에 최초의 강제 수용소를 지었다.

괴벨스는 라디오를 좋아했다. 그는 그것을 위대한 국가사회주의 혁명의 위대한 도구, "영적 운동과 국가 사이의 가장 중요하고 영향력 있는 중개자", 가장 강렬하게 현대적인 것이라고 생각했다. 그가 1933년 8월 18일 제10회 독일전파전시회 개막식 연설에서 발표한 내용이다(굵은 글씨는 지은이 강조).

"현대적으로 된다는 것에는 책임이 따른다. 하루하루의 필요와 과제에 부응해야 한다. 그 임무는 사건들에 깊은 의미를 부여하는 것이다. 실시간성은 가장 큰 위험임과 동시에 최고의 미덕이다. 지난 3월 21일과 5월 1일, 우리는 위대한 역사적 순간에 가닿게 하는 그의 능력을 깨닫게 되었다. 3월 21일에는 전국을 중요한 정치적 사건에 접하게 했고 5월 1일에는 사회정치적으로 중요한 사건에 접하게 했다. 두 사건은 계급, 지위, 종교에 관계없이 전국에 도달했다. 이것은 독일 라디오의 **엄격한 중앙집중화, 적용 범위의 강력함, 독일 라디오의 업데이트된 특성**에서 비롯한 결과였다."

그가 트위터에 관해 말하는 것 같다면, 그건 그 당시 라디오가 지금의 트위터처럼 즉각적인 감정을 만들어내 당신으로 하여금 실시간 사건 목격자라고 느끼게 하기 때문이다. 괴벨스는 국가가 자신의 프로그래밍을 잘 받아들일지 확인하기 위해 두 가지 작업을 수행한다. 먼저, 국민라디오Volksempfänger(문자 그대로 "인민의 수신기")라는 저가형 라디오 기기 대량 생산. 이것은 성공을 거두었다. 라디오를 소유한 가정의 수가 1933년 450만에서 1941년 1600만으로 증가했다. 지구에서 가장 라디오 청취자가 많은 나라가 되었다. 그다음 라디오와 청취자 사이의 "인간 다리" 역할을 하는 "무선 경비Funkwarte"라는 이름의 작은 군대 배치. 각 지역에는 최소 1명의 부대원이 있었는데, 그들의 임무는 스피커를 광장, 사무실, 식당, 공장, 학교 및 기타 공공장소에 두는 것뿐만 아니라 이웃의 라디오가 하루 동안 충분히 오랫동안 켜져 있는지 감시하는 것이었다.

"표범은 당신의 얼굴을 먹을 것입니다"

기술적으로 지금의 세계는 그 어느 때보다 《1984》와 비슷하다. 라디오나 텔레비전과 달리, 텔레스크린은 사고를 감시하는 경찰에 연결된 비디오 모니터를 통해 주변에서 일어나는 일을 보고 들을 수 있다. 그러나 각 시대마다 고유의 파시즘이 있으며, 우리 시대의 경우 오웰이 묘사한 1940년대 서방 세계와는 여러 면에서 차이가 있다. 아무도 우리에게 텔레스크린을 켜두라고 강요하지 않는다. 우리 스스로 언제 어디서나 항상 그것을 충전하고, 2년마다 갱신하며, 선전을 놓치지 않도록 프로그램화한다. 오웰의 디스토피아는 국가 폭력과 박탈, 국가에 의한 희생, 배급 카드로 나타난다. 이는 반자본주의적 디스토피아다. 오늘날 우리가 살고 있는 디스토피아는 제품을 구매하고 광고를 클릭하게 하려는 회사들의 소수 그룹에 의해 거의 우연히 만들어졌다. 그들의 권력은 폭력에 기반을 두지 않는다. 훨씬 더 교활한 근거를 지닌다: 기분 전환을 위한 우리들의 무한한 능력. 그것은 즉각적인 만족감을 향한 우리들의 무한한 굶주림이다. 우리의 선지자는 조지 오웰이 아니라 올더스 헉슬리다. 《1984》가 아니라 《멋진 신세계》다.

《1984》의 주민은 아무것도 가진 게 없지만, 《멋진 신세계》의 사람들은 모든 것을 가졌다. 그들은 국가의 압력을 느끼지 않는다. 압력은 외부에서 오는 것이 아니라 그들 내부에 있기 때문이다. 센트럴 런던 인큐베이션 앤드 컨디셔닝 센터에서 어린이들이 인공적으로 생성되며, 수면 중에 "무의식적으로

우리의 적들은 시스템을 알고 있다

위생과 사교성, 수업 의식 및 에로틱한 삶에 대한 교육을 받는
다". 그들은 소비와 순종, 순응과 굴복을 지향하고 타인과의
친밀감은 부족하도록 계획된 존재다. 혼란, 두려움 또는 슬픔
은 바람직하지 않은 상태로 약물에 의해 자발적으로 비활성화
된다. 어떤 건강한 사람이 불행하기를 원하겠는가? 그 행복한
세계의 좌우명은 "질서 있게, 합리적으로"다: 공동체, 동일성,
안정성. 이는 알고리즘 시대의 만트라처럼 보인다. 우리가 사
는 세상은 폭력을 면제받은 곳이 아니라 다른 종류의 폭력이
있는 곳이다. 프리모 레비는 다음과 같이 말했다. "그 지점에
이르는 방식은 여러 가지다. 언제나 경찰력으로 괴롭히는 공
포를 통하는 것은 아니다. 정보를 부정하거나 왜곡하고, 사법
시스템을 우회하고, 교육 시스템을 마비시키고, 수천 가지 미
묘한 방식으로 질서가 지배하는 사회에 대한 향수를 전파하는
등 여러 가지 방법이 있다." 현실을 왜곡하는 이보다 더 미묘
한 방법은 없었다.

오웰은 금서를 지정하는 사람들을 두려워했다. 헉슬리는 책을 읽고 싶
어 하는 사람이 아무도 남아 있지 않았기 때문에, 책을 금지할 이유가
없는 상황을 두려워했다. 오웰은 권력이 우리에게 정보를 감추는 것을
두려워했다. 헉슬리는 우리에게 너무 많은 정보를 제공하여 우리가 수
동적이고 이기적인 존재로 축소되는 것을 두려워했다. 오웰은 그들이
우리에게서 진실을 숨기고 은폐할 것을 두려워했다. 헉슬리는 진실이
무의미한 바다에서 익사할 것을 두려워했다. 오웰은 우리가 문화의 감
옥에 사로잡힌 대중이 될까 두려워했다. 헉슬리는 우리가 사소한 문화

로 전락해 촉각영화, 오르지-포지, 원심력범블퍼피 같은 것(《멋진 신세계》에 나오는 일종의 '유희'들—옮긴이 주)에 몰두하는 것을 두려워했다.

닐 포스트먼Neil Postman이 컬트적인 책 《죽도록 즐기기Amusing Ourselves to Death: Public Discourse in the Age of Show Business》에서 설명한 것보다 오웰과 헉슬리의 차이를 더 잘 설명한 사람은 없다. 마샬 맥루한의 학생이었던 그는 문화를 연구하는 것은 대화 도구를 분석하는 것이라고 여겼다. 포스트먼은 인터넷이 아니라 텔레비전에 대해 말한 것이지만, 맥루한이 그랬던 것처럼 포스트먼이 매스미디어에 내린 평가는 마치 오늘날을 예견한 듯보인다. 포스트먼의 텔레비전은 "하루에 수천 장의 이미지가 쏟아지는 아름다운 광경, 시각적 즐거움"이다. 그 본질적인 특성으로 인해 복잡한 논쟁을 이해하고, 깊은 생각을 정교화하기 위해 필요한 과정은 처벌 대상이 된다. 모든 것이 너무 빠르게 흘러가고 분절되어 있다. "텔레비전 샷의 평균 지속 시간은 3.5초이므로 우리의 눈은 쉬지 않고 항상 새로운 것을 볼 수 있다." 오늘날 우리가 소비하는 콘텐츠 플랫폼은 두 가지 측면에서 악화가 일어나면서 더욱 가속화되고 분절되었다. 텔레비전 프로그램에는 계속 반복되는 개념, 즉 특정한 편집 일관성이 있다. 페이스북, 트위터, 유튜브의 뉴스들의 피드는 처음과 끝에 연관성이 없는 콘텐츠, 예측할 수 없는 정보의 폭포, 원폭과 공존하는 동물의 서커스, 새끼 고양이와 정치인, 인종차별적 밈이 있는 요리법, 기억과 현실, 판타지, 거짓말을 제공한다. 그리고 그 폭포는 무한하다. 결코 끝나지 않는다.

　　　우리의 적들은 시스템을 알고 있다

점점 가속화되는 추세인 '맥락에서 빠져나가며 단편화되기'는 내용의 경박함 때문에 문제인 게 아니다. 내용은 중요하지 않다. 실제로 포스트먼은 TV에서 다루는 내용이 진지하거나, 교육적이거나, 책임감을 가지고 교양하려 할 때보다 더 위험한 것은 없다고 경고한다. 1983년 11월 20일, ABC 방송에 방영된 프로그램인 핵 홀로코스트에 관한 영화 〈그 날 이후The day after〉를 예로 그는 설명한다.

심각한 내용을 다루고 있음을 알리는 데 필요한 모든 조치를 취했다. 음악도 없었고, 광고로 끊기는 일도 없었고, 정치인이나 지식인의 경험이 삽입되었다. 구체적으로: 헨리 키신저, 윌리엄 버클리 주니어, 로버트 맥나마라, 브렌트 스코크로프트, 칼 세이건, 홀로코스트 생존자이자 노벨평화상 수상자 엘리 위젤. 그러나 이건 토론이 아니었다. 포스트먼은 이렇게 묘사했다:

> 여섯 사람은 각자 약 5분 동안 이야기를 했다. 주제에 대한 명확한 합의는 없었고, 다른 사람들의 말에 응답할 의무도 없었다. 사실 미인 대회 결선 진출자처럼 참가자들이 잇달아 소집되어 각자 카메라와 대면했기 때문에 그랬을 것이다.

실제로 초대 손님들은 다른 사람의 개입을 완전히 무시한다. 키신저 전 국무장관은 자신의 성공에 대해서만 되뇌었고, 맥나마라는 독일에서 무엇을 먹었는지 말하며 핵무장 해체에 대한 아이디어 15개가 있었다는 소리를 한다. 위젤은 자신은 광기에 대한 두려움이 있으며 언젠가 아야톨라 호메이니 또는 다른 이교도들이 원자폭탄 사용을 주저하지 않을 것이라고 말했다. 칼 세이건의 연설(포스트먼에 따르면 가장 명료한)에는 적어도 두 가지 의심스러운 가설이 포함되어 있지만 아무도 설명을 요구하지 않았다. 발표된 논의는 논증이나 반론을 포함하지 않으며, 설명이나 심의도 없었다. 시공간적 제약이 아니라 미디어의 본질이 스스로 토론을 막는다는 점을 포스트먼은 설명한다. 《뉴욕타임스》의 줄거리 요약에 따르면, 그 방송은 시청자들에게 "정부가 어떻게 삶과 죽음에 대한 결정을 내리는지" 보여주기를 원했다.

생각하는 행위는 가변적이고 텔레비전 방송에 적합하지 않다. 생각은 일시정지와 인내심을 필요로 한다. 라스베이거스 쇼에서도 그렇겠지만, TV쇼에서 속도 저하는 너무나 당황스러운 것이다. 이 쇼는 매우 진지하면서도 재미를 놓치지 않았다. 모두가 자신의 역할을 수행했다. 세이건은 목을 뻣뻣이 세웠고 키신저는 자연스러운 외교술을 보여주었다. 프로그램 운영자인 코펠은 토론을 주도하는 것으로 설정되었지만 실제로는 일련의 쇼를 지휘하고 있었다. "결국 사람들이 할 일은 쇼가 끝나면 박수를 치는 것이다. 이는 모든 좋은 TV쇼가 원하는 것이다. 성찰이 아니라 박수." 10년 전 우리는 시어머니의 전화번호나 버스터 키튼 영화 제목을 기억하지 못하게 되자 구글이 우리를 바보로 만든 게 아닌지 우려했다. 오늘날 우리는 무릎에 올려둔 컴퓨터와 손에 쥔 휴대전화로 텔레비전 토론을 본다. 사랑하는 사람을 무시하고 다른 활동들은 괄시하면서 이런 식으로만 행동하면 시대에 뒤떨어지지 않으리라 믿는다. 우리는 검지와 엄지로 그들을 당기면서 우리 동공 앞에서 벌어지고 있는 현실이 제거된 "현실"에 매료된다. 조각이 많을수록, 제거된 현실이 많을수록 우리는 더 많이 매료된다 (게임업계가 **프리퀀시 이벤트**라고 부르는 것). 그러나 슬롯머신 중독자는 자신이 기계의 리듬에 의해 생성되는 신경질적 환상에 중독되었음을 이미 알고 있다. 그는 돈을 벌기 위해 게임하는 것이 아니라, '완벽하고 질서 있고 예측 가능한 세상에 붕붕 떠 있기 위해' 게임을 한다. 리드미컬하고 단편화된 디지털 플랫폼에 중독된 오늘날의 사람은 자신이 정치와 뉴스에 중독되어 있다고 생각하며 자신이 그 어느 때보다 깨어 있다고 생각한다. 중독과 최면의 조합, "현실에서" 정확히 무슨 일이 일어나고 있는지 알고 있다는 확신은 슬픈 역설을 만들어낸다.

레딧에는 끊임없이 회자되는 농담이 있다. "표범이 내 얼굴을 먹을 줄은 정말 몰랐어요I never thought leopards would eat My face", 얼굴을 먹는 표범당에 투표한 여성이 울부짖는다sobs woman who voted for the Leopards Eating People's Faces Party. 레딧의 헤비유저들은 자기들의 투표 결과 혹은 지지의 결과가 부메랑이 되어 고통받는 누군가를 볼 때마다 **샤덴프로이데**schadenfreude(남의 고통을 보며 즐거워하는 것을 말하는 독일어—옮긴이 주)의 건초 위에 안온하게 뒹굴며 저 문구를 가져다 쓴다. 이는 지난 2년 동안 계속되었다. 이 글을 쓰는 지금 타임라인에 나타나는 첫 번째 예. "도널드 트럼프 대통령에 투표한 인디애나 여성은 남편이 오늘 추방될 것임을 알자마자 얼어붙었다."《네이션》이《뉴욕타임스》와 다른 대형 미디어에 '트럼프 정책에 피해를 입은 트럼프에 투표한 사람들에 대한 감상적 뉴스 게시를 중단하라'는 사설을 낼 정도로 관련 기사는 엄청나게 많다. 해당 사설은 "피해 본 사람들 모두는 부도덕한 합의를 했다. 그들은 트럼프가 다른 사람들(흑인, 여성, 게이, 어린이)을 괴롭히고 공포에 빠뜨리면 더 많은 돈을 벌 수 있을 거라고 생각했다"라고 말했다.[3] 아마도 사실일 것이다. 그러나 인종주의적, 계급주의적, 마치스모적 machismo(마초주의, 여성혐오 등을 가리키는 스페인어—옮긴이 주), 파시스트적 언명에 현혹된 사람들은 자신이 자신의 이익에 반하여 투표하도록 조작당했다는 사실을 알아야 한다. 특히 세계 어느 곳이든 선거가 열릴 때마다 이러한 현상이 계속 반복될 때는 더욱 그렇다. '정치 조작 산업'은 민주적 과정을 침범하여 암호화된 통신 채널에서 비밀 캠페인을 만들어 수백만 명의 귀에 속삭인다. 사람들이 듣고 싶어 하는 것에 맞춰, 각각 다른 것을 말해준다.

인펙션INFEKTION 작전

만약 당신이 40세 이상이라면 아프리카계 미국인과 동성애자 커뮤니티를 전멸시키려고 생화학무기를 시험하던 미군 실험실에서 HIV 바이러스가 유출됐다는 이야기를 들어봤을 것이다. 이는 1987년 3월, 세계에서 세 번째로 큰 방송 네트워크인 CBS의 뉴스 앵커, 댄 래더가 보도한 내용이다.

우리의 적들은 시스템을 알고 있다

출처는 인도 델리의 신문《패트리어트》에 실린, '편집자에게 보내는 편지'였다. "미국의 유명한 과학자이자 인류학자"가 서명한 이 편지에 따르면 에이즈는 펜타곤의 명령으로 유전공학자들이 만든 것이었다. 미국 질병통제센터 과학자들이 아프리카와 라틴아메리카에서 바이러스를 가져와, 메릴랜드에 있는 군 시설, 포트 데트릭에서 에이즈를 만들었다는 것이다. KGB의 '허위조작정보부A_Departamento A de Dezinformatsiya del KGB'가 일군 가장 주목할 만한 성공 사례였다. 동독 정보국은 이를 인펙션_INFEKTION 작전이라 불렀다.

세월이 흘러 KGB 전직 요원 일리야가 폭로했듯이,《패트리어트》는 1962년 러시아 정보기관이 허위조작정보 운동에 사용할 도구로 만든 가짜 언론사다. 조사에 필요한 자원과 여력이 없고 언론인들이 뇌물 수수에 취약한 제 3세계 국가에 이러한 것들을 심는 것은 기관의 관례였다. 허위조작정보의 첫 번째 규칙은 돌을 가능한 한 멀리 던지고 나중에 그걸 마치 발견한 양 주워오는 것이다. 이 경우 현지의 뉴스 통신사를 활용한다. 일설에 의하면 스탈린이 직접 프랑스어 느낌을 풍기는 "허위조작정보_Dezinformatsiya(디스인포메이션)"라는 용어를 만들었다고 한다. 서구의 관행처럼 보이게 하려는 의도였다. 이 뉴스는 모스크바의 한 잡지(《Literaturnaya》)에서 적절하게 "발견"되기 전까지 아시아 대륙에서 천천히 퍼져나갔다. 잡지는《패트리어트》의 독점 보도를 인용했을 뿐만 아니라, 베를린의 훔볼트대학교에서 은퇴한 생화학 교수 야콥 시걸의 보고서도 근거로 썼다. 하지만 보고서에는 야콥 시걸의 아내 릴리 시걸의 서명이 있었고 과학적인 정보는 하나도 없었다. "미국이 수용자들을 실험에 사용한다는 것은 누구나 알고 있다. 피험자들에게는 실험에서 살아 나간다면 자유를 준다고 약속했다." 이것이 보고서의 어조였다. CBS 방송에 나오고 그 자체가 대중문화가 되기 전에 이미 달콤한 "뉴스"는 전 세계를 휩쓸었다. 소비에트연방이 해체되고 KGB 전 의장 예브게니 프리마코프는 자신이 몸담은 기관이 캠페인의 배후에 있었고 시걸 부부가 A부서의 요원이라는 사실을 공개적으로 시인했다.

선전 또는 프로파간다와 허위조작정보에는 중요한 차이점이 있다. 전자가 메시지를 믿게 하고자 윤리적으로 문제가 있을지도 모르는 방식으로 미디어를 사용한다면, 후자는 대상을 속이고, 위협하고, 혼란스럽게 만들고 조작하기 위해 자체의 메시지를 발명한다. 그 결과 사람들은 두려움과 혼란에서 벗어나고자 그들의 도그마를 포용하게 된다. 허위조작정보는 거의 항상 신뢰할 만한 명성을 가진 사람에게서 나온다. 대안 현실이나 왜곡된 통찰을 만들어내기 위해 맥락에서 벗어난 자료, 조작된 데이터, 변경된 사진이나 문서를 활용한다. 허위정보조작 캠페인이 되풀이하는 주제는 그들이 개입하려는 사회 그 자체에서 추출된다. 기존의 균열을 찾아서 부풀리고 극단적으로 몰고 가는 것에서 시작한다. 인펙션의 경우, 기존의 균열은 에이즈 바이러스가 야기한 패닉 상태였다. 거의 확실히 인구의 특정 부문에만, 즉 흑인과 동성애자에게만 영향을 미치는 것처럼 보였다는 사실과 관련 정보가 거의 없었다는 점에서 그랬다. 음모론은 '무'에서 나오는 게 아니다.

미 육군은 1949년에서 1969년 사이에 펜실베이니아 톨게이트 고속도로 터널 2개에 포자를 방출한 것을 포함하여 최소 232개의 치명적인 세균 실험을 수행했다. 이 정보는 1977년 기밀 해제되었고 거대한 분노를 일으켰다. 미 국방부의 해명은 유감스러웠다: "전쟁에서 승리하는 데 도움이 된 모든 것은 정당하다. 여기에는 미국 내 지역 주민을 중독시킨 것도 포함된다." 인펙션 작전은 서부 적도 아프리카에서 침팬지가 인간을 최초로 감염시킨 것과는 다른 출처를 갖는 바이러스가 있다는 사실을 사람들에게 설득하려고 설계된 것이 아니다. 자기네 나라의 취약한 두 그룹을 절멸시키기 위해 생화학무기도 생산해낼 능력이 있는, 미국 정부의 도덕성을 문제 삼기 위해 고안된 것이다. 이미 역사적인 선례가 있다! 미국 정부는 어떤 것들을 숨겨왔는가?

슬쩍 봐도 방대하다. 가장 잘 알려진 것으로 CIA가 작업한 케네디와 마틴 루터 킹 목사의 암살 사건이 있다. 수돗물에 불소를 첨가해 뇌질환을 야기한 사례도 있다. 당연히 러시아인에게만 허위조작정보를 사용할 독점적 권한이 있던 것이 아니다. 미국인들도 자신들의 지정학적, 상업적 이익을 위해 허위조작정보 전술을 사용하여 외국 정부를 불안정하게 만들고, 자기 나라 인민들을 적대시했다. 리처드 닉슨은 FBI, CIA, 심지어 국세청까지 동원해 야당을 감시한 게 들통나 대통령 직에서 사임해야 했다. 워터게이트는 시민권 운동과 반베트남전쟁 운동을 겨냥한 허위조작정보 캠페인의 실체를 드러냈다.

소련은 KGB의 전신(GPU)이 1923년에 부서 A를 연 이래로 이러한 전술 개발의 선구자였다. 현재 유럽위원회 부통령이자 에스토니아 전 총리인 안드루스 안시프는 KGB 예산의 85%는 "비밀을 밝히는 것이 아니라 거짓을 유포하는 데" 사용되었다고 말했다. 소비에트연방 붕괴 후 불화를 만드는 이 조직máquina de la discordia도 해체된 것으로 추정되었다. 그러나 1999년, 15년간 A부서에 몸담은 KGB 요원이 권력을 잡았다는 점을 생각하면 이는 지나친 낙관이었다.

푸틴은 집권 초기에 인기가 정말 많았다. 권위 있고 영리하고 규율이 잡힌 군인이었던 그의 모습은 유약한 알콜 중독자 같았던 옐친과는 대조를 이뤘다. 첫 임기 동안 그의 지지율은 40%대였다. 우크라이나에서는 훨씬 더 높았다. 러시아 정부는 1932년에서 1933년 사이 수백만 명의 우크라이나인이 희생된 대기근이 스탈린이 저지른 고의적인 멸절 행위라는 것을 공식적으로 인정하기로 했다. 푸틴의 영향력에 구멍이 난 첫 번째 사건은 두브로브카극장 인질 위기와 베슬란학교 학살로 거의 200명의 아이들이 사망한 일이다. 1996년부터 2011년까지 캠페인 관리자였던 글렙 파블로프스키Gleb Pavlovsky는 "그 후 푸틴이 훨씬 더 전체주의적으로 바뀌었다"라고 말했다. 그때부터 이들은 또 다른 유형의 캠페인을 시작했다.

파블로프스키는 크렘린의 **스핀 닥터**(정부, 관료의 편에서 대변인을 자처하며 여론을 조작하고 선동하는 사람들—옮긴이 주)였지만 자신을 "정치 기술 전문가"로 소개하기를 선호한다. 그는 푸틴 이전부터 크렘린에 있었을 뿐만 아니라 옐친을 대리하여 선거 과정에 관여했었다. 푸틴이 풍기는 미스터리적이고 군사적인 분위기는 우연의 산물이 아니었다. 파블로프스키는 《프론트라인인터뷰》[4]에 다음과 같이 설명했다. "그해 봄 우리는 사람들이 무엇을 두려워하는지 알아보는 설문조사를 실시했다. 사람들이 누구를 영웅으로 생각하는지 알고 싶었다. 우리는 응답자들에게 그들의 스타가 누구인지, 좋아하는 배우는 누구인지 물었다. 우리는 레닌, 스탈린, 표트르 대제를 연기한 배우일 거라고 생각했는데, 의외로 나치 독일의 고위직에 잠입한 소련의 비밀조직(스파이) 책임자 슈티를리츠Stirlitz[5]를 연기한 배우를 가장 좋아한다는 결과가 나왔다. 그는 완벽한 독일 장교였고 소련의 비밀요원이었다. 모든 사람들이 가상의 인물인 그를 좋아한다는 것이 밝혀졌다."

옐친이 후임자를 발표할 때, 푸틴은 상트페테르부르크 출신의 잘 교육받은 사람으로 우아함과 잔인함이 혼재된 슈티를리츠처럼 보이도록 훈련되어 있었다. 1999년 대통령 직 대행 후 2000년에 정식으로 대선을 치르면서 푸틴은 새로운 정치 마케팅 전략에 익숙해졌다. "푸틴은 우리가 미디어를 어떻게 가지고 노는지 봤다. 그는 신문, 라디오, 텔레비전, 인터넷에서 무슨 일이 일어나고 있는지 목격했다. 모든 것이 훌륭한 키보드였고, 내가 계속 그걸 두드렸다. 나에게는 자연스러운 일이었고, 그 일을 하며 수년을 지냈다. 그러나 아마 그때부터 푸틴은 모든 것이 조작될 수 있다고 생각하기 시작한 것 같다. 모든 언론과 모든 텔레비전 프로그램이 조작된다고. 그 모든 일은 누군가가 자금을 댄다. 이것이 우리가 푸틴에게 남긴 끔찍한 유산이었다." 파블로프스키가 말했다.

푸틴이 두 번째 대통령 임기를 시작했을 때에는 우크라이나와 심각한 문제가 있었다. 오렌지혁명은 빅토르 야누코비치를 물리치고 친 유럽파 빅토르 유센코를 선택했다. 2005년에 푸틴은 《러시아투데이》라는 국제 뉴스 네트워크의 런칭에 자금을 지원했다. 전통적 미디어에 대한 대중적인 거부를 활용한 프로파간다 수단으로 시민 저널리즘 《오큐파이》와 〈오프더버스〉를 모방했고 허위조작정보라는 매운맛 소스를 추가했다. 그들은 본색을 숨기지 않았다. 일간지 《코메르산트》와의 인터뷰에서 마르가리타 시몬얀Margarita Simonyan 《러시아투데이》 국장은 "2008년 국방부는 조지아와 싸우고 있었고, 우리는 정보전쟁을 수행했다. 모든 서방 세계와 맞서 싸웠다"라고 주장하면서 공공 자금 할당을 정당화했다. 2009년에 그들은 미국 사업부를 출범하고 이름을 《알티》로 바꿨다. 그들의 명시적 목표는 "전통 미디어에 대한 대안적인 관점을 제공하는 것"뿐만 아니라 세계를 바라보는 앵글로색슨적이고 서구적인 비전에 대안을 제공하는 것이다. 그들의 기본 메시지는 진실은 존재하지 않고 현실에 대한 해석이 존재할 뿐이며, 《알티》의 해석도 다른 것들만큼 좋다는 것이었다.

"2008년엔 구독자가 그리 많지 않았다. 이제는 상황이 훨씬 나아졌다. 왜냐면 우리가 미국인들에게 그들 자신에 관한 대안적인 뉴스를 알려주기 때문이다." 시몬얀은 같은 신문과의 후속 인터뷰에서 회상했다. "우리는 미국에서 혁명을 시작하려고 그 일을 한 게 아니다. 왜냐하면 그것은 말이 안 되니까. 우리는 구독자를 얻고자 했다. … 때가 되면 진실의 이면을 보기 위해 익숙하게 우리를 찾아오는 구독자들이 생길 것이다. 물론 우리는 그 점을 좋은 방식으로 활용할 것이다." 2013년 러시아 정부는 국제 뉴스 에이전시인 《로시야세보드냐》를 설립했고, 이후 《스푸트니크》라는 언론 매체를 만들었다. 마르가리타 시몬얀은 《알티》를 계속 지휘하면서 동시에 이들의 편집장을 맡았다. 같은 해 푸틴과 가까운 사업가가 소규모 허위조작정보기관인 인터넷리서치에이전시IRA, Internet Research Agency를 설립해 상트페테르부르크의 사부쉬키나거리에 사무실을 차렸다. 40개의 방이 있는 4층짜리 건물에서 매일 교대 근무하는 수천 명의 직원이 수십만 개의 가짜 계정을 처리했다.

그곳에는 각각 라이브저널, 러시아판 페이스북인 브콘탁테, 페이스북, 트위터, 인스타그램을 담당하는 소셜네트워크 부서가 있다. 블로거는 매일 3개의 블로그에 10개의 게시물을 게시한다. 주류 미디어에 최소 126개의 의견을 게시하는 특별 팀이 있다. 풍자적인 그림을 만드는 일러스트레이터도 있고, 고용한 배우와 함께 뉴스처럼 보이는 영상을 만드는 제작자도 있다. 러시아가 크림반도를 점령한 지 1년 후, IRA는 우크라이나 정부의 잔학 행위에 대한 수많은 가짜뉴스로 네트워크를 가득 채웠다. 여기엔 제 2차 세계대전에 관한 "대안 역사historias alternativas"와 아기를 십자가에 처형한다는 극악한 이야기, 대량 학살, 강간, 고문 등의 도시 전설도 포함됐다. 이런 사악한 이야기들을 발명할 뿐만 아니라, IRA 직원은 러시아 스파이 기관 및 해커로부터 자료를 받는다.[6] 도청된 통화, 해킹된 이메일, 크렘린의 행동을 정당화하기 위해 국제 언론에 적절히 "유출된" 비밀 문건들이다. 이 자료들은 정보를 합법화하고 자발적인 활동가들의 고귀한 톤으로 각색하는 국영매체인 《알티》와 《로시야세보드냐》에 의해 "엄선"되기 전, 유치원에서 독감 바이러스 퍼지듯 뉴스가 퍼지는 소셜네트워크를 헤쳐 나간다. 당시 《알티》는 지구상에서 가장 인기 있는 유튜브 채널이었다. 전문가들은 그들의 전략을 "게라시모프 독트린"이라고 부른다.

이 용어는 유럽보안센터 소장 마크 게일로티가 만들었는데, 발레리 게라시모프Valeri Gerasimov 러시아 참모 총장이 쓴 '아랍의 봄의 교훈'[7]에 관한 글에서 영감을 받았다. "내부에서 반대자를 만들어내는" 정보기술 덕분에 "정치적 목표를 달성하기 위한 비군사적 전략은 날이 갈수록 영토를 확장하고 있다"라고 장군은 관찰했다. 또한 이러한 정보기술을 가지고 "적의 영토 전역에 걸쳐 항구적인 전선에서 작전을 펼치고, 목표와 장치를 지속적으로 개선하고, 정보 조치 등을 취하고 있다"라고 했다. 정작 게라시모프 장군은 그것을 "나의 독트린"이라고 부르지 않았다. 그는 '하이브리드 전쟁' 혹은 '5세대 전쟁'이라고 불렀다.

그 후 《알티》뿐 아니라 《스푸트니크》와 기관은 우크라이나와 세계 여타 지역에서 하이브리드 전쟁을 전개하였고 미국에서 벌어지는 시위와 시민 대결을 증폭시켰다. 그들의 유튜브 채널은 줄리안 어산지, "파괴적인" 정당으로 보이는 스페인의 포데모스Podemos 그리고 그리스의 시리자Syriza를 지원함으로써 유럽에서 인기를 얻었다. 이로써 방문자 수가 늘어났고, 활동가적 면모가 부각되었으며, 다음 캠페인을 준비할 수 있게 되었다: 바로 2016년 미국 대통령 선거.

러시아의 선전 기계

ABC 멜로드라마 〈스캔들〉의 상식을 벗어난 원래의 결말은 다음과 같다: 대통령 선거에서 공화당 캠페인 팀은 이기기 위해 속임수를 썼고, 피츠제럴드 그랜트 3세 대통령 자신만 빼고 모든 팀 구성원이 연루되어 있었다. 캠페인 팀의 수장도 알고 있었고, 내각 수장도 알고 있었다. 심지어 아내까지도 알고 있었다. 그들은 대통령을 계속 속이기 위해 공모해야 했다. 그랜트 대통령은 백악관에 그를 데려간 게 인민들의 사랑이 아니란 걸 알지 못했다. 그의 마음을 아프게 할 일이었다.

후보 시절 도널드 트럼프는 아이오와 주의 수센터에서 열린 캠페인 행사에서 미국 국민의 사랑이 너무 커서 "5번가 한가운데서 사람들을 쏴도 유권자를 잃지 않을 것"이라고 말했다. 이 책을 마무리할 무렵 FBI는 로버트 뮬러 특별 검사의 조사로 밝혀진, 소위 "러시아 스캔들"과 관련된 혐의로 트럼프 선거 캠페인 관리자 폴 마나포트, 트럼프의 변호사 마이클 코헨, 그 유명한 로저 스톤을 포함한 모든 캠페인 고문을 체포했다. 우리는 트럼프가 블라디미르 푸틴과 공모했는지, 드라마처럼 그의 유약한 자아를 파괴하지 않기 위해 그의 팀이 그를 귀찮게 하지 않고 공모했는지 알 수 없다. 충분히 야심찬 모든 허위조작정보에는 유용한 바보가 필요하다. 바보는 계몽된 자, 탐욕스러운 자, 피도 눈물도 없는 나르시시스트일 수 있다. 트럼프가 허위조작정보 없이도 백악관에 갈 수 있었을지, 우리는 알지 못한다. 그러나 확실히 알 수 있는 것은 개입은 존재했고 수백만의 사람들에게 영향을 미쳤다는 것, 그리고 괴팍하고 야심 있고 엘리트주의자에 인종차별주의자이며 공부벌레인 힐러리 로뎀 클린턴이 평판 깔아뭉개기 캠페인의 완벽한 희생자였다는 것이다. 힐러리는 경제 불황을 방조하고, 미국인들을 가난하게 만든 엘리트 그룹의 일원이었다. 또 그 자리까지 가기 위해 속임수를 써왔다(2019년 3월 뮬러 특검의 최종 보고서는 "트럼프 캠프와 러시아의 공모 혐의를 찾지 못했"으며 "트럼프 대통령이 범죄를 지었다고 결론 짓지 않으나, 무죄를 입증하는 것은 아니다"라고 했다 — 옮긴이 주).

모든 사람들은 민주당전국위원회 이메일 폭로가 치명타였다는 데 동의한다. 2016년 5월 16일에 펼쳐진 드라마 같은 이야기다. 그날부터 선거 전날까지 힐러리 캠페인 선대본부장인 존 포데스타의 모든 통신내역이 위키리크스와 디시리크스DCLeaks라는 새로운 페이지를 통해 유출되었다. 이메일에는 버니 샌더스가 예비 선거에서 이기지 못하게 할 내부적인 음모를 꾸미길 제안하는 내용도 있었다. 힐러리 클린턴이 버니의 추종자들을 여전히 "부모의 지하실에 살고 있는 대침체la gran recesión의 자식들"이라고 부르는 오디오 파일이 있었다. 또 CNN이 힐러리에게 예상 질문지를 미리 제출하고 후보 토론을 진행했다는 것이 밝혀졌다. 월가의 거물들과 힐러리의 유착 관계도 드러났다. 언론은 모든 사소한 세부사항까지 씹고 물어뜯었고 반대편은 환호했다. 민주당전국위원회 의장은 수치심에 사임하고 정치를 떠났다. 2년 후 뮬러 조사팀은 문서를 위키리크스로 생각되는 오거니제이션1Organization1에게 전달한 사람이 로저 스톤이라고 밝혔다. 줄리안 어산지가 만든 조직의 역사는 이 사건을 계기로 전후가 나뉜다. 트럼프는 첫 번째 문서가 나왔을 때 펜실베이니아에 있었고 공개적으로 "나는 위키리크스를 사랑한다"라고 선언했다.

어산지는 진실성veracidad만 확인한 후, 어디에서 왔는지는 모른 채 문서를 게시했다고 말했다. 이것은 위키리크스의 표준적인 방법론이다. 발신자의 흔적을 지우고, 있을지도 모르는 경찰의 박해로부터 정보원을 보호하기 위해 특별히 설계된 "사서함"을 제공한다. 루마니아 해커로 추정되는 구시퍼2.0Guccifer2.0은 자신이 민주당전국위원회 서버를 공격했다고 주장했다. 전직 해커, 전직 스파이, 보안 컨설턴트, 언론인을 포함한 자발적인 전문가 그룹이 문건을 철저히 조사하고 그 출처를 밝히기 위해 동원되었다.[8] 영국 정부 전직 보안 고문이자 아주 젊은 청년인 매트 테이트Matt Tait는 문서 중 하나의 메타데이터에서 러시아 비밀경찰 창립자의 이름을 발견했고, 이문서는 러시아어 운영체제가 설치된 컴퓨터에서 편집되었다고 말했다. 또한 그는 부주의한 구시퍼2.0이 디시리크스에 보낸 문서와 다른 버전을 고커에도 보냈다는 것을 알아냈다. 하나는 잘못된 데이터로 조작된 것이었고 다른 하나는 아니었다. 테이트는 트위터 계정에 "이 '고독한 해커'는 가상 머신VM

을 사용하고 러시아어를 사용하며 그의 유저 네임은 소비에트 연방 비밀경찰의 창시자이며 위키리크스를 통해 문서를 세척하는 것을 좋아한다"라고 썼다. 보안 회사 크라우드스트라이크는 민주당 서버가 조율되지 않은 두 그룹의 러시아 해커에 해킹당했다고 말했다: 러시아 중앙정보국GRU(러시아 연방군 총참모부 정보총국)과 제휴한 팬시베어, 러시아 연방보안국FSB에 연결된 코지베어. 또한 그들이 해킹하는 데 전혀 어려움을 겪지 않았다고 밝혔다. 완전히 평범한 피싱 캠페인으로 충분했다. 서명("Best, Gmail Team")으로 끝나는 표준 이메일을 사용한 것이다.

피싱 작업은 전화나 전자 메일을 통해 합법적인 사람이나 조직(은행, 상사, 시스템 관리자)을 가장하여 보호된 시스템에 쉽게 진입히여 데이터를 얻는다. 일반저으로 거래 내역을 보거나 비용을 확인하거나 사용자 조건의 긴급한 변경을 승인하기 위해 사용자 이름과 비밀번호를 다시 입력하도록 요청하는 이메일이다. 잘 만들어진 피싱 전자 메일은 합법적인 전자 메일과 모든 면에서 동일하다. 단, 사기꾼이 제어하는 페이지로 이동하기 때문에 URL을 주의 깊게 읽어야만 감지할 수 있다. 민주당을 옹호하려면, 독일 의회, 이탈리아 군대, 사우디 외무부, 심지어는 콜린 파월마저도 **피싱**에 완전히 당한 바 있다는 점을 기억해야 한다. 후속 회견에서 포데스타는 자신의 비서에게 책임을 돌리며 "그는 우리의 사이버 보안 담당자와 상의했다고 합니다. 시트콤의 한 장면 같지만, 담당자가 그에게 메일을 열고 링크를 클릭하라고 지시했다고, 나는 생각합니다"

라고 했다.《와이어드》에 따르면 보안 담당자는 "비합법적"이라고 쓰고 싶었는데 "합법적"이라고 쓴 메일을 보냈다고 한다. 망할 자동 교정 덕분에.

한편, 이야기는 구시퍼로 마무리된다. 합동 조사 결과는 그가 러시아 가상 사설 네트워크에서 로그인한 것으로 나왔다. 기술 웹사이트 마더보드와의 인터뷰를 통해 그가 루마니아어를 말하거나 이해하지 못한다는 것이 분명해졌다. 전 FBI 국장 로버트 뮬러의 특검 조사 결과로는, 구시퍼2.0은 모스크바에 있는 러시아 GRU 본부에서 직접 운영하는 기관의 직원이며 디시리크스는 2명의 러시아 정보 요원이 만들고 관리했다. 한편, 위키리크스에 당도하기 전, 트럼프 캠페인 고문의 손에 들려 있던 문건들은 어떤 역할을 한 것일까? 뮬러 특검은 12명의 러시아 시민, 캘리포니아 주민, 런던의 변호사와 트럼프 고문 5명 등 총 33명의 개인과 3개의 러시아 회사 법인을 기소했다. 그중 유죄가 인정된 7명 중 5명이 바로 트럼프 캠페인 고문들이다.

러시아인들은 IRA의 운영에 자금을 조달하기 위해 신원 도용, 사기, 허위 신원 생성, 은행 및 페이팔 계정을 불법 사용한 혐의로 기소되었다. 여기에는 도널드 트럼프, 버니 샌더스, 질 스타인의 캠페인을 대규모로 지원하고 힐러리 클린턴, 마르코 루비오, 테드 크루즈를 괴롭히기 위해 가짜 신원으로 페이스북, 트위터, 인스타그램에서 수십만 개의 가짜 이메일과 계정을 생성하는 것이 포함되었다. 또한 페이스북에서 특정 그룹의 투표를 자제시키고 협회와 정치 그룹을 만드는데 사용되었다. 이 그룹들의 역사를 추적하는 것이야말로 가장 매력적인 조사 지점 중 하나다. 공작이 있었다: 이른바 라흐타 프로젝트 Project Lakhta다(미국 선거를 겨냥한 러시아의 비밀 온라인 캠페인으로 알려져 있다. 이민자, 성소수자, 총기 규제 등과 같은 사안에서 대립하는 양측 모두를 대상으로 하는 분열적 소셜미디어 게시물을 생성하는 활동으로 추정된다―옮긴이 주).

모두가 모두와 싸우는

2016년 5월 26일, 텍사스 휴스턴의 모스크(이슬람 사원) 문 앞에서 2개의 시위가 벌어졌다. 하나는 "텍사스의 이슬람화"에 반대하는 것이었고, 다른 하나는 "이슬람의 지식을 구하자"는 것이었다. 전자는 텍사스의심장Heart of Texas이라는 이름의 분리주의 페이스북 페이지에서 소집되었다. 분리주의 운동은 남부에서 동성결혼법, 총기 규제, 오바마 정부의 재생 에너지 정책에 대한 거부로 부활한 바 있다. 당시 이 페이지의 **팔로워** 수는 25만 명이 넘었다. 사원에 등장한 100여 명의 사람들은 별 깃발, 화이트라이브스매터#whitelivesmatter 피켓 그리고 무기를 소지했다. 후자의 시위는 또 다른 페이스북 페이지인 아메리카무슬림연합United Muslims of America에서 소집했다. 그들은 인종차별 방지 포스터와 비눗방울 기계를 가지고 다녔다. 경찰이 ―그리고 아마도 비눗방울이― 그날 양측이 비난과 모욕 이상의 것은 주고받지 못하도록 막았다. 다행히 아무도 죽지 않았다. 그

날이 역사에서 특별한 위치를 차지한다면, 2개의 페이지가 같은 사람에 의해 만들어졌으며 이 사람은 분리주의자도 무슬림도 아니고 텍사스 시민도 아니라는 것이 나중에 밝혀졌기 때문일 것이다. 이 두 페이스북 그룹은 IRA의 컴퓨터에서 관리하는 가짜 계정에서 만들어졌다. 배후의 인물은 동시에 2개의 시위를 만들어 홍보했다. 네트워크에 연결된 다른 대륙의 사람이 소수의 가짜 계정, 봇 부대, 표적 광고에 사용한 200달러로 200명의 사람들을 대립시켰다. 예외적인 사건이 아니었다. 수십 개의 가짜 계정이 보유한 470개의 그룹들은 상트페테르부르크에서 무기 소지, 동성결혼, 이민자 권리, 홈스쿨링, 아프로아메리칸을 위한 장학금 등에 관한 찬반시위 등 129개의 시위를 조직했다. 이 중에는 6개의 주요 그룹이 있었다: 아메리카무슬림연합, 텍사스의심장, 블랙비짓, 애국자되기, 시큐어드보더스 그리고 LGBT연합.

그들은 매우 큰 그룹이었다. 그룹 블랙비짓은 블랙라이브스매터Black Lives Matter보다 팔로워가 더 많았다. 그리고 정말로 활동적이다. 콜럼비아대학교 디지털저널리즘토우센터 연구원장 조너선 올브라이트는 6개 그룹만으로도 3억 4000만 개 이상의 상호작용이 생성되었고, 특히 좋아요나 추천이 많이 생성됐다고 계산했다. 우리는 추천이 광고보다 낫다는 것을 이미 알고 있다. 《워싱턴포스트》는 "유료 광고가 반드시 가장 큰 영향력을 행사하는 것이 아니다. 이들의 전략을 이해하려면 유기적으로 접근해야 한다"라고 설명했다. 딱 맞는 장소와 딱 맞는 순간에 딱 맞는 사람들을 찾기 위해 광고를 사용하는 것. 옥스

LGBT연합, 텍사스의심장, 예수의군대 SNS 게시물. 이러한 수많은 게시물들과 밈들이 미국 선거에 큰 영향을 끼친다.

퍼드대학교의 한 연구[9]는 선거 캠페인에서 돈을 어떻게 쓰는지 조사했다. 대부분의 광고는 "경합주swing states"에 쓰였다.

　의회에 1차로 출두했을 때 페이스북은 캠페인의 영향력을 최소화하려고 했고, 러시아인들이 광고를 3,000개 이상 구매하지 않았다고 확언했다. 이는 1000만 명 이상의 사용자에게는 도달하지 못할 적은 비율이라는 것이다. 의도적인 거짓말이다: IRA는 콘텐츠를 프로모션하려고 광고를 사용하는 것이 아니다. 사람을 모으기 위해 사용한다. 광고 도구는 광고주가 자신의 광고를 볼 특정한 그룹을 선택할 수 있게 한다. 그러나 페이스북은 그들이 누구인지는 말해주지 않는다. 이 전략은

　　　　　우리의 적들은 시스템을 알고 있다

특정 메시지(예를 들어 텍사스의 우월주의자)를 수용할 수 있는 그룹을 대상으로 캠페인을 시작하고 이들이 시위를 하거나, 자기가 속한 그룹과 콘텐츠를 공유하거나, '좋아요'를 누르기를 기다린다. 일단 대상이 식별되면, 기관la agencia은 그들을 팔로우하여 밈, 가짜뉴스, '핫한 것calorcito'을 보낼 수 있다. 그룹에 가입하도록 초대했고, 질문과 칭찬으로 관심과 참여를 독려했고, 비슷한 프로필을 가진 미국 시민으로 위장했다. 투쟁의 동반자. 같은 것으로부터 영향을 받는 사람들. 선거가 임박했을 때는 IRA가 수년 동안 그룹, 관련 웹사이트(파트너 웹사이트), 온라인 상점, 팟캐스트의 생태계를 구축한 때였다. 심지어 포르노에 중독된 재향 군인들에게 자기 방어 수업과 심리적 지원을 제공하기도 했다.

기관은 사회에 균열을 일으키지 않았다. 그 대신 균열을 이용하고, 증폭시켰다. 이런 일은 무수히 반복되었다. 최신 보고서들은 그들의 기능이 균열을 이용하여 "블록으로 활동하는 이데올로기그룹", 즉 '부족tribus'을 만들어내는 것임을 확인했다. 그들은 블록 외부의 모든 것과 대적한다. 그룹 구성원들끼리의 동질성과 호의성을 강화하고, 나머지는 허위 또는 조작된 이야기로 왜곡하여 인식한다. 진정한 공동체가 필요한 수백만의 갈급함을 이용하는 구조다.

역사적으로 사람들의 사회생활은 가장 직접적인 환경 즉, 가족, 이웃, 직업, 학교에 영향을 받았다. 이 환경이 정치와 이웃 공동체를 형성했다. 상대적으로 최근까지 이웃공동체는 집, 정원, 운동장의 유지 보수, 보호에 대한 공동 책임으로 연결된 —종종 평생 동안 이웃(임차인이 아닌)이 된다— 이들로 구성되었다. 아이들은 함께 학교에 가서 같이 공을 차고 놀았다. 동네의 정치 생활은 시장, 공원, 공립학교의 모임, 시장 및 인근 가게에서 줄을 서면서 이루어졌다. 교회도 공동체적 프로젝트 하에 성별, 나이, 수업, 직업, 취미가 다른 사람들을 한 곳에 모았다. 서로 간의 차이를 끊임없이 협의하고 또한 그 차이 덕분에 강화된 집단들이 있었다. 하지만 부동산 버블, 사립학교, 프랜차이즈, 다국적기업의 상륙, 사회서비스의 민영화를 거치면서 이 집단들은 (소셜네트워크가 도착하기 전에) 이미 약화되어 있었다. 알고리즘을 통한 부족화 현상은 기존 이웃 집단의 뒤를 잇는 '후임'과 같은 형태가 아니다. 후임이 부재한 틈에 강력하게 성장한 기회주의자에게 감염된 것이다.

소속감은 기본적인 생존 메커니즘이다. 철학지 데이비드 외이트는 "소속감이 없을 때 상처받는 느낌은 사실 우리가 가진 가장 기본적인 경쟁력 중 하나"라고 말한다. 그러나 우리는 단독으로 혼자 있을 때도 있고, 군중 속에 혼자 있을 때도 있다. 대부분의 역사에서 우리는 비교적 작은 집단을 이뤄 살아남았다. 사회가 우리의 통제 범위를 넘어서 성장하기 시작하자, 우리는 인종, 종교, 나이, 음악적·문학적·미학적 취향에 따라 세분화되어 자신이 속할 그룹을 찾는다. 자본주의는 존 새비지가 《청소년의 발명Teenage: The Creation of Youth 1875-1945》에서 묘사한 "전후의 다양한 파벌들sectas de posguerra"의 소비 정체성을 만든다: 테디보이즈, 비트, 모드, 로커, 히피, 스킨헤드, 펑크는 화해 불가능한 음악적 차이를 관리하지 못하고 골목길을 쏘다닌

우리의 적들은 시스템을 알고 있다

다. 오늘날 도시부족tribus urbanas들은 서로 다른 지역에 살며 다른 물건을 먹고 다른 매체를 읽으며 자녀를 인근에 있는 일반 학교가 아닌 고유의 프로그램이 있는 학교로 데려간다. 아이들의 생일은 더 이상 언론인들이 치과 위생사, 교도소 감독관, 자동차 정비사, 주식 중개인을 만날 수 있는 시간이 아니다. 창의력 수업이 그들을 몬테소리로 데려가기 때문이다. 부자들은 브리티시, 전통주의자들은 카톨릭 사학, 교파가 없는 중산층들은 독일식이나 프랑스식 중고등학교에 자식들을 보낸다. 바BAR는 더 이상 지방 개구쟁이가 도시 숙녀를 재치만으로 유혹할 수 있는 곳이 아니다. 교외 부르주아는 중심지 부르주아와 관계를 맺지 않는다. 시골 사람들은 도시의 사람들과 어울리지 않는다. 군인은 힙스터와 데이트하지 않는다. 중류 계급은 잡화점 주인과 데이트하지 않는다. 민족주의자는 중국인, 파키스탄인, 무어인과 관계를 맺지 않는다.

우리를 둘러싼 환경이 확정되면 처음 우리를 하나로 묶어준 경향성이 강화되고 점점 급진화한다. 우리는 더 이상 그냥 채식주의자가 아니라 완전한 비건이고, 진보주의자가 아니라 래디컬좌파이며, 보통 사람이 아니라 고유의 세계관을 가진 활동가다. 자전거를 탄 사람들은 자동차를 탄 사람들을 이해하지 않고, 채식주의자들은 투우를 좋아하는 사람과 대화하지 않는다. 좌파와 우파가 택시를 같이 타면 반드시 격렬하게 말다툼한다. 우리는 완벽하기 때문에 우리와 다른 견해를 가진 사람과는 세계관을 타협할 수 없다. 우리가 먹는 걸 먹고 우리가 생각하는 걸 생각하고 우리와 나이가 같고 같은 시리즈를 보고 같은 음악을 듣고 같은 도시를 방문하는 완벽한 사람들이 있다는 것이 (우리가 완벽하다는) 증거다. 일체화된 부족은 단일 경작과 같다. 다양성이 결여된 땅에는 해충과 질병이 꼬인다.

인간은 왜곡을 만들어내는 추론의 사각 지대인 인지적 편향을 가지고 있다. "확증 편향"과 "허위 합의 효과"가 대표적이다. 확증 편향은 제시된 증거에 관계없이 이미 믿고 있는 것을 확인해주는 정보를 선호하고, 모순되는 정보를 멸시하는 경향이다. 허위 합의 효과는 자기 관점의 인기를 과대평가하는 경향이다. 우리의 의견, 믿음, 즐겨 찾기, 가치, 습관이 우리에게는 '순수한 상식'인 것처럼 보이기 때문이다. 이러한 사각지대를 악용하는 '알고리즘을 통한 재그룹화' 효과는 현실과 불화히는 그룹들을 시작으로 이어지는 추천 목록을 보면 명확히 나타난다. 만약 당신이 '지구가 평평하다 그룹'에 가입하면, 그 즉시 '질병을 퍼뜨리는 비행기의 비행운 그룹', '사람은 달을 밟은 적이 없다 그룹', '백신은 나쁘고 동종요법으로만 치료 가능하다 그룹' 등으로부터 초대받는다. 그룹은 실제 세계와 분리되어 자기들끼리 완전하고 영구적인 합의를 이룬 듯한 분위기를 조성한다. 그룹 내부 신뢰도는 최대치에 달하며, 외부의 의견은 전혀 믿지 않는다. 소속감은 '타자'에 대한 거부로 끓어오른다. 그로부터 나오는 지류가 인종주의, 제노사이드, 절멸, 비인간화다.

페이스북이 캠페인의 타겟을 찾아내는 도구는 엄청나게 정확했다. 동시에 기본 원칙은 유별나게 느슨했다. 누구도 마케팅 에이전시에 감히 요구하지 못했을 수준의 검색을 허용했다. 프로퍼블리카는 "유대인을 태우는 방법", "유대인들이 세상을 어떻게 망쳤는지에 대한 이야기"와 같은 글을 쓰거나 말하거나 읽은 사용자들을 찾아내는 방식으로 검색하여 반유대주의자를 찾을 수 있음을 발견했다. 알고리즘은 사용자가 작성한 모든 것을 알고 있음을 기억하자. 프라이빗 메시지로만 보냈어도, 심지어 삭제하고 보내지 않았어도 알고리즘은 기억하고 있다. 심지어 이 도구는 비용도 저렴하다. 2,300명의 네오나치를 위한 광고 캠페인을 세 번 진행하는데 소요된 비용은 30달러였다. 버즈피드는 구글의 광고 플랫폼으로 유사한 테스트를 수행하였고, 인종차별주의자를 대상으로 한 선전선동 캠페인이 가능함을 발견했다. 구글은 타겟을 어떻게 찾았을까? 그들이 "유대 기생충"이나 "흑인들이 모든 것을 망쳐놓았다" 같은 것들을 검색했기 때문이다. 검색엔진은 "흑인은 동네를 망친다"나 "유대인의 은행 장악" 같은 새로운 인종차별적 용어를 스스로 제안하기도 했다. 반유대주의 캠페인 그리고 인종주의 캠페인이 이루어질 때, 구글과 페이스북은 당연하게도 별 다른 제약을 가하지 않았다.

이렇게 서로 반목하는 그룹들이 생성되면 타겟을 쉽게 찾을 수 있고, 타겟화된 대상에게만 선전물을 보여주는 것도 가능해진다. 앞의 연구 과정에서 프로퍼블리카는 고의로 아프로아메리칸, 히스패닉, 아시아인에게는 보이지 않는 주택 광고를 게시했다. 이를 "암흑 광고anuncios oscuros"라고 부른다. 인종주의자 집주인에게도 유용하고, 그러한 집주인을 적대하는 반대편에게도 유용한 도구다. 세분화된 광고 플랫폼은 다양한 정치적·사회경제적·민족적·지리적·문화적·종교적 그룹에 서로 다른 버전의 현실을 제공하지만 사용자는 자기가 보는 현실이 남들과 다르다는 사실을 깨닫지 못한다. 경찰 폭력, 노예제, 문화적인 문제들, 제도적 인종차별에 대한 헤드라인과 함께 매일 아침 식사를 하는 아프로아메리칸은 그가 증오하는 백인 이웃은 문신을 한 온두라스 범죄 조직 갱단, 선교사를 살해하고 청소년에게 크랙을 판매하고 폭력을 저질러 구금된 흑인들에 대한 헤드라인을 읽고 있다는 사실을 모른다. 구글에 텍사스라는 단어를 검색하면, 누군가는 남부의 환대와 관련된 아름다운 사례와 건국 토대 서사시를 찾을 수 있지만 또 다른 누군가는 KKK의 린치를 보게 된다. "진실"이 상호 배타적이며, 둘 다 진실이 되어 상대방이 거짓말을 하거나 현실을 조작한다고 생각하도록 만드는 '평행 현실' 상황이기 때문에 대화의 가능성은 존재하지 않는다.

필터 버블은 사용자들이 자신의 세계관과 모순되는 정보 출처에 맞서서 자발적으로 판 참호가 아니라, 각 개인에 맞게 특정하게 의도적으로 설계된 세계관을 생성하는 광고 모델의 일부이며 사람들로 하여금 그게 현실이라고 믿게 만든다. 매일 페이스북과 트위터를 읽는 23억의 사람들은 마치 이 2개의 네트워크 매체가 "발행하기에 적합한 모든 뉴스"가 나오는 신문의 첫 표지인 것처럼 읽는다. 이 뉴스들은 그들이 선택한 그룹이 추천하는 것, 그들이 관심을 갖는 주제에 초점을 맞춘다. 그들은 그것이 마케팅 회사와 정치 캠페인에 따라 맞춤화된

우리의 적들은 시스템을 알고 있다

콘텐츠라고 생각하면서 읽지 않는다. 대부분의 사람들은 페이스북이 소송에 대한 두려움 없이 가짜뉴스를 실제 뉴스인 것처럼 게시할 수 있다는 사실조차 모른다. 이는 기존의 신문들은 할 수 없던 일이다. 전통적인 주요 신문사들이 명성을 잃어온 사실, 그것이 이 사기성 미디어 생태계가 출현하는데 기여한 핵심적인 요소였다. 블랙라이브스매터의 슬로건은 "우리는 미디어를 믿지 않기에 우리 스스로 미디어가 되었다"였다. 가짜뉴스를 선호하는 미디어 환경에서 경쟁하기 위해 기존 미디어에서 등장한 생존 메커니즘은 뉴스피드의 끝없는 폭포에서 가짜뉴스와 점점 더 유사해지는 것이었고, 사실상 이제는 각각을 구별할 수 없는 수준이 되었다.

잘못된 정보는 교육 수준의 차이로 인해 노동계급에 더 많은 영향을 주지만 항상 그런 것은 아니다. 새로운 대안 현실 영역에서 소위 도시의 지적인 엘리트는 지방의 노동계급만큼 쉽게 조작당한다는 것이 입증되었다. 그러나 사회학 연구가 놓친 근본적인 문제가 있다: 수백만 명의 사람들이 데이터 요금을 지불할 수 없기 때문에 소셜네트워크를 통해 인터넷에 접속한다. 보다폰패스Vodafone Pass와 같은 특별 요금제는 페이스북, 트위터, 인스타그램, 스냅챗, 링크드인, 플리커, 텀블러, 페리스코프 및 다양한 데이트 플랫폼에 무제한 접속할 수 있는 권한을 1개월 기준 3유로에 판매한다. 페이스북은 인터넷을 제 3세계로 가져오기 위해 프리베이직스Free Basics라는 서비스를 만들었다. 이 서비스 사용자에게는 페이스북이 곧 인터넷이다. 그들이 읽는 모든 것은 알고리즘에 의해 미리 선택된다.

IRA가 만든 그룹들은 정치적 입장이나 민족, 종교, 사회집단에 대한 지지를 표현하는 네트워크에서 자신을 드러내지 않는다. 그들은 자신과 다른 정치 집단, 민족, 종교, 사회단체에 반대해서 뭉치는 부족이다. 예수의 군대는 무슬림에 반대하고, 텍사스 분리주의자들은 나머지 국민들을 반대한다. 이 그룹은 반복적으로 고독하게 빛나는 별이 그려진 깃발과 미합중국과 분리된 텍사스의 지도를 소셜네트워크에 노출시킨다.

캘리포니아는 "혐오스럽고_odiosa_" 뉴욕은 "양키_Yankee_" 소굴이며 나머지 지역은 "지루"하거나, "별 볼일 없거나" "쓰레기"다. 사람들은 모두 자부심 넘치는 슬로건을 되풀이한다: 흑인과 자부심, 백인과 자부심, 트랜스와 자부심, 무장세력과 자부심. 역사적인 음모를 통해 자신들이 억압받는다는 느낌을 강화한다. 윌리엄 셰익스피어가 실제로는 흑인 여성이었고, 모차르트는 흑인 작곡가였으며 자유의 여신상은 충분히 검을 예정이었으나 파리에서 온 흰 것으로 바뀌었다. 이 모든 음모는 페이스북 그룹에 의해 어둠 속에서 요리되며 다른 플랫폼에서 가져온 자료와 함께 배양된다. 어떤 뛰어난 자가 —실존하는 사람이라면 더 좋다— 그것들을 수집해놓으면, 분노는 봇 부대에 의해 화력을 얻고 증폭된다.

그들의 정체성에 대한 자부심은 타인에 맞서 그들을 단결시키는 민족주의적 이상주의로 확산된다. 다른 사람들과 그들을 연합시킨다. 텍사스 민족주의 운동의 외무부 장관이라고 주장한 실제로 존재하는 미국인 나단 스미스는 미국이 브렉시트와

'텍시트'를 주장하는 대표적인 단체 텍사스분리주의자운동의 홈페이지(캡처).

같은 국민 투표를 요구하지 않은 것에 대해 "민주주의가 아니라 독재"라고 말했다. 상트페테르부르크의 즐거운 봇들은 이런 종류의 선언을 상찬하고, 인용하고, '좋아요'를 누르고 리트윗한다. 심지어는 푸틴의 군사 훈련을 강화하는 데 사용된다. 《스푸트니크》는 "우리가 기원의 논란에도 불구하고 현재 상태의 텍사스주를 받아들여야 한다면 당신들 역시 크림반도

의 추후 지위를 인정해야 할 것"이라고 밝혔다. 아이러니하게
도 IRA가 캘리포니아, 텍사스, 스코틀랜드, 카탈로니아, 푸에
르토리코의 독립운동을 촉진하고 장려하는 동안 코카서스인,
티베트인, 타타르인, 쿠르드족, 구 유고슬라비아인 독립운동
가들은 철의 손에 침묵당하고 억압당했다.

조너선 올브라이트에 따르면 모든 사람에게 공개된 페이지
가 사용자를 늘리는데 적합하지만, 비공개 그룹은 영향력 있
는 캠페인을 조직하기에 완벽한 환경이다. 왜일까? 첫째, 그
룹의 주인이 되기 위해 꼭 관리자일 필요가 없다. 사람들을 유
혹할 필요도 없다. 그들을 식민화할 수 있기 때문이다. 둘째,
적절한 프라이버시 옵션 덕분에 선동하는 사람의 활동들이 숨
겨진다. "일단 그룹을 떠나면, 메시지의 출처를 쉽게 추적당
하지 않으면서도 메시지를 만들어 대규모 배포 작업 및 정치
적 영향력 확대 작전을 시작할 수 있다." 셋째, 선동자들은 종
종 "검열을 피하기 위해" 자신의 게시물을 직접 공유하지 말
고 스크린샷으로 각자의 **타임라인**이나 담벼락에 새로 게시하
라고 요청한다. 이를 통해 그들의 자료가 12개의 계정으로 통
제하는 캠페인에서 생성되고 전파된 콘텐츠가 아니라, 많은
출처를 가진 것처럼 보이게 한다. 그들은 프로파간다의 출처
를 분산시켜 페이스북의 자동 탐지 및 추적 시스템을 피한다.
트위터에서는 첫 번째로 게시된 뉴스나 사진을 상대적으로 쉽
게 찾을 수 있다. 그러나 페이스북에서는 그룹의 어둠 속에서
흔적이 사라진다. 밈이 러시아 허위조작정보기관의 운영자로
부터 온 것인지, 거기서 나오기 전에는 또 무슨 일이 있었는지

알 수 없다.

엄청나게 큰 그룹에서는 아주 오랜 시간 동안 공작을 준비한다. 네오나치1488[10]의 "암호화된 언어"와 같은 비밀 코드를 만들 수도 있다. 올브라이트는 지적한다. "악의적인 사용자들은 그룹을 통해 페이스북을 최대한 활용할 수 있다. 사진과 밈을 위한 무료 서버, 콘텐츠 및 문서 공유를 위한 그룹 시스템, 텍스트와 오디오 그리고 비디오를 전달하는 메시징 서비스, 모바일과 앱에서의 알림 시스템, 그 외에도 조직화와 홍보의 도구가 모두 공짜다. 게다가 웹페이지에서 이러한 유형의 작업을 수행하거나 공개적으로 문서를 공유할 때 발생하는 문제가 거의 없다." 무슨 일이 벌어지는지 알 수 없는데, 그걸 관리하는 것은 불가능하다.

분명한 징후를 보여준 최초의 플랫폼은 바로 트위터였다. 2016년에는 1억 400만 개가 넘는 트윗을 생성한 3,841개의 가짜 계정이 있었으며, 이는 7300만 회에 걸쳐 리트윗되거나 추천되었다. 미 상원 정보위원회의 의뢰를 받아 작성된 최초 보고서는 구글과 페이스북에 중점을 두었으며 광고 플랫폼의 사용과 그들이 추구하는 미묘하고 효과적인 캠페인의 종류에 대해 연구했다. 사이버 보안 회사 뉴날리지와 옥스퍼드인터넷연구소의 '컴퓨테이셔널 프로파간다' 연구의 최신 프로젝트 보고서 두 편에 따르면 러시아의 기관은 훨씬 더 복잡한 네트워크망을 짰다: 구글+, 레딧, 텀블러, 핀터레스트, 바인, 인스타그램 그리고 유튜브 그룹이 포함된 자체 참조 확장 생태계다. 모든 계정은 일관된 방식으로 서로 다른 플랫폼에서 상호

피드백을 주고받았다. 두 편의 보고서는 해당 플랫폼들이 의회 청문회에서 이러한 감염의 심각성과 영향력의 범위를 감췄다고 했다.

합법적인 미디어 생태계에서와 마찬가지로 각 플랫폼은 특정 기능을 수행했다. 17개의 유튜브 채널이 밈, 자막이 변경된 영화 클립, TV에서 방영된 뉴스를 악성 클리핑하거나 재제작한 영상을 포함하여 최소 1,100개의 동영상을 만들어 홍보했다. 그들은 다른 뉴스와 트윗에 감싸여서 나머지 다른 플랫폼에도 등장했다. 홍보된 비디오의 96%는 경찰의 잔인함에 관한 것이거나 블랙라이브스매터에 관한 것이었으나 구글은 "그런 채널들"이 특정 캠페인을 수행한 것은 아니라고 주장했다. 인스타그램에는 이민을 반대하고 이슬람에 반대하며 무기 사용을 옹호하는 "활동가" 그룹을 관리 홍보하는 133개의 가짜 계정이 있었다. 팔로워가 20만 명 이상인 그룹도 6개가 있었다. 역사는 정보기관이 가장 강력한 메시지를 찾을 때까지 여러 가지 메시지를 실험했음을 보여준다. '예수의 군대' 계정은 2015년 〈머펫쇼Muppet Show〉의 한 테마로 소셜네트워크를 시작한 후, 그다지 성공을 거두지 못하다가 힐러리 클린턴을 악마화하고 도널드 트럼프를 지지하는 예수와 성자들의 밈을 〈심슨 가족 The Simpsons〉 테마를 활용해 만들어 센세이션을 일으켰다. 가장 인기 있는 계정(@blackstagram)은 30만 명이 넘는 팔로워를 보유했다. "IRA는 페이스북과 인스타그램의 아프리카계 미국인 커뮤니티를 대상으로 가장 거대한 노력을 쏟았으며, 유색인 팔로워와 아프리카계 미국인 활동가를 모으는 데

집중한 것으로 보인다."보고서는 말한다. "아프리카계 미국인 커뮤니티에서 가장 중요하고 시급한 문제에 대한 정보를 제공하는 뉴스 NGO"인 블랙매터스유에스Black-MattersUs 그룹은 트위터, 인스타그램, 텀블러, 구글+, 페이스북, 지메일 계정을 가지고 있었다. 심지어는 인종 정의를 위한 투쟁에 지원하기 위해 기부금을 받는 페이팔 계정도 가지고 있었다.

아프리카계 미국인 커뮤니티는 매우 큰 인구 비율을 차지한다. 2008년과 2012년 오바마 대선 캠페인 때 영향력이 활성화되었던 선거의 핵심이었다. 러시아의 2016년 캠페인은 세 가지 방식으로 작동했다. 먼저 선거 과정에 대한 잘못된 정보를 흘려서 투표를 회피하게 만들고 기계 조작이나 사기의 역사를 곁들여 과정 그 자체에 대한 의구심을 불러일으킨다. 둘째, 힐러리에 대한 투표를 질 스타인과 같은 소수정당 후보자들로 이동시킨다. 셋째, 힐러리에게 투표하는 것이 트럼프에게 투표하는 것보다 더 나쁘다는 말로 수많은 아프리카계 미국인 그룹을 설득한다. 그리 어렵지 않았다. 그들은 힐러리가 백인 우월주의자들에게 호소하기 위해 남부 악센트로 말했고 KKK로부터 돈을 받았다고 비난했다. 가장 많이 공유된 영상 중에는 1996년 힐러리가 젊은 아프리카계 미국인들의 길거리 갱단을 "슈퍼 포식자"로 묘사한 텔레비전 녹화물이 있다. "우리는 그들이 어쩌다 이렇게 되어버린 건지 말할 수 있다. 하지만 먼저 그들을 무릎 꿇려야 한다."당시 힐러리는 남편이 1994년에 서명한 거리 폭력 통제 및 경찰에 관한 법률(형사범죄에 대한 강경 대응 법안)을 옹호했다. 경찰력의 남용과 차별로 고통을 겪은 지역에서는 그 영상을 좋게 볼 수가 없었다.

붓은 캠페인에서 한 가지 역할만 하지 않는다. 가장 중요한 역할 중 하나는 특정 주제에 대한 토론 공간을 모두 차지하는 것이다. 그들이 관심 갖는 이야기를 선호하고 그렇지 않은 이야기를 파괴한다. 먼저 붓들은 아첨, 레퍼런스, 좋아요, 리트윗 등을 활용해 대사들embajadores을 생성하고 입장을 강화해주는 사람들을 늘린다. 사람들이 불어나면 다른 이들은 갑작스러운 그들의 인기에 깊은 인상을 받아 붓들을 따른다. 그다음 그들은 조롱, 모욕, 터무니없는 비난, 계산된 공격 등을 가하며 비판적이거나 적대적인 관점을 제시하는 사람들을 위협한다. 러시아 작전의 일부는 "징징대는 리버럴lloricas liberales"과 "음모론"에 질린 미국인인 척 하면서 여러 플랫폼에서 뮬러 검사의 조사를 공격히는 데 특히 전념했다. 그들은 뮬러가 "급진적인 이슬람 단체들과 협력"했다고 비난했고 FBI 국장인 제임스 B. 코미를 "부패 경찰"이라고 불렀다. 잘 조직된 벌떼는 서로를 모르는 척 하면서 서로의 추론을 강화한다. 그들이 목표를 달성하면, 정복된 공간에는 붓들과 그들의 동맹이 된 인간들만 남는다. 인간들은 자신들의 위태로운 처지에 신념을 가지고 저항한다. 여전히 자신이 대다수 국민을 대변한다고 생각한다. 자신이 의도적인 중독 캠페인의 대상이었다고는 의심조차 하지 않는다.

비공개 그룹에서 벌어지는 무언극은 사람들의 나르시시즘과 부족 감정을 이용한다. 이들은 계략 속에서 보호받으며 하나가 되었다고 느낀다. 붓의 주요 기능은 합의라는 환상을 만드는 것이다. 아이디어, 제안, 이데올로기, 누군가를 지지하거나 거부하는 광범위한 시민 세력이 있다고 생각하도록 만든다. 시위의 분위기를 재창조하는 것이다. 미국인의 "초보적 인종 의식"에 관한 "대안 우파Alt-Right의 대부" 재러드 테일러Jared Taylor 의 말을 곱씹어보자.[11]

"도널드 트럼프는 유권자들이 가진 특정한, 초보적 인종 의식에 호소했다. 그는 성벽을 짓고 싶었고 모든 불법 행위자들을 쫓아내고 싶었고 무슬림 이민자들에게 강력한 결단을 내리고 싶었다. 이는 초보적 인종 의식을 일깨우는 것이다. 이 모든 정책을 통해 백인에게서 무언가를 박탈하는 것을 늦출 수 있기 때문이다. 백인 수가 줄어들어 소수가 되는 걸 늦추기 때문이다. 특정 미국인들에게는 중요한 소명이다. 그들이 얼마나 많은지 우리는 모른다."

테일러는 계속해서 모든 미국인들이 내심 인종차별주의자였으며 캠페인이 그 속성을 일깨웠다고 말했다. 믿을 수도 있겠지만, 사실이 아니다. 이 캠페인은 자기들이 매우 다수라는 환상을 만들어내기 위해서 그리고 소수의 반사회적인 입장을 자연스러운 것으로 만들기 위해서 자기들이 매우 인기 있는 척하며 인위적으로 메시지를 증폭시켰다. 특정 집단 ―소수종교인, 이민자, 흑인, 페미니스트― 에 반대하는 극단적인 입장들은 보이는 것보다 더 위압적이고 대표성을 지닌다. 왜냐면 "정치적 올바름이라는 독재"에 의해 억압되다가 네트워크 권력에 의해 해방되었기 때문이다. 합의(여론)의 외양은 모든 플랫폼에서 메시지를 반복함으로써 달성된다. 페이스북 수백 개의 공유, 인스타그램 밈, 유튜브 비디오, 수천 개의 리트윗이 있다. 때로는 주요 일간지의 논평에 주제를 제안하기도 한다. 합의의 모습은 아주 적은 돈으로 구입할 수 있다.

프로파간다의 궁극적인 기능은 주류 언론에 몰래 들어가는 것이다. 언론 입장에서는 그저 협력할 뿐이므로 '합의'라는 환상을 만드는 것은 저렴할 뿐만 아니라 수익성도 좋다. 파노라마가 펼쳐진다: 뉴스를 "낚기" 위해 트위터로 진출한 인턴들로 가득 찬 뉴스룸. 뉴스의 중요성은 얼마나 많은 상호작용을 창출했느냐에 따라 평가한다. 무엇보다도 이런 논란을 사용하여 ―예를 들면 특정 정당을 공격하기 위한 무기로 사용하거나 추천 알고리즘과 마찬가지로 드라마에 목 마른 청중을 확보하기 위한 전략으로 사용하여― 쇼를 만드는 신문, 라디오, 텔레비전. 마샬 맥루한이 말했듯이 "우리는 도구를 만든다. 그 다음엔 도구가 우리를 만든다". 광신적인 봇 그룹만큼이나 페이스북 알고리즘과 구분할 수 없는 기준을 가진 미디어가 있다.

트위터, 인스타그램을 보유한 페이스북, 구글이 소유한 유튜브에 사용자가 집중되는 과정에서 일관된 생태계가 생성된다. 이는 어디를 가든 사용자를 쫓아와 그 주변에 모순이 없는 세계를 만들어내는 '기상학'이다. 러시아 정보기관은 자신이 만든 집단을 양극화하면서 그들의 두려움과 주장에 꼭 맞춘 세계를 설계했다. 알고리즘들은 이러한 프로세스를 번성시켰고, 여기에 러시아 정부뿐만 아니라 다른 이들도 개입하게 되

우리의 적들은 시스템을 알고 있다

었다. 러시아 정부는 예상치 못한 많은 동맹을 발견했다: 마케도니아의 한 마을에서 나타난 100명의 기업가들emprendedores, 돈을 쉽게 벌고자 하는 소수의 기회주의자 블로거들, 네트워크에서 허위조작정보 행위를 진행하는 회사로 도널드 트럼프가 직접 고용한 영국의 다크컴퍼니.

정치가 아니라, 자본주의다

마케도니아의 벨레스는 유고슬라비아에서 두 번째로 오염이 심한 도시였다. 이것이 5만 5,000명의 주민들이 과거에 일군 산업적 영광을 묘사하는 표현이다. 당시에는 유고슬라비아에서 가장 훌륭한 도자기를 만들었다. 발칸 반도가 해체되는 와중에 살아남은 오늘날의 사람들은 몇 안 되는 공장에서 미래가 없는 일을 한다. 실업률은 20% 이상이며 평균 급여는 300유로다. 그러나 2016년 벨레스는 최고의 행운을 경험했다. 100여 명이 소셜네트워크와 애드센스를 사용하여 바이럴 콘텐츠를 홍보하고 한 달에 5,000유로를 벌어들이기 시작했다.

　러시아 운영자들과 달리 마케도니아인들은 내용에 신경 쓰지 않았다. 그들의 임무는 돈을 버는 것이지, 미국의 안정을 파괴하는 것이 아니었다. 클릭 수를 극대화하기 위해 구글의 측정 항목을 엄격하게 따랐다. 그들은 헤드라인을 마구 던져 놓고 눈에 띄는 하나가 부상하면 거기에 승부수를 걸었다. 처음에는 건선, 기적의 다이어트, "고단백 비건 아침 요리 열 가지", "당신을 날씬하게 할 스쿼트 동작 네 가지" 같은 것이었다. 안티 백신, 어려 보이기 위해 또는 살을 빼기 위해 속임수를 쓴 유명인들의 가십이 눈에 띄는 헤드라인을 달고 편집되어 붙여넣어져 네트워크를 타고 이동했다. 양약의 대안으로 떠오른 자연요법과 **피트니스**의 세계는 그들의 정기적인 수입원이었다. 그들은 곧 뉴스를 만드는 것이 뉴스를 찾는 것보다 쉽고, 더 정신 나간 것처럼 보일 때 클릭이 더 많아진다는 것을 알게 되었다. 그러다 그들은 무엇보다 자극적이고 바이럴한 콘텐츠를 발견했다. 도널드 트럼프였다. 구글은 극단적인 폭력, 혐오, 음란물 콘텐츠만 삭제했지, 거짓말은 내버려뒀다.

폭로는 행운을 가져왔다. 조사에 따르면 여러 이름으로 (usaelectionnews.com, verydaynews.us, trumpvision365.com 과 같은) 마케도니아에서 "프로 트럼프proTrump" 뉴스를 제자한 100개 이상의 웹사이트가 발견되었다. 러시아인들과 달리 벨레스의 소년들은 미국 시민들의 선의를 착취하려고 하지 않았다. 그 대신 추천 알고리즘의 기회주의적 속성을 이용했다. 개척자 중 한 명이 CNN에 설명했다. "사람들이 뭔가를 읽는다면, 그 내용이 무엇이든 나는 상관하지 않았다. 당시 나는 22세였으며 다른 마케도니아 사람들이 평생 동안 벌 수 있는 돈보다 더 많은 돈을 벌었다." 캠페인 기간, 15명의 사람들을 고용해 임금을 줄 수 있었다. 그중 2명은 미국인이었다. 인터뷰를 했을 때는 당시로부터 2년 뒤였는데, 그는 집을 샀고, 동생의 법학 공부를 지원해줄 수 있었으며, 2020년 선거를 준비하고 있었다. 일단 뭔가가 생겨나면, 그건 혼자 오지 않는다.

그의 모범은 같은 공식 —상관없는 내용들, 논란을 일으키는 헤드라인, 소셜네트워크— 을 반복하여 부자가 될 전 세계의 "기업가들"을 고무시켰다. 참고로 스페인에서 이 사업의 기수는 디지털세비야닷컴digitalsevilla.com이다.

소년들은 바이럴 콘텐츠 만들기의 선수였다. "교황이 트럼프를 지지한다"는 당시뿐만 아니라 인터넷 역사상 가장 많은 방문자 수 기록을 남겼다. 하지만 분명한 목적을 갖고 있는 정기 구독용 콘텐츠들도 나타났다. 미국에는 그들의 뉴스를 기꺼이 확대하려는 에이전트들이 가득했다: 러시아인, 트럼프 캠페인 고문, 새로운 우파 세력의 앙팡테리블, 자기애적 외국인 혐오주의자들, 관심 경제의 자본가들. 《브라이트바트뉴스》의 마일로 야노풀로스, 《데일리콜러》의 제이슨 케슬러, 백인 우월주의자 리처드 스펜서의 "깔끔하게 흑인종을 대량 학살" 하자는 요구. 극우 언론은 마케도니아인이 헤드라인을 게시할 때마다 실어 날랐고, 러시아 요원들은 이를 끝없이 홍보했으며, 마지막으로 플랫폼들의 추천 알고리즘은 놀라운 바이럴성에 대한 보상을 통해 이들을 사랑했다. 이것이 바로 친트럼프와 반힐러리 뉴스가 결과적으로 마케도니아 벨레스에서 더 잘 작동하고 많이 생산된 이유다. 소셜네트워크는 '방사성 요정 가루polvo de hadas radiactivo'였다. 러시아 사람들은 미국을 분열시키기 위해, 마케도니아인은 빈곤에서 벗어나기 위해 그것을 사용했다. 미얀마에서는 대량 학살에 민간인을 연루시키는 데 사용했다.

미얀마: 밈과 거짓말로 비인간화하기

로힝야족은 불교 국가에서 1992년 시민권을 박탈당한 무슬림 소수민족이다. 또한 잘 알려지지 않은 민족 집단이기도 하다. 그들은 수세기 동안 미얀마 서쪽 아라칸에서 살아왔다. 하지만 지금은 자기들 땅에서 불법이민자 신세가 되었다. 그들은 의료나 교육 등 공공서비스에 접근하지 못한다. 그들은 종교의 자유도 누릴 수 없고, 이동의 자유도 없다. 허가 없이 결혼하지 못하며, 투표권도 없다. 2015년 미얀마 군대는 인종 청소 캠페인을 시작했다. 유엔은 이를 비난했지만 소셜네트워크에서는 축제가 벌어졌다. 2018년에는 미얀마군이 직접 혐오 캠페인을 기획하고 수행했다는 것이 밝혀졌다. 미얀마 군인들은 페이스북에 수백 개의 가짜 계정과 페이지, 그룹을 만들어 제노사이드 등의 도발적인 내용으로 가득 채웠다. 이 캠페인은 르완다에서 투치족 제노사이드를 초래한 라디오텔레비지옹리브르데밀콜린RTLM 캠페인과 비견된다. 제네바에서 이양희 유엔 인권특별보고관은 소셜네트워크가 "짐승"이 되었다고 말했다.

러시아 캠페인과 달리 페이지와 그룹들은 사회운동이 아니라 인기가수와 민족주의 영웅의 팬사이트처럼 위장했다. 그 속에서, 벵갈 소수민족에 대한 증오와 폭력을 불붙이는 방식으로 대화가 이루어졌다. 한 사용자는 이렇게 말했다. "히틀러가 유대인을 다룬 것처럼 그들을 다뤄야 한다. 망할 칼라놈들." 어떤 이는 이렇게 말했다. "이 인간도 아닌 개 같은 칼라놈들, 벵갈족들, 우리 땅과 물, 민족을 죽이고 파괴하고 있다. 우리는 그 인종을 파괴해야 한다." 칼라는 "무슬림"을 의미하는 경멸적 용어다. 또 다른 이는 인도네시아에 도착한 로힝야 난민 보트의 사진과 함께 블로그 게시물을 공유한다. "저들이 알라를 만날 수 있도록 가솔린을 뿌리고, 불태워라." 메시지의 1/3 이상이 무슬림이 운영하는 사업체의 상품 불매 운동을 촉구하고 그 가족을 죽이라고 말한다. 최근에 일어난 습격 사건인 양 소개하며 2013년의 분쟁 이미지를 보여주는 영상도 있다. "쉐다곤파고다를 포함하여 여러 불교 사원을 폭파할 의도로" 무기를 저장하는 모스크가 랑군에 있다고도 했다. 쉐다곤파고다는 지역에서 가장 성스러운 불교 사원이다. 이 글들은 모두 미얀마군과 —나중에 살육에 나섰다— 불교 승려들에 의해 쓰여졌다. 이는 《로이터》가 플랫폼의 게시물, 댓글 및 기타 콘텐츠에서 수집한 수천 가지 이상의 사례 중 일부에 불과하다. 2017년 9월 2일, 인딘 마을 학살 사건을 다뤘다는 이유로 2명의 언론인이 투옥되었다. 이는 정부가 인정한 유일한 학살이었다.

무슬림에 대한 불교의 제도적 폭력은 역사적인 것으로 1970년대와 1990년대에 엑소더스를 일으켰다. 가장 최근의 폭력은 무슬림 남성 3명이 불교도 여성을 강간한 2012년 봄에 시작된다. 불교 승려 아신 위라투가 이끄는 969운동은 '아라칸의 로힝야 구원군'을 조직한 수백 명의 무슬림을 살해했다. 2016년 11월, 휴먼라이츠워치는 여러 마을에서 총 430채의 집이 파괴되었다고 고발했다. 증거를 보여줄 필요도 없었다. 화재 이미지는 위성 이미지로 완벽하게 찾아볼 수 있다. 2017년 8월 25일, 구원군은 수십 곳의 군 거점을 공격했는데 이것이 미얀마군의 공식적인 '민족 정화 작전'을 촉발했다. 국경없는 의사회는 그들이 첫 달에만 적어도 1만 3,000명을 죽였다고 밝혔다. 총살하거나, 때려죽이거나, 산 채로 집에서 불태웠다. 생존자들은 산성 물질에 화상 입은 사람들과 참수된 사람들의 행렬을 묘사했다. 보고서에 따르면 희생자 중에는 5세 미만도 1,000명 이상 있었다.

앨런 데이비스는 전쟁및평화보장연구소 보고서에서 페이스북 캠페인이 정화 작업 직전에 "더 조직적이고 공격적으로, 또 더 군사화되었다"라고 말했다. 2017년 여름 방글라데시가 난민에 국경을 개방했다. 현재는 백만 명의 난민이 위태로운 상황을 버텨내며 해결책을 기다리고 있다.

우리 VS. 저들: 증오 캠페인

어쩌다 근대사회는 제노사이드까지 일어날 만큼 병들었을까? 2차 세계대전 이후 모든 사람이 자문했다. 세계대전과 제노사이드는 서방세계가 그런 일이 다시는 반복되지 않을 것이라고 맹세할 만큼 끔찍한 사건이었다. 교육 기관이 설립되고 합의가 이루어졌으며 또 다른 홀로코스트를 막기 위해 법률이 제정되었다. 사회학적 연구들도 시작되었다. 최소 1100만 명을 죽인 집단적 증오를 조기에 예방하기 위해서, 가장 체계적인 방법으로 필요한 징후를 규명하려는 연구였다. 이 질문은 유대인 대량 학살과 관련해 아돌프 아이히만 재판을 다루면서 1961년 한나 아렌트가 《뉴요커》에서 자문한 내용이기도 하다. 텔레비전을 통해 56일 동안의 재판을 지켜본 수백만의 사람들도 동일한 질문을 던졌다.

예일대학교의 스탠리 밀그램Stanley Milgram도 같은 질문을 했다. 헝가리인 아버지, 루마니아인 어머니 슬하에서 태어난 히브리 가족의 아들인 밀그램은 알고 싶었다. 증오심을 600만 명의 유대인을 체계적으로 절멸시키는 데로 끌고나갈 수 있었던 독일 국가의 독특한 특징은 무엇인가. 무엇이 그러한 종류의 증오에 그들을 더 취약하게 만든 것인가. 스탠리 밀그램이 연구를 마쳤을 때 발견한 것은, 아무것도 없다는 것이었다. 독일인들을 제노사이드 괴물로 만든 특별한 것은 없었다. 일정한 조건이 주어지면, 또는 완벽한 서사가 만들어지면, 모든 사람은 괴물이 될 수 있다.

밀그램의 그 유명한 '권위에 대한 복종 실험'은 독일에서 행해져야 했지만 '사악한 게르만족'과 비교할 통제군이 필요했다. 건강한 미국인 학생들은 정확한 통제군이었다. 그들은 "기회와 자유의 땅"의 아이들이었다. 이들은 그에게 다음의 답을 주었다: 다른 그룹과 격리되어 있고, 권위 있는 인물 밑에 모여 있고, 타인과 거리를 두는 데 '도움'이 되는 이야기를 듣게 되는 한, 예를 들면 피험자가 시험에서 부정행위를 했다거나 뭔가를 훔쳤다거나 하는 이야기를 듣게 되면 많은 질문을 하지 않고도 이웃한 누군가를 고문할 수 있다. "증오는 개인적 감정의 표현도 자발적인 것도 아니다. 그것은 제작되는 것이며, 분명한 이데올로기적 틀을 필요로 한다." 전쟁의 통신원이었던 독일인 카롤린 엠케는 그의 명저 《혐오에 반대한다Gegen den Hass》에서 말했다. 증오해야 할 이유들은 그것이 활성화될 그룹에 뿌리를 내릴 때까지 가능한 모든 방식으로 제시되어야 하며 쉼 없이 반복되어야 한다.

'비인간화'는 사람들 사이에 계층 구조를 만드는 이데올로기이다. 이는 어떤 사람들이 다른 사람들보다 인간적 특성을 덜 갖췄다고 설정한다. 한 그룹이 다른 그룹을 비인간화하려면 그들 사이에는 접촉이 거의 없어야 한다. 직접적인 접촉은 인간화로 이어진다: 비인간화 전략은 사상을 지워버린 채 사람 그 자체를 보게 만드는 것이다. 비인간화 이데올로기는 '모욕'할 때 성공적으로 구현된다. 백인우월주의자들은 흑인들을 "원숭이"나 "짐승"이라고 부르고, 나치들은 유대인들을 "해충"이라고 불렀다. 르완다 대량 학살에서 후투족은 투치족을 "바퀴벌레"라고 불렀다. 미얀마에서는 불교도들이 로힝야족을 "개"라고 불렀다. 주요 특징은 혐오asco다. 두려움이나 증오와는 완전히 다른 감정이다. 왜냐하면 그들의 행위가 아니라, 그들의 존재 자체를 부정하기 때문이다: 거칠고, 추악하고, 어리석고, 느리고, 냄새가 나고, 부정직한 것. 그들은 인간보다 열등하기 때문에 개혁의 대상이 아니며 협상의 여지도 없다. 역겨운 씨앗으로 모든 것을 오염시키기 전에 그들을 파괴해야 한다. 따라서 대량 학살은 철저히 위생적으로 운영되는 수용소에서 가장 효과적이고 체계적인 방식으로 수행된다. 시초부

우리의 적들은 시스템을 알고 있다

터 가스실은 해야 할 일을 '자비로운compasiva 방법'으로 실행하는 장소로 이해되었다. 그것은 축산업에서 물려받은 '방법'으로 여기서 대량 살상의 "선량함"을 묘사하기 위해 하나의 단어가 발명되었다: "인도적humane".

비인간화는 식민지에서 흔히 벌어졌던 일이다. 빅토리아 여왕이 호주와 뉴질랜드 식민지 총독들로부터 받는 편지에는 나무에 목 매달린 원주민과 머리에서 다육식물과 알 수 없는 꽃이 자라는 어린이를 묘사한 그림이 포함되어 있다. 또한 특권 계층과 마약 중독자 및 노숙자의 관계에는 비인간화가 전반적으로 작동한다. "나는 뉴욕에 살 때, 길을 걸으며 생각했다. 오! 다이앤 아버스는 사진을 쉽게 찍었구나. 뉴욕 구석구석마다 아버스의 사진에 찍힌 모습들이 있었다!" 사진작가 애니 리보비츠가 인터뷰에서 말했다. 하지만 그는 곧장 아버스가 했던 일이 쉽지 않은 것이었음을 깨달았다고 한다. 아버스는 아무도 보고 싶어 하지 않는 사람들을 찍었기 때문이다. "우리가 그들을 보고 싶어 하지 않은 것도 아니다. 심지어 그들은 보이지도 않았다." 듀크대학교와 프린스턴대학교의 라사나 해리스와 수잔 피스케의 사회신경과학 연구에 따르면 그룹과의 접촉이 부족하면 타인과의 동일시, 공감, 이해와 관련된 뇌의 특정 영역이 더 이상 활성화되지 않는다. 부대끼면 애정이 생긴다. 부대낌이 없으면 그 반대가 된다. 타 그룹의 사람들은 삶, 경험, 감정이 없는 사물이 된다. 아마도 그것이 차고 앞에 있는 노숙자들의 존재를 무시하는 바로 그 사람들이 거실에 매달려 있는 아버스의 사진에 감탄하고 심지어 그것을 구매할 수 있는 이유일 것이다.

'비인간화를 만들어내기 위한 구조'를 만들 때 정보의 흐름
은 통제되어야 하고, 신중하게 다뤄져야 한다. 나치가 사용한
절멸 방법에는 세 가지 축이 있다. 거리와 삶을 공유했던 사람
들을 더 이상 만나지 못하게 독일인들을 분리하는 과정. 추방
된 집단을 인간 이하의 것으로 묘사하기 위해 고안된 서사. 그
리고 최종적으로 참여에 보상하고 저항에 벌을 주는 중앙권
력. 독일인이 된다는 것은 깨끗하고 질서 정연하고 애국심이
강하며 유대인을 미워함을 의미했다. 유대인을 미워하지 않는
다는 것은 더럽고 부도덕하고 애국심이 없는, 즉 독일인이 아
님을 의미했다. 소셜네트워크는 이러한 종류의 구조를 재현하
기에 완벽하다는 것이 입증되었다. 제 3세계에서만이 아니다.
워릭대학교이 두 연구원은 독일에서 벌어진 난민을 향한 공
격 3,335건을 연구했다. 그런 일이 발생한 각기 다른 지역 사
회의 사회경제적·정치적 요인, 규모, 인구 통계, 신문 배포 상
황, 시위의 역사, 범죄 역사와 같은 모든 변수를 분석했다. 그
들은 유일하게 유의미한 변수가 페이스북이라는 것을 발견했
다. 이민자들은 페이스북 사용자가 더 많은 도시에서 더욱 폭
력적인 공격을 받는다. 다른 대학에서도 각자 자기 나라에서
이 연구를 적용해봤는데, 동일한 결론에 도달했다. 하지만 그
영향은 인구의 대다수가 프리베이직스에 의존하는 미얀마와
같은 국가에서 특히 두드러진다. 프리베이직스는 "전 세계 인
터넷 미사용자를 연결"하기 위해 이동통신사와 협력한 페이
스북의 서비스다. 전에는 인터넷닷오알지Internet.org로 알려졌다.

무료 인터넷으로 광고되고 있지만 실상은 페이스북, 아큐웨더, 베이비센터(존슨&존슨 소유), 마이크로소프트의 검색엔진인 빙Bing과 같은 소수의 응용프로그램에만 접속할 수 있는 "제로 요금제"다. 빙과 페이스북은 비디오와 뉴스의 헤드라인만 읽도록 허용했다(내용은 읽을 수 없도록 했다). 클릭하면 데이터가 소비된다. 개발도상국에서 프리베이직스가 이식되는 현상을 다룬 글로벌보이스 보고서에 따르면, 이는 "사람들이 기사를 읽을 수 없기 때문에 황색 언론의 헤드라인에만 반응하게 됨을 의미한다". 프리베이직스 사용자들은 가짜뉴스에 매우 취약하다. 많은 국가에서 헤드라인에 대한 접근조차 페이스북과 계약을 체결한 운영자가 결정한다. 가나에서 콘텐츠는 시민들이 읽고 싶어 하는 가장 중요한 페이지를 포함하지 않는다. 예를 들면 인기 있는 뉴스 페이지인 마이조이온라인과 씨티에프엠 같은 것들. 페이스북이 텔셀과 계약을 맺은 멕시코에서 시작 페이지는 텔셀의 주인 억만장자 카를로스 슬림의 재단과 연결된다.

 프리베이직스 프로그램은 미얀마에 첫 민주적 선거가 있었던 2016년으로부터 1년 뒤, 공적 운영자(MPT)와 협력하여 그곳에 상륙했다. 런칭과 종료 사이 짧은 기간에 페이스북 사용자는 200만 명에서 3000만 명 이상으로 증가했다. 이 나라의 인구는 5000만 명이다. 프리베이직스는 2017년 9월 조용히 종료되었다. 볼리비아, 뉴기니, 트리니다드토바고, 콩고공화국, 앵귈라, 세인트루시아, 엘살바도르에서도 마찬가지였다. 유네스코 직원은 《미얀마타임스》에 미디어 활용 능력이 떨어지고 사전에 수용에 관한 교육을 받지 못한 채 인터넷에 접속한 나라들이 특히 허위조작정보와 증오에 취약하다고 말했다. 인도 동부에서는 장기를 팔기 위해 아이들을 납치하는 외국인들이 있다는 왓츠앱에서 퍼진 허위 소문 탓에 적어도 7건 이상의 린치가 발생했다. 같은 소문이 멕시코에 이르렀는데, 시멘트 우물을 완성하기 위해 건축 자재를 사러 간 소년과 삼촌이 아카틀란 마을의 성난 폭도들에게 구타를 당하고 산 채로 불태워졌다. 군중들은 그들이 고통받는 모습을 녹화했다. 같은 시간 멕시코의 다른 지역에서도 이 광경이 반복되었다: 오아하카에서는 7명의 남자들을 린치했고 툴라에서는 두 사람을 때리고 불태웠다. 보고타와 에콰도르에서도 같은 현상이 반복되었다.

인도 남부 지역에서는 백신에 대한 소문이 홍역을 봉쇄하려는 정부의 노력을 방해하고 있다. 안티 백신 운동은 인터넷이 존재하기 전부터 있었지만, 가을비가 내린 후의 버섯처럼 음모론이 자라는 페이스북, 트위터, 인스타그램에서 자연스럽게 동맹을 찾았다. 음모론이 최근 성황을 이루며 소아마비와 같은 질병의 근절을 막고 있다. WHO에 따르면 전 세계 부모 중 최소 13%가 예방 접종 캠페인을 거부하고 있다. 가장 선진국이라는 곳들에서도 마찬가지다. 그러나 인구 밀도가 높고 영양실조와 위생 및 의료 서비스가 취약한 지역에서는 특히 위험하다. 인도에서 홍역은 매년 5세 미만 어린이 4만 8,000명의 생명을 앗아간다. 전염병의 위협은 점점 증가하고 있다. 남수단에서는 정치인들이 공개적으로 소셜네트워크를 사용하여 거짓말을 유포하고 다른 사람들을 상대로 파벌을 강요하여

50만 명 이상의 난민을 발생시켰다. 필리핀에서는 권력을 잡자마자 수천 명의 사람들을 암살하겠다고 약속한 후보자의 선거 운동을 계획하는데 소셜네트워크가 사용됐다. 그리고 그 후보가 이겼다.

프리베이직스는 2013년, 아직 인터넷닷오알지라고 불리던 때 필리핀에 상륙했다. 당시 인터넷에 접속할 수 있는 사람은 2900만 명 정도였다. "이것은 마닐라에서 페이스북을 사용하여 인터넷에 접속할 수 있는 인력거꾼 하이메의 사진입니다. … 이제 이 나라의 모든 사람들은 인터넷 서비스를 무료로 이용할 수 있습니다." 저커버그는 인력거에서 휴대전화를 보는 젊은 필리핀 청년의 사진을 첨부한 포스팅을 올렸다. 오늘날 97%의 필리핀인들이 페이스북을 통해 네트워크에 접속한다. 2016년 선거에서 로드리고 두테르테의 캠페인 관리자 닉 가부나다는 두테르테의 팬들이 애플리케이션을 통해 자유롭게 메시지를 배포할 수 있다는 점을 깨닫고 '유레카'를 외쳤다고 말했다. 그들은 가짜뉴스 네트워크, 사진 몽타주, 잘 기획된 반대편 괴롭히기로 승리를 거머쥐었다.

두테르테의 팬들은 "두테르테의 깡패들matones"로 알려져 있다. 그들의 약자인 DDS(두테르테 다이하드 서포터스)는 다바오 죽음의 기병대Davao Death Squad 약자와 일치한다. 우연이 아니다. 두테르테가 시장이던 1998년과 2016년 사이 마약 근절 과정에서 다바오 경찰들이 수천 건의 살인을 저지른 혐의로 기소되었다. 사망한 사람 대부분이 어린 소년이었다. 그는 대통령이 된 후 로널드 데 라 로사 당시 다바오시 경찰서장을 필리핀

경찰 최고 책임자로 임명했으며 필리핀 전역에 다바오 범죄 청소 모델을 시행하도록 명령했다. "총이 없다면, 총을 줘라." 비무장한 용의자에게 해야 할 일에 대해 두데르테는 공개적으로 천명했다. 그는 계엄령을 적용하겠다는 위협을 반복했다.

두데르테 캠페인은 국내에 3개, 해외에 1개, 총 4개의 활동 그룹을 조직했다. 각 그룹에는 수백 명의 사람들이 활동하고 있다. 대다수는 돈을 받고 일을 하지만 아닌 사람도 있다. 이들 각각은 수십 개의 가짜 계정을 운영하여 언론인, 활동가, 야당 지지자들에게 극도로 폭력적인 메시지를 보내며 위협하고 공격했다. 이 부대는 매일 아침 네트워크에서 유포되는 자료를 받았다. 밈, 가짜뉴스. 음모론 같은 것들. 액션 영화 포스터를 재활용해서 두데르테의 마약 진압 활동을 영웅적으로 묘사한 몽타주물을 만들었다. 물론 수많은 바이럴성 자료들도 카피했다. "프란치스코 교황도 두데르테를 숭배한다"와 같은 헤드라인 때문에 필리핀의 로마 카톨릭 교구가 뉴스에 대해 해명하게 만들기도 했다. 하지만 프리베이직스로는 이 해명을 읽을 수 없었다. 데이터 요금을 낼 수 있는 사람만 가능했다.

선거에서 당선된 2016년 6월, 그는 자신의 선거 캠페인 그룹을 새로운 국가 선전 조직으로 전환했다. '조국의 아버지'와 같은 고유의 이미지와 정부의 잔인한 조치들을 홍보할 뿐 아니라 무엇보다도 비판에 재갈을 물렸다. 다바오의 살인자들을 조사하던 상원의원 레일라 데 리마는 그녀가 마약 카르텔의 리더라는 혐의로 증거도 없이 체포되었다. 투옥되기 전에는 디지털 부대가 '#리마를체포하라 #ArrestLeiladeLima' 해시태그로 의원을 괴롭혔다. 필리핀에서 가장 인기 있는 미디어를 설립한 마리아 레사는 허위조작정보 캠페인에 대한 기사를 발표한 후 한 시간에 90건 이상의 협박을 받았다.[12] 소셜네트워크를 순찰하는 이 "애국적 감시자" 부대는 권위주의 정부들 하에서는 일상적인 풍경이 되었다. 러시아, 필리핀, 싱가포르에서 모두 찾아볼 수 있다. 그 중 가장 큰 부대는 중국 정부의 것으로 우마오당五毛党(wumao 또는 50 cents army)으로 널리 알려져 있다.

권위주의 정부들은 모두 소셜네트워크에 연결된 국가 선전 장치를 가지고 있다. 새로운 옷을 입은 오래된 전술이라고 주장할 수도 있겠지만, 자유민주주의자들도 같은 목적을 위해 그 옷을 입는다. 2017년 옥스퍼드대학 컴퓨테이셔널프로파간다 프로젝트의 첫 번째 보고서는 다음과 같이 결론지었다. "권위주의 정권만이 소셜미디어를 조직적으로 조작하는 것은 아니다. 정부가 여론을 조작한 첫 번째 기록은 민주주의체제에서 나왔다. 통신 기술의 새로운 혁신은 종종 정당에서 나왔으며 고위급의 선거 운동 중에 등장한다."[13] 국제 정치 분야는 적어도 28개국에서 공개적으로 운영되는 새로운 서비스 산업을 창출했다. 일부는 광고 산업에서, 다른 일부는 테크놀로지에서, 또 다른 일부는 군사적 맥락에서 나온다. 그들은 모두 정치 현실을 바꾸기 위해 수백만의 사람들을 조작할 수 있는 가능성을 판매한다. 도널드 트럼프가 미국의 45대 대통령이 되는 데 도움을 준 케임브리지애널리티카의 존재가 만방에 노출되기 전까지 모든 일은 '깔끔하게' 진행되었다.

정치 너드 전성시대: 트리플O와 케임브리지애널리티카

많은 미국인들이 그날 밤 조용히 잠자리에 들었다. 힐러리는 도널드 트럼프와 같은 후보에게 패배할 수 없었다. 폭스에서 진행된 첫 대선 토론에서 사회자 메긴 켈리는 트럼프에게 "당신은 당신이 싫어하는 여성들을 '뚱뚱한 돼지', '개', '민달팽이', '역겨운 동물' 등으로 평가했습니다"라는 말로 첫 번째 질문을 시작했다. 그런 말을 했던 사람이 선거에서 이길 것이라고는 상상할 수도 없었다. 그러나 머리카락을 분홍색으로 염색하고 뿔테 안경을 낀 29세 비건 캐나다인이 트럼프가 흉계를 꾸몄다고 폭로하자 사람들은 다시 평화롭게 잠들 수 없었다. 크리스토퍼 와일리는 자신이 몸담았던 회사 케임브리지애널리티카Cambridge Analytica가 브레시트 국민 투표와 2016년 미국 대선이라는 두 가지 민주적 절차에서 결과를 성공적으로 조작하기 위해 페이스북에 있는 수백만 명의 개인 데이터를 어떻게 사용했는지 설명했다. 회사의 소유자는 도널드 트럼프 캠페인의 배후에 있던 2명의 보배 중 하나인 로버트 머서였고(다른 하나는 피터 틸), 프로젝트의 설계자는 선거 캠페인의 고문이자 《브라이트바트뉴스》의 경영자 스티브 배넌Steve Bannon이었다. 《가디언》과 《뉴욕타임스》에 이들의 이메일, 문서 및 이야기를 뒷받침할 충분한 자료가 실리지 않았다면 말도 안 되는 일이라 했을 것이다. 곧이어 케임브리지애널리티카와 그 모기업 SCL그룹에서 일했던 내부고발자들이 더 나타났다.

SCL그룹은 "전 세계 정부 및 군사 조직에 데이터, 분석, 전

우리의 적들은 시스템을 알고 있다

략"을 제공한 영국의 컨설팅 업체로, "25년 동안 60개 이상의 국가에서 행동 수정 프로그램을 수행했다". 그들의 전문 분야는 파키스탄이나 아프가니스탄과 같은 국가에서 "심리전psyops"을 수행하는 것이었다. 케임브리지애널리티카는 SCL그룹이 미국에 만든 자회사였다. 주요 주주는 트럼프의 주요 재정 후원자 중 한 명인 로버트 머서로 매우 보수적인 억만 장자였다. 스티브 배넌은 캠페인의 수석전략가였고 2017년 8월 해고될 때까지 트럼프의 고문으로 재직했다.

영국 의회 특별위원회 앞에서 증언할 때 와일리는 모든 것이 〈이것이 당신의 디지털 라이프다〉라는 테스트로부터 시작됐다고 말했다. 이 테스트는 필로메트릭스라는 데이터 분석 회사와 몰도바 출신의 케임브리지대학교 심리학 교수 알렉산더 코건이 설계했다. 그것은 성격 유형을 다섯 가지 특성 —새로운 경험에 대한 개방성, 책임감, 외향성, 친절함의 정도, 신경증/정서적 불안정— 으로 나누는 오션OCEAN 심리 평가 시스템을 기반으로 했다. 이론적으로 이런 다섯 가지 특성들은 문화, 언어, 패션, 지역주의를 초월한다. 그의 테스트는 아마존의 메커니컬터크 및 퀼트릭스 같은 온라인 소액 보상 플랫폼에서 수행되었고, 120개 정도 질문에 답변을 완료한 사람에게는 2~4달러가 제공되었다. 퀴즈가 열렬히 유행했던 페이스북에서도 사용자들은 설문에 참여할 수 있었다.

해당 앱 페이지에 따르면 이 테스트는 소셜네트워크 내 이모티콘 사용을 연구하기 위해 제작된 것이었다. 그러나 사실 그들은 "심리 측정 프로파일perfiles psicométricos"을 만드는데 필요한 데이터베이스를 생성하고 싶었다. 심리 측정 프로파일이란 플랫폼이 기록한 데이터와 행동으로부터 성격 특성을 추론하는 마케팅 기법이다. 피험자의 네트워크 활동을 통해 그가 가진 흥미로운 측면 —감정 상태, 선호도, 성적 지향, 종교적 성향, 정치적 경향— 을 "추론"하는 것이다. 소셜네트워크 이전에는 이러한 종류의 프로파일을 하려면 설문 조사, 전화 인터뷰, 통계 등이 필요했다. 비용은 많이 들었고 정확도는 낮았다. 페이스북은 정확하고 저렴한 데다 원격 조사도 가능하고 그 대상 범주까지 확장할 수 있는 해법을 제공했다.

이 테스트는 2개의 데이터베이스를 생성하는 데 사용되었다. 하나는 바라는 프로필(**대상변수**target variables)들을 수집한 것, 다른 하나는 그 프로필에 해당하는 사람들이 수행하는 정량화 기능한 동작(**기능집합**feature set)을 수집한 것. 정량화 기능한 행동이란 클릭, 좋아요, 습관적으로 읽는 것, 친교적 그룹 활동과 같이 플랫폼 내에서 이루어지는 활동을 말한다. 프로필과 관련된 모든 정보 또한 여기에 포함된다: 연령, 사는 동네, 사회 경제적 수준, 스케줄 등. 코건 교수는 이 두 데이터 은행을 사용하여 특정 조건의 사람들, 예를 들면 '이민자를 두려워하는 여성들'과 같은 이들을 찾는 데 도움이 되는 예측 알고리즘을 만들고 싶었다. 이 알고리즘을 활용해 여성들이 속내를 스스로 드러내지 않았더라도 프로필, **공유**, 좋아요 및 클릭만으로 그들의 성향을 알아낼 수 있기를 바랐던 것이다. 코건은 처음에 페이스북과 연동된 앱을 다운받은 27만 명의 사람들에게 테스트를 하도록 했지만, 페이스북 API는 그들 친구의 모

우리의 적들은 시스템을 알고 있다

든 데이터에도 접근할 수 있게 해줬다. 알고리즘을 테스트하는 데 매우 유용했다. 페이스북은 당시 최소 7800만 명의 사용자가 있었다고 계산했지만, 아마도 그보다 더 많았을 것이다. 코건은 약관이 명확했다고 주장했다. "당신이 확인을 클릭하면 데이터를 배포, 전송 또는 판매할 수 있는 권한을 당사에 부여합니다." 당연히 아무도 약관을 읽지 않는다. 또한 테스트를 수행한 사람만 그 약관을 수락한 것이다. 하지만 그의 수백만 명의 친구들은 이미 페이스북 플랫폼이 자신의 데이터를 제 3자와 공유하는 것에 동의했다. 흥미롭게도 케임브리지 애널리티카와 데이터를 공유하기 전까지, 코건의 행위에 불법적이거나 위법적인 것은 단 하나도 없었다.

페이스북은 코건이 데이터를 "훔쳤다"고 비난했지만 그건 데이터를 이용당한 7800만 명을 생각해서 한 말은 아니었다. 시스템에 테스트를 업로드할 때 코건이 수락한 개발자 약관에 따르면, 사용자 데이터는 상업화할 수 없다. 그런데 코건은 자신의 심리 프로파일 데이터 세트를 케임브리지애널리티카에 '판매'했다. 만약 회사가 그에게서 작업물을 구매하는 대신 그를 고용했다면, 아마 합법이었을 것이다. 한편, 개발자 약관은 페이스북이 모든 애플리케이션을 감시하고 모니터링하여 필요한 조건을 충족하는지 확인한다고 밝히고 있다. 하지만 퀴즈는 코건이 시스템에서 직접 제거할 때까지 1년 반 동안 계속 실행되었다. 사실 퀴즈를 사용하여 페이스북 사용자와 그 친구들의 데이터를 빨아들이는 것은 적어도 2009년 이후로는 공공연히 이루어진 관행이다. 당시에도 많은 민권단체가 이를

문제 삼았다. 코건은 2012년에 퀴즈를 올렸다. "제 3자"에 대
한 페이스북의 관대함은 코건이 사용자의 개인 메시지에까지
접근할 수 있게 만들었다. 2009년부터 따지면 최소 3년 이상
사적 메시지에 접근이 가능했던 것이다. 페이스북은 그 데이
터가 무엇인지, 누가 데이터를 휩쓸었는지 묻지 않은 채 전 세
계 데이터 거래의 30%를 차지했다. 케임브리지애널리티카는
20억 명의 프라이버시를 희생시켜 만든 가능성을 활용한 수십
만 명의 요원 중 하나일 뿐이다.

케임브리지애널리티카는 코건의 **데이터 세트** 외에도 **데이터
브로커**들이 모인 시장에서 수백 개의 데이터베이스들을 구입
하여 구글과 페이스북에서 사람들을 찾는 데 사용했다. 케임
브리지애널리티카의 전 개발 이사인 브리태니 카이저는 영국
의회 위원회 앞에서 이것이 정치 캠페인에서 아주 흔한 "올드
스쿨 전술"이고 매우 효과적이라고 말했다. 왜냐하면 대부분
의 사람들은 구글 검색과 페이스북 뉴스피드를 캠페인의 일부
로 사용하기 위해 구매할 수 있다는 것을 모르기 때문이다. 미
디어들이 스캔들의 세부사항을 타작하던 며칠 동안, 온라인
마케팅 대행사와 플랫폼은 이러한 "올드스쿨" 전술과 관련된
광고를 네트워크에서 철수시켰다. 삭제된 페이지들은 전 세계
의 선거 캠페인에서 데이터 기술로 여러 정당을 도왔다고 뽐
냈다. 여기에는 영국 보수당, 스코틀랜드 국민당, 캐나다 자유
당, 멕시코 선거, 미국 상원 선거가 포함된다. 페이스북조차도
"정부 및 정치" 카테고리를 자신의 비즈니스 페이지에서 삭제
했다. 멕시코의 주 선거 후보자였던 클라우디아 파블로비치의

"도달 및 영향력" 캠페인과 같이 자기 스스로의 영향력을 보여준 사례도 함께 삭제되었다.

케임브리지애널리티카 스캔들을 거치며 정당들은 오히려 새로운 온라인 정치 마케팅 산업에 폭발적으로 뛰쳐들었다. 동시에 이런 활동은 더욱 지하세계clandestinidad로 잠입하게 되었다. 디지털 플랫폼은 자신들의 '청중'을 선택할 수 있다는 점에서 라디오나 텔레비전과는 다른 대중매체다. 40년 전의 정치인은 한 나라의 사람들을 하나의 메시지로 납득시켜야 했지만 이제는 수백만 사람들의 귀에 각각 말을 걸어 각자에게 다른 걸 말할 수 있다. 메시지는 보편적 터미널이 아니라 각 사용자의 가족, 개인에게 별도 개인 메시지로 도착하는 채널을 통해 전송된다. 다른 사람들은 모르게 각 그룹이 듣고 싶어 하는 것을 정확하게 말한다.

케임브리지애널리티카의 계획은 2억 명 이상의 선거인 전체를 조작하여 트럼프에 투표하게 만드는 것이 아니었다. 그건 어리석은 일이다. 그들의 계획은 4,000~5,000개의 **데이터 포인트**datapoints(측정점)를 가진 유권자 모델을 만들고 1%의 푸시만 있으면 지지를 보내줄 200만~500만의 사람들을 찾아내기 위해 알고리즘을 사용하는 것이었다. 캠페인의 최고 디지털 전략가이자 선거대책본부장이었던 브래드 파스케일은 관심 받지 못했던 농촌 지역 블록, 위스콘신, 미시간, 펜실베이니아의 러스트벨트가 핵심이라고 확신했다. 힐러리는 여론 조사에서 우위였으나 그녀에 대한 지지는 주로 도시 지역에서 이루어졌다. 시골에는 기술, 해외 공장 이전으로 인해 실직한 사람들로 가득했다. 고등교육을 받지 않은 백인과 빈곤층은 정치 성향에 관계없이 힐러리의 연설을 듣고 자신을 왜소하게 느꼈다. 로저 스톤이 말했듯이 "이것은 더 이상 공화당 대 민주당의 싸움이 아니다. 민주당이든 공화당이든 나라를 폐허로 만든 엘리트들 대 트럼프를 위시한 나머지 미국인들의 싸움이다".

트럼프 무리는 레이건 시대를 모방한 신보호주의 캠페인의 수혜자였다: 아메리카 퍼스트. 또 다른 주요 축은 분명했다: "약물을 들여오고, 범죄를 일으키고, 폭력적이지만 아마도 일부는 좋은 사람들"인 멕시코인들과 미국 사이에 벽을 세우는 것, "무슬림 인구가 대다수인 지역"의 미국인을 향한 "증오의 무시할 수 없는 흐름"에 맞서 이슬람국가 시민들의 입국을 제한하는 것, "과장된 이야기" 혹은 "일종의 매우 비싼 세금"과 같은 말로 환경보호 정책을 거부하는 것. 클린턴 가로 대표되는 기득권층에 맞선 "평범한 미국인americano de a pie"들의 전쟁. 클린턴 가는 백악관 인턴들을 연쇄 강간한 범죄자이자 금융권에 아주 많은 친구를 뒀으며, 힐러리는 멸시당한 마녀로 복수심에 불타고 있다!

예측 알고리즘은 데이터베이스의 수량과 품질만큼 우수해지며, 정치 캠페인에서 수집한 것보다 유권자에 대한 더 나은 정보는 없다. 대통령 선거 전에 케임브리지애널리티카는 놀라운 행보를 보였다. 1차 선거에서 트럼프를 지지하는 대신 그 경쟁자인 테드 크루즈 상원 의원을 지지한 것이다. 그때부터 로버트 머서는 케임브리지애널리티카와 협력하기만 한다면 모

우리의 적들은 시스템을 알고 있다

든 종류의 '공화당의 대의'를 재정적으로 지원할 생각이었다. 마침내 대통령 선거에 이르자, 미국 전역에서 알고리즘을 만들고 테스트하고 개선할 수 있었다. 이제는 코건이 만든 피조물의 수준을 넘어 정밀 캠페인에 적합한 훨씬 효과적인 도구가 되었다.

오바마가 지난 두 번의 대선에서 승리한 것에 힘입은 힐러리 클린턴의 유권자 기반은 탄탄했다. 그 당시에는 그녀가 세계 최고였다. 어떤 이는 오바마가 썬더 박스(천둥의 상자)를 연장본인이라고 말한다. 오바마가 2008년의 역사적인 선거 캠페인에서 자신의 신묘한 온라인 운영 기술, 이른바 **트리플O**Triple O, the Obama's Online Operation와 상업적 마케팅 기법을 하나로 통합했기 때문이다. "웹상의 대부분의 혁신가와 마찬가지로 오바마 캠페인이 완전히 새로운 것을 발명하지는 않았다. 대신, 다양한 소셜미디어 앱을 하나의 이동식 배너에 통합하여 자금을 확보하고, 지역 단위를 조직하고, 상대편 캠페인과 싸우고, 클린턴을 이기고, 이후에는 존 매케인과 공화당을 전복하는데 도움이 되는 전례 없는 세력을 만들었다"라고, 데이비드 카가 《뉴욕타임스》에 설명했다. 오바마의 **너드**들은 네트워크를 활용해 메시지를 전파하고 배포할 뿐만 아니라 추종자들과 접촉하여 키보드 밖 실제 생활에서 사회관계를 맺을 수 있도록 필요한 작업을 수행했다. 그들은 시애틀의 반자본주의 운동(경제 위기 이후 "**점령하라**"로 변모)을 통해 인터넷상의 가상 에너지를 거리 행동으로 바꿀 수 있다는 교훈을 얻었다. 또 그들은 **오픈 소스** 철학을 통해, 추종자들이 캠페인에 적극적으로 기여할 수 있는 도구를 배치해주면 수백만 명이 자원해서 서명과 기금을 모으고 조사를 수행하고 경쟁이 초래하는 폐해를 지적하면서 협력할 것임을 깨달았다. 이 모든 것이 캠페인 페이지 마이버락오바마닷컴My.BarackObama.com에 집중되었다. 그리고 무엇보다도 다양한 지역의 유권자에 대한 최신 정보를 풍부하게 수집했다. 카는 다음과 같이 결론지었다. "오바마가 백악관에 입성하면, 정치적 베이스(기반)뿐만 아니라 데이터베이스까지 소유하게 될 것이다. 활동가로 즉각 변모할 수 있는 수백만 팔로워들의 이름이 담긴 데이터베이스 말이다." 2004년 부시 캠페인에서 칼 로브를 유명하게 만든 "메트릭"은 이제 구시대의 유물이 되었다.

2008년 버락 오바마는 디지털 캠페인에 2200만 달러를 썼고 이는 2012년에 두 배 이상 증가했다. 2016년에는 온라인 광고에만 14억 달러가 투입되었다.[14] 힐러리는 페이스북 광고에 트럼프보다 더 많은 돈을 썼지만 가시성이 훨씬 떨어졌다. 정치 캠페인에 사용하는 페이스북 도구에는 클라이언트의 유권자 목록(**사용자 지정 대상**custom audiences)을 하나로 통합하는 기능이 있다. 또 하나의 기능으로는 유사한 사람들(**유사한 청중**lookalike audiences)을 검색하여 원래의 목록을 확장하는 것이 있다. 양측 캠페인은 모두 이 기능을 활용하여 자기 대중에 베팅했지만, 똑같은 성과를 거둔 것은 아니다. 페이스북 광고 부서의 전직 상품관리자 안토니오 가르시아 마르티네스가 설명하길, 힐러리의 캠페인이 추구한 방식은 알고리즘에 적합하지 않았다.[15] 힐러리가 가져온 것은 정치적 내용이지 바이럴 콘텐츠가 아니

우리의 적들은 시스템을 알고 있다

었다. 플랫폼은 구글과 동일하지만, 페이스북에서 광고주는 구글의 경우와 달리 단어가 아닌 특정 잠재 고객을 구매한다. 광고를 클릭하고, 공유하고, 댓글을 작성하는 사람들의 수에 따라 광고 가격이 달라진다. 광고가 더 바이럴할수록 더 많이 게재되고 같은 액수더라도 더 많은 노출이 발생한다. 알고리 즘이 어떤 광고주의 콘텐츠가 다른 광고주의 것보다 5~10배 더 많은 상호작용을 생성한다고 계산하면, 해당 광고는 경쟁 업체보다 5~10배 더 많이 게재된다.

힐러리의 광고는 진지하고 전통적이었던 반면 트럼프의 광 고는 레게톤regueton(최신 라틴음악의 인기 장르—옮긴이 주)이었 다. 이 광고는 추종자들을 광분하게 만들고 적대자들은 격노 하게 만들었다. 결국 양측 모두 클릭하고 공유했다. 트럼프 편 에서 활동했던 특별한 연합군의 활약상에 대해서는 더 말할 것도 없다: 러시아 기관, 벨레스의 소년들, 선거 캠페인 팀. 그들은 트럼프와 관련된 모든 것을 인위적으로 부풀리면서 알 고리즘을 최대한 활용하기 위해 수많은 방법을 고안했다. 서 로 작당을 했든 아니든 그들의 공동 노력은 트럼프의 인기를 급상승시키고 양측 선거 캠페인의 가치를 불균형하게 만들었 다. "기본적으로 힐러리는 맨해튼 가격을 지불한 반면 트럼프 는 디트로이트 가격을 지불했다"라고 안토니오는 설명했다. 트럼프의 유일한 죄는 페이스북에 안성맞춤인 후보였다는 점 이다. 그러나 플랫폼은 명백히 법을 위반했다. 1934년 제정된 통신법은 모든 후보자에게 동일한 방식으로 요금을 청구해야 한다고 명시하고 있다. "동일한 작업을 하는 후보자에게 부과되는 가격은 일정해야 하며 직접적이든 간접적이든 어떠한 수단으로도 회수해서는 안 된다."[16]

광고는 선별적으로 사용되었다. 이는 심리 측정 프로필에 의해 선택된 사람들이 특히 사악한 버전의 캠페인을 보았다는 것을 의미한다. 파스케일은 매일 5만 개 이상의 변형된 캠페인 광고가 있었으며 그중 수백 개가 힐러리에 투표할지 망설이는 사람들을 위해 만들어졌다고 말했다. 일반적인 벽보 캠페인과 달리 미디어는 이 광고를 모니터링하거나 언급하지 않는다. 이를 **다크 애드**라고 부른다. 트럼프 편에 서서 음모를 꾸민 암흑 세력 연맹에 눈에 띄는 3명의 트롤을 추가해야 한다. 참모였던 로저 스톤과 제롬 코시, 그리고 지칠 줄 모르는 쩨쩨한 음모론자 알렉스 존스가 그들이다. 스톤은 이미 정치운동의 검은 전설이었다. 코시는 오바마 출생증명서 캠페인의 자랑스러운 장본인으로 '오바마가 미국 땅에서 태어나지 않았으므로 대통령이 될 수 없다'고 주장했다. 존스는, 점점 더 역겹고 끔찍해지는 가짜뉴스 배포에 특화되어 있었다. 그의 채널 인포워즈Infowars는 쇼크 자동판매기다.

고객 맞춤형 쇼크 독트린

워싱턴 대학의 인간중심공학디자인학과 케이트 스타버드 교수는 '위기 이후 가짜뉴스와 음모론의 생산 및 배포'라는 흥미로운 현상을 연구한다. 도널드 트럼프의 고문인 켈리앤 콘웨이의 그 유명한 "대안적 사실"을 참조해 연구팀은 이 현상을 "대안 서사"라고 불렀다. 이 이야기에는 많은 전략가, 고문, 캠페인 관리자가 참여한다. 모든 게 2013년 보스턴 마라톤 폭탄으로부터 시작되었다. 2개의 사제 폭탄으로 3명이 죽고 282명이 다쳤다. "우리는 이 테러 공격을 미군이 수행한 '은밀한 작전'이라고 비난하는 4,000개 이상의 트윗에 주목했다." 폭포처럼 쏟아진 트윗은 인포워즈라고 불리는 하나의 웹사이트를 가리켰다. "그 당시 연구자들은 인포워즈가 뭔지도 몰랐다. 하지만 그 커넥션의 중요성은 시간이 지남에 따라 명확히 드러났다."

패턴은 2015년 후반 오레곤주 움쿠아고등학교에서 벌어진 대규모 총격 사건에서 반복되었다. 크리스토퍼 하퍼 머서라는 26세의 남자가 9명을 죽이고 9명에게 부상을 입힌 뒤 자살했다. 대체 서사의 내용은 정치단체들이 무기 소지 권리에 법적 제한을 두는 것을 정당화하려고 "위기 행위자들"을 고용했고, 이들이 총격 사건의 배후라는 것이었다. 놀랍게도 위기 행위자들이 진짜로 존재한다: 경찰, 소방관, 구급차 요원, 기타 즉각적인 지원 서비스 팀이 훈련하는 동안의 모의 비상 국면에서 피해자 역할을 하도록 훈련된 사람들. 학교에서 나온 사망자나 부상자 중 이들은 1명도 없었다. 1년 뒤, 아프간계 부모를 둔 미국인 오마르 세디크 마틴은 223구경 AR소총과 9mm 반자동권총으로 올랜도 게이나이트클럽에서 본인 포함 50명을 숨지게 했다. 비록 ISIS는 아마크를 통해 발간한 간행물에서 총기 난사를 자신들과 관련지었지만, 세디크의 아버지

는 이것이 종교가 아니라 동성애 혐오에서 비롯되었다고 확신
했다. 이 경우의 대체 서사는 당국이 무슬림 공동체를 타격하
기 위해 가해자의 신분을 꾸며냈다는 것이었다. 한편 당시 트
럼프 대통령은 "그 방에 총을 쏠 줄 알고 소지할 수 있는 사람
이 있었더라면, 학살은 벌어지지 않았을 것이다. 적어도 이렇
게까지 심각해지지는 않았을 것"이라고 트윗을 남겼다. 사실,
시그자우어 P226 9mm로 무장한 아담 그룰러라는 경찰관이
순찰 중이었고, 그는 (쓰러뜨리지는 못했지만) 마틴에게 총을 쐈
다. 사실 2013년과 2014년에 이미 지하드 테러 조직과의 연루
의혹으로 FBI의 조사를 받았음에도 마틴이 별 문제없이 공격
무기를 구입할 수 있었던 것이 문제다.

   알렉스 존스는 공화당에 대한 열정에 사로잡힌 광신도 또는
소셜네트워크의 알고리즘에 조작당해 미쳐버린 시민이 아니
다. 그는 러시아인, 마케도니아인, 트럼프, 그 자체들의 혼종
이다. 관심을 얻어 부자가 되기 위해 허위조작정보를 사용하
는 기회주의자다. 이런 종류의 트롤들과 논쟁할 때는 기억하
라: 우리가 그의 미친 주장을 부정하는 데 시간을 소비하는 매
순간, 흥미롭게도 그는 돈을 쓸어 담는다.

   선거로 수렴한 서로 다른 전략이 각각 어떤 영향을 미쳤는
지 세밀히 구분하는 것은 불가능하다. 러시아인이 영국인보다
더 강력한 영향력을 가졌던 것인지, 가장 핵심적인 것이 브래
드 파스케일의 본능이었는지, 마케도니아인들의 탐욕이었는
지, 로저 스톤의 기회주의적 막가파 전략이었는지, 아니면 도
널드 트럼프의 부인할 수 없는 카리스마였는지. 분명 트럼프

의 **리얼리티 쇼** 경험은 미국 노동자계급의 지지를 공고히 하는 데 중요한 역할을 했다. 우리가 알 수 있는 것은 정치 마케팅 산업이 마치 알파고가 그랬던 것처럼 각각의 전략을 흡수했으며 이제는 그 모두의 특성을 가지고 있다는 것이다.

언론인 캐롤 캐드월래어는 크리스토퍼 와일리를 설득해 언론에 직접 나와 그가 케임브리지애널리티카에서 한 역할을 증언해달라고 한 인물이다. 이 기자는 와일리에게 내부 고발을 요청하기 1년 전부터 케임브리지애널리티카에 대한 탐사 보도를 진행하고 있었다.

정치 조작 산업의 실체는 이미 여러 곳에서 드러나고 있었다. 스페인 인민당의 지자체 당에서 벌어진 부패 스캔들, 일명 푸니카 사건에 대한 조사에서 마드리드 인민당이 트위터 군대를 운영해 자치주 주지사인 에스페란사 아기레와 2인자 이그나시오 곤살레스를 옹호한 사실이 밝혀졌다. 알레한드로 데 페드로가 소유한 회사 에이코는 2011년 두 정치인에 대한 시민들의 지지를 만들어낸 댓가로 8만 1,999유로를 청구했다. "두 사람 모두 인터넷에서 높은 존재감을 가지고 있지만, 그들의 디지털 정체성은 온라인 미디어로부터 투사되는 부정적 인식에 따라 결정된다." 에이코 문건에 쓰여 있는 내용이다. "주요 검색엔진에서 부정적인 댓글을 중립화(무력화)하고 유리한 뉴스를 더 많이 배치하기 위해서는 온라인 전략을 고려해야 하는데, 이게 부족하다. 또한 부족하다는 사실을 강조할 필요가 있다. 연구 대상의 이미지를 홍보하는 건 고사하고, 방어할 공간도 거의 없기 때문이다."

마드리드 자치주 교육감 루시아 피가르는 교육 운동단체 마레아베르데Marea Verde 그리고 당시 사회주의노동자당의 교육부 장관 앙헬 가빌론도Ángel Gabilondo에 대한 조직적인 공격을 의뢰했다. 마레아베르데는 지역 사회 예산 삭감에 반대하여 교사와 공립 교육 노동자 들이 조직한 단체다. 인민당을 지원하는 가짜 계정들로 플리커, 링크드인, 슬라이드셰어, 페이스북, 트위터, 구글+, 유튜브를 채우는 것 외에도, 에이코는 수십 개의 "테마 블로그"와 디지털 미디어를 만들었다. 자기들이 관리하는 일간지에서 고객 친화적 뉴스를 만들고 배포했고, 그 뉴스들을 소셜네트워크에서 바이럴화하고 역시 자기들이 직접 만든 가짜 프로필 네트워크를 통해 트위터에서 메시지를 생산하고 유통시켰다. 벌써 오래된 과거인 2011년의 이야기다. 2015년, 베를린의 NGO 택티컬테크는 정치 캠페인을 목적으로 개인 데이터 은행을 판매하거나 구매한 세계 각지의 60개 회사를 식별해냈다. 케임브리지애널리티카 스캔들 폭로 이후 회사 목록은 300개로 늘었다.[17]

데이터베이스에는 적극적으로 드러내고 정치 캠페인 활동을 하는 회사나 조직뿐만 아니라, 여러 관련 가능한 분야에서 활동하는 회사와 조직도 들어 있다. 사실 이 데이터베이스의 대부분을 차지하는 것은 (정치적 전문성이 아닌) 기술적 전문성을 확보하기 위해 정치단체에서 고용한 영리 기업이다. 그리고 모든 활동의 기반은 유권자 데이터를 추출하고 분석하는 것이다. 이것이 투사하는 이미지는 끊임없이 스스로 피드백하는 생태계이다: 데이터를 구매하고 캠페인에 유용한 데이터로 리패키지하는 아이360(억만 장자이자 공화당원인 코크 형제의 회사)과 같은 **데이터 브로커**. 이는 헤이스타크디엔에이HaystaqDNA와 같은 예측 분석 회사의 하청업체다. 그들은 정보를 구매하고 전략을 테스트하기 위해 구매한 정보를 사용한다. 예를 들어 온두라스 이민자를 반대하거나, 테네시의 트랜스젠더들을 위한 제3의 화장실에 찬성하는 것처럼 특정한 캠페인이 어떤 반응을 불러일으킬지 예측한다. 270스트레터지스270Strategies라는 회사는 버락 오바마 캠페인 자원봉사자들의 플랫폼에서 나왔다. 이 회사는 데이터 분석을 통해 "운동을 조직하는데" 특화되어 있다. "대통령 오바마를 모실 수 있어, 또 세계를 바꾸기 위해 위대한 일을 계속해내갈 수 있어 영광이다." 또 닐슨Nielsen의 한 지부인 엑셀레이트eXelate는 캠페인에 필요한 지리–전략적 관점에서 대상을 특정하여 광고를 만든다. 캠페인 관리자는 고객 맞춤형 서비스를 조합하여 전략을 조율한다. CIA나 NSA 같은 정보기관의 전직 요원들로 구성된 사이버 스파이 서비스의 지하시장 및 병행 무역 시장(합법 시장과 불법 암시장의 중간 형태로 회색시장이라고도 부른다―옮긴이 주)과 달리, 현재 이 분야의 모든 회사는 합법이다.

미국 입법 의회의 중간 선거는 하원 의원 435명, 상원 의원 35명(상원 전체의 1/3), 주지사 36명을 선출한다. 수십 명의 시장, 수백 명의 판사, 재무관, 검사, 교육 이사 및 기타 관련 기관의 직책도 투표로 결정한다. 일반적으로 이 선거는 2년 전에 선택한 후보자들에 대한 미국인의 만족도와 다음 선거에서 재선할 확률을 측정하는 바로미터 역할을 한다. 2018년에는 지난 선거의 캠페인 전술이 발전해 어떤 경지에 올랐는지 확인하는 역할도 했다(2018년 미국 중간 선거에 러시아가 개입했다는 의혹이 있다—옮긴이 주). 러시아의 전술은 마케팅 전략과 혼합되어 음침하게 잘 조직된 부조리의 향연을 만들었다.

그런데 이 모든 것 이전에, 브라질 자이르 보우소나루의 대선 캠페인은 대규모 정치 조작의 새로운 무기로 암호화된 메시징 시스템을 강력하게 사용했다. 왓츠앱을 통한 완벽한 다크 캠페인 덕분에 그는 소수당이었음에도 선거에서 승리했다.

왓츠앱, 최초의 비밀 대량 통신 미디어

자이르 보우소나루Jair Bolsonaro가 대선에서 이길 가능성은 없어 보였다. 그가 '도널드 트럼프와 로드리고 두테르테를 합쳐놓은 자'로 묘사되던 전직 군인이기 때문만은 아니었다. 1964년부터 1985년까지 브라질을 지배했던 군사 독재에 대한 향수를 공개적으로 내세우는 인종차별주의자, 남성우월주의자, 동성애 혐오자였기 때문만도 아니었다. 외부에서 볼 때 그는 선거 캠페인 자원에 대한 접근이 매우 제한적인 것처럼 보였다. 모든 것이 그를 적대하고 있었다.

브라질에서는 다른 라틴아메리카 국가들과 마찬가지로 정치 캠페인에 공적자금이 지원된다. 2015년 9월 브라질 연방대법원은 "세차 작전Operação Lava Jato" 스캔들(브라질 국영 에너지 기업 페트로브라스와 범죄 조직의 뇌물 사건을 계기로 이어 밝혀진 부정부패 사건들. 많은 전직 대통령들이 연관되었다. 돈 세탁 장소로 적발된 주유소가 과거에 세차장으로 쓰였던 것에서 붙은 명칭이다—옮긴이 주)을 계기로 개인 차원의 자금 조달을 금지했다. 이후 선거 자금은 후보자 정당의 의석 수에 비례하여 분배되었다. 언론, 라디오, 텔레비전을 활용할 기회도 정당의 규모에 따라 달랐다. 보우소나루가 2018년 1월에 합류한 사회자유당은 8석(총 513석 중)을 가진 매우 작은 당이었다.

더 좋지 않은 조건이 있었다. 설상가상으로, 상급선거법원은 그해 공공 캠페인 기금과 텔레비전 캠페인의 30% 이상을 여성 후보자에게 할당하기로 결정했다. 13명의 대통령 후보 중 여성은 2명뿐이었다. 룰라 재임 시기 환경부장관이었던 마리나 시우바와 통합사회주의노동자당의 반자본주의자 베라 루시아. 그러나 많은 부통령 후보가 여성이었다. 페르난두 아다지는 공산주의자 마누엘라 다 빌라, 시루 고미스는 까치아 아브레우 상원의원, 제라우두 아우끼밍은 아나 아멜리아 레무즈 상원의원. 여성에 대한 경멸이 너무나 공개적이고 눈에 띄었던[18] 자이르 보우소나루는 아미우똥 모우러웅 장군을 부통령 후보로 임명했는데, 그는 1년 전만 해도 군부 개입을 운운하며 국민을 위협한 인물이다.

보우소나루는 자신의 약점을 장점으로 승화시켰다. 그의 여성 경멸은 2시간 30분마다 여성이 집단강간을 당해도 신고조차 거의 되지 않는 나라[19]에서 무척 환영받았다. 9월 초 정신질환을 앓던 40세 남자가 보우소나루의 복부를 부엌칼로 찔렀는데, 이를 계기로 그는 토론에 참석하지 않아도 된다는 명분을 만들었다. 그의 팀은 2003년에 룰라가 선거에서 승리한 후 2016년에 그의 후임자 지우마 호세프가 부패로 퇴임할 때까지 전통적인 미디어가 노동당에 유리하게 서비스를 제공했다고 확신했다. "자이르가 후보자가 된 뒤부터 텔레비전 네트워크, 대형 잡지, 주요 신문은 한 가지 목적을 공유하고 있다. 보우소나루를 파괴하는 것이다. 그러나 브라질의 여론 형성은 오늘날 미디어를 거치지 않고 왓츠앱, 페이스북, 트위터를 거치기 때문에 그들 뜻대로는 안 될 것이다."[20] 추후 내각 총리가 될 오닉스 로렌조니가 선거 기간에 한 말이다. "새로운 시민"을 위해 설계된 소셜네트워크에서만 배타적으로 수행된 첫 번째 캠페인이었다. 또한 도널드 트럼프의 캠페인 관리자이자 케임브리지애널리티카의 공동 설립자였던 스티브 배넌의 조언을 받아 진행된 캠페인이었다.

IRA는 미국 내에서 정치적 토론을 부족 대결로 만들고 분열, 불신, 폭력을 조장해 미국 사회를 흔들기 위해 페이스북 그룹을 만들거나 이를 식민지화했다. 케임브리지애널리티카는 페이스북의 광고주를 위한 타겟팅 도구 기능을 활용하여 반semi기밀 방식으로 각기 다른 사람들에게 각기 다른 메시지를 전송했다. 페이스북은 다크 캠페인을 포함하는 콘텐츠 역시 용이하게 유통할 수 있도록 설계된 소셜네트워크다. 페이스북이 2015년에 218억 달러에 인수한 왓츠앱은 메시징 서비스이며, 콘텐츠를 보호하도록 설계되었다. 2016년 애플과 FBI 사이에 벌어진 접근을 둘러싼 전면전이 벌어지자 왓츠앱은 '엔드-투-엔드' 암호화를 시작했다.

회사의 설명은 이렇다. "왓츠앱 엔드-투-엔드 암호화는 사용자와 수신자만 전송된 내용을 읽을 수 있습니다. 귀하의 메시지는 자물쇠로 안전하게 보호되며 귀하와 수신자만이 그것을 열고 읽을 수 있는 코드/키를 가지고 있기 때문입니다." 암호화는 회사 자체로부터도 사용자 대화를 보호하므로 회사는 플랫폼에서 수행되는 작업에 대한 책임이 없다. 각 사용자에게는 전송된 메시지, 전화, 사진, 비디오를 해독할 수 있는 고유한 암호화 키가 있고, 대화에 접근할 수 없기 때문에 페이스북도 암호화된 메시지를 판독할 수 없다. 그러나 문제는 채팅 그룹에 최대 256명까지 들어갈 수 있다는 점이다. "애플과 마찬가지로 왓츠앱도 연방 정부와 반목하지만, 그 규모가 훨씬 크다. 앱이 깔린 약 10억 개의 장치에서 진행되는 것이다."[21] 《와이어드》와의 인터뷰에서 케이드 메츠가 설명했다. 통신 보안 기능으로 보호된, 즉 최초의 암호화된 대량 통신 시스템이다.

보우소나루 팀은 하루에 최소 1,000개의 메시지를 수신하는 수십만 개의 채팅을 만들었다. 또한 알 수 없는 발신자로 메시지를 보내기 위해 미국에서 수십만 개의 전화번호를 구입했다. 이 캠페인은 "피라미드와 결합된 네트워크 전략을 설계했다. 여기서 크리에이터들은 악성 콘텐츠를 생성하여 지역 활동가들에게 보내고, 그 정보를 공개 그룹과 비공개 그룹에 모두 전달하게끔 한다. 이때 잘 속아 넘어가는 사람들이 받은 메시지를 자신의 연락처 목록의 사람들과 공유하면 메시지가 더 많이 퍼진다."

그룹 대화

연락할 그룹

가족이나 동료 같은 가장 중요한 사람들과 연락하면서 지내세요. 그룹
대화를 통해서 동시에 최대 256명이 함께 메시지, 사진, 동영상을 공유할
수 있습니다. 그룹 대화방에 이름도 붙이고, 소리 끔 또는 알림 맞춤 설정
등을 할 수 있습니다.

33π1◎‡1ß 🔒

종단간 암호화

보안이 우선

때로는 WhatsApp을 통하여 매우 개인적인 이야기를 나누기도 합니다.
따라서 WhatsApp 최신 버전에 종단간 암호화 기능을 도입했습니다. 종
단간 암호화가 되면, 메시지와 통화는 여러분과 대화 상대만 보거나 들
을 수 있습니다. WhatsApp은 물론 그 누구도 보거나 들을 수 없습니다.

그 무엇보다 효과적인 정치적 부족화와 여론 조작의 도구가 될 지도 모르는 왓츠앱의 기능 소개 화면(캡처).

발신자가 수신자의 연락처에 없더라도 브로드캐스트 리스
트를 사용할 수 있다(2021년 기준 왓츠앱에서는 주소록에 발신자

410   우리의 적들은 시스템을 알고 있다

연락처를 추가한 경우에만 브로드캐스트 메시지를 받는다고 안내한다—옮긴이 주). 왓츠앱 페이지에는 다음과 같은 설명이 있다. "브로드캐스트 리스트 기능을 사용하면 동시에 여러 연락처에 메시지를 보낼 수 있습니다. 배포 리스트는 저장된 수신자 목록입니다. 이 리스트를 사용하면 1명씩 다시 선택하지 않고도 동일한 수신자에게 메시지를 다시 보낼 수 있습니다. … 수신자는 일반 메시지인 것처럼 메시지를 받습니다. 그들이 메시지에 회신하면 당신의 채팅 화면에 개별 메시지로 나타납니다. 그들의 답변은 목록에 있는 다른 수신자에게는 전송되지 않습니다."

브라질은 소셜네트워크에 제로 요금 등급이 사용되는 국가 중 하나다. 보우소나루 캠페인 당시, 왓츠앱 사용자는 브라질 인구의 2/3, 1억 2000만 명이었다.[22] 그들은 분노하는 부족을 만들기 위해 페이스북 그룹보다 더 효과적인 도구를 찾았다. 국가 선거 정보의 44%가 주요 소스 전달 통로로 왓츠앱을 사용했지만, 모든 감시의 눈은 페이스북 뉴스 섹션, 구글 검색 결과 및 유튜브 동영상 채널에 쏠려 있었다.

브라질은 페이스북과 구글이 "인터넷 상의 허위조작정보와 정교한 조작 기술을 식별하고 대처하기 위해" 외부 데이터 확인 사무소를 개설한 17개국 가운데 하나다. 이들 기업은 브라질 수사저널리즘협회가 주관하는 콤프로바Comprova 프로젝트 — 여기에는 신문, 라디오 및 텔레비전 네트워크, 지역 포털을 포함한 24개의 주요 언론이 포함된다 — 에 기술과 재정을 지원한다. 그들은 캠페인으로부터 선거를 보호하기 위해 브라질

상급선거법원과 합의문에 서명했다. 공개 플랫폼이 모니터링되는 동안 보우소나루팀은 개인 왓츠앱 채널을 통해 대규모 허위조작정보 캠페인을 펼쳤다.

상파울루대학교 공공정책관리 교수이자, 브라질 전국 일간지 중 두 손가락 안에 드는 《폴라데상파울루》의 칼럼니스트 파블로 오르텔라도는 "그들이 큰 성과를 거두고 있다는 것을 깨달았을 때는 너무 늦었다"라고 설명했다. 그는 미나스제라이스연방대학, 상파울루대학교, 데이터 검증 플랫폼 아젠시아루파Agência Lupa와 함께 만든 보고서에서 보우소나루의 다크 캠페인에 대해 조사한 내용을 발표했다. 연구 내용은 공개된 347개의 정치 관련 채팅 그룹의 게시물 십만 개를 바탕으로 분석한 것이었다. 전체를 고려하면 샘플량은 적었다.

347개의 그룹에서 배포되는 십만 개 이상의 정치적 이미지들을 수집했고, 그 가운데 제일 많이 공유된 50개를 선정했다. 브라질의 주요 데이터 검증 플랫폼으로 간주되는 아젠시아루파가 이미지들을 분석했다. 50개 중 8개의 사진과 이미지가 완전히 가짜라는게 판명되었다. 16개는 왜곡된 데이터와 관계가 있거나 전체 맥락을 무시하고 아무렇게나 잘라온 것이다. 4개는 신뢰할 수 있는 공개적 출처에서 나오지 않은 근거 없는 주장이었다. 이는 가장 많이 공유된 이미지의 56%가 속임수임을 의미한다. 8%만이 완전히 진실한 것으로 간주되었다.[23]

보우소나루에 대한 부정적인 소식이나 캠페인이 전통적인 미디어에서 나올 때마다 그와 그의 팀은 "가짜뉴스다!"라고 외쳤다. 그러는 동안 그들이 가짜뉴스로 나라를 가득 채웠다. 보우소나루는 자신의 경쟁자가 교육부장관 시절 6세 어린이용 성교육 책을 도입했는데 이 책이 동성애 관계를 설명하고 있다고 비난했다. 우리는 그가 〈게이키트〉라는 팸플릿을 흔드는 걸 수백 개의 유튜브 채널에서 볼 수 있다. 하다드가 소아 성애를 합법화하여 친밀한 관계에 대한 동의 연령을 12세로 낮추려 한다고 주장하는 캠페인도 진행했다. 둘 다 사실이 아니었지만, 또한 둘 다 일말의 진실을 담고 있었다. 책은 2004년에 승인된 〈호모 포비아가 없는 학교〉라는 캠페인 계획의 일환으로 존재했지만, 교육자들을 대상으로 한 것이었으며 실제로 실행된 적은 없다. 또한 동의 연령을 14세에서 12세로 낮추는 법안 발의가 있었지만, 통과되지 않았다. 하다드는 국회의원이 아니었기 때문에 법안과는 아무런 관련이 없었다.

이러한 기술은 그 이후 다른 국가에서도 반복되었다. 가장 효과적인 콘텐츠는 '다르게 보이도록 조작된 합법적인 자료'다. 햇빛이 들지 않는 채널을 통해 배포되는 약간의 진실이 섞인 거짓말들이다. 미국, 프랑스, 영국, 독일, 나이지리아, 브라질의 최신 선거 과정을 모니터링한 퍼스트드래프트프로젝트의 연구 책임자 클레어 워들에 따르면 "모든 국가에서 볼 수 있는 것은 아주 약간의 진실이 담긴 콘텐츠다. 진짜이면서도 재활용된 콘텐츠다. 문맥에서 벗어난 이미지와 통계를 사용하여 독자가 잘못 해석하게 만든다. 우리가 확인한 대부분의 콘텐츠는 페이스북, 트위터, 인스타, 왓츠앱에서 시각적인 게시물로서 공유되었다. 텍스트로만 되어 있는 것은 훨씬 적다".

시각적 이미지가 주는 즉각적인 힘 때문만은 아니다. 자료를 직접 공유하는 대신 캡처하는 기술은 원본의 출처까지 지워버린다. 플랫폼 자체의 통제를 교란하여 바이럴 콘텐츠가 인위적으로 반복되는 게 아니라 새로운 콘텐츠가 나온 것처럼 보이게 하는 것이다.

인간의 눈은 조작된 이미지 간의 불일치를 빨리 감지하지 못한다.[24] 캠페인 중 왓츠앱에서 가장 많이 공유된 이미지는 피델 카스트로가 어린 지우마 호세프, "카스트로의 사회주의자 학동"과 함께 있는 사진이었다. 그러나 사진이 찍히던 순간 지우마는 미나스제라이스에 있는 그녀의 집에 있었고 11세였다. 원본 사진은 쿠바 혁명 4개월 뒤인 1959년 4월 카스트로가 뉴욕을 방문하는 동안 존 듀프레이가 찍은 사진으로 《뉴욕데일리뉴스》에 실렸다. 거짓말은 아주 많이 공유되었고, 내가 지금 이 문장을 쓰는 순간에도, 원본을 역추적하면 구글은 다음과 같이 이야기한다. "이 이미지와 가장 연관 가능성 있는 검색어는 지우마와 피델 카스트로입니다." 괴벨스는 말했다. "충분히 대규모로 거짓말을 하고 계속 반복하면 대중들은 그것을 믿게 된다."

인간은 또한 정보가 "과학적 형식"—예를 들면 그래프, 백분율, 공식— 으로 뇌에 도착할 때 불일치를 감지하는 데 어려움을 겪는다.[25] 마크 트웨인은 말했다. "거짓말에는 세 가지 종류가 있다. 거짓말, 빌어먹을 거짓말, 통계." 새로운 캠페인은 정확한 세부 사항은 실제 보고서에서만 확인할 수 있다는 점을 고려하여, 사람들이 리트윗하는 '통계'들로 네트워크를 범람시킨다. 스페인에서는 극우정당 복스Vox가 안달루시아 지방에서 불법 이민자이면서도 의료 서비스를 받았던 5만 2,000명을 추방하라고 경찰에 요구했다. 이들이 요청한 조치는 데이터보호법 위반을 의미한다. 한 기관(예를 들어 사회보장부)의 데이터베이스는 다른 기관(경찰과 같은)에 의해 사용될 수 없기 때문이다. 이 문건을 보고 미디어와 TV 및 라디오 방송국 칼럼니스트들은 예측 가능하게도 불같은 반응을 보였다. 그러나 5만 2,000명이라는 수치의 출처는 불분명했다. 누군가 실제로 확인하려고 생각하기 전까지 숫자들은 헤드라인들을 오르내리며 춤을 춘다. 충분히 큰 거짓말을 하고 '적'마저도 이것을 반복하게 하면 사람들은 그것이 사실이 아닐 가능성을 고려조차 하지 않는다.

소셜네트워크용 캠페인은 굵직한 문제를 다루는 정치적 논쟁을 너무 일반적인 것으로 만드는데 이는 로컬 정치에 매우 해롭다. 도구로서의 컴퓨테이셔널 프로파간다는 전략을 개발하기 위해 특정한 게놈, 즉 유형을 찾도록 강제한다. 유형론 tipologias은 동질화하는 속성이 있다. 당연히 캠페인도 마찬가지다. 동질화homogeneización는 터무니없는 일을 일으키기도 한다. 우리가 미국 중간 선거에서 보았듯이, 교육 기관이나 우체국의 관리와 같은 현지 직책을 위한 싸움도 ISIS나 이민자 카라반 같은 글로벌 테마에 압도당했다. 그러나 일부 집단의 수고를 통해 다른 이들이 배울 수도 있다. 실수로부터 배우고 성공은 그대로 적용한다. 또한 여러 개의 극우 단체가 단일 군대 내의 여러 분과처럼 조직될 수도 있다. 도널드 트럼프의 전 고문이자 케임브리지애널리티카의 설계자인 스티브 배넌을 중심으로 이루어진 작업이 그랬다.

앞에서 본 것처럼 케임브리지애널리티카 스캔들을 거치면서 회사는 악마화되었지만 그들의 서비스는 널리 대중화되었다. 케임브리지애널리티카와 영국의 자회사는 2018년 중반 파산을 선언했지만 그들의 기술은 그 어느 때보다 인기가 있다. 은밀한 캠페인으로 보우소나루에게 조언을 한 후, 배넌은 스페인의 최신 극우정당 복스로 향했다. 그의 연결 끈은 라파엘 바르다히Rafael Bardaji다. 호세 마리아 아스나르의 오른팔이었으며 국방장관 에두아르도 세라와 페데리코 트릴로의 참모였다. 회동 후 배넌은 복스에 "적절한 메시지로 소셜네트워크에서 대중을 움직이고, 아이디어를 테스트하고, 미국식 선거 캠페인을 운영하는 기술 장치"를 제공했다고 발표했다. 복스는 이렇게 유럽에서 배넌의 조언을 받는 '반동당 리그'에 합류했다. 트럼프의 수석전략가였던 배넌은 16차 프랑스 국민전선 대회에도 관여했다. 장-마리 르 펜이 설립하고 그의 딸 마린 르 펜이 이끈 이 회의는 글로벌 포퓰리스트 운동의 탄생을 알렸다. "역사는 당신들 편이다. 당신들은 프랑스보다, 이탈리아보다, 폴란드보다, 헝가리보다, 이 모든 것보다 더 큰 세계적 운동의 일부를 이룬다. 민중들은 그들의 운명에 맞서기 위해 떨쳐나섰다." 포퓰리스트 프랜차이즈는 네 가지 테마로 유지되고 이는 각 국가마다 동일하게 반복되었다. 이러한 중앙집중적 특징은 그 자체로 주요한 취약점이다. 왜냐면 각 나라마다 동일한 증상이 나타나 결국에는 그 중추가 노출되기 때문이다.

이들의 작동 원리는 다음과 같다. 첫째, 선거의 완전성 integridad에 의문을 제기한다. 르 펜을 거쳐 트럼프와 보우소나 루에 이르기까지 모든 후보자들은 선거 과정이 조작되었다고 단언했다(그들이 이길 때까지). 중간 선거에 대해 트럼프는 시스템이 플로리다에서 "대규모로 감염"되었으며 "정직한 집계는 더 이상 가능하지 않다"라고 말했다.

둘째, 허위 정보에 기반을 두고 이민자를 비인간화하는 캠페인을 진행한다. 시차가 있는 별도의 사건에서 사례가 나온다. 2011년부터 시작된 시리아 이민자의 물결 —이들은 전쟁에서 도망쳐 유럽에 들어왔다— 에 대응해, 최근에는 중앙아메리카 사람들(주로 온두라스, 과테말라, 엘살바도르)의 카라반이 2018년 봄 빈곤, 갱 폭력, 마약 밀매를 피하고자 멕시코 국경으로 이동한 것에 대응해서 동일한 캠페인이 작동했다. 자기들을 받아준 나라에서 폭력 행위를 저지르는, 시리아 망명자들로 의심되는 사람들을 찍은 비디오가 네트워크에서 반복적으로 배포된다. 상트페테르부르크에서 남동쪽으로 90km 떨어진 러시아 마을 벨리키 노브고로드에 있는 병원에서 2명의 간호사를 심각하게 폭행한 러시아인 주폭 영상이 시리아인들이 문명사회에 공존할 수 없다는 증거로 둔갑해 프랑스 선거에 활용되었다. 스페인에서는 카나리아 시민으로 추정되는 인물이 이 비디오를 게시하며 전설적인 캡션을 달았다. "스페인 건강 센터에서 유럽에서의 환대에 감사를 전하는 무슬림들. 사회를 시끄럽게 하지 않기 위해 공영 TV가 유통하지 않는 이미지들." 서로 반대되는 캠페인에 같은 이미지가 사용되는 경우도 있다. 터키와 스웨덴에서는 1991년 이탈리아 항구 바리에 2만 명 이상의 알바니아인들을 싣고 입항한 화물선 블로라호의 사진이 1차 대전을 피해 북아프리카에 도착한 유럽인들의 화물선으로 재활용되었다. 미국, 이탈리아, 프랑스에서 이사진은 이탈리아에 "침략"한 시리아인들의 초상이었는데, 터키와 스웨덴에서는 위기에 처한 이웃에 대한 망명을 거부하는 배은망덕한 유럽인들을 부끄럽게 하는 데 사용되었다. 또한이주 위기를 이상하고 위험한 사람들의 쓰나미로, 시민사회의안녕을 위협하는 비극으로 묘사하기 위해서도 사용되었다. 언어는 신중하게 선택된다. 언제나 "침략", "범죄" 행동, 종교적극단주의, 테러가 언급된다.

이민자들은 지역 주민들에게서 사회적 원조를 강탈해 독점히고 축적힌다. 그들은 대리리스드이거나 그린 의도를 숨기고 있는 사람들이다. 진정한 데이터는 은밀한 이익을 추구하는 미디어들이 감추고 있다. "언론은 과테말라에 구금되었던최소 100명 이상의 ISIS 테러리스트가 범죄자 카라반의 일부라는 것을 왜 보도하지 않는가?" 찰리 커크는 트위터에 물었다. 수만 번 리트윗되기 전에 이미 극우 웹사이트가 퍼다 날랐고 마침내 미국 대통령은 이 말이 마치 진짜인 것처럼 카라반에 "범죄자들과 신원을 알 수 없는 중동인들"이 섞여 있다고발표했다. 그는 정부가 그걸 숨긴 게 아니라고 말했다. 왜냐면당시에는 정부가 그 자신이었기 때문이다. 거짓말의 근원은카라반이 존재하기도 전에 나온 과테말라 지미 모랄레스 대통령의 진술인 것으로 보인다. 자신의 주장을 입증하라는 압력을 받은 트럼프는 구체적인 데이터는 없지만 국경 순찰대가 과거 중동인을 구금한 적이 있고, ISIS의 스파이를 억류한 적이 있다고 했다. 명백하게도 사실이 아니다. ISIS에 속한다고 의심되는 어떤 이도 남쪽 국경을 거쳐 미국에 들어가려다 잡힌 적이 없다. 다른 신문기자가 그의 주장을 증명하라고 요구하자, 대통령은 가장 오웰스러운 방식으로 응수했다. "아무런 증거가 없다. 하지만 그것은 완벽했기 때문일 수 있다."

셋째, '우리 VS. 저들'의 레토릭이 다시 반복된다. 이 레토릭은 러시아 기관에 의해 완성된 '부족화'라는 도구이며 보통 인종주의적·계급주의적·성차별적·폭력적 방식으로 나타난다. 커뮤니티는 주로 다른 그룹을 거부함으로써, 또는 다른 이들이 누려야 할 권리나 서비스를 빼앗고, 일어나지도 않은 범죄를 상상하고, 자신은 틀릴 수 없다는 오류를 범하면서 형성된다. 변덕스러운 대중과 달리 이민자들을 사랑하거나 혹은 사랑하는 척하는 민주당원들. 무고한 남자들을 처벌하고 정복하기 위해 강간과 학대를 고발하는 페미니스트. 선한 농촌 가정의 미시경제에 파괴적 영향을 미치게끔 환경 조치를 만들어낸 도시의 중산층 소비자들. 미국에서 일어난 일처럼 모스크 사원 앞에서 서로를 죽이도록 설계된, 서로 적대하는 그룹이 있다. 보고서들에 따르면 주목해야 할 것은 이제 더 이상 러시아인이 아니라, 컴퓨테이셔널 게릴라 전술의 "보편화"다. 크렘린은 이웃 국가 내부에 분열을 조장할 필요를 더 이상 느끼지 못한다. 그들 스스로 행하기 때문이다. 이 모든 긴장들은 여러 다른 플랫폼의 표면에 닿아 헤드라인이 되어 퍼지기도 전에 페이스북의 비공개그룹, 왓츠앱, 인스타그램, 트위터의 보호된 네트워크에서 발효된다. 그렇기 때문에 우리는 출처도 모르는 콘텐츠가 어느덧 어디에나 존재하게 되는 것을 본다: 콘텐츠는 비밀리에 요리된 후 소셜미디어에 진입했다. 트롤처럼 행동하는 사람들과 사람들로 위장한 트롤의 역할이 컸다.

마지막으로, 프랜차이즈는 민주적 제도들을 파괴하기 위한 수단으로서, **기득권층**establishment을 둘러싼 거대한 음모론을 설파한다. 빅토르 오르반이 헝가리에서 보여준 것처럼 민주적 제도들보다 더 권위주의 체제를 더 괴롭히는 것은 없다. 모든 상대 정당 정치인들은 급진적이거나 부적절하며, 모든 신문과 뉴스 채널은 권력에 매수당했다. 모든 제도들은 부패했으며, 모든 민주적 과정은 찌들대로 찌들었고, 모든 권력이 썩었고 모든 대표지도 매수되었다. 그러니 '부족'을 제외하고는 길 곳이 없다. 따라서 민주적 제도를 파괴하는 것은 국가와 사회의 하수구를 청소하는 데 필요한 혁명적 행위인 것이다. 오웰이 말했듯이 "혁명을 수호하기 위해 독재가 만들어지는 게 아니라, 독재를 확립하기 위해 혁명이 만들어진다".

위 네 가지 요소가 모든 국가에서 동일하게 헤게모니를 잡으면서 프랜차이즈는 그 정체를 드러낸다. 실행자들은 즉각적인 바이럴을 일으키는데 최적화된 알고리즘을 동일하게 작동시킨다. 이를 위한 공동의 노력으로 자료, 레토릭, 채널을 공유한다. 심지어는 이름까지 똑같이 번역한다: "브라질 우선 Brasil Primeiro", "스페인이 먼저다España, lo primero", 르 펜의 "프랑스 퍼스트France first". 그리고 트럼프의 "아메리카 퍼스트America first".

이 모든 건 '아메리카 퍼스트 커미티'라고 불리는 1940년의 고립주의적이고 반유대주의적인 위원회의 복사판이다. 법치 국가를 파괴하기 위한 자연어는 밈이다. 그것은 농담이므로 별 대가를 치르지 않고도 마치스모나 제노포비아와 같은 종전에 거부된 개념을 시험하고 익숙해지게 만들 수 있기 때문이다. 농담을 비난하거나 거부하는 사람들은 의도적으로 고안된 걸로 보이는 수식어 ——**눈송이**snowflakes—— 로 무력화된다.

그것은 사실 척 팔라닉의 소설 《**파이트클럽**Fight Club》에서 인용한 것으로, 1999년 데이비드 핀처가 멋지게 스크린으로 옮긴 영화에도 등장한다. 허무주의자 타일러 더든은 눈물을 흘리는 주인공에게 말한다. "너는 특별하지 않아. 너는 귀하고 유일한 눈송이가 아니야." 그 이후로, '눈송이'는 과잉 보호되고 유약한, 도전 정신의 부재로 파괴된, 정치적 올바름과 나른한 기타 리프의 팝 음악과 〈**아멜리에**〉를 보고 듣고 자란 아이들 세대를 지칭하는 일상어로 사용되었다. 좌파나 우파나 나이에 상관없이 울보였다.

이 단어의 뜻은 2016년 트럼프 캠페인으로 완전히 바뀌었다. 사실 이 단어의 진화는 그때부터 프랜차이즈가 활동해온 역사를 철저히 반영한다.[26] 2008년 눈송이는 "자신을 '오, 신이시여. 이렇게 특별할 수가!'라고 생각하지만 실제로는 모두와 똑같은 사람"이라는 뜻이었다. 2016년 5월, 그 정의는 "과하게 민감하고 자기와 다른 의견은 받아들이지 못하는 사람. 대학캠퍼스라는 '안전지대'에서 찾아볼 수 있는 사람들"로 바뀌었다. 2018년에 다시 한 번 바뀌었다: "사회 정의의 전사

SJW-tard, 허영 쩌는 밀레니얼 세대."[27] "이들은 무해한 미세공격microagresión을 받고 조금이라도 거슬리면 색칠 공책과 안티-스트레스 장난감을 가지고 놀기 위해 '안전한 공간'으로 도망친다."

대선 캠페인 기간에 '멕시코인은 강간범이자 살인자'라고 말한 트럼프를 인종차별주의자라고 하거나, 여성을 "**보지로**by the pussy 잡아야 한다"라고 말한 자를 성차별주의자라고 하는 사람을 지칭하는 말이 되었다. 백인우월주의, 성폭력, 동성애 공포증, 트랜스 공포증, 여성혐오에 대한 모든 시위가 눈송이들의 전형적인 행동이었다. 마침내 영국 《콜린스사전》은 2016년 올해의 단어 중 하나로 눈송이를 선포했다. 모든 프랜차이즈의 헤게모니 어휘와 마찬가지로 '눈송이'는 그들이 활동하는 모든 국가의 언어로 번역되었다. 스페인어는 가장 성공적인 번역 중 하나다: '모욕당했쪄 하는 애들ofendiditos.' 그것은 〈롤스토어The LOL Store〉라는 제목의 캄포프리오 2018년 크리스마스 광고에 새겨져 영원히 기록으로 남게 되었다.

비밀 그룹들: 다음 단계의 전선

러시아에 대한 조사가 시작되었을 당시, 마크 저커버그는 페이스북 알고리즘이 도움을 줬을 것이라는 의견을 "매우 미친 생각"이라며 선을 긋고 심지어 분개했다. 샌프란시스코에서 열린 컨퍼런스에서 "투표자들은 자신의 경험을 바탕으로 결정

우리의 적들은 시스템을 알고 있다

을 내린다. 누군가 투표에 결정적으로 영향을 미치는 유일한 이유가 가짜뉴스라고 주장하는 것에는 공감하기 어렵다"며 페이스북이 전통적인 뉴스 헤드라인보다 정치적으로 다양한 미디어 환경을 제공했다고 항변했다. 왜냐하면 대부분의 사용자에게는 세계관을 공유하지 않는 친구가 있기 때문이다. "친구의 90%가 민주당이어도 나머지 10%는 공화당이다. 한 주 또는 한 국가에 거주하더라도 다른 주 또는 다른 국가에 사는 친구가 있다. … 이는 소셜시스템을 통해 귀하에게 도달하는 정보가 뉴스 헤드라인을 통해 귀하에게 도달하는 것보다 더 다양하다는 것을 의미한다." 페이스북 창립자는 프리베이직스가 배포되어 미얀마와 다른 지역에서 폭력의 씨앗을 터뜨린 상황을 두고도 색다른 관점을 제시했다.

미국과 영국에서 조사한 결과, 페이스북은 미국의 통신품위법 제230조의 엄호 속에서 러시아 스캔들이나 필리핀, 미얀마에서 벌어지고 있는 일들을 알면서도 무시하기로 결정했다. 당시 플랫폼의 보안 책임자인 알렉스 스타모스는 러시아의 음모를 확인하고 2015년 초 그의 상사에게 경고했다. 필리핀과 미얀마의 활동가, 언론인과 공무원은 페이스북에 서한을 보내 각자의 나라에서 플랫폼이 행사하는 영향력을 고발했지만, 경영진은 주류 언론이 그 내용을 보도할 때까지 무시했다. 내용이 대중에게 알려지자 공화당 로비스트들에게 인기 있는 커뮤니케이션 회사인 디파이너퍼블릭어페어스를 고용하여 자기고유의 허위조작정보 캠페인을 진행했다. 디파이너스는 구글이나 애플과 같은 다른 플랫폼으로 관심을 돌리고자, 이들의 나쁜 관행에 대한 콘텐츠를 제작했다. 조지 소로스가 페이스북을 가라앉히려는 음모를 꾸몄고 프리덤프롬페이스북을 앞에 내세웠다는 것이다. 프리덤프롬페이스북은 미국 무역연방위원회를 압박하는 단체들의 연합으로 저커버그가 운영하는 소셜네트워크 그룹을 무장 해제하여 회사가 누리는 독점적 지위를 끝내고자 한다. 이 소식을 폭로한 《뉴욕타임스》의 조사는 셰릴 샌드버그가 허위조작정보 캠페인에 직접적인 책임이 있다고 지적했지만, 책임은 커뮤니케이션 담당자 엘리엇 슈레이지가 졌다.

그 후 저커버그는 자신의 협소했던 시야를 고백하며 수십 번 사과했다(그러면서도 자신은 무죄라고 했다). 그와 그의 팀은 언론과 미국, 영국 및 유럽 헌법 기관에 출연하여 "우리는 세상을 더 나은 곳으로 만들기에도 너무 바빠서 세계에서 무엇이 잘못되었는지 깨닫지 못했다"라는 말을 여러 버전으로 반복했다. 2018년 말에는 책임을 일부 받아들이며 몇몇 조치를 취했다. 많지는 않았다. 그 일환으로 유럽의회 선거 캠페인에 대비해 광고주들은 캠페인 및 캠페인 테마 광고를 구매하기 전 승인이 필요할 것이다. 사용자들은 누가 정보를 구매했는지를 알 수 있고 인구 통계적 목표도 볼 수 있을 것이다. 불행히도 우리는, 광고가 취약한 사람들을 찾을 수 있게 해주는 한에서만 유용하다는 것을 이미 알고 있다. 실질적인 핵심 문제는 왓츠앱과 같은 비공개그룹 및 암호로 보호되는 대량 선전 시스템이다. 왓츠앱은 메시지를 동시에 전달할 수 있는 채널(사람이 아님)의 수를 5개로 제한했다. 가짜뉴스로 발생한 잔

　　　　우리의 적들은 시스템을 알고 있다

인한 린치 이후 인도에서 이 같은 움직임이 시작되어 가짜뉴스 전파 과정이 느려지기 시작했다. 그러나 1개 그룹에는 최대 256명의 참가자가 있을 수 있다. (또한 모든 활동이 페이스북, 트위터, 텔레그램, 인스타그램, 왓츠앱의 수많은 그룹들에서 이루어진다는 것을 우리는 알고 있다.) '조정된 분산 네트워크Una red de distribucion coordinada'를 통해 5개 그룹의 1,280명에게 메시지를 보낼 수 있다. 각 사용자가 동일한 메시지를 5개의 다른 그룹에 전달할 수 있으며 콘텐츠는 몇 분 만에 무료로 수백만 명의 사람들에게 도달할 수 있다.

바로 이것이 브라질에서 벌어진 일이다. 캠페인을 감독하는 모든 그룹은 페이스북을 감시하는 데 정신이 팔려 있었다. 왓츠앱은 매체의 특성 자체가 모니터링을 막기 때문에 모니터링을 할 수 없다. 페이스북은 해당 뉴스의 유통 채널에 대한 접근 또는 정보를 제공하지 않으며 가짜뉴스를 폭로하는 그룹에게 자금을 제공하지만, 그 사이 활동은 더 사적인 공간인 트위터와 인스타그램의 DM 룸으로 이동했다. 이들은 플랫폼 내의 사적 그룹이다. 많은 사람들은 그것들의 존재 자체도 모른다. 이 점이 그들의 섹스어필을 장려한다. 둘 다 사적 메시지가 사용자에서 사용자로 이동하면서 진화한 것이고, 마케팅 회사를 도와 선택받은 슈퍼 그룹들의 콘텐츠를 바이럴화한다. 콘텐츠는 비밀주의와 결합되어 바이럴성이 극대화된다. 그리고 곧 페이스북 및 왓츠앱의 비밀 그룹과 직접 연결된다. 이 책을 마무리하는 지금 이 시점에서 마크 저커버그의 회사는 하나의 공통 인프라에 왓츠앱, 인스타그램, 메신저를 통합하려고 기를 쓰고 있다. 그렇게 되면 모든 플랫폼 사용자는 하나의 인프라 내에서 암호화된 채널을 통해 서로 접촉할 수 있게 된다. 이는 불가역적 미래 —우리는 점점 더 적대적인 환경 속에서 더 적은 자원을 놓고 경쟁하고, 훨씬 좁은 공간에서 더 많은 사람들과 부대끼며 살게 될 것이다— 에 대비해 수십억의 사람들을 감시하고 조작할 수 있는 결정적이고 최종적인 생태계를 구축하는 것이다.

그러나 이렇게 만들어질 하나의 인프라는 중앙집중적이고 집요하며 베일에 싸여 있어 우리가 닥쳐올 위기를 관리하는 데 도움을 주지 않는다. 오히려 반대로 위기의 시기, 우리를 관리하기 위해 설계되었다. 그들은 권력에 맞서는 우리에게 필요한 도구로 기능하지 않을 것이다. 권력의 도구는 결코 권력을 해체하는 데 복무하지 않는다.

우리의 적들은 시스템을 알고 있다

감사의 글

좋을 때나 나쁠 때나 나와 함께 해준 앙헬라 프렛, 누리아 파드로스, 곤살로 프라스카에게 감사드립니다. 그리고 중요한 순간에 내 손을 잡아준 페드로 브라보에게도 감사드립니다. 내가 하는 모든 일을 더 나은 것으로 만들어준 다니엘 유스토스와 이반 가르시아에게 감사드립니다. 그리고 애정을 담아 귀중한 조언으로 함께 해준 발레리 밀레스와 릴라 아삼 산가네에게 감사드립니다. 필요할 때마다 내가 다시 이 프로젝트에 열정을 되찾을 수 있도록 해준 패트릭 가이거, 루시 올리비아 스미스, 사샤 토로에게 감사드립니다. 응원과 웃음, 영웅적 관점을 제시해준 마누 브라보에게 감사드립니다. 제시카 마투스, 로미나 가리도, 파티 페냐에게 감사드립니다. 덕분에 칠레에서 나는 이 책으로 향하는 여정을 시작할 수 있었습니다. 홀리아 모란데이라와 마르가리다 멘데스에게 감사드립니다. 그들이 가르쳐준 것에서 불꽃 같은 영감을 얻었습니다. 다비드 사라비아, 마르타 카로 그리고 에두아르도 가르시아에게 감사드립니다. 그대들은 나에게 최고의 독자입니다. 가장 어려운 시기에 좋은 상사가 되어준 신도 라푸엔테에게 감사드립니다. 나를 믿어준 호세 루이스 데 비센테, 로사 페레 그리고 바니 브루사딘에게 감사드립니다. 모든 것이 까마득했던 나에게 밝은 빛을 보여준 호세 루이스 브레아에게 감사드립니다.

닐 포스트먼, 카를로 치폴라, 리처드 스톨만, 엘레아노르 사이타, 마누엘 데 란다, 조안나 드러커, 데얀 수직, 프리드리히 키틀러, 모하마드 살레미, 밀튼 메이어, 제임스 브라이들, 벤자민 브래튼, 브루스 슈나이저 그리고 제임스 C. 스콧에 많은 빚을 졌습니다. 그들이 없었다면 보이지 않는 것들 속에서 보고 생각할 수 없었을 것입니다.

마지막으로 나의 편집자 미겔 아길라르에게 가장 큰 빚을 졌습니다. 그의 관대함과 지성과 열정이 모든 것을 일리가 있도록 만들어주었습니다.

미주

1. 중독

1. Charles Spence, *Gastrophysics: The New Science of Eating*, Viking, 2017.

2. Steven Johnson, 《The Political Education of Silicon Valley》, *Wired*, 2018. 7. 24.

3. 데이비드 코크와 찰스 코크는 미국 내 2위 비상장 기업인 코크인더 스트리즈Koch Industries의 소유주다. 그들은 석유 재벌이며 종종 세계 부자 리스트 상위에 랭크된다. 그들은 "1%의 현현"으로 여겨진다.

4. 고전적 자유주의자 헨리 데이비드 소로에 대한 도발적 반응.

5. 샌드힐로드Sand Hill Road는 밸리의 벤처캐피털 대부분이 집중되어 있는 도로이다. 마이크로소프트, 아마존, 페이스북, 구글, 테슬라, 인스타그램, 그 외 많은 기업들이 샌드힐로드에 위치한 회사들로부터 초기 자금의 수혜를 받았다. 이 지역의 땅값은 미국에서 가장 비싸다.

6. 2014년에 마크 저커버그는 페이스북의 모토를 "안정적 인프라로 빠르게 움직여라Move fast with stable infrastructure"로 바꿨다고 말했다.

7. Walter Mischel, *El test de la golosina*, Debate, 2015.

8. Emily C. Weinstein, Robert L. Selman, 《Digital stress: Adolescents' personal accounts》, *New Media & Society*, 18(3), 2014, pp. 391-409.

9. 인스타그램 스토리는 스냅챗의 복사판이다. 페이스북은 스냅챗 플랫폼을 구매하려고 했지만 실패했다.

10. David Foster Wallace, 《Roger Federer as Religious Experience》, *New York Times*, 2006. 8. 20.

11. 스페인어로는 '당겨서 새로고침 하세요tirar para actualizar'.

12. 밑 빠진 독에 관한 유명한 연구: Brian Wansink, James, E. Painter

y Jill North, 《Bottomless bowls: why visual cues of portion size may influence intake》, *Obesity. A Research Journal*, 13(1), 2005, pp. 93-100.

13. Hito Steyerl, 《In Free Fall: A Thought Experiment on Vertical Perspective》, *e-flux*, 2011. 이 글이 실린 책은 *Los condenados de la pantalla*, Caja Negra, 2012.

14. Douglas Rushkoff, *Present Shock: When Everything Happens Now*, Current, 2013.

15 Ibid., 《Everything is live, real time and always on》.

16. Langdon Winner, 《Technology Today: Utopia or dystopia?》, *Social Research*, 64, 1997.

17. Zeynep Tufekci, 《YouTube, the Great Radicalizer》, *New York Times*, 2018. 3. 10.

18. James Bridle, 《Something is wrong on the internet》, *Medium*, 2017. 11. 그 외 다양한 매체에 실렸으며, 그의 저서에도 수록되었다. *New Dark Age, Technology and the end of the future*, Verso, 2018.

19. Android/Google Play: 3,8 millones; Apple's App Store: dos millones; Windows Store: 669.000; Amazon Appstore: 430.000; BlackBerry World: 234.500. ⓒ2018, Statista.

20. Adam Alter, *Irresistible. ¿Quién nos ha convertido en yonquis tecnológicos?*, Paidós, 2018.

21. Bianca Bosker, 《The Binge Breaker》, *The Atlantic*, 2016. 11.

2. 인프라

1. Edward Said, *Cultura e imperialismo*, Debate, 2018.

2. 정확히는 "광대역 분산 통신 네트워크에서의 뜨거운 감자 라우팅 디지털 시뮬레이션Digital Simulation of Hot-Potato Routing in a Broadband Distributed

Communications Network"이라고 불렸다.

3. 원전: 4분마일4-minute mile. 1마일을 4분 이내에 달리는 테스트다. 1마일은 로마 군단의 1,000걸음에서 영감을 얻은 영국식 측정 단위로, 1.609km다.

4. Steven Johnson, *Where Good Ideas Come From: The Natural History of Innovation*, Riverhead, 2010.

5. Andrew L. Russell, *Open Standards and the Digital Age: History, Ideology, and Networks*, Cambridge University Press, 2014.

6. 스티븐 루카식Stephen J. Lukasik, 아르파넷 개발 기간(1967~1974) 방위고등연구계획국의 부국장 겸 이사.

7. Andrew Blum, Tubes: *A Journey to the Center of the Internet*, Harper Collins, 2012.

8. Ryan Singel, 《Vint Cerf: We Knew What We Were Unleashing on the World》, *Wired*, 2012. 4. 23.

9. 민영화하면서 2개 회사(La Poste, France Télécom)로 갈라졌다.

10. 대서양 횡단 전쟁에 관한 완벽한 자료: *Open Standards and the Digital Age, op. cit.*

11. Michael y Ronda Hauben, *Netizens: On the History and Impact of Usenet and the Internet*, prefacio de Thomas Truscott, John Wiley & Sons, 1997.

12. José Cervera, 《IBM PC: 35 años de revolución informática》, *eldiario.es*, 2016. 8. 21.

13. 패티 맥휴Patty McHugh, 마더 보드의 어머니.

14. 1967년 영화, 〈더티 더즌〉.

15. David D. Clark, 《The Contingent Internet》, *Daedalus*, The MIT Press Journals, 145(1), 2016. 1. pp. 9-17.

16. 유즈넷은 특정 주제에 대한 토론을 생성하기 위해 카테고리별로 메시지를 분류해 게시하는 사용자들의 그룹users net이다. 1979년에 창설되었다. 최초의 인터넷 매스 커뮤니케이션 서비스로 여겨진다.

17. James Bamford, *The Shadow Factory: The Ultra-secret NSA from 9/11 to the Eavesdropping on America*, Anchor, 2009.

3. 감시

1. "같은 깃털의 새들은 함께 난다Birds of a feather flock together."
2. Yasha Levine, *Surveillance Valley: The Secret Military History of the Internet*, PublicAffairs, 2018.
3. 추후 보이치키는 애드워즈, 애드센스, 더블클릭, 구글애널리틱스를 개발한 광고 및 상거래 부서를 이끈다. 그는 또한 현재 CEO를 맡고 있는 유튜브의 인수를 결정했다. 2015년 《타임》은 그녀를 "인터넷에서 가장 영향력 있는 여성"으로 선정했다.
4. 구글어스의 기원은 CIA가 자금을 지원하고 2004년에 구글이 인수한 키홀Keyhole Inc.의 어스뷰어3DEarthViewer 3D 프로그램이다.
5. Jennifer Valentino-DeVries, 《Service Meant to Monitor Inmates' Calls Could Track You, Too》, *New York Times*, 2018. 6.
6. Joseph Cox, 《I Gave a Bounty Hunter $300. Then He Located Our Phone》, *Motherboard*, 2019. 1. 8.
7. IMSI-catcher, 즉 International Mobile Subscriber Identity-catcher 는 "전 세계 이동 통신 이용자들의 고유한 식별자를 포착하는 것"을 의미한다.
8. Jennifer Valentino-Devries, Natasha Singer, Michael H. Keller y Aaron Krolik, 《Your Apps Know Where You Were Last Night, and They're Not Keeping It Secret》, *New York Times*, 2018. 12. 10.
9. Issy Lapowsky, 《Your Old Tweets Give Away More Location Data Than You Think》, *Wired*, 2019. 1.
10. Reuben Binns, Ulrik Lyngs, Max Van Kleek, Jun Zhao, Timothy Libert y Nigel Shadbolt, 《Third Party Tracking in the Mobile Ecosystem》, Department of Computer Science, University of

Oxford, 2018.

11. Sam Nichols, 《Your Phone Is Listening and it's Not Paranoia》, *Vice Magazine*, 2018. 6. 4.

12. Felix Krause: FACTS.

13. The Price of Privacy: Re-Evaluating the NSA, The Johns Hopkins Foreign Affairs Symposium Presents, 2014. 4.

14. Kashmir Hill, 《Max Schrems: The Austrian Thorn In Facebook's Side》, *Forbes*, 2012.

15. Alex Brokaw, 《This startup uses machine learning and satellite imagery to predict crop yields》, *The Verge*, 2016. 8. 4.

16. Max J. Krause, Thabet Tolaymat, 《Quantification of energy and carbon costs for mining cryptocurrencies》, *Nature*, 2018. 11.

17. Harvey Molotch, 《The City as a Growth Machine: Toward a Political Economy of Place》, *American Journal of Sociology*, 82(2), 1976. 9.

18. Tim Adams, 《Trevor Paglen: art in the age of mass surveillance》, *Guardian*, 2017. 11.

19. 2007년에 그들 전체가 마치 별명을 확증하듯이 갱스터 옷을 입고 《포춘》에 실릴 사진을 찍으며 포즈를 취했다. 피터 틸과 일론 머스크가 가장 유명하다.

20. Sopan Deb, Natasha Singer, 《Taylor Swift Said to Use Facial Recognition to Identify Stalkers》, *New York Times*, 2018.

21. Will Knight, 《Paying with Your Face》, *MIT Technology Review*, 2017.

4. 알고리즘

1. GOFAI: Good Old Fashioned A.I.

2. Jerry Useem, 《How Online Shopping Makes Suckers of Us All》,

The Atlantic, 2017. 5.

3. 2018년 닛산은 디젤게이트를 인정했으며, 이는 일본의 5개 공장에 영향을 미쳤다.

4. Ellora Thadaney Israni, 《When an Algorithm Helps Send You to Prison》, *New York Times*, 2017. 10.

5. 혁명

1. "비이성적 과열Exuberancia irracional"이라는 용어는 미국 연방준비은행 의 장이자 아인랜드서클의 회원이었던 앨런 그린스펀이 1996년 12월 미국 기업공공정책연구소 연설에서 처음 사용한 말로 지금도 거품 이 과열될 때 널리 쓰이는 표현이다.

2. Pets.com(1998-2000).

3. 클라이언트는 교환 시스템의 컴퓨터들이 서로 그리고 서버와 통신 할 수 있도록 하는 응용프로그램이다.

4. 숀 파커는 2013년에 공개된 알렉스 윈터 감독의 냅스터에 관한 다큐 멘터리 〈다운로디드Downloaded〉에서 관련 이야기를 들려준다.

5. "소비에트 쿠데타(1991년 8월 19일~21일)가 시도되는 동안 IRC는 소비에트 연방 안팎으로 정보 유통에 중대한 역할을 했다." Kerric Harvey (ed.), *Encyclopedia de Social Media and Politics*, Sage, 2014.

6. Steven Levy, *Hackers: Heroes of the Computer Revolution*, O'Reilly, 1984.

7. 리스프기계주식회사Lisp Machines, Inc.는 1979년 리처드 그린블랫이 설립 했고, 심볼릭스주식회사Symbolics Inc.는 1980년 로버트 아담스, 러셀 노 프스커, 앤드루 에젠도르프가 설립했다.

8. 영어로는 모두 'free'로 쓰는 "자유"와 "공짜"를 구분하기 위해 스톨 만이 했던 유명한 말.

9. 디지털권한관리는 저작권 보호된 파일의 불법 복제를 방지하기 위

한 복제 방지 시스템을 말한다.

10. 《The coming "open monopoly"in software》, *CNET*, 2002. 6. 12.

11. "키보드에서 떠나 있음Away from keyboard".

12. 이 전쟁에 대해서는, 본고에서 논의하는 주제가 아니므로 다음의 책을 추천한다. Ainara LeGardon, David G. Aristegui, *SGAE: El monopolio en decadencia*, Consonni, 2017.

13. Nick Davies, 《The bloody battle of Genoa》, *Guardian*, 2008. 7. 17.

14. Andrea Camilleri, *Un giro decisivo*, Salamandra, 2003.

15. Astra Taylor, *The People's Platform. Taking Back Power and Culture in the Digital Age*, Henry Holt&Co, 2014.

16. 《뉴욕타임스》의 유명한 슬로건은 "발행하기에 적합한 모든 뉴스All The News That's Fit To Print"였다.

17. Raffi Khatchadourian, 《No Secrets》, *New Yorker*, 2010. 11. 9.

18. Neil Stephenson, 《Mother Earth Mother Board》, *Wired*, 1996. 1. 12.

19. Steven Levy, 《Crypto Rebels》, *Wired*, 1993. 2. 1.

20. Chris Anderson, 《The long tail》, *Wired*, 2004. 10. 1.

21. Tim O'Reilly y John Battelle, 《Web Squared: Web 2.0 Five Years On》, Web 2.0. Summit.

22. Kevin Kelly, 《The New Socialism: Global Collectivist Society Is Coming Online》, *Wired*, 2009. 5.

23. 스크립트는 기계가 실행해야 하는 일련의 명령 또는 기능이다. API 는 회사 외부의 프로그래머가 애플리케이션 및 제품을 개발할 수 있도록 플랫폼을 구축하는 도구 모음이다.

24. 티모시 크라우즈는 "버스를 탄 소년들"이라는 제목의 탐사보도를 《롤링스톤》에 기고했다. 1972년 리처드 닉슨과 조지 맥거번이 후보로 나온 선거 캠페인을 따라다니는 기자들에 관한 보도였다. 미국에서는 언론이 도시에서 도시로 캠페인을 다니는 후보자들의 버스를

같이 타고 다녔다.

25. Amanda Michel, 《Get Off the Bus. The future of pro-am journalism》, *Columbia Journalism Review*, 2009.

26 Glynnis MacNicol, 《Here's Why The Unpaid Bloggers Suing Arianna Huffington For $105 Million Don't Deserve A Penny》, *Business Insider*, 2011. 4. 12. https://www.businessinsider.com/ariannahuffington-lawsuit-unpaid-bloggers-2011-4?IR=T.

27. 정전일은 2012년 1월 17일이었다.

28. 분산서비스거부공격DDoS은 동일한 컴퓨터에 수백만 건의 요청이 발생하여 서버에 과부하, 충돌, 재부팅을 유발하여 네트워크망에서 서버를 효과적으로 망가뜨리는 공격 유형이다. 공격의 발생 지점은 여러 곳이고, 종종 전 세계 각지에서 발생하기도 한다.

29. Steven Johnson, 《In Depth with Steven Johnson》, *C-span.org*, 2012. 10. 7.

30. Amar Toor, 《European companies sold powerful surveillance technology to Egypt》, *The Verge*, 2016. 2. 24.

31. State of Privacy Egypt, Privacy International(privacyinternational. org).

6. 비즈니스 모델

1. Nicholas Carlson, 《Well, These New Zuckerberg IMs Won't Help Facebook's Privacy Problems》, *Business Insider*, 2010. 5. 13.

2. "It's not a bug, it's a feature"는 문자 그대로 버그(시스템 오류)가 아니라 (의도적으로 설계된) 기능임을 의미하는 표현이다.

3. Katherine Losse, *The Boy Kings: A Journey into the Heart of the Social Network*, The Free Press, 2014.

4. 정지명령서cease and desist는 법적 조치를 언급하면서 '현재 활동을 중지하고, 이후에도 활동을 재개하지 말 것'을 요구하는 문서다. 플랫폼

이 보내는 전형적인 요청 문건이다.

5. Adam D. I. Kramer, Jamie E. Guillory 와 Jeffrey T. Hancock, 《Experimental evidence of massive-scale emotional contagion through social networks》, *Proceedings of the National Academy of Sciences*, 111 (24), 2014. 6. 17. pp. 8788-8790.

7. 조작

1. Margaret Atwood, 《My hero: George Orwell by Margaret Atwood》, *Guardian*, 2013. 1. 18.
2. 더티밤Dirty Bomb 또는 방사능확산장치RDD는 재래식 폭발물에 저준위 방사능 가루나 입자가 결합된 형태로 폭발하면서 방사성 구름이 발생한다.
3. Elie Mystal, 《Dear Media, Please Cut the Sob Stories About Trump Voters Hurt by Trump Policies》, *Nation*, 2019. 1. 8.
4. Gleb Pavlovsky, 《The Putin Files》, *The Frontline Interviews*, PBS.
5. 막스 오토 폰 슈티를리츠Max Otto von Stirlitz는 일종의 러시아판 제임스 본드이며, 율리안 세묘노프Yulián Semiónov 작가의 소설 시리즈물 주인공이다. 그러나 파블로프스키는 바체슬라프 티오노프Viacheslav Tijonov가 주연을 맡은 텔레비전 시리즈 〈17번째의 봄Seventeen Moments of Spring〉을 언급하고 있다. 《스푸트니크》는 푸틴과 슈티를리츠가 크림반도에 대해 진지하고 고상하게 말하는 동안 우크라니아 유력 정치인 율리아 티모센코와 국회의원 나디야 샤브첸코가 무대에서 춤을 추고 힐러리 클린턴은 완전히 취한 모습으로 등장하는 비디오클립을 배포했다.
6. Fancy Bear, Sofacy, Pawn Storm, Strontium, Tsar Team, Sednit, APT28. 7. Valery Gerasimov, 《The Value of Science Is in the Foresight: New Challenges Demand Rethinking the Forms and

Methods of Carrying out Combat Operations》, *Military Review*, 2016. 1-2.

8. 주인공 중 한 명인 토마스 리드는 《에스콰이어》에서 이렇게 말했다: "어떻게 러시아는 미국 역사상 가장 대규모로 선거 해킹에 성공할 수 있었을까How Russia Pulled Off the Biggest Election Hack in U.S. History", 2016. 10. 20.

9. Philip N. Howard, Bence Kollanyi, Samantha Bradshaw y Lisa-Maria Neudert, 《Social Media, News and Political Information during the US Election: Was Polarizing Content Concentrated in Swing States?》, *COMPROP Data Memo 2017*, Oxford Internet Institute, 2017. 9. 28.

10. 1488에서 14는 미국 나치당의 창시자인 조지 링컨 록웰이 1967년 자신의 추종자에게 암살당하기 전에 쓴 14개의 단어(We must secure the existence of our people and a future for white children)에서 나왔다. 88은 알파벳의 여덟 번째 문자인 H가 중복됨을 의미한다: Heil Hitler(HH). '백인의 자긍심'을 표현할 때 장식으로 사용된다: WHITE PRIDE WORLD WIDE 1488!

11. Adam Bhala Lough, *Alt-Right: Age of Rage*, documental, 2018.

12. Maria A. Ressa, 《Propaganda war: Weaponizing the internet》, *Rappler.com*, 2016. 10. 3.

13. Samantha Bradshaw y Philip N. Howard, 《Troops, Trolls and Troublemakers: A GlobalInventory of Organized Social Media Manipulation》, *COMPROP Data Memo 2017*, Oxford Internet Institute, 2017. 12.

14. 리서치 컨설팅 회사 보렐어소시에이트의 데이터에 따르면. 2018.

15. Antonio García Martínez, 《How Trump Conquered Facebook-Without Russian Ads》, *Wired*, 2018. 2. 23.

16. Communications Act of 1934, Title 47 United States Code.

17. Amber Macintyre, 《Who's Working for Your Vote?》, *Our data*,

ourselves, Tactical Tech, 2017.

18. 보우소나루는 의회에서 노동당 국회의원 마리아 두 로사리오에게 말했다: "나는 당신을 강간하지 않을거요. 왜냐면 당신은 그럴 자격이 없기 때문이요." 또한 지우마 호세프 대통령의 탄핵에 찬성표를 던지면서 군사 독재 시절 고문관이었던 카를로스 알베르토 브리얀테 우스트라전 대령을 찬양했다.

19. Agnese Marra, 《Brasil, el país en el que cada dos horas y media una mujer sufre una violación colectiva》, *Público*, 2017. 8. 28.

20. María José O'Shea, 《Onyx Lorenzoni, "Para nosotros, Chile es un ejemplo"》, *La Tercera*, 2018. 10. 28.

21. Cade Metz, 《Forget Apple VS. the FBI: WhatsApp Just Switched on Encryption》, *Wired*, 2016. 4. 5.

22. 《Datafolha: quantos eleitores de cada candidato usam redes sociais, leem e compartilham notícias sobre política》, *Globo. com*, 2018. 10. 3.

23. Cristina Tardáguila, Fabrício Benevenuto y Pablo Ortellado, 《WhatsApp para contener las noticias falsas en las elecciones brasileñas》, *New York Times*, 2018. 10. 17.

24. Sophie J. Nightingale, Kimberley A. Wade y Derrick G. Watson, 《Can people identify original and manipulated photos of real-world scenes?》, *Cognitive Research. Principles and Implications*, 2(30), 2017. 7. 18.

25. Aner Tal y Brian Wansink, 《Blinded with science: Trivial graphs and formulas increase ad persuasiveness and belief in product efficacy》, *Public Understanding of Science*, 2014. 10. 15.

26. 슬랭계의 위키피디아인 《어반딕셔너리Urban Dictionary》에 따르면.

27. SJW-tard는 "사회 정의를 외치는 투사social justice warrior"와 "모자란 이retard"가 합쳐진 멸칭이다.

이미지 출처

47쪽

https://www.techilife.com/how-to-modify-snapchat-streak-emojis-tutorial/

103쪽

https://www.mac-history.net/apple-history-tv/ads/2011-07-12/1984-the-famous-super-bowl-spot

169쪽

https://commons.wikimedia.org/wiki/File:National_Security_Agency_headquarters,_Fort_Meade,_Maryland.jpg

https://commons.wikimedia.org/wiki/File:Utah_Data_Center_of_the_NSA_in_Bluffdale_Utah_vector.svg

216쪽

https://www.reddit.com/r/nostalgia/comments/7gnyak/napster_2000/

231쪽

https://www.gnu.org/graphics/license-logos.ko.html

250쪽

https://commons.wikimedia.org/wiki/File:CreativeCommons_logo_trademark.svg

https://commons.wikimedia.org/wiki/File:Wikipedia-logo-v2.svg

283쪽

https://commons.wikimedia.org/wiki/File:The_Pirate_Bay_logo.svg

https://commons.wikimedia.org/wiki/File:Wikileaks_logo.svg

313쪽

https://www.facebook.com/pokes/

358쪽

https://www.twitter.com/politoco/status/925805477946122240/photo/1/

367쪽

https://tnm.me/news/

410쪽

https://www.whatsapp.com/features/

우리의 적들은 시스템을 알고 있다